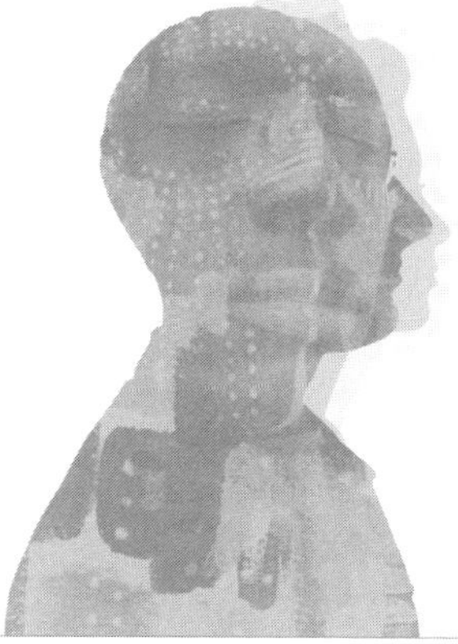

THE PSYCHOCYBERNETIC MODEL OF ART THERAPY (2ND ED.)

사이코 사이버네틱 미술치료 원서 2판

미술을 만난 심리치료

Aina O. Nucho 저 | 김선희 역

학지사

The Psychocybernetic Model of Art Therapy, Second Edition
by Aina O. Nucho

역자 서문

코로나COVID-19 팬데믹이 발생한 2020년 이후 전 세계가 온라인 플랫폼과 가상현실 세계에서 다양한 방식으로 만나고 활동하면서 관계를 유지하거나 새롭게 형성하며 삶을 확장하는 시대가 되었습니다. 이 시점에 2003년 책이 출간된 이후부터 공부하고 연구해 온 '사이코사이버네틱 미술치료The Psychocybernetic Model of Art Therapy: 이하 PMAT'를 소개하게 되었습니다. 우리는 어느 때보다도 '나는 누구이며, 무엇을 원하고, 어떤 삶을 꿈꾸는가'에 대해 탐색해야 하는 시대를 살고 있습니다. 그 탐색 과정에 도움을 주는 기제가 미술심리치료의 핵심이자 시대를 초월하여 빛을 발하는 가치입니다. 정신건강에 어려움을 겪는 대상뿐만 아니라 누구나 어려움을 직면하게 될 때는 적절한 심리적 지원을 받아 위기와 고립감, 미래에 대한 불안으로부터 자신을 보호하고 자신만의 고유한 삶을 멋지게 펼쳐야 하는데, 이때 미술심리치료는 삶을 주체적으로 항해하도록 도와줍니다.

21세기의 시작과 더불어 심리치료의 주요 화두는 두뇌를 다루는 신경과학적 접근이었습니다. '보이지 않는 마음'과 명백히 몸 안에 존재하며 마음으로 기능하는 기관인 '두뇌'는 4차 산업혁명 시대이자 인공지능 AI의 역할에 더욱 주목하게 되는 현시점에서 더 공부하고 연구해야 하는 영역이 되었습니다.

미술심리치료는 '보이지 않는 마음'을 이해하기 위해 감각을 촉발하는 다양한 미술 매체를 사용하여 눈으로 '볼 수 있도록' 몸을 움직여 표현하고 형상화하는 미술작업 과정이 심리치료에 결합된 고유하고 독자적인 전문 영역입니다. 미술심리치료는 국내에서 여전히 학문적, 임상적 정체성을 확보하는 데 어려움을 겪으면서도 지속적으로 성장하는 중이고, 그 발전 가능성은 직업적 전문성이 확보된 해외 여러 나라의 경향을 고려해 볼 때 여전히 높다고 생각합니다.

왜 심리치료에 미술을 사용하는지를 과학적으로 설명하기 위해 사용된 마음의 방향유도장치, '방향키'라는 '사이코사이버네틱스'의 개념은 우리 뇌가 상상imagination, image-making 작업을 통해 마음에 목표를 설정하고 행동의 변화를 불러일으켜 삶을 변화시키는 핵심이라는 것을 보여 줍니다. 또한 언어로는 닿을 수 없는 내용이 상상을 통한 다양한 미술작업 과정을 통해 드러나는 것을 분명히 보여 줍니다. 이미지 작업을 거쳐서 찾아낸 내면의 언어는 당면한 문제에 해결의 실마리를 제공합니다.

필자가 '미술치료에서의 사이코사이버네틱 모델' 개념을 만난 것은 뉴욕대학원에서 미술치료 석사학위 과정을 마치고 난 2000년대 초반이었습니다. 미국에서 미술치료사로 근무하면서 한국을 오가고 서울여자대학교 특수치료 전문대학원 미술심리치료전공 대학원생들을 가르치기 시작할 때이자 레슬리대학원의 박사학위 과정 중 예일대학교 의과대학 신경의학과와 연계한 'Brain Cutting Lab'에서 뇌의 종단과 횡단면을 직접 보고 만지며 공부하던 특별한 때였습니다. '사이코사이버네틱' 개념을 어려워하던 한국의 대학원생들과 함께 이 책을 번역해 가며, 두뇌기반 미술심리치료의 기제에서 이미지의 핵심 역할을 이해하고 제시된 미술심리치료 임상 사례들뿐만 아니라 증거기반 연구를 공부하고 수행할 수 있었습니다. 2011년부터 서울여자대학교에서 본격적으로 지도학생들과 함께 다양한 미술치료 연구 과제를 설계하고 수행하기 시작한 이래, PMAT 개념은 미술심리치료를 체계적으로 이해하고 수행하는 실증적 모델이었으며 미술치료 효과 검증의 연구 방법이자 심리치료에서의 미술의 고유한 기능을 설명하는 중요한 토대가 되었습니다.

오랜 시간 함께 이 책을 공부하고 연구하며 성장한 서울여자대학교 특수치료 전문대학원의 미술심리치료 전공자들에게 깊은 고마움과 격려의 마음을 전합니다. 모쪼록 이 책이 미술심리치료를 이해하는 안전한 방향키이자 새로운 시대적 상황 속에서 인간 고유의 삶을 풍요롭게 펼쳐 줄 길로 안내하는 내비게이션이 되길 기대합니다.

2022년 3월

미국공인 미술치료사/슈퍼바이저, 한국임상미술심리전문상담사

김선희

추천의 글 1

이 책은 미술치료라는 주제에 대한 복잡한 지식 전달의 도구이며, 특히 저자가 사이코사이버네틱 개입 모델로서 설계하고 정의한 방법에 대한 것이다. 이 책의 반 이상은 미술치료의 기원과 이론적 근거에 대한 자세한 설명에 전념한다. 이에 해당하는 책의 전반부(제1~6장)에서는 깊이 있는 배경 연구에 대해 입증하고, 풍부한 역사적 · 전기적 데이터를 포함하며, 이 모든 것이 논리적으로 명확하게 제시된다. 문헌으로부터의 정확한 인용은 일화적 데이터와 저자의 해석 및 다양한 이론적 모델에 대한 신중한 비판의 근간으로부터 텍스트 내에서 명확하게 구분된다.

사이코사이버네틱 모델에 대한 설명과 그 사용에 대한 정당성은 다른 개입 모델과 비교하였을 때 그것이 가진 장점에 의거한다. 사이코사이버네틱 모델은 치료 과정에 대해 잘 정의된 단계를 기반으로 하는 상호작용적 모델이다.

책의 후반부(제7~11장)에서는 치료 과정에 대해 자세히 설명한다. 각 단계에 대한 이론적 기반이 다시 한번 명확하게 정의되고, 실례가 되는 짧은 사례 소개와 몇 가지 유용한 사례 논의가 함께 구성된다.

사이코사이버네틱 모델을 사용하고자 하는 치료사는 이 책을 통해 여러 내담자 집단과 함께 사용할 재료 목록, 개인 및 집단 회기의 공간적 조건과 시간 구성 같은 세부적인 사항 외에도 다양한 단계의 역동에 대한 해석을 포함한 상세한 사례 서술을 찾을 수 있다는 것에서 큰 가치를 느낄 것이다.

치료 과정의 네 단계인 긴장완화 단계unfreezing phase, 미술작업 단계doing phase, 이미지와의 대화 단계dialoguing phase, 종결 및 통합 단계ending phase는 논의 중인 내담자의 시각적 작품을 포함하는 사례 자료를 통해 설명된다.

저자는 치료 과정에 대한 개념을 뒷받침하기 위해 명확하게 제시된 몇 개의 그래프를 제공한다.

이 책의 후반부 전체(제7~16장)는 사이코사이버네틱 모델의 구현에 대한 실용적인 지침으로서 독자적으로 기능할 수 있다. 하지만 이 부분에도 저자의 견해와 제안을 뒷받침하는 분명한 이론적 데이터를 포함한다.

저자는 방법에 대한 임상적 효과성을 입증하기 위해 다양한 치료 방법에 노출된 요양원에 있는 우울증 환자 298명을 대상으로 한 린덴머스Lindenmuth의 비교 연구를 인용하였다. 미술치료는 저자로부터 사이코사이버네틱 모델에 대한 교육을 받은 치료사에 의해 수행되었다. 이 연구의 결과는 표현치료(미술, 음악 및 운동 치료)에 참여한 그룹의 우울 점수가 통계적으로 유의하게(.001 수준) 향상되었음을 입증한다.

이 책은 미술치료의 이론적 근거에 대한 중요한 참고문헌이다. 전반부의 각 장은 해당 주제에 대한 별도의 독립된 논문으로 볼 수 있다. 이러한 역사적 개관에 대한 명확한 정의는 독자에게 사이버네틱스, 일반체계이론, 정보처리, 이미지, 시스템과 인지 같은 광범위한 주제에 대해 소개한다.

이와 같은 전반부는 주로 학자들을 대상으로 간주될 수 있지만, 미술치료의 사이코사이버네틱 모델을 활용하는 임상가에게도 역시 유용하다. 동시에 이 책의 후반부에서는 이러한 새로운 방법을 내담자들과의 일상적인 작업에 포함하고자 하는 임상가들의 사용을 보증하는 뛰어난 세부적 사항들이 담겨 있다.

포괄적인 참고문헌과 색인은 이 학술적 내용에 무게를 더한다.

이 책을 다양한 형태의 심리치료 임상가의 사용뿐만 아니라, 표현치료 교육가들을 위한 참고 교재로서도 진심으로 추천하는 바이다.

Irene Jakab, M.D., PH.D.
피츠버그대학교 정신의학 교수(Professor of psychiatry University of Pittsburg)
미국 표현 정신병리학회 회장(President, American Society of Psychopathology of Expression)

추천의 글 2

아이나 누코Aina O. Nucho는 지난 20년간 임상 실제와 교육을 통해 미술치료 분야의 주요 발전에 기여하였다. 그녀는 미술치료 분야에서 뛰어난 공헌을 한 것으로 잘 알려진 마가렛 나움버그Margaret Naumburg를 마지막으로 인터뷰한 사람 중 한 명이다. 나움버그는 미술치료 분야의 저명한 개척자로서 그녀의 탁월한 기여는 잘 알려져 있다. 누코는 미국 내에서 미술과 치료가 결합되는 것을 목격하고 이에 기여한 사람으로서 이 새로운 대인 간 치료 방식을 기술하기에 적합하다. 저자의 훌륭한 업적은 독자로 하여금 고대 그리스 시대로부터 19세기 후반과 20세기 후반을 오가게 하며, 칼 융Carl G. Jung의 적극적 상상 기법을 경험하게 하고, 동시대의 상황을 깊이 파고들게 한다. 누코는 미술치료의 발전에 대해 설명하면서 미술치료의 미술의 축art wing과 치료의 축therapy wing 사이의 차이점을 설명한다. 또한 심리치료 형식의 새로운 모델의 필요성을 강조한다.

누코는 그 새로운 모델을 사이코사이버네틱 미술치료 모델이라고 지칭하였다. 그녀는 일반체계이론을 활용하여 인간 인지와 뇌기능에 관한 최근 지식을 포함하는 치료 모델을 개발하였다. 또한 지금껏 혼란을 주었던 인지적 현상을 설명하기 위해 부호화의 개념을 소개하였다. 독자들은 마음이 작동하는 방식과 이것이 성장과 변화의 과정을 촉진하는 방식에 대해 쉬운 용어로 분명하게 설명한 저자의 논의를 환영할 것이다.

사이코사이버네틱 모델의 핵심은 이미지의 현상을 이해하는 것이다. 누코는 상징으로서의 이미지가 인지의 중요한 부분이고, 이미지는 정신적이기도 하고 신체적이기도 하며, 기억과 상상으로부터 비롯된다는 것을 상기시킨다고 주장한다. 다른 것과 마찬가지로 이미지 또한 일종의 시스템을 형성한다. 이미지는 마음속에서 자발적으로 떠오를 수도 있고, 의도적으로 창작될 수도 있다. 누코는 사이코사이버네틱 모델이 심오한 개인적 경험을 분류하고 처리하기 위해 이 두 가지 종류의 이미지를 치료적으로 다루는 방법을 어떻게 제공하는지에 대해 설명한다.

누코의 견해에 따르면, 이미지는 인간 마음의 사이버네틱 통제 시스템의 일부분이다. 각 경험은 이미지나 언어로 부호화되고, 이 두 가지 상징체계는 대체로 완벽하게 들어맞는다고 알려져 있으나 누코는 틈이 있을 수도 있다고 보았다. 이 틈은 신체 반응으로 채워진다. 누코는 감사하게도 자신의 이론을 구축하는 이 단계에서 나의 '세 가지 부호 이미지 모델triple code model of imagery'을 다루었고, 이는 그녀의 사이코사이버네틱 모델을 더욱 풍부하게 만들어 주었다. 이미지와 언어는 상호작용하지 않지만 같은 시각을 말해 주는, 서로 평행하며, 연결되지 않은 2개의 시곗바늘과는 다르다. 언어는 이미지를 그저 대략적으로만 나타낼 뿐이고, 그 표현에는 오류가 있을 수 있다. 반면, 이미지는 있는 그대로를 나타내며, 유기체의 경험을 직접적으로 기록한다. 신체 반응과 이미지, 언어에 부호화된 의미 사이의 불일치가 시간이 지나도 지속된다면 그 결과로 질병이 발생한다. 이미지와 언어는 기능적으로 연결되어 있다. 이미지를 언어로 축소할 수 없으며, 언어 또한 이미지로 축소될 수 없다. 두 가지는 모두 필요하며, 신체 또한 마찬가지이다. 사이코사이버네틱 모델은 완전함과 균형을 얻기 위해 이미지를 어떻게 바라보고 검토해야 하는지를 보여 준다.

사이코사이버네틱 과정에 대한 누코 박사의 논의는 독자들에게 상당히 유용할 것이다. 특히 언어를 주로 사용하는 전통적인 대인 간 치료를 미술치료 기법과 결합하고자 하는 독자들에게 더욱 도움이 될 것이다. 누코는 치료적 과정의 다양한 단계를 거쳐 임상가들이 해야 할 일을 안내해 주고, 그들이 가질 수 있는 잘못된 기대에 대해서도 경고한다. 또한 수많은 내담자의 미술작품과 사례 연구를 통해 새로운 치료 모델의 적절한 사용에 대해 설명한다.

누코의 업적은 정신건강 전문가들에게 큰 유익을 가져다줄 것이다. 심리학자들은 마치 고대 그리스 신화의 외눈박이 거인 키클롭스Cyclopes처럼 왜곡되고 제한된 관점을 오랫동안 고수해 왔다. 누코가 제안한 사이코사이버네틱 미술치료 모델은 두 눈을 모두 사용한다. 즉, 시각적이고 전체론적이며 심상적인 상징체계와 언어적 · 분석적인 상징체계를 둘 다 활용한다. 사이코사이버네틱 모델을 자신의 치료적 기량에 포함시키는 임상가들은 효율성을 상당히 높일 수 있을 것이다.

Ahkter Ahsen, PH.D.

「Mental Imagery」 저널의 편집자(Editor, Journal of Mental Imagery)

국제심상학회 초대 회장(Founding Chairperson, International Imagery Association)

저자 서문

미술치료는 미래를 내다보는 정신건강 분야 전문가들의 흥미를 점점 더 유발하고 있다. 특히 아동, 청소년을 대상으로 일하는 전문가들은 그들의 업무에 있어 미술치료기법들이 필수적이라고 여긴다. 아동, 청소년에 비해 성인과의 작업에서는 미술치료가 덜 사용되는 편이다. 이 개정판은 아동, 청소년과 일할 때뿐만 아니라 다양한 유형의 성인과 작업할 때에도 사이코사이버네틱 모델이 유용함을 입증할 것이다. 기능 손상 정도가 낮은 성인들로부터 심한 성인들에 이르기까지, 또한 삶의 마지막 단계에 이른 노인들까지 아우를 수 있어야 한다. 성인, 노인과의 작업을 촉진하기 위해 몇 가지 새로운 미술치료 기법을 이 개정판에 소개하였다.

이 책에 기술한 나의 발전된 생각들에 다양한 방식으로 도움을 준 사람들을 밝히게 되어 기쁘다. 특별히 나에게 미술치료와 삶에 대해 많은 것을 가르쳐 준 내 친구 故 쿼아트코스카Hanna Y. Kwiatkowska에게 감사하다. 또한 나의 작업에 관심을 가지고 추천의 글을 써 주신 아이린 자캅Irene Jakab 박사와 악테르 아센Akhter Ahsen 박사에게도 감사하다. 작업이 진행되는 동안에 현명한 조언과 격려를 아끼지 않은 나의 절친한 친구 비자 루스브린크Vija Lusebrink 박사에게도 깊은 감사를 드린다. 수년간 나와 함께 다양한 프로젝트를 수행한

故 말라 베텐스키Mala Betensky 박사의 임상적 통찰력은 나의 생각을 더욱 풍부하게 해 주었다. 초판의 각 장을 검토해 준 메릴랜드Maryland대학교의 동료인 해리스 차이클린Harris Chaiklin 박사, 올리버 해리스Oliver Harris 박사, 커티스 잔젠Curtis Janzen 박사, 아서 슈와츠Arthur Schwartz 박사, 故 존 골드마이어John Goldmeier 박사에게도 감사의 마음을 전한다. 또한 사이코사이버네틱 미술치료 모델을 자신의 임상과 교육에 열정적으로 활용한 나의 친구이자 동료인 산드라 스노우Sandra Snow 박사에게 존경과 감사의 마음을 표한다.

논의를 더욱 심화시켜 준 메릴랜드 미술치료학회의 설립 회원들, 특히 미셸 피셔Michelle Flesher, 그웬 깁슨Gwen Gibson, 로베르타 슈메이커Roberta Shoemaker, 루실 벤처Lucille Venture 박사에게 감사하다. 너무 많아 한 분씩 다 언급할 수는 없으나, 여러 생각을 나누어 준 많은 다른 미술치료사에게도 도움을 받았다. 또한 버지니아 오스틴Virginia Austin, 로버트 얼Robert Ault, 글래디스 에이젤Gladys Agell, 조지아나 정글스Georgianna Jungels, 마이라 레빅Myra Levick 박사, 주디스 루빈Judith Rubin 박사, 헤리엇 외이슨Harriet Wadeson 박사 그리고 故 마지 하워드Marge Howard, 코니 네이토브Connie Naitove와 마리 리발Marie Reval에게도 감사한 마음을 전한다. 이 책의 여러 장을 기꺼이 읽어 주고 코멘트를 제공한 故 엘레너 울만Elinor Ulman 박사에게도 감사하다.

나의 다른 저서들뿐만 아니라 이 책의 문법을 교정하는 동안 생각을 명확히 하는 데 도움을 준 루이즈 화이트Louise White에게 특별히 감사한 마음을 전한다. 버지니아 페그스Virginia Peggs는 초판의 많은 필사본 텍스트를 모두 입력하고 재입력해 주어 매우 큰 도움을 주었다. 그리고 재니스 힉스Janice Hicks는 개정판 텍스트의 입력을 도와주었다.

특별한 방식으로 그들을 알아가도록 허락해 주고, 일부 미술작품의 복사를 승인해 준 나의 내담자들에게도 깊은 감사를 드린다. 수년간 나와 미술치료에 대한 생각을 함께 나누고 씨름하며 성취를 이루어 낸 나의 학생들에게도 감사를 전한다. 또한 오랜 세월에 걸쳐 변함없는 관심을 보여 주고 나를 격려해 준 나의 남편 故 푸아드 누코Fuad Nucho에게도 감사하다.

마지막으로, 1979년, 1981년, 1982년 콘퍼런스 회의록을 통해 출판된 자료들을 전재할 수 있도록 허락해 준 미국미술치료학회에 감사를 전한다. 또한 이야기 그리기draw-a-story A 유형의 복사를 허락해 준 라일리 실버Rawley Silver와 에드워드 해머Edward Hammer 편저의 『투사적 그림의 임상적 적용The Clinical Application of Projective Drawings』(1985)에 실린 발테그 칸의 복사를 허락해 준 찰스 토마스Charles C. Thomas 출판사에도 감사의 마음을 전한다.

Aina O. Nucho

차례

제2부 치료 과정

제9장 이미지와의 대화 단계 • 219

제10장 종결 및 통합 단계 • 243

제3부 특정 내담자군과의 작업

제4부 미술치료의 효과성과 전망

제1부

이론적 토대

제1장

변화로의 초대

고대 그리스의 현자 헤라클레이토스는 만물이 끊임없이 변화한다고 주장하였다. 모든 것은 달라지기 마련이며, 강물도 계속 흐르므로 아무도 똑같은 강에 발을 들여 놓을 수는 없다. 헤라클레이토스의 이러한 생각은 현시대에 더욱 잘 적용된다. 과거에는 확실했던 것이 이제는 불확실한 것으로 되어 버렸다. 오래된 전통이 더 이상 인간의 행동 양식을 지속시키지는 못한다. 이것은 전문 분야뿐 아니라 사적인 영역에서도 마찬가지이다. 이전에는 전문 분야에서 오직 하나의 길만이 있었지만, 지금은 이론과 중재 전략이 넘쳐난다(Corsini, 1981). 이렇게 우리 주변에 변화가 만연해 있는데, 과연 성공의 길은 어디에서 찾을 수 있을까? 이 책은 주로 언어를 사용하여 내담자들을 돕는 현재의 방식에 만족하지 못하는 정신건강 전문가들을 위해 집필하였다. 그들은 모두 과도한 심리적 압박에 휩싸여 있다. 서비스에 있어서도 수요와 공급의 차이가 매우 크다. 모든 사회복지 프로그램은 심각한 전문 인력의 부족에 시달리고 있다. 내담자들을 돕는 방법을 활성화하는 길을 꼭 찾아낼 필요가 있다.

1. 패러다임의 변화[1)]

이 책에서 설명하는 개입의 방법은 인간의 노력에 다방면으로 영향을 미치고 있는 패러다임의 변화로부터 영향을 받았다. 토머스 쿤Thomas S. Kuhn이 언급한 바, 패러다임의 변화는 모든 과학 분야에서 주기적이고 자발적으로 일어나는 경향이 있다(Kuhn, 1962). 이제 우리는 이러한 변화의 한가운데에 서 있다. 활력론적이고 기계론적인 이전의 패러다임은 이제 전체론적인 패러다임으로 전환되고 있다. 전체론적인 패러다임은 우주를 상호 연결된 시스템으로 여긴다. 물질과 에너지, 시공간, 생물과 무생물의 현상을 위계 순서가 있는 동일한 통일체 내의 변화로 본다.

최근 생겨난 전체론적인 패러다임은 시스템 이론으로 가장 잘 설명된다. 일반체계이론은 시스템의 본질과 역동에 관한 일련의 개념이라고 할 수 있다. 사이버네틱스 분야는 자기안내식self-guiding · 자기수정식self-correcting 장치를 발전시키려고 애쓰는 가운데 일반체계이론에서 발전되어 나갔다. 사이버네틱스는 시스템 내 정보의 흐름에 대한 연구이며, 그것의 핵심은 정보의 피드백 루프 개념이다. 정보의 흐름은 시스템이 어떻게 스스로를 유지하는지, 그리고 어떻게 변화하는지를 설명해 준다. 정보는 하나의 시스템 내에서나 여러 시스템 사이에서 목표 지향적인 활동을 체계화한다. 인간 시스템 내의 정보는 세포 수준에서 개인 상호 간 수준에 이르기까지 여러 다른 수준에서 부호화된다. 개인 상호 간 형태의 개입에 있어 특정 문제의 정보 수준은 이미지 혹은 다른 다양한 언어적 · 비언어적 인지 형태를 통해 생겨난다.

---

1) 역자 주: 패러다임에 대한 논의는 이 책이 출간된 시점 이후에도 빠르게 변화해 왔다. 따라서 이 책에서 설명하는 정보 처리의 방식과 패러다임에 대한 논의는 새롭게 이루어질 필요성이 있다. 기존의 방식들은 4차 산업혁명 이후의 사회 변화로 인해 새로운 방식으로 빠르게 대체되고 있으며, 이는 우리 삶에 있어서도 큰 변화를 만들어 냈다. 이러한 부분들은 우리가 정보를 받아들이고 처리하는 방식에도 영향을 주기 때문에 사이코사이버네틱 방식에 대한 이해도 달라질 수 있다.

인간의 생리학적 기능과 신진대사 내에 부호화된 정보는 갈수록 더 잘 이해되고 있다. 언어에 담긴 정보에 대해서는 연구가 널리 진행되었다. 그러나 정보 처리 수준의 하나인 이미지에 담긴 정보는 서구 문화에서 크게 간과되어 왔다(Horowitz, 1970; Singer, 1974). 이 책에 기술한 사이코사이버네틱 모델은 이러한 수준의 인지를 이해할 수 있는 편리한 방식을 제공한다.

사람은 누구나 두 종류의 상징적 사고 과정을 갖추고 있다. 판타지나 이미지, 꿈에서 주로 나타나는 논리 이전의 혹은 일차적 사고 과정과 논리적이고 이성적인, 소위 말하는 이차적 사고 과정은 프로이트 이후에 의례적으로 구분되어 왔다. 최근에 와서야 우리는 일차적 사고 과정이 그것을 억제하고 무시해야 할 정도로 반드시 원시적이고 미성숙한 인지 형태는 아님을 깨닫게 되었다. 오히려 높은 수준의 창의성과 독창성을 얻기 위해서는 일차적 사고 과정을 이차적 사고 과정과 통합시켜야 한다(Arieti, 1976). 이렇게 저평가되고 무시되었던 인지 형태로부터 유익을 얻는 방법에 관한 것이 이 책의 주제이다. 대인 간 도움을 제공하는 사이코사이버네틱 모델은 도움이 필요한 사람에게나 도움을 제공하는 사람 모두에게 이미지를 어떻게 활용하는지를 보여 줌으로써 효과성을 높이는 방법을 알려 준다. 이미지는 오랫동안 무시되어 왔던 인간의 자원이다.

이 책에서 제시하는 심리치료 모델은 인지의 언어적인 수단과 비언어적인 수단 모두를 활용하는 능력을 향상시킬 것이다. 그리고 이 모델은 순간에 떠오르는 이미지의 힘을 포착하는 방법을 알려 준다. 또한 이미지에 담긴 의미한 메시지를 증폭시키는 방법을 사례와 함께 소개하고 있다. 당신은 내담자가 시각적 수단을 통해 생각과 감정을 표현하도록 돕는 방식을 개발할 수 있을 것이다. 그리고 시각적으로 묘사된 생각들을 알아차리는 감각과 능력을 향상시키게 될 것이며, 내담자의 이미지에 적절히 반응하는 방법을 알게 될 것이다.

2. 개관

이 책은 총 4개의 부로 이루어진다. 제1부는 6개의 장으로 이루어져 있는데, 내가 20년 동안 개발하고 실행해 온 대인 간 도움을 제공하는 사이코사이버네틱 모델의 이론적 배경을 설명하고 있다. 필자는 지난 15년간 이 개입 모델을 가르쳐 왔다. 모델의 이론적 토대를 이루고 있는 것은 일반체계이론과 현재 행동 과학 분야에서 틀을 갖추어 가고 있는 인지이론이다(Gardner, 1985). 제2장에서는 일반체계이론과 그것의 주요 개념, 사이버네틱스 분야에 대해 설명한다. 이는 일련의 복잡한 개념들이지만 온전히 이해하고 나면 인간의 마음이 어떻게 기능하는지, 긍정적인 변화들이 어떠한 방식으로 일어나는지를 더욱 잘 알 수 있다. 제3장에서는 이미지의 사이버네틱 기능을 살펴보고, 일반체계이론에 근거한 인지의 모델을 설명한다.

미술치료를 구성하는 것이 무엇인가에 대한 문제는 여전히 논쟁의 여지가 있다(Ulman, 1975). 미술치료 분야는 신생 분야이며, 시각적 형태의 인지를 촉진하기 위한 여러 다른 방안을 활용한다. 미술과 치료가 점차적으로 융합되어 미술치료라는 새로운 분야를 만들어 낸 느리고 고된 과정을 따라가 보는 것은 흥미로운 일이다. 제4장에서는 미술과 치료가 점차 하나의 독립체로 구축되는 과정과 이에 누가 기여해 왔는지에 대해 다룬다. 제5장은 미국 내 치료 장면과 여기서 이루어지는 미술치료의 여러 유형을 살펴보고, 미술치료사들이 활용하고 있는 다른 주요 이론적 틀에 대해 요약하여 설명한다. 그리고 제6장에서는 사이코사이버네틱 모델의 개입을 실행하기 위해 필요한 개인적 · 전문적 자격의 윤곽을 설명하고, 자격 획득을 위한 방법을 제시한다. 더불어 관습적으로 사용하는 언어적 방식의 심리치료와 사이코사이버네틱 모델을 결합하는 방법에 관하여 논의한다. 또한 이 모델의 실제 개입에 도움이 되는 미술 재료, 시간과 공간의 소요 문제와 같은 현실적인 문제들을 다룬다.

일단 일반체계이론을 잘 이해하고, 이미지가 매우 중요한 인지 형태라는 생각에 동의한다면 나머지 과정은 쉽다. 어쩌면 바흐가 오르간 연주에 대해 말했던 것에 빗대어 사이코사이버네틱 모델의 개입에 대해 설명하는 것이 더 와닿을 수도 있다. 바흐는 제때에 정확한 음을 누르기만 하면 되기 때문에 오르간 연주가 쉽다고 말한 바 있다. 사이코사이버네틱 모델도 마찬가지이다. 단지 제때에 적절한 것을 말하면 되는 것이다. 그 적절한 것이 무엇인지, 정확한 때를 어떻게 알 수 있는지를 제2부에서 다룬다. 제2부는 사이코사이버네틱 모델의 실행에 관해 논의하는 4개의 장으로 이루어져 있다. 여기서는 치료 과정의 복잡한 사항들을 단계별로 설명하고, 사이코사이버네틱의 원칙들과 어떻게 조화를 이루며 치료를 진행할 것인지에 관해 보여 준다. 제7장에서는 치료 과정 중 워밍업 단계warm-up phase를 다룬다. 여기서는 시각적 형태의 인지를 내담자들에게 소개하는 방법을 설명하는데, 특히 미술에 대해 선입관을 갖고 있거나 어린 시절 이후로 미술 재료를 다뤄 본 적이 없는 내담자들을 중심으로 하고 있다. 제8장에서는 작업 단계doing phase를 다루는데, 이 단계에서 내담자들은 시각적 양식에 자신의 이미지를 담아내기 위해 그림을 그리고 색을 칠하며 조각을 만들기도 한다. 다양한 내담자의 시각적 인지를 증진시키기 위한 여러 가지 구체적인 기법이 제시된다. 제9장에서는 내담자가 표현한 시각적 이미지를 이해하는 과정을 개관한다. 이 치료 단계에서 시각적 이미지가 언어적 사고, 이차적 과정의 사고로 전환된다. 제10장에서는 치료적 상호작용의 종결 방식을 다루고 치료 성과를 통합하는 문제를 다룬다. 마지막으로, 사이코사이버네틱 모델 개입의 범위와 효과성에 대해서도 논의된다.

사이코사이버네틱 모델은 시각적 양식의 이미지 표현을 촉진하기 위해 간단한 미술 재료를 사용한다. 따라서 사이코사이버네틱 모델을 미술치료의 한 형태로 여길 수 있다. 그러나 미술 재료는 매우 특정한 방식으로 사용된다. 어떤 미술치료사들은 사이코사이버네틱 모델이 자신의 작업 방식과 잘 맞는다고 여길 수 있지만, 다른 이들은 이 모델이 미술치료와 먼 사촌지간이라고 생각할 수도 있다. 제11장에서는 통제된 경험적 연구 결과를 요약하여 제시했는데, 사이코사이버네틱 모델 미술치료와 다른 형태의 표현치료의 결과를 흔히 사용하는 다른 여러 개입 방식에서 얻은 결과와 비교하였다. 표현치료로는 사이코사이버네틱 모델 미술치료와 음악치료, 운동치료가 이루어졌다. 표현치료의 결과를 언어를 사용하는 심리치료를 받은 집단, 화학요법을 받은 집단, 그리고 치료를 받지 않은 통제집단의 결과와 비교했다. 연구 대상은 우울한 노인 내담자 298명이었다. 연구 결과, 사이코사이버네틱 모델 미술치료를 비롯한 표현치료가 가장 효과적인 것으로 나타났다. 제11장에서는 또한 사이코사이버네틱 모델의 적용 범위를 구체적인 사례를 들어 설명하는데, 언어치료에 반응이 느린 여러 내담자를 대상으로 하며 특히 내담자와 치료사가 성별 혹은 인종적 배경이 다른 경우에 대해 다룬다.

치료 전략의 레퍼토리를 확장하길 원하거나 더 능력 있는 치료사가 되길 원하는 당신에게 이 새로운 방식의 개입을 시도하기를 권한다. 사이코사이버네틱 모델의 개입은 임상 문제 전반에 걸쳐 3세부터 98세의 대상에 이르기까지 효과적인 것으로 증명되었다. 이 내담자들의 자아 발달 수준은 최저 수준에서 최고 수준에 이르기까지 다양하다. 이 모델을 사용한 개입의 효과를 무엇으로 설명할 수 있을까? 그것은 바로 우리의 인지 능력의 구조에 근거한다고 할 수 있다.

사람은 누구나 미술을 배우지 않고서도 기본적인 시각적 어휘를 가지고 있다. 예를 들어, 사람은 누구나 색에 대해 어떤 느낌을 갖는다. 좋은 느낌을 준다고 여겨지는 색이 있는 반면, 매력적이지 않다고 인식되는 색도 있다. 형태도 마찬가지이다. 어떤 모양은 매력적으로 보이고, 또 어떤 모양은 변덕스럽거나 대담하게 보인다. 이러한 시각적 용어는 한 번 발견하기만 하면 표현의 풍부함과 재미를 이루는 요소로 확장된다. 예컨대, 자신을 만성적 실패자라고 여기는 데 익숙했던 약물 의존 환자들은 이러한 발견을 매우 흥미로워했다. 각자의 시각적 용어를 발견하고 그것이 그룹의 다른 구성원들의 용어와 어떻게 같고 다른지를 보는 것은 도움이 된다(Nucho, 1977).

시각적 표현 수단은 언어로는 적절히 표현할 수 없는 미묘하고 깊이 있는 개인적 경험을 표현하는 데 적합하다. 대체로 언어는 그 복잡성을 바탕으로 사회적으로 의미 있는 경험을 담아내지만, 좀 더 사적이고 고유한 경험들은 충분하게 표현되지 못한다. 더욱이 중요한 경험들은 그것을 언어로 적절히 표현하기 이전인 생의 첫해에 많이 일어난다. 따라서 매우 중요하고 의미 있는 경험들은 우리 마음속에 언어가 아닌 그림으로 부호화된다. 또한 우리는 대개 꿈을 이미지로 경험하는데, 꿈은 존재의 깊은 차원에 접근하는 것을 돕는 것으로 오랫동안 인식되어 왔다.

심각한 기능장애를 가진 내담자들의 경우, 언어적 의사소통은 종종 위험하고 신뢰하기가 어렵다. 언어는 다른 사람을 회피하거나, 모욕을 주고 속이는 데 사용될 수 있다. 반면, 시각적인 표현 수단은 우리 문화에서 덜 빈번하게 사용되기는 하나 그것이 표현하려는 것을 왜곡하거나 잘못 연관시키는 일은 거의 없다. 언어적 의사소통 수단보다는 시각적 표현 수단을 통해 더욱 참신하고 직접적인 표현이 자주 이루어진다.

3. 시각적 형태의 인지가 지닌 장점

채색하기와 그림 그리기, 조각하기는 생각을 전달하기 위한 행동 지향적 방법이다. 이때 눈과 손, 팔 등 신체의 많은 부분이 관여한다. 내담자는 반응하는 사람이 아니라 행동하는 사람이며, 그것은 내담자 삶의 다른 영역에서도 마찬가지이다. 그림을 그리면서 내담자의 인지 능력뿐 아니라 신경 근육도 관여한다. 내담자는 그림을 작게 그릴지 크게 그릴지, 밝게 그릴지 어둡게 그릴지를 결정한다. 일단 정하고 나면 내담자가 스스로 그림에 변화를 주기 원하지 않는 한 그림은 내담자가 만든 그대로 존재한다. 그림은 내담자에게 반박하는 일이 없다. 보통 실생활에서는 사람이 자신의 마음을 바꾸었을 때 불이익이 뒤따르지만, 내담자가 그림이 만족스럽지 않을 때 어떠한 불이익도 없이 자신의 결정을 바꿀 수 있다. 일단 내담자들이 자유로움과 자기결정권을 경험하고 나면 이것을 즐기게 된다.

사이코사이버네틱 모델이 활용하고 있는 시각적 의사소통 양식은 "치료를 잘 아는" 내담자들에게 특히 효과적이다. 그들은 치료사들이 듣기 좋아할 거라고 생각하는 말을 하도록 배워 왔다. 관습적인 언어적 표현 수단은 시각적 표현 형식보다 애매하고 얼버무리는 말을 더 많이 허용한다. 우리 문화에서 시각적 표현은 익숙한 활동이 아니기 때문에 훨씬 더 많은 사고를 필요로 한다. 시각 표상은 언어보다 사람의 인지를 더 많이 반영하고, 시각적 표현은 본질적으로 언어적 표현보다 더 완전하다. 예를 들어, "사람이 달린다"라는 문장은 달리는 사람의 성별, 나이, 키, 속도에 대해 아무것도 알려 주지 않는다. 반면, 사람이 달리는 것을 그림으로 그리면 말로 이루어진 문장보다 세부사항을 더 많이 담을 수 있기 때문에 더 많은 정보를 전달하게 된다(Piotrowski, 1953). 그림을 그릴 때 최소한으로 이야기하기는 매우 어렵다. 시각적 표현 형태는 그린 대상에 대한 내담자의 태도를 세부적으로 포함한다.

시각적 표현의 또 다른 장점은 나이와 교육 수준의 한계를 넘을 수 있다는 점이다. 예컨대, 치료 시간에 부모와 자녀가 동시에 그리는 가족의 그림은 자녀가 자신의 생각을 부모만큼이나 효과적으로 표현할 수 있는 수단을 제공한다(Kwiatkowska, 1978).

말로 표현하기 매우 어려운 경험들을 시각적으로 나타냄으로써 내담자는 그들의 삶의 다른 영역으로 일반화할 수 있는 방식의 숙련감을 증진할 수 있다. 자신의 감정을 그림으로 그리거나 찰흙으로 만들면서 내담자들은 현실에서도 이 감정들을 효과적으로 잘 다룰 수 있음을 알게 된다. 사이코사이버네틱 모델을 활용한 집단미술치료 회기에서 오랫동안 불법 약물을 복용해 온 한 젊은 여성은 시작한 지 불과 몇 회기만에 어머니에 대한 감정을 직면할 수 있었고, 서로가 받아들일 수 있는 갈등 해결책을 찾을 수 있었다. 또한 22세의 흑인 남성은 헤로인을 다시 시작하려던 차에 미술치료를 4회기 받은 이후로 약물에 대한 집착과 초조함을 떨쳐 낼 수 있었다. 이후 보고에 의하면 그는 1년 반이 지나도록 약물을 복용하지 않았다.

사이코사이버네틱 모델은 내담자들이 우울 증상을 정확히 이해하고 분노를 상징적으로 표현할 수 있도록 돕는다. 혼란스럽던 그들의 삶은 더 나은 대처 방식을 알 수 있도록 정리된다. 또한 이 모델은 시각적 의사소통 형태와 언어적 의사소통 형태를 결합하는 방법을 가르쳐 준다. 이 모델의 적용은 다른 개입 방식을 사용했을 때보다 더 나은 결과를 가져왔다.

제2장

미술치료와 사이코사이버네틱스 그리고 시스템

비교적 최근의 개입 양식인 미술치료는 갈수록 많은 정신건강 전문가에 의해 사용되고 있다. 미술치료의 뿌리는 고대로 거슬러 올라갈 수 있지만, 미술치료를 관찰하거나 그에 참여하는 사람들뿐 아니라 그것을 실행하는 사람들조차 헷갈리는 점이 많다. 많은 미술치료사는 미술치료가 논리적인 대화의 한계를 초월한다고 생각하는 경향이 있다. 그들이 주장하는 미술치료의 의미는 언어적인 설명이 아니라 오직 경험을 통해서만 이해할 수 있다. 그들에 의하면, 미술치료가 무엇이고 어떻게 실시하는 것인지 말로 설명하는 것보다 차라리 동그라미를 네모로 만드는 것이 더 쉽게 느껴질 것이다.

사이코사이버네틱의 개념은 미술치료가 무엇인지를 이해하고 어떻게 실시하는지를 배우는 데 있어서 유용하다. 사이버네틱스라는 용어는 '지도자helmsman' 혹은 '조종사navigator'라는 뜻의 그리스어에서 유래되었다. 이 개념은 1947년 노버트 위너Norbart Weiner에 의해 소개되었으며, 다양한 시스템 내에서 목표 지향적 행동을 체계화하는 정보의 흐름을 연구하는 분야를 뜻한다. 필자는 사이버네틱스의 개념으로부터 사이코사이버네틱 모델 미술치료라고 불릴 수 있는 개념을 발전시켰다. 이 모델은 정신건강 전문가들이 개입 과정의 여러 단계에서 주의를 요하는 특별한 과제를 수행할 때 명확한 지침을 제시한다. 또한 그것은 도움이 될 수는 있지만 미술치료에 비해 지엽적인 다른 활동들을 미술치료와 구분할 수 있도록 돕는다.

1. 미술치료란 무엇인가

사이코사이버네틱 관점에서 바라볼 때, 미술치료는 경험을 통합하고 새로운 행동 방안을 파악하기 위해 이미지imagery를 인식하고 외부화하여 묘사한 다음에 그것을 부호화하는 과정으로 정의 내릴 수 있다.

이미지는 사이코사이버네틱 모델 미술치료의 핵심 요소이다. 미술치료는 다양한 삶의 경험에 대응하여 자발적으로 생겨나는 이미지를 양성하고, 명료화하며, 시각적으로 표현하는 과정이다. 이미지는 삶의 경험을 상징화하거나 결정화한 것이다. 삶의 경험은 자발적, 의도적으로 이미지로 압축된다. 언어 그 자체는 이미지가 결빙된 체계로 볼 수 있다. 그런데 이러한 수준의 상징화는 과연 무엇을 위한 것일까? 우리는 왜 꿈을 꾸면서 저절로, 혹은 미술 활동을 하면서 의도적으로, 또는 은유적인 형식의 말로 이미지를 만들어 내는 능력을 갖추고 있을까?

이미지의 개념이 초기 행동주의자들에게서 배척당하다가 되살아나고서야 그것에 대한 많은 이론이 활발하게 제시되었으나(Holt, 1964), 여전히 이미지의 기능은 사람들의 마음을 혼란스럽게 한다. 사이코사이버네틱스의 관점에서 이미지는 시스템 내에서 정보의 흐름을 조절하는 기능을 한다고 상정할 수 있다. 이미지는 정보를 응축한다. 이미지가 정보를 저장하면 그것은 분류된 후 이미 시스템에 들어온 다른 정보와 비교되며, 한 곳에서 다른 곳으로 또는 한 번에 다른 곳으로 전송된다. 이미지에 대한 자세한 내용은 제3장에서 더 논의할 것이다.

다른 미술치료 형식에서처럼 사이코사이버네틱 모델 미술치료 또한 의사소통 과정으로 볼 수 있다. 내담자와 치료사 간에는 생각과 감정이 교류된다. 전형적인 심리치료에서는 정보의 교환이 주로 언어로 이루어진다. 그러나 사이코사이버네틱 모델 미술치료에서는 의사소통 과정이 시각적 산물의 도움을 얻어 유발되고, 촉진되며, 유지된다. 더욱이 의사소통을 전달하는 시각적 산물은 전문적인 기술이나 설명 없이 내담자가 자발적으로 생산해 낸다. 또한 드로잉, 회화, 조각 또는 그 밖의 다른 표현들로부터 나온 시각적 산물은 그것을 만든 이와 치료사에 의해 평가되지만, 이는 미적으로 뛰어난 점을 보는 것이 아니라 작품이 전달하는 개인적인 감정, 사고, 경험을 보는 것이다.

이것이 어떻게 가능한가? 전문적인 노하우 없이 어떻게 의사소통을 하는가? 많은 미술치료사는 이에 대해 의문을 품었다. 바로 이 문제를 둘러싸고 생각이 달랐던 두 갈래의 학파가 미술치료 전문가들 사이에서 생겨났다. '치료로서의 미술art as therapy'로 알려진 미술치료의 한쪽 학파는 내담자가 기본적인 기술을 완전히 연마하지 못하면 가치 있는 의사소통을 할 수 없다고 보았다. "미술심리치료art psychotherapy"라고 알려진 미술치료의 다른 학파는 미술 표현의 감각은 타고난 것이고, 시각적 감각은 인간 내부에 현저히 존재하기 때문에 미술을 전혀 배우지 않아도 많은 정보가 그 사람에게 전달될 수 있다고 주장하였다.

사이코사이버네틱 모델 미술치료는 내담자의 이미지를 자극하기 위해 간단한 미술 재료를 사용한다. 그리하여 이전보다 경험을 잘 분류하고, 검열하고, 검토하고, 직면하고, 통합 및 이해할 수 있게 한다. 복잡하고 두려운 경험들을 일단 외부로 나타나면 마음속에 비밀스럽게 간직할 때보다 훨씬 덜 무섭게 느껴진다.

우리는 어려운 경험을 말로 이야기할 때에도 마음이 편안해짐을 알고 있다. 그렇다면 언어적 의사소통과 비교할 때 시각적 표현의 장점은 무엇일까?

앞서 이야기했듯이, 언어는 결빙된 형태의 이미지이다. 더구나 언어는 원래 표현하려던 대상이 아니라 한 단계를 거쳐 내려온 것이다. 언어는 사람의 경험을 정확하게 맞추기 위해 맞춤화된 것이 아니다. 단어는 마치 기찻길과 같다. 감정은 이 '선로'로만 계속 나아가야 한다. 선로가 없는 곳에서는 감정이 나아갈 수 없으며, 소통도 이루어지지 않는다. 언어는 사회적으로 의미가 있는 경험들을 표현하기 위해 생겨났다. 사적인 경험은 그것을 지칭할 적당한 단어가 없을 때가 자주 있다. 우리는 어떤 문화에서는 생존과 관련하여 중요한 단어들이 풍부한 반면, 다른 경험들은 언어적으로 빈약하게 표현된다는 것을 알고 있다. 가장 적절한 사례로 에스키모의 언어를 들 수 있다. 에스키모 사람들은 눈을 나타내는 단어를 스무 가지나 갖고 있다. 반면에 서구 언어에서는 이러한 비의 결빙된 형태를 명명하는 단어가 몇 개 없다.

시각적 형태의 표현은 독창적이라는 장점이 있지만, 그에 비해 언어는 다소 "진부하다". 누군가는 시인이 되어 다른 사람의 말에 관여하면서 고리타분한 언어 형태를 없애 주어야 한다. 반면, 시각적 표현은 경험을 신속하게 옮겨 놓은 것에 가깝다. 이미 우리 자신을 구성하게 된 경험에 언어적인 명칭을 붙이기 전에 우리는 오랜 시간에 걸쳐 세상을 깊이 경험하고 바라본다. 나중에 이런 기본적인 경험 중 일부가 시각적 표현 수단과 관계를 맺을 수 있다. 한 장의 그림이 천 단어의 가치가 있다는 말이 이를 잘 보여 준다.

시각적 형태의 표현이 매우 영향력 있다는 사실을 뒷받침하는 또 다른 중요한 이유가 있다. 시각적 형태의 표현이 가진 힘은 바로 우리 뇌가 구성되는 방식과 관련이 있다. 뇌의 두 반구는 각기 달리 정보를 처리한다고 본다. 반구 중 한 부분은 우리가 말하고, 분석하고, 이성적으로 추론할 때 더욱 활성화된다. 비우세 반구라고 불리는 나머지 반구는 우리가 직관을 사용하거나 전체적으로 사고할 때, 시공간적 과제를 수행할 때 더욱 활성화된다(Sheikh, 1983). 미술을 배우지 않았다고 하더라도 사람들은 모두 양쪽 대뇌 반구를 가지고 있기 때문에 사이코사이버네틱 모델 미술치료에서 사용하는 시각적 형태의 의사소통이 주는 유익을 누릴 수 있다.

이 장에서 우리가 중요하게 다룰 것은 사이버네틱스라는 개념을 설명하고 이것을 발생시킨 일반체계이론을 논하는 것이다. 더불어 사이코사이버네틱 모델 미술치료를 비롯한 여러 접근 방식과 마음의 기능을 이해하는 데 있어서 사이버네틱스의 개념이 얼마나 중요한지를 세부적으로 논의하고자 한다.

2. 사이버네틱스

사이버네틱스cybernetics는 시스템 내에서 목표 지향적 행동을 체계화하는 정보의 흐름을 연구하는 분야이다. 사이버네틱스라는 용어는 위너가 만든 개념으로서 의사소통과 제어 체계에 관한 여러 문제를 함께 연구하고자 했던 수학자, 전기 공학자, 생리학자 등 다소 이질적인 구성원으로 이루어진 그룹이 공통적으로 지녔던 관심사를 지칭하였다(Wiener, 1947). 많은 사람이 위너의 책이 출간된 후 그 용어를 알고 있었음에도 불구하고, 이와 관련된 언급은 다소 불분명하였다. 케네스 세이어Kenneth M. Sayre는 기계적 시스템 내에서 실행 가능한 시뮬레이션의 관점으로 이루어지는, 특히 인간을 포함한 살아 있는 유기체들의 의사소통과 제어 기능에 대한 연구를 사이버네틱스라고 지칭하기 위해 이 개념을 사용하였다(Sayre, 1976).

사이버네틱스의 개념은 위너가 용어를 새롭게 사용하기 훨씬 전부터 자연과학이나 사회학에 알려져 있었다. 플라톤Plato은 정치기술의 경제적인 측면을 설명하는 데 사이버네틱스의 개념을 사용했다. 프랑스의 철학자 앙드레 마리 앙페르André-Marie Ampére도 시민 정치학에서 "cybernetique"라는 용어를 사용하였다(Dechert, 1966). 세기가 바뀌면서 클로드 베르나르Claude Bernard 같은 생리학자들은 유기체의 내적 평형력 회복을 위해 작용하는 항상성의 과정을 완전히 이해하였다. 캐넌(Cannon, 1932)은 신경생리 현상 중 자기조절의 측면에 대해 더 깊이 논의하였다. 그리고 1940년대 초반에 물리학자와 전기 공학자, 수학자들이 산업과 군사를 목적으로 사용되는 자기조절 시스템의 자동 제어 장치servomechanism를 연구했다. 위너는 적절한 시점에 다수의 과학적인 사고를 공식화한 공로를 인정받을 만한 자격이 있다. 그 아이디어가 지금까지 이어져 소위 두 번째 산업혁명으로 불리기까지 한다. 첫 번째 산업혁명은 기존의 에너지를 기계 에너지로 대체했지만, 두 번째 산업혁명에서는 기계를 조종하는 주체가 인간의 생각에 의해 설계되고 관찰되는 인간의 컴퓨터로 바뀌는 것이다.

사이버네틱스는 다양한 시스템이 의도적인 목표를 달성하는 과정을 연구한다. 사이버네틱스의 원리는 목표 지향적인 기계, 로봇, 컴퓨터를 만드는 것을 가능하게 하였다. 목표 지향성은 소위 행동을 지시하거나 안정화시키는 정보 에너지를 통해 달성된다. 피드백은 시스템의 에너지 또는 정보 출력의 일부가 시스템의 동작을 안정화하거나 지시하기 위해 다시 시스템으로 돌려지는 과정이다. 유기적인 시스템과 인간 행동, 사회 체계, 여러 복잡한 인공기계에서도 이와 같은 자기조절의 기본 원리를 발견할 수 있다.

일반적으로 피드백은 두 가지 형태로 구분할 수 있다. 하나는 긍정적인 피드백으로 불리며, 다른 하나는 부정적인 피드백으로 불린다. 긍정적인 피드백은 시스템의 활동을 증가시키지만, 부정적인 피드백은 활동을 감소시키거나 없앤다. 긍정적인 피드백의 예로 끊임없이 잔소리를 하는 배우자를 들 수 있는데, 이 사람은 시스템, 즉 결혼 생활의 에너지를 활성화시킨다. 한 사람이 심하게 잔소리를 할수록 다른 사람은 관계에서 물러서게 되며, 잔소리를 듣는 배우자가 물러설수록 잔소리는 더 심해진다. 즉, 잔소리와 물러섬은 둘 다 서로에게 영향을 준다. 긍정적인 피드백의 또 다른 예로 겁 많은 어린이를 들 수 있다. 그는 또래의 괴롭힘을 부추길 수 있고, 그로 인해 결국 아이의 불안감이 더욱 깊어지게 된다.

부정적인 피드백은 기본적으로 주어진 조건에서 시스템이 크게 벗어나는 것을 방지하고 그러한 일탈을 "무효화한다". 생리적 과정의 상당수가 부정적인 피드백의 예라고 할 수 있다. 예컨대, 눈의 동공은 빛이 밝을 때 수축되고 어두울 때 확장된다. 온도 조절을 포함한 기타 여러 신체 운동 또한 부정적인 피드백의 예시이다.

사이버네틱스라는 개념은 모든 수준의 유기체, 비유기체의 삶에 적용될 수 있으며, 그러한 삶의 과정은 복잡한 피드백 루프로 인식된다. 예컨대, 자연선택의 과정은 변화하는 환경에서 항상성 있게 삶을 유지하는 큰 규모의 부정적인 피드백의 한 예이다(Sayre, 1976).

물리학과 화학에서 시스템의 상태는 이전 상태에 영향을 받은 결과로 여겨진다. 그에 반해서 유기체의 영역에서는 많은 삶의 과정이 이후의 상태와 기능적으로 연관된다. 굴성屈性, Tropism과 다른 목표 지향적 활동들이 이 영역에 속한다. 여기서 시스템의 현재 상태로부터 발생하는 활동들은 사실 예견된 미래 목표 형태로서의 기능이라고 볼 수 있다(Sayre, 1976).

사이버네틱스는 자연과 인간 사회, 산업 분야에서 일어나는 복잡한 과정을 잘 이해할 수 있도록 포괄적인 방법을 모두 제시한다. 사이버네틱스는 세 갈래로 나뉘어 발전했는데, 그중 첫 번째는 이론적인 사이버네틱스 개념으로서 수학적이고 철학적인 문제를 다룬다. 두 번째는 정보 수집과 정보 처리를 포함하는 제어 시스템을 다룬다. 세 번째는 사이버네틱스를 인간 행동 분야에 적용하는 것과 관련이 있다(Dechert, 1966).

삶의 모든 수준에 복잡한 피드백 루프가 존재한다는 것은 우리로 하여금 세상 자체가 거대한 기계라기보다는 커다란 생각일 수 있다는 사실에 주목하게 만든다. 예컨대, 케임브리지학파의 저명한 영국인 과학자 제임스 진스Sir James Jeans는 다음과 같이 말했다. "마음mind은 문제의 영역에 있어 더 이상 뜻밖의 불청객이 아니다. 우리는 그것을 문제 영역의 창조자이며 지배자로 여겨야 할지 모른다(Foster, 1975, p. 164)."

사이버네틱스의 원리는 바이오피드백 형태의 완전히 새로운 헬스 케어 방식을 생산하였다. 바이오피드백은 인류 진화의 새로운 단계를 이룰 것으로 기대되는 과학적 돌파구로 여겨져 왔다(Karlins & Andrews, 1972). 비록 바이오피드백의 기초를 이루는 원리들이 탄탄하지만, 도구의 정확성과 신뢰도, 비용과 같은 부분에서는 아직 개선할 점이 많다. 그리고 이러한 현실로 인해 지지자들의 열정이 약화되었다. 신체 활동을 증폭시키고 그것을 반짝이는 빛, 바늘의 움직임, 안정된 톤과 같이 쉽게 관찰 가능한 신호로 변환하는 장비의 도움으로 사람들은 자신의 뇌파와 근긴장도, 심박수, 체온, 심지어는 위산까지 조절하는 방법을 배울 수 있다. 전기 장치에 의해 모니터링되고, 증폭되며, 사람의 오감 중 하나를 통해 다시 전달되는 신경생물학적 기능은 원칙적으로 해당 개인이 조절할 수 있다(Pelletier, 1977). 바이오피드백 방식은 생리학적 상태 내의 모든 변화가 그에 상응하는 정신적·정서적 상태의 변화를 수반한다는 사실을 활용한다. 역으로, 의식적이든 무의식적이든 정신적·정서적 상태에 있어서의 모든 변화 또한 그에 상응하는 생리학적 변화를 수반한다(Green, Green, & Walters, 1970). 미묘한 내부적 상태가 개인에 의해 관찰되면 정신생리적 상태의 임의적 통제가 이루어진다. 다수의 장기와 선 분비물의 움직임은 지금까지 임의적 통제를 벗어난 것으로 인식되었으나 현재는 의도적으로 조절할 수 있다. 많은 사람이 편두통과 심박수를 조절하고, 혈압을 낮추는 방법을 배울 수 있게 되었다(Girdano & Everly, 1979).

인간 시스템에 혹은 시스템 내부에 일어나는 모든 일은 행복하거나 고통스러운 상태로 기록된다. 이러한 상태는 지나간다고 할지라도 시스템 내부에 신경생리학적 흔적을 남긴다. 이러한 흔적들은 사이버네틱스의 원리를 수행하는 다양한 피드백 장치의 도움으로 관찰될 수 있다.

3. 이미지와 사이코사이버네틱스

정교한 전기 장치를 필요로 하지 않음에도 불구하고, 여전히 서구 문화에서 전반적으로 저평가되고 있는 피드백 장치의 한 유형은 바로 이미지이다.

이미지는 정보를 응축한다는 점에서 자연발생적인 피드백 장치로 인식될 수 있다. 다양한 삶의 경험에 의해 촉발되는 이미지는 마음속에서 자발적으로 생겨나기도 하며, 또한 인간 시스템의 상태를 점검하기 위해 의도적으로 활성화되기도 한다. 이것은 사이코사이버네틱 미술치료 모델뿐만 아니라, 정신건강 전문 분야에 점차 스며들고 있는 이미지 기법들의 다양한 응용에 의해서도 이루어지고 있다(Korn & Johnson, 1983). 그동안 많이 간과되었던 강력한 정보의 원천인 이미지는 정신건강 전문가들에게 점차 널리 활용될 것으로 기대된다. 이 강력하지만 자주 간과되는 에너지의 원천을 활용하는 한 가지 방법이 바로 미술치료이다.

정보는 다양한 지각 통로를 통해 지속적으로 들어오며, 다섯 가지 감각 양상 중 어느 하나로 상징화된다. 시스템 내부와 외부로부터 새롭게 들어온 정보는 분류되고, 부호화되며, 기존의 정보와 통합되어야 한다. 새로운 정보가 이미 저장되어 있던 정보와 통합되지 않으면 메시지가 아닌 잡음으로서 작용할 것이다. 또한 시스템의 기능이 정보의 부족뿐만 아니라 과다에 의해서도 방해를 받는다는 사실이 중요하다. 만일 시스템이 다양한 경험에서 온 정보들로 넘쳐난다면 그것들을 이미지로 압축함으로써 저절로 감당할 수 있게 된다. 범람하는 과도한 정보의 유입은 이러한 방식으로 점차 분류되며, 결국 시스템 내에서 이미 사용 가능한 정보들과 관련을 맺게 된다.

유입된 정보가 흡수되면서 기존에 얻은 정보를 재평가하고, 재부호화하는 것이 불가피해진다(Nucho, 1966). 이를 통해 결국 시스템의 목표를 수정하게 된다. 이는 끊임없이 반복되는 과정이며, 사이코사이버네틱 미술치료 모델은 이와 관련하여 많은 도움을 제공할 수 있다.

사이코사이버네틱 미술치료 모델은 사람들이 목적 의식이 있는 정보를 검색하고, 정보를 처리하는 행동 시스템이라고 가정한다. 미술치료사의 임무는 내담자가 목표 지향적 행동을 적절하게 추구할 수 있는 관련 정보들의 내적 틀을 구축할 수 있도록 다양한 삶의 경험에서 나온 정보를 통합하는 것을 돕는 것이다. 사이코사이버네틱 관점에서 볼 때, 미술치료는 정보 처리 과정으로 인식될 수 있다. 또한 동일한 관점에서 미술치료는 다양한 삶의 경험에 맞추어 생겨나는 이미지의 형태로, 내부적으로 생성된 신호 시스템을 구축하고 해석하는 과정으로 정의 내릴 수 있다. 치료사는 내담자가 이미지에 담긴 정보의 흐름을 촉진시키도록 돕는다. 이를 통해 내담자는 이용 가능한 다양한 선택 사항을 식별하기 위해 이미지를 검토하게 된다.

사이코사이버네틱 모델의 개입 과정에서 이미지는 검토되며, 언어와 같은 보다 관습적인 상징 시스템으로 점차 변환된다. 이미지는 구체화시키지 않으면 순간 흘러가 버린다. 따라서 이미지를 시각적 형태 혹은 다른 확실한 형태로 표현할 필요가 있다. 이미지가 하나의 형태로서 주목을 받지 못하면 같은 정보가 달리 재출현하는데, 전보다 덜 바람직한 형태로 나타날 수 있다. 꿈이나 미술 표현에서 시각적 이미지로 나타나는 정보가 무시될 때, 그것은 신체적 증상이나 행동의 징후로 재출현한다. 만약 에너지가 신중하게 부여되었다면 이를 검토할 필요가 있으며, 그것이 가진 힘과 방향을 이해해야 한다. 이것이 목표 지향적 행동을 뒷받침하는 인간 기능에 관한 사이코사이버네틱의 관점이다.

이미지는 신경 체계의 규모를 넓히지 않고서도 인간의 정보 처리 과정과 습득 능력을 확장한다. 이미지의 기본적 기능은 의사소통이라고 할 수 있으며, 다양한 수준의 시스템 내부에서 정보를 교환하기도 하고, 외부 시스템에 정보를 전파하기도 한다. 결국 관련성 없는 별개의 경험보다는 이미지의 도움을 통해 더욱 넓은 범위의 경험을 점검할 수 있고, 그로부터 유익을 얻을 수 있다.

이미지는 매우 효과적인 정보 처리 형태이다. 예상되는 사건이 일어나기 전에 행동이 시작되고 목표가 설정된다. 이미지는 사람들에게 실제로 존재하는 것 이상의 상황에 대해 반영할 수 있는 능력을 부여하며, 특수한 것에서 일반적인 것에 이르기까지 상황을 숙고할 수 있는 능력을 길러 준다. 따라서 이미지는 인간이 정보를 습득하고 활용하는 능력이 뛰어나다는 사실에 근거한다. 다른 많은 종은 여러 면에서 인간보다 뛰어나다. 예컨대, 돼지는 사람보다 영양분을 활용하는 능력이 좋고, 코끼리는 사람보다 더 많은 양의 에너지를 얻는다. 그렇지만 어떤 동물도 인간보다 우월한 정보 습득, 정보 처리 능력을 갖고 있지 못하다. 이미지는 너무나 오랫동안 간과되어 왔던 중요한 정보 처리 수단 중 하나이다. 더불어 이미지는 사이코사이버네틱 미술치료 모델이 양성할 수 있는 주된 자산이다. 다음 장에서는 이러한 과정이 어떻게 이루어지는지를 세부적으로 다룰 것이다.

사이코사이버네틱의 개념에 대해 한 가지 더 짚고 넘어갈 것이 있다. 성형외과 의사는 일찍이 인간 행동의 변화에 사이버네틱의 개념을 적용하고자 노력했다. 맥스웰 맬츠Maxwell Maltz는 성형외과 의사와 상담하는 많은 사람이 수술 이상의 것을 필요로 하며, 수술은 전혀 필요로 하지 않음을 관찰했다. 그는 사람의 자아상을 바꿈으로써 영적인 주름이 제거되고 정서적인 상처가 치유되는 이득을 볼 수 있다고 생각했다. 맬츠는 만약 어떤 사람이 자기 자신을 받아들일 수 있고 성취감을 누릴 수 있다면, 그는 자신의 외모를 받아들 수 있을 것이라고 가정했다. 맬츠는 자아상에 담긴 강한 의도의 힘, 그것이 인간의 행동을 어떻게 변형시킬 수 있는지에 대해 정확하게 확인하였다. 또한 그는 휴식의 가치와 다른 여러 실천적 방법에 주목했으며, 이것이 다양한 스트레스 관리 프로그램으로 발전하였다(Strobel, 1983). 그러나 내제로 그의 작업은 영감을 주는 긍정적인 사고와 성공적인 사업가에 관한 일화가 다소 뒤섞인 이야기라고 볼 수 있다. 위너(Wiener, 1947), 펜필드와 제스퍼(Penfield & Jasper, 1954)의 작업을 알고 있었음에도 불구하고, 사이코사이버네틱의 아이디어는 다소 빈약하며, 대개 긍정적인 자아상을 형성하는 것에 국한되어 있다(Maltz, 1960).

맬츠의 작업이 끌었던 인기는 부분적으로는 스스로를 기계 이상의 존재로 바라보고자 갈망했던 사람들에 의한 것이었다. 심리학에서 소위 제3세력이라고 불리는 것이 도입되면서 맬츠가 발전시켰던 자기결정self-determination과 자기책임self-responsibility의 주제는 복지 분야에서 전반적으로 더욱 잘 이해되고 수용되었다. 인간은 더 이상 복잡한 기계나 문명화된 동물이 아니라 스스로를 실현하는 존재로 여긴다(Maslow, 1986).

이 책에 사용되는 사이코사이버네틱스라는 용어는 마음의 기능에 사이버네틱의 개념을 적용하는 것을 의미한다. 그리고 앞서 언급했듯이, 사이버네틱스는 현재 대부분의 사회과학 분야에 퍼져 있는 일반체계이론의 한 갈래이다.

4. 일반체계이론

일반체계이론general system theory은 다양한 수준의 현실이 맺고 있는 상호 관련성에 대한 이해를 위한 통합적 틀을 제공한다. 이것은 종과 환경 사이의 상호 관련성을 강조하는 생물학적 이론에서 발전되었다. 일반체계이론은 현상의 상호 관련성에 근거하기보다는 단편적으로 현실을 조각내어 분석하는 단순한 반응 이론에 반대한다.

버털런피(Bertalanffy, 1968)는 일반체계이론의 창시자로 널리 알려져 있다. 그는 시스템을 "각 부분과 프로세스가 상호 관련성 속에서 이루는 역동적 체계"라고 정의했다. 시스템의 또 다른 정의는 "조직화된 복잡성"이다. 버털런피가 내린 또 다른 정의가 있는데, 이는 "상호작용하는 일련의 요소들"이다. 이렇게 상호작용하는 "요소들"에는 세포와 장기, 유기체, 사람 기관, 국가, 문화, 태양계 등이 있다. 모든 시스템은 더 작은 시스템으로 이루어져 있으며, 한 시스템은 어떤 큰 시스템의 일부이다. 개인은 하나의 시스템이며, 부분적으로 자신이 속한 시스템에 의해 결정되고, 결국 자신이 속한 시스템 그리고 자신을 구성하는 하부 시스템에 영향을 미치고자 노력하게 된다.

시스템은 여러 개체가 상호 영향을 주고받는 것이라고 설명할 수 있다. 일반체계이론은 직선적인 인과 관계보다는 자연과 사회 영역의 개체들이 맺는 호혜적이고 상호 밀접한 관계를 설명한다. 시스템은 본질적으로 영향의 상호성이다. 이 반응들은 한 방향으로만 가는 것이 아니라 양방향으로 진행된다. 이것은 침대에 빗대어 설명할 수 있는데, 한 부분에 압력을 주면 침대 전체로 힘이 퍼져 나간다. 혹은 시스템을 그물에 빗대어 한 부분을 잡아당기면 그물 전체가 그에 반응한다는 것을 알 수 있다. 마찬가지로, 사회적 문제가 미치는 영향은 기존의 다른 이론적 모델보다 시스템 이론을 통해 더 쉽게 이해할 수 있다. 예컨대, 큰 공동체의 문제는 가족에게 영향을 주고, 결국은 가족 구성원에게도 영향을 미치게 된다. 가장이 직장을 잃으면 결혼 생활이 어려워진다. 지붕을 수선하거나 생활필수품을 살 돈이 없으면 아이들이 일탈하게 되고, 학업 수행이 나빠지는데, 그것은 결국 가족 관계 전체에 영향을 주게 된다. 호수에 던진 돌처럼 잔물결은 계속해서 일어난다.

시스템은 폐쇄형과 개방형으로 구분할 수 있다. 폐쇄된 시스템은 외부 물질을 받아들이지 않는다. 따라서 열역학 제2법칙에 따라 엔트로피의 지배를 받는다. 온도나 바람의 변화와 같은 외부의 에너지는 폐쇄된 시스템에 영향을 미칠 수 있지만, 그것은 스스로를 회복시킬 수 없으며 외부로부터도 인풋을 받지 못해 결국 붕괴하게 된다.

모든 살아 있는 유기체는 각각 에너지가 투입, 산출되고 환경과도 폭넓게 상호작용하기 때문에 비교적 개방된 시스템이라고 할 수 있다. 비교적 안정된 상태에서는 외부의 에너지가 침입하면서 내부의 체계와 형태를 어지럽힐 수 있다. 결국 시간이 흐르면서 시스템의 각 부분이 더욱 복잡해지고 차별화되는 가운데 시스템의 체계가 확장된다(Allport, 1960).

시스템 이론이 사회과학 분야에 알려지기 전에는 문제 해결에 있어 분석적인 접근이 지배적이었다. 사회복지 전문가들은 전체가 각 부분의 합 이상이라는 게슈탈트 개념에 영향을 받았음에도 불구하고, 현상을 조각조각 잘라서 분석하였다. 사람과 사건도 마치 케이크의 층처럼 하나씩 분리하여 검토되었다. 그러나 현재는 사람과 사건이 엄격히 분리되어 있기보다는 그것들이 지속적으로 상호작용한다고 본다. 여러 힘의 관계는 레이어 케이크보다는 마블 케이크에 더 가깝다. 사건은 내용물이 각기 들어 있는 6개들이 맥주 팩이 아니라 모든 구성요소가 섞여서 서로에게 영향을 주는 펀치 그릇과도 같다. 지금 우리가 일반체계의 관점에서 바라보고 있는 현실은 상호 연관된 독립체로 이루어진 시스템이라고 할 수 있다. 한 부분에서 일어난 변화는 결국 시스템 전체에 영향을 준다.

일반체계이론은 전통적인 의미의 이론이라기보다는 일련의 핵심 개념을 기반으로 만들어진 개념적 모델이다. 이러한 개념 중 일부는 견고하거나 유동적일 수 있는 경계이므로 개방적 혹은 폐쇄적 시스템을 발생시킨다. 또 다른 핵심 개념은 안정된 상태 혹은 항상성homeostasis으로서 역동적인 평형 상태dynamic equilibrium라고 불리기도 한다. 덧붙여 또 하나의 핵심 개념은 이 장의 앞부분에서 자세히 논의한 피드백 루프를 통한 자기수정self-correcting의 경향성이다.

5. 정보 처리와 이미지

핵심 개념 중 한 가지인 정보information에 대해 이 맥락에서 언급할 필요가 있다. 정보는 받는 이에게 의미가 있는 메시지 혹은 신호의 배열이다. 정보는 둘 이상의 시스템 수준 간의 불확실성을 줄여 주는 데이터이다. 정보는 예측 가능성을 높여 주기 때문에 시스템을 제어하는 능력도 함께 향상시킨다(Sayre, 1976, p. 23). 인지는 일련의 정보 처리 능력을 뜻하는데, 여기에 대해서는 다음 장에서 더 자세히 설명하겠다. 수세기에 걸쳐 철학자들과 심리학자들을 곤혹스럽게 할 정도로 불가사의한 현상인 의식 또한 정보 처리의 한 형태이다. 시스템 이론의 관점에서 볼 때, 의식은 중요한 정보 처리 장치로 여겨진다. 버털런피의 말대로 사람은 단순히 도구를 만들어 내기보다는 상징을 만들어 내는 존재이다.

이미지는 상징을 형성하는 도구 중 하나이다. 이미지는 내부와 외부 환경의 변화를 기록하고, 유기체 내의 처리 과정을 활성화하여 시스템이 다양한 하위 시스템과 그것을 둘러싼 환경 사이에서 적절한 관계를 회복하도록 해 주는 내부 센서이다. 이미지는 사이버네틱의 원칙에 따라 에너지를 전달한다. 이미지는 유기체 내의 에너지를 프로그래밍하고, 총괄하고, 관리한다. 이를테면 이미지가 강바닥을 파내면 에너지가 강바닥에 난 길을 따라 물처럼 흘러간다.

이미지가 유기체 내의 에너지 통로 역할을 하는 이러한 성향은 건강관리와 심리치료에 활용될 수 있다(Simonton et al., 1978). 신체 에너지는 실제와 가상 사건의 차이점을 알지 못한다. 실제의 경험뿐만 아니라 상상의 경험에도 반응하여 근육이 수축하고 샘이 분비된다. 아직 잘 모르겠다면 손에 들린 시원하고 신선한, 향긋한 노란 레몬 한 조각을 베어 먹는다고 한번 상상해 보라. 레몬즙이 턱을 따라 흘러내릴 것이다. 자, 입안에서 무슨 일이 일어났는가? 마찬가지로 대개 자율적인 제어가 불가능하다고 인식되던 마음 깊은 곳까지 시각적 이미지를 통해 프로그래밍할 수 있다. 우리는 의도적으로 만들어진 이미지를 가지고 참신한 개념을 고안하고 새로운 경험을 불러일으킬 수 있다. 특히 운동선수들은 유기체 내의 에너지를 전달하는 이미지의 힘을 이미 활용하고 있다. 그들은 다가올 시합에 대해 의도적인 이미지를 가지고 신체를 미리 훈련시킨다(Winter, 1981).

6. 결론

생물학에 근원을 둔 일반체계이론은 1950년대에 사회과학 분야에 조금씩 스며들다가, 1960년대에 이르러서는 분야 전체로 퍼져 나가기 시작했다. 1980년대에는 변화무쌍한 인간사의 복잡성을 이해하는 데 있어 필수적인 도구가 되었다. 일반체계이론은 인간과 사회를 가지각색의 환경 내에서 상호작용하는 복잡한 자기조절 시스템으로 본다. 사이버네틱스는 복잡한 시스템과 그것의 자기조절 능력을 분석하는 개념적인 틀이다.

이제 우리는 더 나아가 시스템과 이미지의 도움을 얻는 자기조절이 어떤 특성을 지니는지에 대해 더 깊이 논의하고자 한다. 그런 다음 미술치료에서 상징 시스템이 어떻게 구성되고 부호화되는지를 구체적으로 다룰 것이다.

제3장

이미지와 인지

사이코사이버네틱 모델은 개인의 기능을 향상시키기 위해 이미지의 의미를 양성하고, 표현하며, 이해하는 방식이라고 할 수 있다. 사이코사이버네틱 개입 방식에서 이미지는 매우 중요한 요소이다. 이 장에서는 여전히 이해하기 어려운 이 현상, 즉 그것의 주된 양상, 인지와의 관계, 창의적 과정에서의 위치에 대해 살펴보고자 한다.

이미지가 지닌 힘은 인류 역사를 통해 널리 인정 받아 왔다. 이미지는 종교에서 신앙을 고취시키는 데 사용되었으며, 교육 분야에서는 정보 전달 차원에서, 치료 분야에서는 신체 발달에 영향을 미치는 긍정적 정서를 불러일으키기 위해 다루어졌다(Korn & Johnson, 1983). 이미지는 특정한 열정을 불러일으키기 위한 선진의 역할을 하며, 광고 분야에서는 욕구와 갈망을 자극하는 데 쓰인다. 또한 이미지는 여전히 신비한 아우라를 간직하고 있다. 윈스턴 처칠Winston Churchill의 러시아에 대한 언급으로 비유하자면[1)], 이미지는 퍼즐 속에 미스터리로 포장된 불가사의한 수수께끼와도 같다.

---

1) I cannot forecast to you the action of Russia. It is a riddle wrapped in a mystery inside an

이러한 이미지의 개념 자체가 냉철한 과학자들에게 강한 열정을 불러일으킬 만하다. 이미지와 관련해서 두 가지 입장이 있다. 어떤 이들은 이미지의 힘을 가장 진화된 형태의 창의성의 원천으로서 높이 평가하는 반면, 다른 이들은 이러한 생각을 거부한다. 어떤 이들에게 이미지는 초개인적이고 심지어 신성한 어떤 것을 의미한다. 이 입장을 가장 강하게 고수하는 이들은 힌두교 신학자들이다. 그들은 이미지가 초자연적 영역으로부터 메시지를 전달한다고 본다. 신이 자신을 드러내는 여러 종류의 분신Avatras이 있다. 첫 번째는 크리슈나Krishna와 같이 성육신incarnation을 하는 것이다. 두 번째는 양심의 작은 속삭임과 같이 신이 인간의 마음에 찾아오는 것이다. 그리고 세 번째는 상징 혹은 이미지arca를 사용하는 것이다. 고대 힌두교 신학자들은 신의 뜻을 행하겠다는 결의를 불러일으킬 때, 그것이 상상에 불과할지라도 이미지를 통해 신에게 봉사할 수 있다고 보았다(Eliot, 1921).

지난 50년 동안 이미지에 대한 상반된 입장이 서구 심리학계에 널리 퍼져 있었다. 존 왓슨John B. Watson은 심리학은 행동을 연구하는 과학이므로 이미지는 다루지 않는다고 하였다(Watson, 1930). 이미지는 과학적 연구에서 더 이상 가치가 없었다. 심리학자들은 이미지 개념에 대해 점점 더 회의적이었다. 그러나 정신역동적 입장을 취하는 임상가들 사이에서는 이미지 연구에 대한 흥미가 남아 있었다. 그들은 내담자의 꿈이나 말실수에서 나타나는 이미지를 연구하기 시작했다.

컴퓨터, 사이버네틱스, 감각의 박탈에 대한 연구는 이미지를 무시하던 경향을 바꾸어 놓았다. 이러한 경향과 기타 영향력은 이즈음에 이미지가 인지의 한 형태로서 확실한 위치를 차지하고 있는 인지 이론으로 수렴되었다(Merluzzi et al., 1981). 인지 이론과 더불어 행동 수정 분야에서도 이미지에 대

---

enigma: but perhaps there is a key. That key is Russian national interest. (Sir Winston Churchill)
나는 당신에게 러시아의 행동에 대해 예측해 줄 수 없소. 그것은 미스터리로 포장된 불가사의한 수수께끼와 같소. 그렇지만 아마 답은 있을 거요. 그 답은 러시아의 국익이요. (윈스턴 처칠)

한 연구가 촉진되었다. 행동 수정의 일부 형식은 내담자로부터 나온 이미지에 의존할 필요가 있기 때문이다(Wolpe, 1958). 제롬 싱어Jerome L. Singer에 의하면, 이를 통해 행동주의자들은 "자신의 사적 경험을 직면하게 되었고, 과학의 영역에 개인의 내적 경험을 다시 수용하게 되었다"(Singer, 1974, p. 4).

1. 이미지란 무엇인가

이미지는 "감각적 특성을 지닌 사고의 표현이다"(Horowitz, 1970, p. 3). 이미지는 외부 자극이 없을 때에도 감각의 양상을 막론하고 감각과 지각에 준하는 경험을 하는 것이다. 따라서 외부 자극이 없는 상태에서도 이미지를 통해 소리, 냄새, 색, 형태, 움직임, 맛 모두를 느낄 수 있다. 이러한 감각과 지각을 일으키는 자극은 과거에는 존재했을지는 모르겠지만, 감각과 지각이 발생한 그 시점에는 존재하지 않는다(Gordon, 1972, p. 63).

이미지는 세 가지 주된 양상인 시각, 청각, 운동감각으로 나타난다. 다른 양상으로는 후각, 미각, 촉각이 있는데, 이것들은 특히 강한 영향이 수반될 때 세 가지 주된 감각 양상을 보충하고 강화하는 역할을 한다.

이미지를 형성하는 능력은 유기체가 성숙함에 따라 발전한다. 장 피아제 Jean Piaget에 의하면, 이미지 형성 능력은 대략 생후 18~24개월에 나타난다. 아기는 대개 어머니와 같은 기본적 양육자의 이미지를 처음으로 형성하게 된다. 다음 발달 단계는 내면화된 심상을 형성하는 것이다(Piaget & Inhalder, 1971).

살아 있다는 것은 주변 환경에 의미를 부여하는 것이라고 할 수 있다. 아무리 단순한 유기체라고 하여도 친구와 적을 구별할 수 있어야 한다. 유기체를 둘러싼 다수의 요인이 삶과 죽음의 차이를 만들 수 있다. 예컨대, 개구리는 망막에 내려앉은 그림자가 포식자를 암시하는지, 아니면 풍성한 먹잇감을 나타내는지 구분할 수 있어야 한다. 유기체의 진화 정도가 높을수록 정확한 지각과 해석을 요하는 요인이 더 많아진다.

이미지는 경험에 의미를 부여하는 도구이다. 우리는 아직 알지 못하는 새로운 것들을 이전에 알고 탐색한 것들과 비교하면서 이해한다.

지각perception과 인지cognition는 구별하기가 어렵다. 통상적으로 지각은 본질적으로 감각의 문제로 인식되어 온 반면, 인지는 정신 작용으로 여겨져 왔다. 그러나 지각도 역시 구별과 이해를 요한다. 그렇지 않다면 우리는 신경수용체만 다루고 있는 것이다.

지각과 인지는 서로 다른 과정이지만 밀접하게 연결되어 있다. 한 가지 차이점이 있다면 지각은 현재의 자극들이 어떻게 관계 맺고 있는지 인식하는 것을 요한다는 것이다. 반대로 인지는 과거와 현재 자극 사이의 관계를 인식하는 것을 필요로 한다. 따라서 인지는 기억을 상정한다. 지각과 인지의 또 다른 차이점은 다음과 같다. 지각의 산물은 외연적인 반면, 인지 과정의 산물은 함축적이다. 외연적 의미는 특정 사물에 명칭을 부여한다. 예컨대, "어머니"의 외연적 의미는 "여성 부모female parent"이다. 반면, 함축적인 의미는 "돌봄, 애정, 사랑" 등이다.

지각과 인지는 세상에 대한 지식을 얻는 과정이다. 문장의 서술어가 대상에 대해 단정하거나 부인하듯이, 이 둘은 모두 명제의 형식으로 표현된다.

지각이 사물에 대한 지식을 언급하는 반면, 인지는 사물의 의미를 아는 것을 뜻하고, 더 넓은 조직망net을 제시한다는 것을 유념해야 한다. 인지와 마찬가지로 지각도 지식을 제공한다. 지각이 신호를 야기한다면, 인지는 상징을 만들어 낸다.

인지와 지각, 학습, 기억, 주의와 같은 용어를 구별하기 어렵지만, 이들은 별개의 현상이며 각기 다르게 취급되어야 한다(Robinson, 1979, pp. 143-147).

2. 이미지의 유형

이미지의 유형에는 여러 가지가 있다. 꿈은 가장 널리 알려진 형태이다. 꿈은 잠을 자는 동안에 생겨나며, 지각으로 이루어진 개념적 자료이다. 꿈을 꾼다는 것은 "이미지화된 사고를 하는 것"으로 정의할 수 있다(Hall, 1953). 백일몽은 또 다른 형태의 이미지로 구성되어 있다.

이미지는 하나의 개념만을 나타내는 단일하고 순간적이며, 고정적인 것에서 점점 복잡한 단위로 성장하는 경향이 있다. 판타지는 더 크고 복잡한 이미지로서 사건을 상징화하고 시각적 혹은 다른 감각적 양상을 담아낸다. 판타지는 대개 일련의 정신적 이미지들로 구성되어 있는데, 그 이미지들은 모호한 연속성을 가지며 일반적으로 다소 유쾌한 편이다.

잠들기 직전에 자연스럽게 생겨나는 이미지를 최면술hypnogogic이라고 한다. 한편, 잠에서 깨기 직전에 나타나는 이미지는 비몽사몽hypnopomic이라고 부른다.[2)]

환각은 개인적으로 중요하며 강도가 센 내적 정보에 기초한다(Horowitz, 1972, p. 286). 이미지에 주목하면서 그것을 형성할 수 있는 사람은 극한의 스트레스 상황에서 이미지를 잘 처리하지 못하는 사람보다 환각이 생길 가능성이 낮다는 증거가 있다(Horowitz, 1970; Richardson, 1969; Thale et al., 1950).

또 다른 흥미로운 종류의 이미지로 직관적 이미지가 있다. 이것은 선명함과 정확도 면에서 마치 사진과도 같다. 이 이미지를 지닌 사람이 사실상 자신을 주체로서 여긴다는 점에서 직관적 이미지는 환각과 다르다. 아이들이 어른들보다 직관적 이미지를 더 많이 갖는다. 성장을 한 후에도 직관적 이미지를 형성하는 능력을 유지하는 성인은 많지 않다. 그들의 이미지는 대체로 모

---

2) '최면술'에 대한 이미지를 다르게 지칭한다는 의미이다.

호하고 단편적이다.

상상은 정신적인 이미지를 만들어 내는 힘이다. 또한 상상은 내적이고 사적인 수준의 정신 활동으로, 이를 소유한 사람이 외부의 관찰자에게 언어적으로 혹은 몸짓, 소리, 시각적 표상과 같은 형태로 표현하지 않으면 외부에서는 이해하기가 어렵다.

윌리엄 제임스William James는 이미지가 감각으로부터 나온다고 생각했다. 감각은 일단 경험이 되고 나면 유기체를 변환시켜서 본래 외부 자극이 사라져도 본래의 것과 똑같은 감각이 마음속에 다시 발생하게 된다. 제임스는 상상을 "전에 경험했던 본래의 것들을 그대로 복사하여 재생산하는 능력"이라고 보았다(James, 1890, p. 44). 이 복사본이 정확하다면 상상은 "재생산" 이미지 혹은 기억 이미지라고 칭할 수 있다. 서로 다른 본래 경험의 요소들이 새로운 완전체로 재결합할 때, 제임스는 이것을 "생산적"이라고 칭하였다. 다른 용어로는 "상상 이미지"라고도 한다. 또한 과거의 데이터 조합이 그대로 재생산되지 않고 자유롭게 결합된 데이터로부터 형성된 정신적 이미지를 소위 "상상 행동"이라고 부른다(James, 1890, p. 45). 마이클 가자니가Michael Gazzaniga는 이 분야에 대해 폭넓은 연구를 시행한 결과, 기억 이미지 혹은 소위 재생산 이미지는 단순히 실제 시각 체계의 전유물만은 아니며, 그것은 이미 인지적인 행위라고 주장했다(Gazzaniga, 1985, p. 132).

기억 이미지는 선택적 지각과 선택적 기억의 결과이다. 기억하고 있는 사건 중에서 두드러진 특징만이 부호화된다. 따라서 기억 이미지와 상상 이미지는 모두 마음이 만들어 낸 창의적 생산물이다.

3. 선호되는 감각 이미지의 양상

한 개인이 내적 이미지를 경험하고 표현할 때 각기 선호하는 감각 양상을 가질 수 있다. 어떤 이들은 정보의 일부분을 기억하기 위해 시각에 의존하는 한편, 다른 이들은 청각에 의존한다. 시각을 선호하는 사람은 운동 감각과 촉각적 경험을 시각적 상징으로 바꾸려는 경향이 있다. 시각화를 선호하는 사람들과 달리 소위 햅틱스haptics[3]라고 불리는 사람들은 경험을 할 때 방향 설정에 있어 주로 촉각과 같은 신체 감각에 의존한다. 햅틱스에게 감각과 인지의 주요 매개체는 바로 신체이다. 시각적인 것을 선호하는 사람들은 시각적 용어를 사용해 정보를 묘사하는 한편, 햅틱스로 불리는 사람들은 다른 방식을 사용한다. 그들은 접촉과 움직임으로 시지각을 재구성한다. 폴 로젠펠드Paul Rosenfeld는 그의 연구에서 피실험자의 47%가 시각적으로 민감한 반면, 23%는 햅틱스라는 것을 발견했다. 그리고 남은 30%는 혼합된 형태라고 언급하였다(Rosenfeld, 1924). 연구는 로젠펠드의 의견을 뒷받침하고 있으며, 흥미롭게도 시각을 선호하는 사람들과 햅틱스라고 불리는 사람들은 미술 매체를 선호하는 방식이 다르다. 시각을 선호하는 사람들은 드로잉이나 회화 같은 이차원의 표현을 즐기는 경향이 있는 반면, 햅틱스는 이미지를 표현할 때 조각과 같은 삼차원의 형태를 사용하고자 한다.

개인의 선호를 떠나 대체로 시각은 현대 사회에서 대부분의 사람이 기본적으로 사용하는 정보의 통로이다. 더욱이 모든 언어는 보는 것과 아는 것이 긴밀히 연결됨을 보여 준다. "아이디어idea"라는 단어는 그리스어 "아이딘idein"에서 유래했는데, 이는 "보는 것to see"을 의미한다. 흔히 사용하는 많은 단어가 사고와 시각을 연결한다. 예를 들어, 우리는 여러 종류의 지식을 나타내기 위해 동찰력insight, 선견지명handsight, 간과oversight 등의 단어를 사용한다.[4] 사고와 시각을 연결하는 일상 표현의 예는 다음과 같다. "내 말을 이해하니SEE?" "이 형식form을 다른 관점VIEWPOINT에서 바라보도록LOOK 하라." "세

3) 역자 주: 고대 그리스어로 '접촉(touch)'을 뜻한다.

4) 역자 주: 제시된 예시는 모두 보는 것과 관련된 'sight'가 들어간 단어이다.

부적인 것에 집중FOCUS하라." "큰 그림PICTURE을 검토하라." "보다 넓은 시각PERSPECTIVE을 가지라." 종종 "알다to know"와 "보다to see"는 서로 바꾸어 사용할 수 있는 동의어로 기능한다.

요약하자면 이미지라는 것은 우리의 감각이 본래 상像으로부터 비롯된 것임을 의미한다. 이미지는 일반적인 개념에 대한 자발적인 형상화이다(Langer, 1951, p. 128). 이미지를 인식하는 것은 감각sensation을 지각perception으로 변환하는 불가사의한 과정의 첫 번째 단계라고 할 수 있다. 일단 이미지를 만들고 나면 우리를 둘러싼 사건의 흐름 속에서 의미를 찾아내기 시작할 수 있다.

인식 이미지recognition image는 일단 주목받고 분류되면 새로운 사건과 경험을 이해하는 도구로 사용된다. 지식은 이러한 마음의 상징화 능력을 통해 성장하고 발전한다.

상징 형성의 근원은 무엇인가? 상징화 과정은 우리가 더욱 잘 이해하기 원하는 대상과 이미 알고 있는 대상의 중요한 유사점과 차이점을 나타낼 수 있는 적절한 은유metaphor를 찾는 문제라고 할 수 있다. 은유는 추상적 개념의 구성요소이며, 추상적 개념은 여러 가지 형식의 상징 시스템을 형성한다.

4. 이미지와 은유

줄리언 제인스Julian Jaynes는 기본적으로 우리가 이해하려는 사건이나 사물에 적합한 은유metaphor를 발견하고 적용하는 과정이 사고thought라는 사실을 강조했다. 은유는 두 사물의 유사성을 바탕으로 한 가지 사물에 이름을 부여함으로써 또 다른 사물을 묘사하는 것이다. 은유는 지각과 이해의 효과power를 높인다. 어떤 사물을 이해한다는 것은 이미 익숙한 것을 새로운 측면으로 대체함으로써 은유에 다다르는 것이다. 익숙함을 느낀다는 것은 우리가 그것을 이해했음을 의미한다(Jaynes, 1976, p. 49).

메타프랜드metaphrand는 이해가 필요한 대상을 뜻하며, 메타피어metaphier가 해설자의 역할을 한다. 인간의 몸은 은유의 자원이 풍부하여 수많은 은유를 양산해 낸다. 예를 들어, 우리는 테이블의 상석the head of a table, 침대 머리a head of a bed, 세대주a head of a household, 못의 대가리(못의 맨 윗부분)a head of a nail, 시계의 면the face of a clock, 카드의 앞면the face of a card, 절벽 면the face of a cliff, 혹은 빗살the teeth of a comb, 분화구의 가장자리the lip of a crater, 항아리의 테두리the lip of a pitcher라는 표현을 쓴다.[5] 의자에는 팔이 달려 있으며, 탁자에는 다리가 달려 있다. 언어 그 자체는 "쉬지 않고 넘쳐나는 은유의 바다"이다. "추상적인 단어는 바쁘게 대화를 주고받으며 그 구체적인 의미가 닳아 없어진 낡은 동전과도 같다." 선사시대에는 언어와 그 지시 대상이 "은유의 절차를 따라 구체적인 의미에서부터 추상적인 의미로 거슬러 올라갔다"라고 제인스는 말했다(Jaynes, 1976, p. 51).

따라서 이해한다는 것은 알고 싶은 사물의 주요 특성을 대표하는 적절한 은유를 찾거나 만들고자 탐색하는 과정이다. 적절한 은유를 찾는 과정 속에서 메타피어와 메타프랜드 간에 존재하는 중요한 유사점과 차이점을 알게 된다. 은유는 일단 만들어지면 확실한 개념firm concept이 되는데, 이것은 대상의 특정 수준을 구체적으로 지명한다.

마음은 은유를 만들어 내는 기관agency인 듯하다. 은유를 창조하면서 우리는 그것을 실재하는 어떤 것으로 구현하고자 한다. 우리는 모호한 개념에 맞는 구체적인 명칭을 찾음으로써 그 개념을 설명하려고 끊임없이 노력한다. 제임스는 이러한 지식 탐색 과정이 구체화 과정을 수반한다고 했다. 내적 이미지는 어느 정도의 "형체를 이루기" 위해 "자신을 구체적인 것과 연결 짓는 경향이 있다". 이러한 "형체를 이룸" 혹은 구체화의 개념은 언어와 몸짓, 분

---

5) 역자 주: 여기에 사용된 예시는 모두 신체의 한 부분을 뜻하는 단어가 포함되어 있다.

필 자국, 지푸라기 등을 통해 완성된다. "이들 중 어느 하나가 아이디어를 나타내면 아이디어는 더욱 실제적인 것이 될 것이다." 제임스 자신도 강연을 할 때 선과 원, 사각형으로 개념을 상징화하고자 칠판을 활용했다(James, 1890, p. 305).

우리는 아이디어가 이미지에서 상징으로 도약하는 것을 살펴보고 있다. 일단 아이디어를 파악하고 어떻게든 지정해 놓으면 경험의 흐름 속에서 그것을 훨씬 더 손쉽게 찾아낼 수 있을 것이다.

5. 이미지와 상징화

아이디어가 구체적인 무언가와 연결되면 상징화Symbolization 과정이 일어나게 된다. 상징은 사회적인 담론에 참여할 수 있도록 이미지가 입은 옷이다. 필요하다면 우리는 사전적 혹은 시각적으로 분류되고 지정된 이미지를 기억하고 사용할 수 있다.

상징은 암시denoting, 묘사, 예시를 통해 또 다른 무언가를 나타내는 것으로 정의할 수 있다(Goodman, 1978). 넬슨 굿맨Nelson Goodman은 우리가 광범위한 상징들을 가졌다고 말했다. 어떤 상징은 예를 들거나 설명하는 한편, 다른 상징은 암시하기도 한다. 언어는 명백히 외연적인 상징이다. 다이어그램, 그래프, 음악의 기보법, 무용보 또한 외연적이다. 굿맨의 이론에 따르면, 상징은 다섯 가지 변수에 따라 달라진다. 첫째로, 어느 정도까지는 의미가 고도로 압축이 되는데, 압축된 상징들은 그들의 몇몇의 측면이 바뀌기도 하고 여전히 그들의 의미를 유지하기도 한다. 예컨대, 가츠시카 호쿠사이Katsushika Hokusai의 단선 그림single-line drawing에서는 모양, 선, 두께 등 모든 특징이 중요하다. 그러나 동일한 선이 기준선보다 얼마나 높은지의 여부만 중요한 일일 주식시장의 차트에 사용될 수도 있다. 서로 다른 상징 시스템을 분별할 수 있게 만드는 다섯 가지 변수는 다음과 같다. 문장의 일관성syntactic density과 의미론적 일관성semantic density, 상대적인 완전함relative repleteness, 예시, 다양하고 복잡한 언급reference이 그것이다(Goodman, 1978).

일부 상징 범주만 별개로 분해할 수 있으며, 그들의 특성을 아우르는 규칙을 따른다. 그 외의 다른 상징 범주는 별개로 나눌 수 없는 성분들로 이루어져 있다(Kolers, 1983, p. 146). 마음의 상징적인 본성에 대한 많은 현대적인 논쟁의 대부분은 오직 별개의 혹은 유일한 사물만이 적절한 상징이라는 가정에 의해 오염되었다. 현대 인지학자들은 그림 또한 상징이라는 사실을 인식하지 못했다.

비설명적이거나 비표현적인 회화는 문자 그대로 혹은 은유적으로 보유한 특징에 대한 상징으로 기능한다. 암시할 수 없는 것들은 예시나 표현을 사용한 대상을 뜻한다. 나눌 수 있는 형태의 예로서 이러한 상징들은 주목 받지 못하고 무시된 특징들에 주의를 기울인다. 특정한 감정들은 어떤 상징에 의해 강조될 수 있다. 그러한 상징들은 새롭게 강조된 특성들에 따라 일상에 방향 전환을 제시한다. "따라서 상징은 지금까지의 관련 사항을 분리하고 통합하며, 새로운 차이점과 통합체를 가감하여 그것에 영향을 주며, 우선순위를 재정리한다"(Goodman, 1978, p. 105).

상징의 수준은 다양하다. 언어도 하나의 상징이다. 어떤 언어가 정확하게 사용될 때 그것은 개념이 된다. 신호와 사인이 상징이듯, 개념도 상징이다. 의미는 다양한 방법으로 포장될 수 있는데, 그것은 소리를 지정하는 음악에서부터 시각적으로 인식된 대상인 그림에 이르기까지 다양하다. 모든 감각 양식은 각기 다른 수준의 상징을 만들어 낸다.

굿맨이 제시한 암시적 변인은 상징을 여러 범주로 분류하는 데 활용될 수 있을 것이다. 세 가지 모델에 대한 제롬 브루너Jerome S. Brunner의 구분은 각기 다른 상징들을 구분한 또 다른 접근법이라고 할 수 있다. 브루너는 정보의 작동적이고, 인상적이며, 상징적인 표현에 대해 설명했다(Brunner, 1964). 마르디 호로비츠Mardi J. Horowitz는 세 가지 시스템의 명칭을 약간 바꾸어 브루너의 모델을 재구성했다. 변경된 명칭은 작동, 이미지, 어휘 모드라는 표현이다(Horowitz, 1970). 파비오(Pavio, 1971)는 한 걸음 더 나아가 두 가지 다른, 그러나 중복된 부호화 시스템으로 세상을 표현할 수 있다고 제안했다. 이 두 가지는 아날로그적 · 공간적 · 언어적 · 상징적 시스템이라고도 불리는, 그림을 이용한 마음의 표현과 언어적이거나 언어와 유사한 또는 상징적 시스템이라고 불리는 명제적 표현이다. 그러나 문자 언어는 시각적인 동시에 언어적이라는 것에 유의하는 것이 중요하다. 굿맨이 지적했듯이, "상징적symbolic"이란 것은 이 두 가지 표현 시스템 중 오직 하나에만 적용되는 개념이 아니다. 그것은 두 가지에 다 적용된다. 이런 이유로 수잔 랭거Susan Langer가 그녀의 영향력 있는 저서 『새로운 실마리로서의 철학Philosophy in a new key』(1942)에서 제안한 용어가 이 두 가지 부호화 시스템에 더욱 적절하다. 랭거는 담론적이고, 순차적이며, 언어와 같은 표현 형식과 의미를 부호화하는 비담론적이고nondiscursive, 표현적인 방식을 구분했다.

이러한 논쟁은 수십 년간 이어져 왔고, 결코 끝나지 않는다. 그러나 중요한 것은 이미지 또한 상징이고, 인지의 필수적인 부분을 차지하고 있다는 점을 아는 것이다.

6. 아센의 세 가지 부호 이미지 모델

아크터 아센Akhter Ashen의 세 가지 부호 이미지 모델Ahsen's triple code model of imagery은 이미지의 기능을 더욱 명확히 한다. 이미지는 단순히 현실을 그대로 옮겨 놓은 것이 아니다. 이미지는 현실을 변경한다. 모든 이미지는 함축된 은유라고 할 수 있다. 은유는 두 가지의 다른 현실을 하나로 합친다. 은유는 단순한 비유가 아니다. 이는 같은 것에 대해 다른 이름을 부여하거나 이 둘을 단지 비교하는 것과는 다르다. 오히려 은유는 현실을 편집한 형태이다. 이미지는 그것이 만든 사물의 특징을 끌어낸다. 이미지는 "일차적 제작물first order fiction"이다. 이것은 감각과 인지를 이어 주는 일종의 돌연변이와도 같다. 이미지는 은유처럼 자신의 것 이상을 나타낸다. 따라서 이미지는 시각적인 것뿐 아니라 통찰 또한 제공한다(Ahsen, 1968).

모든 이미지는 신체적 요소와 인지적 의미, 그리고 감각 양식 중 하나인 묘사의 형식을 갖고 있다. 아센에 의하면, 이미지를 수반하는 심리적 경험의 기초 단위는 ISM 시퀀스이다. 이미지는 완전히 정신적이지도, 완전히 신체적이지도 않다. 그보다는 정신적이며, 신체적이다. 이미지에는 경험적 · 신체적 · 의미적 요소가 포함된다. 이미지는 그 안에 항상 세 가지 불가분의 요소가 있다고 상정한다. 첫 번째는 의식의 준감각적 경험I이다. 두 번째는 정신생리적 요소 혹은 신체적 반응S이다. 세 번째는 의미상 언어 시스템에서의 해석 혹은 의미M이다. 이 세 가지의 'ISM'은 보통 모든 이미지를 위해 존재한다. 감각 양식과 상관없이 이미지는 관련된 감정과 사고에서 결코 자유로울 수 없다. 그것들은 자극인 동시에 반응이기도 하다. 그리고 모든 이미지는 기억과 상상의 산물이다.

7. 시스템 개념

아센이 이미지를 보는 관점은 세상 여느 만물과 마찬가지로, 이미지도 그 자체로 일종의 시스템을 형성할 수 있다는 점을 강조한다. 제2장에서 언급한 바와 같이, 시스템은 경계와 기능적 개체로 특징짓는 상호 관련 요소들의 조직적인 혼합체이다. 경계는 여러 수준의 투과성 사이에서 변동한다. 이미지는 시스템이며 독립체로서 기능한다. 그것은 상호 관련된 부분들로 구성되어 있다. 이 주된 세 가지 하위 요소를 분할하여 그중 하나라도 분리하려고 시도하면 시스템은 와해될 것이다. I, S, M이라는 하위 시스템은 서로 다른 이미지 유형에 있어 각기 우위의 정도가 다르지만 항상 같이 존재한다. 때로는 이미지의 세 하위 시스템이 다른 순서로 나타날 수도 있다. 예를 들면, MIS, MSI 등으로 나타날 수 있다. 그러나 하위 시스템의 순서가 무엇이든 이미지는 골격, 자기수용성, 운동 신경, 감각 등에 관련한 신체적 반응을 항상 수반한다. 그리고 이와 관련한 중요한 의미가 존재한다.

이미지 그 자체가 시스템으로서 아주 잘 인식되지는 않지만, 늘 시스템의 한 부분이 되어 왔다. 이미지는 하위 시스템ISM으로 이루어져 있는 동시에 더 큰 시스템의 일부이다. 더 큰 시스템은 인지이며, 나는 그것을 부호화 시스템이라고 부른다.

이미지의 현상을 이해할 때, 시스템적 접근은 가장 적합한 현실 모델이라는 것이 밝혀진다. 현실은 층으로 깔끔하게 정리되는 것이 아니다. "레이어드 룩layered look"이라기보다는 수직, 수평으로도 나눌 수 없는, 상호 밀접하게 연결된 배열이라고 할 수 있다. 현실과 그것을 구성하는 많은 구성요소에는 "다발성"이 존재한다. 아센의 세 가지 부호 이미지 모델이 분명히 시스템을 언급하지는 않지만, 그럼에도 불구하고 그 개념은 시스템 이론과 양립할 수 있는 이미지의 기본 특성을 명확히 나타낸다.

이미지의 세 가지 측면은 다양한 수준의 투과성이 있는 경계를 가지고 있다고 여겨진다. 세 가지 하위 시스템은 서로 정보를 주고받는다. 다른 시스템에서처럼 각 하위 시스템에 피드백 루프를 상정할 수 있는데, 그것은 전체 시스템과 관련하여 각각의 시스템을 조절한다. 여기서 전체 시스템이란 이미지를 뜻한다. 결국 이미지는 내가 부호화 시스템이라고 지칭하는 더 큰 시스템의 하위 시스템으로 기능한다. 부호화 시스템은 내가 인지를 이해하기 위해 소개한 가상의 구성으로서 지속적으로 인식론자들과 심리학자들을 당황하게 만든 불가사의한 현상이다.

8. 두 가지 형태의 인지

먼저, 각각 특정한 심리생리학적 기초를 가지고 구체적인 심리사회적 결과를 수반하는 것처럼 보이는 두 가지 사고방식을 고려할 필요가 있다.

신경과학이 뇌의 두 반구의 서로 다른 기능에 대해 경험적인 증거를 제시하기 훨씬 전에 우리가 각기 다른 두 가지 형태의 상징화를 지녔다는 생각은 예술가들 사이에서 널리 받아들였다. 예컨대, 세기의 전환기에 저명한 이탈리아의 미학자 베네데토 크로체Benedetto Croce는 두 가지 형태의 지식이 존재한다고 주장하였다. 한 가지 형태는 직관적이며, 상상을 통해 얻어진다. 다른 하나는 논리적이며, 지적 능력을 통해 얻어진다. 크로체는 상상이 이성적 사고보다 우선하며, 그에 없어서는 안 될 요소라고 믿었다. 따라서 예술적인 이미지 형성 활동은 논리적이고, 개념 형성적인 활동보다 앞서 있다고 주장했다(Croce, 1929).

이와 유사하게 에른스트 카시러Ernst Cassirer의 저명한 제자인 수잔 랭거Susan Langer는 두 가지 다른 형태의 정신 활동 혹은 정보 제시 방법에 대해 설명했다. 하나는 담론적discursive 방식이고, 다른 하나는 제시적presentational 방식이다. 담론적 방식은 언어에 의해 좌우된다. 그것은 빨랫줄에 걸린 옷 혹은 줄에 걸린 구슬처럼 아이디어를 나란히 끌어낸다. 우리는 많은 말을 동시에 할 수 없다. 그러나 아이디어는 옷과 같이 실제로 하나 위에 하나를 겹쳐 입는 것이다. 우리는 아이디어가 옷과 같이 복잡하게 겹쳐 있음을 알게 된다.

제시적 상징주의presentational symbolism는 언어 수준보다 훨씬 아래에서 작동한다. 마음은 이러한 종류의 상징화를 순식간에 파악한다. 제시적 상징주의는 선, 색, 비율 등의 시각적 형태로 구성된다. 그리고 이러한 종류의 부호화는 언어와 같이 의미를 전달할 수 있다. 그러나 랭거에 의하면, 이러한 종류의 표현을 제어하는 법칙은 언어를 다스리는 문법과는 완전히 다르다. 가장 근본적인 차이는 시각적 형태가 담론적이지 않다는 것이다. 그것은 구성요소를 연속적으로 제시하지 않고 동시에 나타낸다. 시각적 구조를 결정하는 관계 요소는 시각 행위에 의해 완전히 이해된다. 결국 담론적 상징화와는 달리 제시적 상징화의 복잡성은 마음이 통각적인 행위의 시종을 유지할 수 있는지에 의해 제한되지 않는다(p. 86). 비담론적 방식은 감각에 직접 이야기한다.

랭거는 언어가 감정을 표현하기에는 너무 빈약한 수단이라고 하였다. 그것은 늘 유동적인 패턴, 양면성, 내적 경험의 복잡성, 사고와 인상의 상호작용, 기억과 기억의 반향, 일시적인 환상을 전달하지 못한다(p. 92). 이러한 종류의 정보에 대해서는 시각적 형태나 청각적 소리auditory sound를 사용하는 제시적 사고방식이 더욱 효과적이다.

이미지 형성은 비담론적 방식의 사고 형태이다. 랭거에 따르면, "이미지는 소용돌이치는 흐름 속에서 개념을 추출하는 데 가장 준비된 도구이다. 그것은 일반적인 개념의 자발적인 구현이라고 할 수 있다"(Langer, 1951, p. 128).

자신의 작곡 방식에 대한 모차르트의 설명은 랭거의 비담론적 방법론의 한 예시라고 할 수 있다. 모차르트는 자신이 만든 작품의 첫 조각들이 마음속에 나타나 점점 서로 합해졌다고 이야기했다. 그리고 다음과 같이 말했다. "그러더니 작업에 대한 마음이 뜨거워져서 작품이 점점 더 발전되었다. 작품은 점점 확장되고 명확해졌으며, 마침내 머릿속에서 거의 완성되었다. 나는 작품이 길 때에도 마치 아름다운 그림이나 사람을 볼 때처럼 단 한 번에 전체를 조망할 수 있다"(James, 1890, p. 255). 분명 청각이 매우 중요했던 모차르트조차 자신의 사고 과정을 설명할 때 시각적 은유에 의존했다는 사실에 주목하라. 여기서 다시 사고와 시각 양식 간의 긴밀한 관계를 살펴볼 수 있다. 모차르트는 더 나아가 비담론적 상징화 과정의 또 다른 특징인 동시성에 대해 설명했다. "……나는 상상 속에서 작품을 순차적으로 듣지 않고 있는 그대로 한

꺼번에 듣는다. 그것은 진귀한 향연과도 같다! 모든 창작 과정이 강렬하고 아름다운 꿈처럼 내 안에서 일어난다. 그러나 무엇보다도 좋은 점은 작품을 한 번에 들을 수 있다는 것이다"(James, 1890, p. 255).

창의적인 사람들은 대개 담론적 · 비담론적 상징화 시스템을 모두 활용할 수 있다. 자크 해더만Jaques Hadaman에게 보내는 유명한 편지에서 알베르트 아인슈타인Albert Einstein은 자신의 제시적 혹은 비담론적 상징화 양식의 중요성에 대해 강조했다. 그는 문어 혹은 구어가 사고 체계 내에서 어떤 역할도 담당하지 않는다고 했다. 그에게 있어 사고의 구성요소로 기능하는 듯한 독립체는 의도적으로 재생산하고 혼합할 수 있는 어떤 사인이나 대체로 명확한 어떤 이미지이다. 그는 자신의 이러한 사고 요소를 시각적으로, 때로는 신체적으로 묘사했다. 그는 사고의 후기 과정에서만 언어를 추구하였고, 적절한 단어를 찾는 것은 그에게 있어 고된 과정이었음을 깨달았다. 그것은 "연상적 작용"이 충분히 정립되고 마음대로 재생산될 수 있을 때에만 뒤를 이을 수 있다(Einstien, 1954).

각각의 사고방식은 장점과 단점을 가지고 있다. 이미지에 이름 혹은 다른 명칭을 부여하면 상징이 된다. 사물을 직접적으로 다루는 대신, 대체물과 상징을 다룸으로써 시간과 에너지를 절약한다. 그러나 상징은 본래 독립체의 의미 전체를 담을 수는 없을 것이다. 이것이 담론적 사고방식과 관련한 단점이다. 대부분의 경우, 그것은 명확하고 정확하지만 본래 아이디어의 근본 요소로부터는 동떨어져 있다. 반면, 제시적인 상징의 단점 중 하나는 과도하게 의미를 압축할 수 있다는 점이다. 예컨대, 우리는 거의 2초 내에 2000개에 가까운 단어로 꿈을 꿀 수 있다고 추정된다(Osborn, 1953).

9. 두 반구의 차이점

앞서 언급한 두 가지의 인지 방식은 신경생리학적 기초를 가지고 있다. 노벨상을 수상한 로저 스페리Roger W. Sperry의 시대에서부터 정보 처리 과정에 있어 뇌의 두 반구가 다르게 작용한다는 지식이 대체로 잘 받아들여져 왔다. 오른손을 사용하는 사람들이 몸의 오른쪽을 제어하도록 하는 좌반구는 지적 · 분석적 · 언어적 · 순차적 사고를 할 때 더욱 활성화된다. 왼손을 사용하는 사람들이 몸의 왼쪽을 제어하도록 하는 우반구는 직관 그리고 전체적 · 게슈탈트적 활동, 공간적 사고, 환상, 상상, 백일몽에 관여할 때 더욱 활성화된다. 우리가 말하고, 쓰고, 추론하고, 분류하고, 이름을 붙일 때는 좌뇌가 우뇌보다 더욱 활동적이다. 노래하고, 그림을 그리고, 색을 즐기고, 음악을 들을 때, 백일몽에 잠기거나 공간과 움직임의 인식이 필요한 스포츠 활동을 할 때는 뇌의 오른쪽이 지배적으로 활성화된다.

한 연구에서 6개월 된 아기를 엄마 무릎에 올려놓고 언어를 담당한다고 여겨지는 좌반구 영역 쪽에 직접 전극을 부착했다. 또한 전극은 우뇌의 상응하는 영역에도 붙어 있었다. 음성을 녹음한 테이프를 틀자 좌뇌가 활발한 활동을 보였다. 음악이나 누군가가 노래하는 것을 듣자 우뇌 영역이 매우 활성화되었다. 따라서 자장가가 후에 아기의 우뇌 기능 발달에 도움이 된다고 볼 수 있다(Jaynes, 1976, p. 367). 우반구가 잘 발달한 사람들은 우뇌를 잘 자극받지 못한 사람들보다 제시적 상징과 관련된 기능을 더 선호한다. 이와 관련하여 남녀 간에도 차이가 있다. 두 반구 사이의 차이점은 남성보다 여성이 덜 확연한 편이다. 여성의 심리적 기능은 남성처럼 하나로 명확히 나누어지지 않거나, 두 반구에 퍼져 있는 듯 보인다. 여성의 언어적 기능은 우뇌에 의해서도 어느 정도 이루어질 수 있다. 예컨대, 뇌졸중으로 인해 좌뇌가 똑같이 손상되어도 여성이 남성보다 덜 상해를 입는다.

우반구(로맨틱한 면)

• 몸의 왼쪽을 지배하고 다음 영역에서 더 활발하다.

–전체론적 사고: 직관, 상상, 은유적 사고, 종합, 얼굴 인식, 전체 지각, 모양, 크기, 색상, 질감, 형태, 꿈, 초감각적 지각, 중재, 음악(훈련되지 않은), 그림, 깊이 지각, 복잡한 시각 패턴
–예술가, 발명가, 혁신가
–아날로그의 코드화: 많은 아이디어를 응축하는 이미지, 한꺼번에, 패턴, 전체

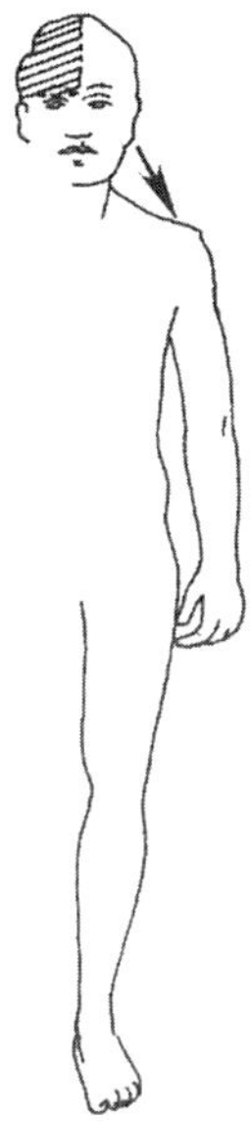

좌반구(논리적인 면)

• 몸의 오른쪽을 지배하고 다음 영역에서 더 활발하다.

–지적 · 분석적 과제: 순차적, 초점적, 언어적, 이성적, 논리적 사고, 연설, 문법, 명명, 수학, 음악(훈련된).
–논리학자, 회계사, 언어학자
–정보의 디지털화: 한 번에 한 측면씩

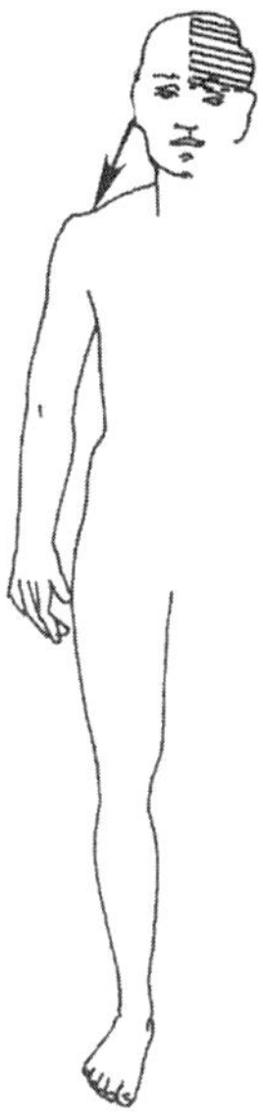

[그림 3-1] 두 반구의 차이

두 반구는 뇌량을 통해 상호 긴밀히 연결되어 있다. 많은 감각 시스템은 두 반구에 신호를 보낸다. 모든 사고는 분석적이기도 하고, 종합적이기도 하다. 음악의 리듬을 들으면서 우리는 실험적이고, 종합적이며, 아날로그적인 과정에 관여한다. 그러나 전에 들었던 절이 반복되거나, 이전의 리듬이 약간 변형되었다는 것을 알아차리면 분석적이고 연속적으로 정보를 처리하는 다른 종류의 뇌가 활성화된다. 우리는 두 가지 양식의 정보 처리 과정 사이에서 편의에 따라 유동적일 수 있다. 이러한 유연성은 이해와 창의성을 허락한다(Norman, 1976).

반구의 불균형은 배제의 문제라기보다는 우세의 문제임을 아는 것이 중요하다. 비록 서구 문명이 좌뇌 활동과 관련된 이성적 스타일을 갖고 있지만, 사람들은 모두 두 가지 방식으로 사고할 수 있다(Ahsen, 1981), 이러한 일방성은 사이코사이버네틱 모델 심리치료를 통해 최소화된다. 이 개입의 장점은 두 가지 사고방식을 설명해 주어 한쪽 뇌 부분만 활성화될 때보다 창의성과

문제 해결 능력을 더욱 증진할 수 있다는 점이다.

이미지는 움직일 수 없는 것이 아니다. 이미지는 에너지를 소비도 하고, 생산도 한다. 더 이상 이미지를 행동에 영향을 미치는 것이 아닌 그저 그에 수반되는 부수 현상으로 일축할 수는 없다. 이미지는 보행자를 따라다니지만, 그에게 영향을 주지 않는 그림자 같은 것이 아니다. 우리가 각기 다른 종류의 이미지에 관여할 때, 특유의 심리사회적 변화가 유기체 안에서 일어난다는 견해를 뒷받침하는 증거들이 쌓이고 있다. 행복한 이미지는 슬픈 이미지와는 다른 심리사회적 변화를 일으킨다. 이미지에 수반되는 심리사회적인 것들을 연구하기 위해 다양한 측정 방식이 사용되었으며, 각기 다른 양식의 심리사회적 반응은 각기 다른 종류의 정서적 이미지를 수반한다는 상당한 양의 증거가 보고된 바 있다(Qualls, 1983, p. 92). 예컨대, 공포와 분노의 이미지는 심박수, 수축기 혈압과 관련이 있다. 제2장에서 논의하였듯이, 이미지가 다양한 심리사회적 변화를 수반한다는 사실은 현재 수많은 바이오피드백 장치를 통해 헬스 케어 분야에서 적용되고 있다.

사람이 가지고 있을 수 있는 잠재적으로 해로운 이미지를 제거하는 것도 사이코사이버네틱 모델 개입의 기능 중 하나이다. 사이코사이버네틱 모델은 담론적 · 제시적 정보 처리 방식을 활용할 수 있는 대뇌의 양면성을 얻는 하나의 방법이라고 할 수 있다.

10. 부호화 과정

사고만큼이나 더 깊이 논의된 것은 없지만, 여전히 이 불가사의한 인간의 속성을 이해하는 사람은 거의 없다. 수십 년 동안 심리학자들은 왓슨의 발자취를 따라 사고 과정을 대부분 계산에서 제외함으로써 이런 놀라운 복잡성을 회피하려고 했다. 인간의 마음에서 일어나는 일은 "블랙박스"라고 할 수 있다. 이는 단순하게 당연시되어 세심히 검토되지 않아 왔다. 인지 이론이 형태를 갖추자 심리학자들은 피아제를 비롯한 학자들의 연구에 자극을 받아 태도를 바꾸었다. 과거 인식론 학자들과 철학자들이 지녔던 문제들이 이제 주목받기 시작하고 있다.

현대의 심리학자들은 "사고thought"와 "생각thinking" 대신 "인지"라는 용어를 사용한다. 그러나 인지의 정의에 대해서는 논란이 많다. 어떤 사람들은 이것을 "감각 자극이 변형되고, 줄어들고, 설명되고, 저장되고, '복원되고, 사용되는' 모든 과정"이라고 정의했다(Neisser, 1976). 반면, 다른 인지 심리학자들은 그 정의가 너무 광범위하고 느슨하다고 여겼다. 이 이론가 그룹은 정해진 원칙에 따라 감각 자료를 체계화하는 연구로 인지 개념을 국한시키는 것을 선호한다. 이들은 지각과 학습의 근본적인 논리와 규칙을 연구한다. 예컨대, 로빈슨은 주어진 문제를 적절히 해결함에 있어 타당한 추론 규칙을 보유하고 적용하는 연구로 인지를 정의했다.

만약 우리가 인지를 본질적으로 분류 과정으로 생각한다면 더 잘 이해할 수 있을 것이다. 일단 사물에 대한 은유나 어떤 종류의 지명을 발견하게 되면 우리는 그 사물을 분류한 셈이다. 범주화한다는 것은 서로 구별이 가능한 사물들을 동등하게 만드는 것이다. 범주화는 우리가 각 사물과 사건에 더 쉽게 반응할 수 있도록 개별적인 특성에 기초하여 일정 부류로 그룹 짓는 것이다. 사물이 한 카테고리 안에 자리 잡으면 우리는 그것의 범주 내 자격과 관련하여 반응할 수 있다.

"범주화categorization"와 "분류화classification"는 주지화intellec-tualization의 느낌과 소위 "좌뇌" 처리 과정이 주는 느낌을 동시에 갖고 있다. 실제로 우리가 사물을 분류하거나 범주화할 때, 좌우뇌 모두의 상징 형성 양식이 동시에 활성화된다. 따라서 오해를 피하기 위해서는 이 과정을 명명하는 새로운 용어를 소개하는 것이 좋을 듯하다. 필자는 분류화나 범주화라는 용어를 사용하기보다는 양쪽 두뇌와 그에 수반되는 사고 과정이 인지에 기여하는 바를 보여 주는 부호화codification라는 용어를 사용하고 싶다.

부호화 과정은 신체적 · 사회적 대상이 평가, 보고되는 심리적 기능의 측면을 말한다. 이 과정은 개인이 자신의 현재와 과거의 경험을 평가하는 가운데 생겨나는 인식, 평가, 분류라는 하위 과정으로 이루어져 있다고 여긴다. 부호화는 심리적 기능의 지적 · 정서적 측면을 결합하며 행동 경향을 수반한다. 부호화란 사물의 유사점과 차이점에 지적, 정서적으로 주의를 기울이고, 분류하며, 평가하는 것이다. 상황이나 생각의 덩어리가 이전에 알려지고 다루어진 요인들과 유사한 측면을 가지고 있다고 인식될수록 반응이 더 쉽고 효과적으로 뒤따를 수 있다(Nucho, 1966).

사물 간의 유사성을 구별하는 것은 대상의 순서를 용이하게 하여 적절한 행동 패턴이 최소한의 시간과 노력으로 도입되어 도움이 된다.

구조물construct에 대한 조지 켈리George A. Kelly의 정의(Kelly, 1955; 1963)는 부호화 개념과 유사하다. 구조물은 구성된 것에 설명을 가하는 것을 뜻한다. 우리가 구조물을 형성할 때 "물질substance이 생겨나고 의미를 가정하면서 구조가 세워진다". 물질은 구조물을 생성하지 않고, 사람은 생성한다. 켈리의 "구조물" 개념은 그것의 특징을 지각의 특징과 결합한다. 구조물은 관념의 형성과 관련된 개인적 작용이다(Kelly, 1955; 1963, p. 69). 이전의 수많은 학자와 마찬가지로, 켈리 또한 지각이 어떻게, 그리고 어떠한 과정을 거쳐 인지가 되는지, 혹은 인지가 이미 개념을 함축하고 있는지 그 불가사의한 현상과 씨름하였다. "구조물"이란 용어는 이 두 가지 개념의 중간 즈음에 위치해 왔다.

해석하는 것, 내가 사용하는 용어로 말하자면 부호화하는 것은 대상의 의미가 무엇인지, 어떤 가치를 갖고 있는지, 무엇을 암시하는지를 알기 위해 그것을 범주 안에 배치하는 것이다. 이것은 지적인 과정이 아니고 전체를 수반하는 문제라고 할 수 있다.

부호화 시스템이 일단 형성되면 확인이 필요한데, 그것은 우리의 관계망 안에 있는 다른 사람들이 고안한 부호화 시스템과의 동기화를 말한다.

또한 추가적인 정보가 이용 가능해질 때마다 지속적인 업데이트와 개선도 필요하다. 새로운 대상을 마주하거나 기존의 대상이 이용 가능해질 때, 우리는 부호화 시스템의 수정과 확장을 좌우하는 새로운 자료를 얻는다. 우리가 새로운 대상을 접하거나 이미 부호화된 대상의 새로운 측면을 발견할 때, 우리는 모든 감각 양식을 사용하여 그것들을 재부호화하고 재분류해야 한다.

부호화 시스템을 업데이트하는 과정은 피아제(Piaget, 1962)가 제시한 두 가지 용어인 동화assimilation와 수용accommodation으로 생각해 볼 수 있다. 동화는 부호화 시스템에서 이미 고안된 범주나 "설계scheme"에 대상을 적절히 배치시킨다. 반대로 수용은 범주를 재구성하고, 개선하며, 확장 혹은 축소시킨다.

부호화 과정은 아이스크림을 먹는 것과도 같다. 콘과 그 안의 아이스크림 간에는 두 가지 경우의 수가 있다. 이 둘은 아무 문제 없이 완벽할 수도 있고, 콘이 아이스크림보다 매우 작아서 아이스크림이 양쪽으로 흘러넘칠 정도로 불완전할 수도 있다. 더 커다란 콘은 이러한 문제점을 해결할 수 있다. 이러한 상황은 피아제가 사용한 "수용"의 개념을 필요로 한다. 수용은 부호화 시스템 내의 "용기container"를 개선하는 과정이다. 부호화 시스템의 자리나 범주가 확장된다. 또 다른 일련의 상황들은 새로운 "용기"를 만들어 내도록 유도할 것이다.

동화 과정은 이미 형성된 "용기" "설계schema" 혹은 범주에 새로 들어오는 정보들이 흡수되는 과정이다. 즉, 아이스크림의 양이 콘의 크기에 직합한 것이다.

그러나 현실 세계에서 부호화 시스템에 새로운 정보들이 완벽하게 들어맞는 경우는 드물다. 우리는 성장하고 변화하면서 새로운 조건과 대상, 관계를 마주하게 된다. 데이터의 유입과 우리가 고안한 부호화 시스템의 조화는 장기간 완벽하게 지속되지 않는다. 부호화 시스템의 확장과 축소, 업데이트는 끝나지 않는 과제이다.

제임스James가 이러한 부호화 과정이 마음mind과 굉장히 유사하다고 보았다는 사실은 흥미롭다. 그는 마음이 무언가를 걸러 내는 일종의 체와 같다고 하였다. 우리는 세상의 콘텐츠들을 모으기 위한 개념적 설계를 고안한다. 대부분의 사실과 관계는 너무 미묘하거나, 너무 사소해서 이 그물망을 통과한다. "그러나 물리적인 현실이 포착되고, 이미 인식된 것과 같다고 파악되면 그것은 체에 남아 있으며, 또한 그것이 식별되는 개념의 모든 모순과 관계는 그것의 상호 관계와 관련이 있다"(James, 1890, p. 482).

정보는 두 가지 근원, 즉 바깥세상과 유기체 내부로부터 지속적으로 발생한다. 외부 세계로부터 나오는 정보는 외부 수용기exteroceptor 혹은 감각 기관에 수용된다. 유기체 자체의 상태로부터 나오는 정보는 소위 내부 수용기interoceptor라고 불리는 것에 수용된다. 예컨대, 배고프다는 사실을 표시하면 냉장고로 가라는 신호가 다리 근육에 전달된다. 다행히도 이러한 종류의 신호는 대부분 의식적인 고려 없이 처리된다.

잠재의식은 부호화 시스템의 하위 영역으로서 사람이 깨어 있는 동안에 의식적인 검열을 직접적으로 받을 수 없는 모든 심리적 기능을 의미한다. 그럼에도 불구하고 이 하위 시스템은 행동과 경험에 영향을 미친다. 지그문트 프로이트Sigmund Freud는 이것을 무의식이라고 불렀다.

우리는 주변의 모든 정보에 반응하지는 않는다. 우리는 어떤 정보들은 인식하지만, 다른 종류의 정보들은 간과한다. 마치 일종의 필터가 작동하는 것처럼, 자동 선택 프로그램이 있는 것처럼 보이기도 한다. 프로이트는 이 같은 필터링 과정을 "검열censor"이라고 불렀다.

어떤 새로운 정보들은 최우선 순위가 되는 반면, 다른 정보들은 무시된다. 우리의 생존이나 자아감과 관련된 정보는 즉각적인 주목을 받는 경향이 있다. 대개 우리 모두가 경험하듯이 시끄러운 방에서 자신의 이름을 언급하는 소리는 소음을 넘어서도 들리지만, 그 외에 다른 말들은 알아들을 수 없다.

기억은 부호화 시스템을 형성하는 또 다른 구성요소이다. 새로운 정보는 시스템에 이미 존재하는 정보들로 인해 희석되거나 풍부해진다. 우리는 단기 기억과 장기 기억을 가지고 있는 것으로 보인다. 단기 기억에 저장된 정보들은 의도적으로 주의를 쏟지 않으면 재빨리 잠재의식으로 사라져 장기 기억으로 옮겨진다. 장기 기억 속의 정보는 이용 가능한 채로 긴 시간 동안 남아 있다.

일반적인 시공간 감각은 우리가 경험을 어떻게 부호화하는지에 영향을 준다. 이 부호화 시스템 요소는 시간의 흐름과 공간의 구조에 대한 우리의 감각을 나타낸다. 이는 우리의 문화적 유산과 학습, 내부의 생체적 리듬의 조합이다.

새로 들어오는 정보의 양은 엄청나다. 우리의 관심사나 몰두하는 바에 직접적으로 관련이 없는 정보들은 우선순위가 낮아져 "잠재의식"으로 저장된다. 반복되는 정보 또한 우리가 그에 익숙해져서 더 이상 주의를 기울이지 않으면 결국 시스템의 잠재의식 부분에 이르게 된다.

정보가 저장되는 범주가 바로 상징이다. 이 용어가 부호화 과정의 측면을 잘 설명해 준다. "상징"이라는 단어는 그리스어 "함께"라는 뜻을 지닌 "syn"이라는 단어와 "던지다"라는 뜻을 가진 "bolein"이라는 단어에서 유래되었다. 상징화하는 것은 함께 던지는 것, 즉 공통된 요소를 가지고 있다고 여기는 정보를 함께 그룹 지어 한 범주 안에 속하게 하는 것이다.

정보를 부호화하는 것은 그것을 상징화하는 것과 같다. 부호화 과정 중 앞에서 다룬 두 가지 종류의 상징이 존재할 수 있다. 그중 한 가지 형태의 부호화 혹은 상징화는 랭거가 말한 담론적 상징이다. 이것은 선형적이고, 논리적, 추론적이며, 언어적인 상징으로서 좌반구가 지배적으로 관여하는 것으로 보인다. 다른 형태의 상징은 제시적 혹은 비담론적 양식이다. 이때 정보는 사전적이기보다는 시각적, 청각적, 운동감각적으로 혹은 기타 다른 감각 양식으로 제시된다. 담론적 상징이 정보를 분석적으로 다루는 한편, 제시적 상징은 정보를 종합적, 전체적으로 제시한다. 정보를 담론적으로 처리할 때 마음은 스포트라이트처럼 기능한다. 반면, 제시적 상징을 사용할 때 마음은 투광 조명floodlight과 같이 기능한다.

좌뇌가 지배적으로 관여하는 부호화 과정은 언어를 낳고, 우뇌에 많이 의존하는 부호화 과정은 이미지를 낳는다. 이러한 이미지는 사이코사이버네틱 모델 심리치료가 사용될 때 시각적으로 나타난다. 이 모델은 두 가지 형태의 부호화, 즉 담론적이고 언어적인 정보 부호화 형태와 제시적이고 회화적인 형태를 결합하여 활용한다.

서구 문명은 제시적 형태의 상징화를 대체로 무시하거나 저평가해 왔다. 이미지의 중요성을 강조하는 경험적인 증거들은 최근 몇 년 동안 충분히 축적되었다. 이미지에 주의를 기울여야 하는 중요한 이유는 세 가지가 있다. 첫째, 우리가 알다시피 이미지가 생각의 요소들로 이루어진 집짓기 블록building block이라는 것이다. 그것은 인지 장치의 필수적인 부분을 구성한다. 둘째, 이미지는 정신생리적psychophysiological 결과물이다. 앞서 논의했듯이, 이미지는 긍정적으로든 부정적으로든 유기체 내의 생화학적 변화를 유발한다. 셋째, 이미지는 행동을 촉진한다. 우리가 이미지로 떠올리는 것은 우리의 행동에 영향을 준다.

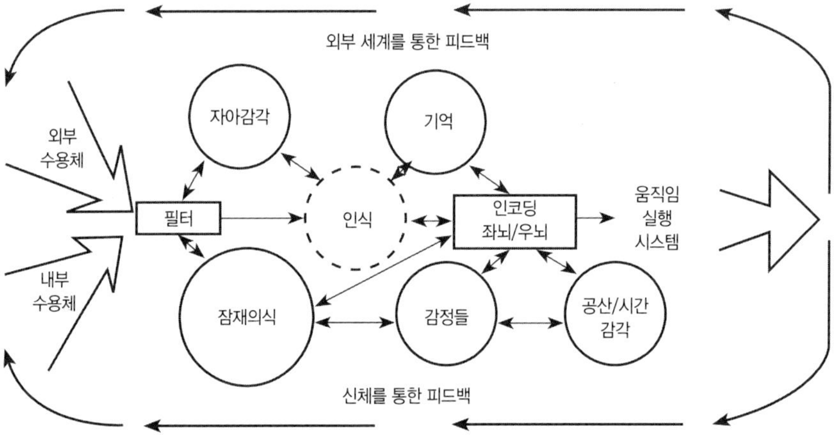

[그림 3-2] 코드화 과정

사이코사이버네틱 모델 개입은 개인이 효과적이고 건설적으로 자신의 이미지에 주의를 기울일 수 있는 방법이다.

[그림 3-2]는 부호화 시스템의 구성요소를 보여 준다. 이 그림은 찰스 타트Charles T. Tart가 제안한 몇 가지 아이디어를 포함한다(Tart, 1977).

부호화 시스템의 각 요소가 다른 요소들과 상호 영향을 주고받음을 아는 것이 중요하다. 도표에는 다양한 피드백 루프가 제시되어 있으며, 화살표는 시스템의 여러 요소를 서로 연결해 준다.

11. 시스템과 인지

부호화 과정은 시스템과 같이 기능한다. 여느 시스템에서와 마찬가지로 부호화 시스템을 구성하는 다양한 구성요소는 투과성 있는 경계를 가지며, 다룰 수 있는 특정 정보와 그것이 속한 조건에 의존하는 것으로 여겨진다. 예를 들어, 자아감은 늘 동일하지만 인간관계를 다룰 때보다 객관적인 데이터를 처리할 때 관련성을 덜 가진다.

최근까지도 심리학자들은 시스템의 각 부분을 살펴보면서 마음의 기능을 이해하려고 노력해 왔다. 부호화 개념의 장점은 시스템의 인지적 특성을 강조한다는 것이다. 지식을 얻고 사고하는 이와 같은 놀라운 능력을 공정하게 다루기 위해서는 상호 관련성과 다방향성을 계속 고려해야 한다. 인식을 구성하는 요소들을 개별적으로 연구하거나 따로 떼어 놓는 것은 옳지 못하다. 시스템적 접근이 행동과학에 알려지기 전에 실험적 패러다임은 과정의 각 구성요소를 개별적으로 검토하게끔 하였다. 그러나 이것은 데이비드 막스David E. Marks의 적절한 비유(Marks, 1986)를 대자면, 코끼리의 발가락을 하나하나 만져 보며 그 특성을 알고자 하는 것과 같다.

시스템 이론이 행동과학 분야에서 비교적 최근의 분야이기는 하지만, 시스템 이론의 개념은 세기가 바뀌기 전에 저명한 학자들에 의해 조짐을 보였고, 감지되었으며, 간접적으로 진술되었다. 예컨대, 제임스는 동료 학자들이 현상의 필연적인 상호 연결성을 고려하지 않고 현상을 별개의 것으로 분리시키려고 하는 동시대의 연구 경향을 비판하였다. 그는 심리학자들이 "한 통, 한 숟가락, 한 쿼트 냄비, 한 배럴, 혹은 다른 형태의 물로 강이 구성되어 있는 것처럼" 이야기하는 경향이 있다고 하였다. "들통과 항아리가 모두 냇가에 있을지라도 여전히 그것들 사이에는 물이 계속 자유롭게 흐르기 마련이다"라고 그는 덧붙였다. 나아가 그는 다음과 같이 말했다. "마음속의 분명한 이미지는 모두 그것을 둘러싼 자유로운 물의 흐름에 물들거나 깊이 스며든다. 이미지는 가까운 곳과 먼 곳과의 관계에 대한 인식과 그것이 다가오는 곳에 대한 반향, 그것이 이끄는 곳의 출발점이 된다." 제임스는 인지에 있어 이미지의 기능과 중요성을 다음과 같이 강조했다. "이미지는 그것을 둘러싸고 호위해 주는 모든 후광 혹은 반그림자와도 같다. 혹은 오히려 그것은 하나로 융합되어 뼈 중의 뼈, 살 중의 살이 되었다"(James, 1890, p. 255).

이것이 사이코사이버네틱 모델 심리치료를 구성하는 방법론으로 달성할 수 있는 최선의 것이다. 제임스의 말대로, 이미 경험한 이미지를 검토함으로써 "새롭게 취하고 갓 이해한" 이미지를 만들어 낼 수 있다. 제임스는 이미지가 현재 인지 이론에서 유행하기 훨씬 오래전부터 이미 이미지가 지닌 힘을 알아보았다.

12. 결론

인지에 대한 문제는 역사가 시작되기 전부터 인류를 주눅 들게 했다. 삶 자체는 적절한 정보를 획득, 분류, 저장, 검색, 적용하는 과정이라고 할 수 있다. 우리가 어떻게 사고하는지, 무엇이 사고를 촉진하는지는 매우 중요한 인식론적 질문에 도달하게끔 한다. 에드워드 티체너Edward B. Tichener가 지적하였듯이, 생각이 어떻게 생겨나는지 질문하는 것은 "벌집을 발견하는 것과 같다. 한번 건드리면 수많은 질문이 끊임없이 지속된다". 이미지는 인지의 한 형태이고, 사이코사이버네틱 모델의 중요한 구성요소이므로 이러한 질문들을 제기하는 것은 중요하다. 부호화는 정보가 어떻게 획득되는지, 감각이 주는 느낌이 어떻게 사고와 상징으로 변환되는지를 명료하게 해 준다. 많은 위대한 학자가 이 미스테리를 두고 고심해 왔다. 어떤 철학자들은 감정, 욕구, 인지, 추론, 의사결정 능력과 같은 정신적인 생활이 "영혼"의 징후manifestation라고 하였다. 이 기능들은 더 이상 설명할 수 없는 "영혼의 절대적 속성"이었다. 데이비드 흄David Hume, 존 스튜어트 밀John Stuart Mill, 요한 프리드리히 헤르바르트Johann Friedrich Herbart 외에 기타 관념 연합론자들associationists이 "사고의 난해함"과 "사고라는 무한한 카펫을 엮는 것"에 대해 설명하였지만, 사고가 그 놀라운 포함력을 어디에서 얻는지는 여전히 미스테리로 남아 있다(James, 1890).

이것만은 확실하다. 이미지는 인지의 필수적인 구성요소이다. 인지는 제시적 혹은 담론적 상징 양식에 있어 부호화 정보의 문제이다. 이미지는 마음속에서 자발적으로 생겨나는데, 특히 강한 감정을 느낄 때 그러하다. 또한 이미지는 의도적으로 만들어질 수도 있다. 자발적으로 떠오르는 이미지를 가지고 무엇을 할 것인지, 어떻게 이미지의 생성을 촉진하여 개인적이고 근본적인 경험들이 분류되고 다루어질 수 있는지는 다음 장에 제시된 사이코사이버네틱 모델을 통해 자세히 살펴볼 것이다.

이미지는 그저 쉽게 무시할 수 있는 부산물이나 부수적인 현상이 아니다. 그것은 강력한 인지 도구이다. 이렇게 오랫동안 간과되어 온 상징화는 개인의 삶 그리고 방향의 재설정과 관련을 맺고 있다. 삶의 교착상태에 빠져 새로운 방향을 찾아야 할 때, 우리는 친구들이나 심리치료를 찾는다. 심리치료를 통해 우리는 자신의 기본적인 가정이라고 할 수 있는 부호화 시스템을 다시 살펴본다. 우리는 일반적으로 적용되는 범주를 업데이트하는 방법을 찾는다. 이미지는 우리가 부호화 시스템을 개조할 수 있도록 도와준다. 이미지는 사고가 유연한 상태일 때 우리가 그것을 다룰 수 있도록 해 준다. 이미지의 도움으로 우리는 사고가 자리를 잡고 굳어지기 전에 그것을 개조할 수 있다. 이미지에 주의를 기울일 때, 우리는 언어적 수준의 상징화만을 다룰 때보다 사건을 바라보고 부호화하는 방식을 더 정확히 개조할 수 있다.

블레즈 파스칼Blaise Pascal의 말의 의미를 환언하면, 언어와 이미지는 달리 배열되었을 때 각기 다른 의미를 갖는다. 그리고 다르게 배열된 의미는 우리에게 다른 영향을 미친다. 우리가 사건을 다르게 이해하면 우리는 그 사건에 다르게 반응할 수 있고, 그것은 우리의 삶에 다른 결과물을 가져올 것이다. 이것이 사이코사이버네틱 심리치료 모델이 이야기하는 것의 전부이다. 이 모델은 두 가지 상징 시스템의 도움을 받아 우리의 가정과 결론을 재고하고 재부호화하는recodifying 과정이다. 그것은 우리가 인지적인 양서류로서 기능하도록 돕고, 이로 인해 우리는 두 가지 상징 시스템, 즉 담론적 시스템과 비담론적 시스템을 둘 다 사용할 수 있게 한다. 이러한 방식으로 우리는 뇌세포를 통상적인 양보다 더 많이 활성화할 수 있다. 우리는 마주한 삶의 딜레마를 더욱 잘 해결할 수 있고, 더욱 창의적인 사람이 될 수 있다. 이어지는 장에서는 담론적이고 언어적인 부호화 시스템과 회화적이고 제시적인 부호화 시스템을 어떻게 둘 다 활용할 수 있는지에 대해 다룬다.

제4장

미술과 치료의 결합

이 장에서는 사이코사이버네틱 모델을 선도한 여러 이론의 발자취를 따라가 본다. 사이코사이버네틱 모델 심리치료는 언어적·이성적·분석적인 사고 과정과 전체론적·직관적·제시적 양식의 인지 형식이 혼합된 것이다. 이 두 가지 방식의 인지는 대인관계에 도움이 되는 주된 형태로부터 최근까지도 동떨어져 있다가, 로버트 홀트Robert R. Holt가 자신의 저명한 저서에서 말한 것처럼 이미지라는 "배척된" 개념이 초기 행동주의자들의 추방으로부터 벗어난 이후로 주목을 받기 시작했다(Holt, 1964).

지난 10년간 이미지는 갈수록 스트레스 관리(Lazarus, 1984), 헬스 케어(Achterberg & Lawlis, 1980; Ahsen, 1977; Korn & Johnson, 1983; Simonton et al., 1978) 쪽에서 점차 많이 사용되고 있다. 또한 다양한 형태의 표현치료가 번성하기 시작했다(Chaiklin, 1975; Lerner, 1978; Tyson, 1981).

표현치료는 비담론적이고 제시적인 인지 양식을 구축하고 적용한다. 모든 표현치료 양식 중에서도 사이코사이버네틱 모델과 가장 특별한 관련을 맺고 있는 것 중 하나는 미술치료이다. 대인관계 형태의 개입에 시각적 예술을 결합하는 일은 느리고 미약했다. 이 장에서는 대인관계에 관련된 도움을 위해 시각적 표현의 힘을 이용하는 점진적인 과정을 탐색한다. 그리고 궁극적으로 미술치료 분야의 형태로 합쳐진 이론들의 주요 흐름 중 일부를 자세히 살펴본다. 이러한 개입 방식을 만든 중요한 이론가들의 기여를 언급하고, 주로 미국에서 일어난 미술치료의 역사에 중요한 사건들을 살펴보고자 한다.

1. "가서 그림을 그리렴. 네 영혼을 위해 좋은 일이야."

사물의 기원은 대부분 미스터리에 쌓여 있으며, 이 점에 있어서 미술치료도 예외는 아니다. 알다시피 미술은 인류만큼이나 역사가 깊다. 수 세기를 지나는 동안에 인간의 영혼을 어루만지는 미술의 힘은 간과되지 않았다. 사실 주요 전문 예술가 중 상당수는 자신만의 "치료적인" 이유로 미술가가 되었다. 예를 들어, 19세 때 알코올 의존증을 극복한 모리스 위트릴로Maurice Utrillo는 그의 어머니로부터 그림을 계속 그리라는 권유를 받아 왔다. 이와 유사하게 병으로부터 회복하고 있던 앙리 마티스Henri Matisse도 그림 그리기를 계속하라는 충고를 들었다. 3년 후 그는 법률 공부를 포기하고 친구의 격려를 받아 파리에 있는 미술 학교에 등록하였다. 결국 그는 당대의 최고의 화가 중 한 명이 되었다.

『파우스트Faust』를 지은 독일의 시인이자 극작가인 요한 볼프강 폰 괴테Johann Wolfgang Goethe는 17세에 출혈질환을 극복하면서 회화와 드로잉 수업을 들었다. 괴테는 전문 화가가 되지 않았지만, 미학과 색채학에 대한 중요한 저서를 썼다(Goethe, 1971).

이른바 "일요 화가들"이라고 불린 이들의 긴 계보 또한 발전되었다. 그들은 시각적 표현의 이점을 즐기는 사람들이었다. 이 아마추어들은 전문 화가들에게 미술의 불가사의함을 호사스럽고 장난스럽게 대한다고 여겨져서 자주 무시당하곤 했다. 그럼에도 불구하고 어떤 일요 화가들은 취미 활동으로부터 건강상의 이점뿐만 아니라 상당한 즐거움을 충분히 이끌어 냈다. 그들 중 일부는 자신의 그림으로부터 치료적인 효과를 경험할 수 있었을 뿐만 아니라, 미술 기술을 거의 전문적인 수준까지 끌어올리고자 했다. 윈스턴 처칠Winston Churchill도 일요 화가였다. 그는 1915년 해군성Admiralty에서 실직한 후 강도 높은 행정 업무에서 매우 습관적인 상담 업무로 전환하게 되어 자존감에 크게 상처를 입게 되었다. 처칠은 그의 저서 『이 폭풍우 속에서Amid these storms』(1932)에서 다음과 같이 언급하였다. "바다 짐승이 깊은 곳에서 끌어올려지듯, 혹은 다이빙한 사람이 갑자기 들어 올려지듯, 내 혈관은 생명의 위협을 느낄 정도로 솟구쳐 올랐다." 처칠은 그가 제1차 세계대전의 공포스러운 전개에 대해 숙고하기 위해 정말로 원하지 않았던 장시간의 여가 시간을 얼마나 갑작스럽게 갖게 되었는지를 계속해서 묘사하였다. "나의 모든 정신력이 격양되어 행동을 취하려는 순간, 비참하게 앞자리에 앉아서 비극을 바라보는 관중으로 남아 있으라는 압력을 받았다." 그는 그때 "그림 그리기의 즐거움"이 자신을 구원했다고 말했다. 2년 후 처칠은 그의 여러 아마추어 작품을 전시하였고, 첫 번째 상을 받았다. 그 작품들은 매우 뛰어나서 케네스Kenneth Clark 경을 비롯한 심사위원들은 취미 활동가가 그린 것이 아니라 전문 화가가 그린 것이 틀림없다고 판단하였다. 그 후 제2차 세계대전 동안 모든 세계의 사건들이 다시 극도의 열기로 치달을 때, 처칠 수상은 스스로를 이완하고 원기를 회복하기 위해 그림 그리기를 활용하였다.

드와이트 아이젠하워Dwight D. Eisenhower 대통령 또한 미술에 의해 위로되는 것과 진정되는 힘을 즐겼다는 것이 잘 알려져 있다. 게다가 그는 전문가 수준에 이를 정도로 그림 그리기에 능숙하였다. 아이젠하워와 처칠 모두 "치료로서의 미술art as therapy"이라는 미술치료 분파의 사례이다.

따라서 미술이 치유적 힘을 가지고 있다는 것은 미술치료가 학문으로서 실제로 알려지기 훨씬 이전부터 서구 문명에서 잘 정립된 개념이라는 것을 알 수 있다. "가서 그림을 그리렴. 네 영혼을 위해 좋은 일이야."라는 충고는 미술과 치료가 마침내 결합하여 분명한 개입 양식이 되기 훨씬 전부터 표면화되었다.

2. 고대 그리스 시대

미술이 도움이 된다는 개념은 적어도 고대 그리스로 거슬러 올라간다. 플라톤Plato은 『국가론』을 비롯한 여러 저서에서 이러한 믿음을 분명히 피력하였다. 플라톤은 그의 공화국과 다른 일터에서 신념과 명백하게 연결되어 있다. 플라톤의 이상 국가ideal state에서 생애 첫 10년은 튼튼하고 건강한 몸을 만들기 위해 운동에 전념하는 기간이다. 그리스인들은 신체가 건강하면 영혼 또한 건강할 것이라고 믿었다. 운동과 정신 수련은 힘과 용기를 솟아나게 해 주지만, 우아하고 고결한 영혼을 위해서는 부드러움이라는 제3의 자질이 이 두 가지 자질에 보태져야 한다. 플라톤은 음악이 하모니와 리듬을 가르쳐 주기 때문에 이것이 음악을 통해 성취될 것이라고 판단했다. 그는 리듬과 하모니가 영혼의 깊은 곳까지 흘러 들어가 다른 사람을 온화하고 공정하게 대할 수 있게 해 준다고 보았다. 따라서 플라톤의 이상 국가에서는 10세에서 16세의 아이들이 음악을 공부한다. 그러나 운동에만 노출되는 것이 바람직하지 않듯이, 음악에 지나치게 노출되는 것은 위험하다고 보았다. 플라톤에 따르면, 단순히 운동선수가 된다는 것은 거의 야만인이 되는 것과 같다. 단지 음악인이 된다는 것은 좋은 것 이상으로 부드러워지고, 녹여져야 되는 것이었다.

리듬과 하모니는 음악에만 국한되는 것이 아니라, 모든 예술의 특성이기도 하다. 따라서 플라톤이 음악에 대해 이야기한 것은 다른 형태의 예술에도 역시 적용될 수 있다. 실제로 그리스 문화의 뛰어난 중심지인 페르가몬Pergamon 문화에서는 커다란 체육관에 트랙과 필드, 목욕 시설뿐만 아니라 웅변할 수 있는 극장, 그림과 조각을 할 수 있는 스튜디오까지 수용하였다(Miller, 1971).

특정한 종류의 정보를 전달해 줌으로써 설득하고 위로하는 미술의 힘은 미술이 인류 역사를 통틀어 종교와 밀접한 관련을 맺어 왔다는 사실을 설명해 준다(Gombrich, 1972). 정보를 전달하는 미술의 능력은 또한 왜 많은 종교가 자신의 추종자들에게 거짓 신과 우상을 섬기지 말라고 필수적으로 경고했는지를 말해 준다. 가끔 미술 작품에 의해 전달되는 메시지들이 기존 사회의 주요 부분과 대립되는 것이라고 여겨질 때, 우리는 인습파괴자iconoclasts와 이미지파괴자image-smashers가 만연하는 시기임을 알 수 있다.

균형과 조화, 리듬의 특성은 미술을 접하는 사람들을 치유하고 고결하게 하는 미술의 힘의 핵심이다. 미술가가 되는 것은 이러한 많은 훌륭한 자질을 구현하는 것이다. 중세의 시인이었던 알리기에리 단테Alighieri Dante는 다음과 같이 말했다. “그림을 그릴 때 그 대상이 될 수 없다면 그것을 그려 낼 수 없다”(Schachtel, 1959에서 인용). 미술가는 그가 그리고자 하는 사물의 정적이고 수용적이며 완벽한 반향echo이 되어야 한다. 그렇게 함으로써 그는 변화한다. 따라서 이러한 전통을 알고 있는 유럽의 많은 정신의학자는 정신과 환자들의 그림 작업을 홍보하고 수집하는 것에 관심이 있었다. 이들 중에서 한스 프린즈혼이 가장 잘 알려진 학자이다(Hans Prinzhon, 1922). 그는 1890년부터 1920년까지 유럽의 정신과 시설에서 5000장가량의 그림을 모았다. 또한 정신질환별로 작품들을 분류하는 시스템을 고안하였으며, 수집한 작품을 어린이의 작품 그리고 민화와 비교하였다.

미술의 유익한 힘에 대한 생각은 보다 진보적인 교육과 이념적 기류에 의해 근대에 더욱 고취되었는데, 그 대부분은 프랑스의 철학자 장 자크 루소Jean Jacques Rousseau로 거슬러 올라간다. 루소는 인간의 본성은 선하지만 문명에 의해 부패한다고 보았다. 루소는 인간이 근본적으로 선하다는 것을 고려했을 때, 자발성과 자기표현이 격려되어야 한다고 생각했다. 루소의 아이디어는 유럽의 많은 지성인에게 영향을 주었는데, 그중에는 이마누엘 칸트

Immanuel Kant와 괴테, 레프 톨스토이Leo Tolstoy도 있었다. 그의 아이디어가 확실하게 인정되었는지의 여부와 상관없이 루소의 생각은 서구 문명의 지적 기류에 스며들었고, 결국 현재 미술치료라고 알려진 현상의 형성을 이끈 사람들의 생각을 만들었다. 이러한 사상가 중에 가장 저명한 학자는 칼 융Carl Jung이다. 그는 "미술치료"라는 용어를 사용하지는 않았지만, 치유 분야의 아버지라고 할 수 있다.

3. 융과 적극적 상상의 방법

미술이 주는 유익함이 잘 알려져 있음에도 불구하고, 미술과 치료는 칼 융의 작업에서 마침내 이 두 가지가 결합하기 전까지 몇 세기 동안 서로 다른 경로로 발전해 왔다. 융은 스위스의 정신과 의사이자 심리학자로서 수년 동안 프로이트의 추종자이자 공동 연구자였다. 국제 정신분석학회International Psychoanalytic Association가 1910년에 설립되었을 때, 융은 첫 번째 학회장으로서 4년간 직위를 유지했다. 프로이트는 융을 가리켜서 자신의 "후계자 혹은 계승자"라고 하였다. 그러나 점차 그들의 관계에 균열이 생기기 시작하였다. 융은 신비주의와 원시 종교, 제례, 동양 철학에 깊은 관심을 가졌지만, 프로이트는 그러한 것들에 전혀 관심이 없거나 이해하지 못하였다. 반대로 융은 프로이트가 지나치게 물질주의적이고, 인류 역사의 큰 덩어리를 무시한다고 보았다. 1909년에 융은 예지와 초심리학에 대해 프로이트가 어떻게 생각하는지를 물었다. 프로이트의 대답은 융에게 "지나치게 피상적인 실증주의"처럼 들렸고, 융은 그의 혀끝에 맴도는 날카로운 반박을 하기가 어려웠다(Jung, 1961, p. 155).

두 사람은 프로이트의 리비도libido 이론에 대해 의견이 달랐다. 프로이트는 좁은 생물학적인 의미에서 그 용어를 사용하였지만, 융은 리비도가 단지 성적 에너지가 아니라 생명력a life force이라고 보았다. 예컨대, 융은 그의 저서 『분석심리학에 대한 공헌Contributions to Analytical Psychology』(1928)에서 "정신의 많은 부분, 때로는 전부가 실제로 성에 의존하고 있다"라고 하였다. 그러나 그 후에 그는 때로는 성에 거의 의존하지 않으며, 모든 것이 "아들러가 말한 자기-보존 혹은 힘 본능"으로부터 생겨난다고 말했다. 그는 다음과 같이 결론을 내렸다. "때때로 성은 지배적이며, 다른 때는 자기주장self-assertion이나 기타 본능이 지배적이기도 하다. 성이 지배적일 때는 모든 것이 성적인 것이 되어 성적인 목적을 표현하거나 그에 기여한다"(Jung, 1928).

1913년 무렵, 프로이트와 융의 갈등은 결국 확연해져서 둘의 개인적인 서신 교류는 끝이 났다. 같은 해에 융은 8년간 몸담았던 취리히 대학의 강사직을 그만두기로 결심하였다. 자신의 "지적인 상태가 의심으로만 가득하였기 때문에" 젊은 학생들을 계속 가르치기에는 지적으로 정직하지 못하다고 보았다(Jung, 1961, p. 193). 당시에 그는 38세였고, 신비주의와 무의식의 연구에 깊이 몰두하였지만, 그가 언급한 것처럼 그는 아직 "그것을 다 이해할 수도, 구체화할 수도 없었다". 이전 해에 그는 『무의식의 심리학The psychology of the unconscious』이라는 그의 저서를 출간하였으나 학계에서 잘 받아들이지 않았다. 융은 "당시에는 과학적인 책을 전혀 읽을 수 없었다"라고 말했다. 이러한 상태는 이후 3년 동안 지속되었다(Jung, 1961, p. 193).

융은 당시 오늘날 우리가 "중년의 위기"라고 부르는 것을 심각하게 경험했던 것 같다. 그러나 이러한 고통과 위기 속에서 융은 우리가 현재 미술치료라고 부르는 것을 점차 구축하였다.

아주 어린 시절부터 융은 "아름다운 것들"에 마음이 끌렸다. 그는 어린 시절 살던 집의 거실에 걸려 있던 오래된 그림에 마음을 빼앗겼던 일에 대해 언급하였다. 융이 6세였던 때 융의 이모는 그를 미술관에 데려갔다. 그는 그리스 동상에 매료된 나머지 발걸음을 떼기 어려워 폐관 시간이 지나도록 머물렀다. 그는 이전에 이보다 아름다운 것을 본 적이 없었으며, "완전히 압도된"

느낌을 받았다. 그는 차마 동상을 외면할 수 없어서 눈을 동그랗게 뜬 채 그 자리에 서 있었다. 이모가 그를 출구 쪽으로 끌어내자, 그는 그녀의 뒤를 느릿느릿 따라가면서 경이로운 동상을 마지막으로 힐끗 보고자 했다. 이모는 화가 나서 소리쳤다. "이 역겨운 녀석아, 빨리 눈을 감아라. 이 역겨운 녀석아, 눈을 감아!" 그때서야 융은 그 동상이 벌거벗은 채 무화과 나뭇잎만 걸치고 있다는 사실을 깨달았다. 융은 이렇게 말했다. "그전에는 전혀 알아차리지 못했다. 이것이 순수예술에 대한 첫 경험이었다. 이모는 음란물을 보여 주는 곳에 끌려온 것처럼 몹시 화가 나 폭발할 지경이었다"(Jung, 1961, p. 16).

미술에 대한 융의 관심은 지속되었다. 때때로 그는 수채화를 그렸다. 융의 한 친구가 그에게 전문 화가가 되라고 권고했다는 것을 고려할 때, 그의 그림은 틀림없이 훌륭했을 것이다. 이 시기는 제1차 세계대전 즈음이었는데, 이때 융은 그가 "어둠"이라고 표현했던 것으로부터 헤어나기 시작했다. 그는 두 가지 사건이 회복에 도움을 주었다고 말했다. 먼저, 그는 그의 환상이 미적인 가치를 지니고 있다고 그를 설득하려고 했던 여성과 헤어지기로 결심하였다. 또한 그는 자신이 그리고 있던 만다라의 의미를 이해하기 시작했다(Jung, 1961, p. 195).

1918~1919년 사이에 융은 스위스 내에서 프랑스어를 사용하는 곳에 위치한 포로수용소 수감자들의 사령관으로 재직하였다. 매일 아침 그는 공책에 작은 원을 그렸다. 그것은 만다라로서 "당시 그의 내면 상태"를 반영해 주는 듯했다(Jung, 1961, p. 195). 그는 만다라를 그린 덕분에 날마다 마음의 변화를 관찰할 수 있었다고 언급하였다. 또한 그는 다음과 같이 말했다. "나는 만다라 작업을 열심히 하는 가운데 그 속에서 완전한 나의 존재를 발견하였다." 그는 처음에는 단지 그림을 어렴풋이 이해했다고 이야기하였다. 그럼에도 그는 그림들을 소중히 여기며 다음과 같이 말하였다. "귀한 진주를 발견한 것처럼, 그림들이 내게 중요하다는 분명한 느낌을 받았다. 이윽고 나 자신에 대한 실존적 관념을 그림들을 통해 획득할 수 있었다." 또한 그는 다음과 같

이 말하였다. "만다라를 그리기 시작했을 때 나는 내가 걸어온 모든 길, 밟아 온 모든 과정이 하나의 지점, 즉 중간 지점으로 되돌아오는 것을 깨달았다." 융은 만다라를 사람의 마음을 표시하는 암호라고 생각하였다. 그는 원이 성격의 발달과 관련이 있다고 생각하였고, 그조차 오랫동안 혼란스러워했던 자신의 이론들에 대해 확신을 얻었다고 생각하였다.

융이 만다라 그림에 관한 자신의 경험을 기술하기까지는 10년이 걸렸다. 그때까지 그는 만다라가 반대되는 것과의 투쟁과 화해를 나타내는 것으로서 마음속에 자발적으로 생겨나는 완전함의 상징이라고 굳게 믿었다(Jung, 1961, p. 335)

1928년 융은 미국 출신의 한 환자와 함께 작업하던 중 그에게 있어 미술과 치료가 조화롭게 융합되는 지점, 즉 오늘날 우리가 미술치료라고 여기는 것에 도달하였다. 융이 ×양이라고 불렀던 환자가 어머니의 고향인 덴마크를 방문하였는데, 거기서 그녀는 뜻하지 않게 풍경화를 그리고 싶어졌다. 전에는 자신이 미적인 성향을 지녔다고 생각해 본 적이 없었으며, 그림에도 소질이 없었다. 그럼에도 불구하고 그녀는 수채화 물감을 만져 보았고, 그리 대단하지 않은 자신의 풍경화에 이상한 만족감을 느꼈다. 왠지 모르게 그림은 그녀에게 새로운 삶을 살게 해 주는 것 같았다. 취리히로 와서도 그녀는 그림 그리기에 계속 몰두하였다. 그녀가 융에게 자신의 경험과 느낌에 대해 이야기하자, 융은 그녀가 계속 그림을 그릴 수 있도록 자연스럽게 격려하였다. 융은 ×양이 자신의 힘으로 "적극적 상상 기법method of active imagination"을 빌견하였다고 생각하였다. 적극적 상상은 오늘날 우리가 미술치료라고 부르는 것에 대한 융의 용어이다(Jung, 1972, p. 6).

×양은 그림을 계속 그렸지만, 그림 그리기가 매우 어렵다는 것을 깨달았다. 융은 다음과 같이 언급하였다. "초보자 혹은 그림 실력이 없는 사람들이 늘 경험하듯이, 그림 그리기는 그녀에게 매우 어려운 과제였다. 이때 무의식적으로 잠재적 이미지를 그림에 슬며시 담아 두기가 쉽다." 융은 ×양에게 다

음과 같이 조언하였다. "현재 가능한 일들에 만족하세요. 또한 그림의 실력 부족을 극복하기 위해 판타지를 사용하고 있으니 안심하세요." 융은 이렇게 조언한 이유에 대해 "그림에 가능한 판타지를 많이 가져옴으로써 무의식이 지닌 내용들을 가장 잘 나타낼 수 있도록 하기 위함이었다"라고 말했다. 또한 그는 그녀에게 선명한 색들을 사용하도록 권하였는데, 이 색들이 아직 완전히 의식화되지 않은 생각들을 이끌어 낸다고 보았기 때문이다.

×양은 융과의 치료에서 적극적 상상 기법을 사용한 많은 환자와 학생 중 첫 번째 내담자였다. 또한 융은 영어권 학생들을 위한 세미나를 열었고, 마침내 전 세계의 치료사들에게 그의 이론과 방법론을 가르치기 위해 취리히에 수련 기관을 세웠다.

융의 적극적 상상 기법은 그의 많은 주요 이론 중 하나에 불과하지만, 핵심적인 이론이다. 점차적으로 미술과 치료가 치유의 목적으로 융합될 수 있다는 생각이 미국에 전파되었다.

4. 아드리안 힐, 방문치료사

앞에서 언급한 움직임들이 유럽에서 전개되는 동안, 융학파들과는 별개로 미술과 치료를 융합하려는 또 다른 노력들이 영국 해협을 건너 나타나기 시작하였다.

런던에서 제2차 세계대전이 일어나는 동안, 아드리안 힐Adrian Hill은 결핵에서 회복되는 중이었다. 그는 요양하는 동안에 지겨움을 달랠 수 있는 여러 방법을 생각해 보았다. 그는 이러한 경험들이 미술치료로 나아가는 데 도움이 되었다고, 그의 저서 『미술 대 질병: 미술치료의 이야기Art versus illness: A story of art therapy』(1945)에서 밝혔다. "미술치료"라는 용어는 그의 저서의 소제목에서 처음 사용되었다. 힐의 생각을 따라가 보는 것은 흥미롭다. 왜냐하면 그의 투쟁과 노력이 현대 미술치료의 몇몇 형태에서 여전히 드러나기 때문이다.

힐은 1983년에 입원을 이유로 일을 그만두어야 했다. 갑자기 "시간이 멈춘 듯"했다. 그는 그림을 그리면서 어느 정도 시계추를 다시 움직일 수 있음을 깨달았다. 그는 "충동적인 인상주의 화가"에서 "성실하고 여유로운 연필 정밀화가"로 변모하였다. 그는 연필 정밀화를 통해 그의 존재의 "비현실성"에 대한 자신의 반응을 표현하고자 했다. 슬프게도 그는 다음과 같이 이야기했다. "사건들이 나를 이끌었을 뿐, 내가 그것들을 이끌지 못했다." 그가 용감하게 회복의 시간을 견뎌 내기까지는 3년이 걸렸다.

1941년, 병원은 제2차 세계대전의 부상자들과 함께할 작업치료 부서를 세웠다. 힐은 마음과 몸이 상하고 희망이 좌절되는 아픔은 엄청난 재산을 잃는 것보다도 훨씬 더 크다고 언급하였다. 작업치료 부서의 담당자는 힐에게 "다른 기술에서 매력을 느끼지 못했던 환자들에게" 그림을 가르쳐 달라고 부탁했다.

힐은 새로운 과제에 열성을 보이며 착수했다. 그리고 그는 다른 환자들에게 미술 수업에서 기대할 수 있는 이점을 활발히 전달하였다. 그는 무엇보다도 즐겁게 집중하는 것이 요양 기간 중의 고통을 완화시켜 줄 수 있음을 설득하고자 했다. "책에 지루함을 느끼고, 라디오가 재미없어지며, 게임에 짜증이 나고, 방문객 때문에 현기증이 날 때, 그림 그리기는 요긴하며, 축복과 같은 것이다." 그는 미술이 "한 번 내 마음속에 단단히 심어지면" 이것은 균germ과도 같아서 "이후 벌레, 즉 결핵tuberculosis, TB을 없애는 데 커다란 도움을 준다"고 여겼다. 그는 이것이 "엉터리 약"이 아니라 그저 당연한 것이라고 생각하였다. 그리고 그 이유는 다음과 같았다. "우리는 모두 무언가를 만들어 내고자 할 때 능력이 가장 잘 발휘되기 때문이다. 그리고 미술치료는 건설적이다. 그렇다. 아마 당신은 이렇게 생각할 것이다. '그렇지만 난 그림을 그릴 수 없어요. 내 그림을 보면 당신은 그저 웃음이 날 거예요.'" 동료 환자가 불안해하자 힐은 다음과 같이 말하였다. "시도해 보기 전까지는 당신이 무엇을 할 수 있을지 몰라요.” 그는 동료의 그림을 보고 웃지 않겠다고 약속하였다.

힐은 학교에서 배웠던 기술과 요령을 기억해 내려고 하기보다는 스케치부터 시작하도록 환자들에게 권하였다. 게다가 그는 반쯤 기억하고 있는 그 지침들이 어쨌든 잘못되었다고 생각했다. 더 나아가 그는 환자들로 하여금 미술을 너무 심각하게 생각하지 말라며 다음과 같이 조언하였다. “왜냐하면 그림이 주는 깊은 만족감을 누리기 위해서는 즐길 수 있어야 하기 때문이다. 맘껏 즐겨야 한다.”

그의 열정에도 불구하고 힐은 실망감을 느꼈다. 환자들은 미술 수업에 등록하기를 주저했는데, 아마도 이는 학창 시절의 지루하고 시시한 미술 수업을 떠올렸기 때문일 것이다. 또한 미술 수업을 들었던 학생들도 몇 주만 지나면 퇴원했기 때문에 미술에 대한 투자와 그에 대한 흥미는 그것으로 끝이 났다. 그들에게 미술은 단지 “짧은 일탈” 혹은 “기차를 기다리는 동안 여행자가 승강장 노점에서 피상적으로 갖는 관심과 유사한 시간 때우기”에 불과했다.

그는 미술이 그들에게 좋음을 환자들에게 납득시키고자 하였다. 그리고 미술을 “좋아하도록” 환자들을 “유도하여” 결국은 그들에게 그림을 그려 보도록 하였다. 그는 처음에 자신을 “방문 교사”라고 불렀다. 그러나 1942년 여름에 그는 “미술치료”라는 용어를 자유롭게 사용하였으며, 자신을 “방문치료사”로 여기게 되었다. 그에게 있어 미술치료는 작업치료에서 갈라져 나온 것이었다. 그러나 “치료”라는 단어가 꺼림직하고 의학적인 분위기를 풍기기 때문에 그는 그 단어를 사용하는 것이 다소 불편했다. 그는 치료를 “당신이 좋아하는 어떤 것이 당신에게 주는 작은 도움”이라고 해석하였다.

흥미롭게도 힐은 이미 당시 미술치료사들에게 꽤 자주 사용되었던 낙서 기법doodling technique을 환자들에게 소개하였다. 힐은 좌절이 “최후의 성공을 위한 필수적인 단계”로 여겨야 한다며 환자들을 안심시켰다.

“잠재적 재능”을 일깨우고 “희망을 소생시키고자” 했던 그의 바람에 비해 결과는 다소 실망스러웠다. 그는 “오랜 병으로 인한 정신적 · 육체적 위축에 맞서고자" 미술을 사용하려고 했다. 그러나 환자들이 그린 그림은 상상력이 부족했다. 그는 먼저 환자들의 "그림 의식picture consciousness"을 일깨우고 "상상력"을 높여야 한다고 생각하였다. 그는 엽서 크기의 명화 사본을 모았고, 10장의 그림을 제시하며 환자들에게 좋아하는 순서대로 배열해 보도록 하였다. 그는 병상에 있는 환자들에게 무거운 책보다는 엽서가 더욱 간편할 것이라고 생각하였다. 그는 또한 환자의 병실에 명화를 걸어 놓았다. 이러한 방식으로 그는 환자들이 만든 작품에 긍정적인 영향을 미칠 수 있는 좋은 작품의 감상을 독려하고자 하였다.

힐은 환자들이 걸작품으로 여기는 작품보다는 미적 가치가 적은 작품들을 빈번히 선호한다는 것을 알게 되었다. 그는 작품 구성의 원리에 대해 교묘히 알려 주면서 환자들의 취향을 바꾸어 놓고자 애썼다. 따라서 힐의 미술치료는 미술교육이 되었다. 그가 과거에 되고자 했던 "방문 교사"로 돌아갔다.

힐의 과업의 결과는 다소 혼합되어 있다. 그는 여전히 미술치료 영역의 가장자리에 서 있었고, 미술 지도의 영역으로 돌아가지 않으려고 애썼다. 힐 외에도 작업치료 부서의 주관 아래 일하는 순수미술의 다른 초기 지지자들도 비슷한 경험을 하였다(Gelber, 1962). 미술 지도와 미술 공예 사이에서 방향을 잡기란 어렵다. 초기 미술치료사들이 형성하고자 했던 새로운 개입 방식은 흔히 기존의 작업치료와 미술교육의 원리에 의해 무시되었다.

미술치료와 미술교육을 구분하려는 또 다른 시도는 빅터 로웬펠드Viktor Lowenfeld에 의해 이루어졌다(Lowenfeld, 1957). 그는 "미술교육치료art education therapy"라는 용어를 사용하였는데, 그는 이것을 "상징 해석을 다루지도, 어떤 상징을 근거로 추론한 진단을 다루지도 않는 미술교육을 수단으로 하는 치료"라고 정의하였다. 로웬펠드는 미술, 교육, 그리고 치료의 융합물은 "다른 미술이 가진 동기와 정도와 강도의 차이가 있을 뿐, 그 종류는 다르지 않은 동기를 활용한다"라고 말했다.

그러나 그가 "미술교육치료"라고 불렀던 새로운 현상에 대해 논의하고 명료화하려던 부분이 그의 저서 후판에서 제외되었기에 미술 · 치료 · 교육 분야로부터 미술 이론을 정립하려는 로웬펠드의 시도는 성공적이지 못하였다.

5. 마가렛 나움버그와 자유로운 미술 표현

미술치료는 마가렛 나움버그Margaret Naumburg의 업적을 바탕으로 마침내 완전히 성장하였다. 그녀의 여정은 루소의 사상에 깊이 물든 진보주의 교육으로부터 시작되었다. 이후 나움버그의 이론은 융 심리학과 밀접한 관련을 맺었고, 정신분석적 사고를 갖게 되었다. 나움버그는 누구인가? 그리고 어떻게 그녀는 다수의 사람이 시도해서 실패했던 것을 성취하였는가?

나움버그의 아버지는 뉴욕의 의류 상인이었다. 그녀는 바이에른에서 태어났으며, 부모는 독일계 유대인이었다. 그녀는 3세 때 부모와 함께 미국으로 건너왔다. 나움버그의 어머니도 아버지와 조상의 인종이 같았지만 노스캐롤라이나에서 태어났다. 나움버그는 1890년 5월 14일에 뉴욕시에서 태어났다. 그녀는 네 자녀 중 셋째였으며, 2명의 언니와 1명의 남동생이 있었다.

나움버그는 뉴욕 공립학교를 1년 동안 다녔고, 오라스 만 스쿨Horace Mann School을 3년 동안 다녔으며, 삭스 스쿨의 입시를 준비하였다(Rosenfeld, 1924). 그녀는 1908년에 바사르 대학Vassar College에 입학했으나 1년 후 바너드 대학Barnard College으로 편입하여 철학과 경제학을 전공하였다. 그녀의 교수 중 한 명이 존 듀이John Dewey였으며, 가장 친한 대학 친구 중 하나가 듀이의 딸이었다. 그들은 수년 동안 친구로 지냈다.

나움버그는 사회 개혁에 관심이 있었고, 바너드 사회주의자 모임socialist club의 회장을 지냈다. 1912년 문학 학사 학위를 받은 뒤 그녀는 런던으로 건너갔고, 런던 경제학파의 시드니 웹Sidney Webb과 함께 공부하였다. 그곳에서 그녀는 당시 신흥 산업이었던 영화 산업의 노동 환경에 대한 논문을 썼다.

1913년 1월, 어머니의 큰 기대와는 달리 나움버그는 런던을 떠나 스위스로 갔다. 그러나 스위스에서의 생활은 실망스러웠다. 그녀는 친구들이 자신에게 스키 타는 법을 가르쳐 줄 수 없다는 것을 알고 분개했다. 그리고 그 당시에 심한 독감에 걸렸던 것 또한 회상했다.

그녀는 스위스를 떠나 로마로 가서 마리아 몬테소리Maria Montessori와 함께 공부하였다. 나움버그는 어린 시절에 프랑스인 가정교사를 만난 적이 있었다. 그래서 그녀는 프랑스어를 할 수 있었고, 학교에서 라틴어를 공부한 적도 있었기에 그녀는 이탈리어로 충분히 그럭저럭 살아 나갈 수 있었다. 그러나 로마에서의 생활은 만족스럽지 않았다. 그녀는 몬테소리 부인이 마음에 들지 않았고, 1913년 가을에 뉴욕으로 돌아왔다.

다시금 어머니의 기대와는 반대로, 나움버그는 헨리 스트리트 세틀먼트 Henry Street Settlement 가까이로 이사하여 1년 동안 유치원 아이들을 가르쳤다. 이 프로젝트는 아쉬운 점이 많았다. 나움버그에 따르면, 당시의 사회복지사들은 자신들이 무엇이든 다 아는 것처럼 행동하였다(Nucho, 1975). 이듬해 그녀는 방 2개를 빌려 직접 학교를 운영하였다. 점차 학교가 커져서 월든 아카데미Walden School라는 이름을 갖게 되었다.

비슷한 시기인 1914년에 나움버그는 융학파 정신분석가인 베아트리스 힝클Beatrice M. Hinkle에게 정신분석을 받기 시작했다. 힝클은 정신과 의사이자 심리학자였다. 융과 일생 동안 친구였으며, 융의 저서 중 한 권인 『무의식의 심리학The psychology of the unconscious』(1916)을 번역하기도 했다. 나움버그에게 힝클과의 정신분석은 다소 실망스러웠다. 왜냐하면 나움버그가 기억하기로 그녀는 나움버그보다 남자 환자들을 더 선호했기 때문이다. 그러나 나움버그는 융 심리학에 익숙하지 않았기 때문에 그에 대한 관심이 컸다. 그래서 3년 동안 힝클에게 정신분석을 받았다.

나움버그의 두 번째 정신분석가는 아브라함 브릴Abraham Brill이었다. 나움버그에 따르면, 이때 더 만족스러운 경험을 했다. 브릴은 미국의 첫 번째 정신분석가로 간주된다. 그는 비엔나에서 태어났으며, 1908년에서 1910년 사이에 뉴욕시의 유일한 정신분석가였다. 프로이트는 그가 자신의 주요 작품 중 여러 권을 번역하도록 허락해 주었다. 브릴은 뉴욕 정신분석학회 및 연구소 New York Psychoanalytic Society & Institude를 창립하는 데 중요한 역할을 했으며, 평생 동안 교수자이자 저술가로서 정신분석 학계의 선두에 머물렀다(Freedman et al., 1975). 그는 세계적인 시야를 갖고 있었다. 나움버그가 그에게 정신분석을 받기 몇 해 전, 그는 에스키모인들이 겪는 히스테리 증상Arctic hysteria에 대한 연구를 게재하였다(Brill, 1913). 그것은 나움버그의 관심을 끌 수밖에 없었다.

두 번의 정신분석 기간은 나움버그에게 있어 가장 소중하고 중요한 경험으로 남았다. 그녀는 1972년에 준비했던 것으로 추정되는 '미술치료, 심리치료, 연구와 강의 관련 전문 기록Professional record in relation to art therapy, psychotherapy, research and teaching'이라고 이름 붙인 자신의 이력서에 힝클과 브릴 박사에게 정신분석을 받았던 것을 첫 칸에 기입하였다. 실제로, 곧 그녀는 월든 아카데미의 모든 교사가 분석을 받아야 한다고 주장했고, 그중 절반가량이 그렇게 했다(Cremin, 1964). 심지어 그녀는 듀이에게도 정신분석을 받아야 한다고 설득하였으나, 그는 귀담아듣지 않았다.

나움버그가 세상을 떠난 후, '직접 교육 방법A direct method of èducation'이라는 미출간 저서가 그녀의 저서 가운데 발견되었다. 맨 위에 나움버그는 친필로 "1917년 미국에서 처음으로 이루어진 정신분석 교육에의 적용First application of psychoanalysis to education in the US, 1917"이라고 적었다(Detre et al., 1983).

두 번의 정신분석은 나움버그가 월든 아카데미에서 발전시킨 통합적 교육의 토대를 닦는 데 기여한 것으로 보인다. 정신분석은 그녀의 50대 이후 삶에 있어 창의성과 정신건강의 함양에 도움을 주었고, 이것이 미술치료로 이어졌다.

월든 아카데미는 진보적인 교육계에 속하며, 수많은 찬사를 받았다

(Johnson, 1923; Rosenfeld, 1924; Beck, 1959; Cremin, 1964). 다른 많은 진보주의 교육자처럼 나움버그 또한 전통적인 학교가 답답하다고 느꼈다. 버트런드 러셀Bertrand Russell이 이야기했듯이, 공립 학교는 "교육 없이 지도만 할 수 있음을" 보여 주었다(De Lima, 1926, p. 215). 나움버그는 이러한 것들을 변화시키는 일에 착수하였다. 그녀의 저서 『아동과 세계The child and the world』(1928)에서 그녀는 자신이 개발한 교육과정이 어떻게 어린이의 "알고 싶어 하고, 하고 싶어 하며, 되고 싶어 하는…… 무한한 욕구와 흥미"를 양성하고자 하였는지 논하였다. 그녀는 다음과 같이 기술하였다. "우리에게 있어 신경과민과 정상 에너지의 억압으로 이어지는 모든 금지 규정은 생물학, 심리학, 교육학의 최신 연구 결과물과 반대되는 것이다. 우리는 건설적이고 창의적인 작업을 통해 이러한 유년기의 생명력의 방향을 전환하고 활용할 방법을 찾아야만 한다." 나움버그에 따르면, 이는 "교사나 교과서의 맹목적인 권력에 대한 잘못된 의존"을 제거함으로써 성취할 수 있다. 대신 그녀는 아이들의 "감정과 사고, 그리고 행동의 자율성"을 양성하고자 했다.

이 당시 나움버그는 사회적 문제의 해답을 경제 및 사회 영역에서 찾으려는 이전의 희망을 접었다. 그녀는 자신의 저서에서 다음과 같이 말했다. "우리 문명의 고착 상태로부터 즉각적인 사회, 경제적 탈피의 가능성은 꽤 희박해졌다. 그리고 이는 나에게도 이제 다소 터무니없는 일이다." 그녀는 또한 다음과 같이 이야기했다. "나는 민주주의나 제국주의를 수호하기 위해 싸우는 것이 내가 이전에 바라던 근본적인 변화를 만들어 내지 않는다는 것을 깨달았다." 그녀는 사람이 자신과 관련된 현존하는 제도를 바꿀 수는 없지만, 추후에 집단이나 제도를 개혁할 수 있는 개인을 바꾸는 것은 가능하다고 생각했다. 나움버그가 당시에 인식한 대로 사회적 문제에 대한 해답은 사회 개혁에 있지 않고 개인의 변화에 있었다. 그리고 이는 그녀가 노력을 기울인 월든 아카데미의 목표가 되었다(Naumburg, 1928, p. 40). 교육과정은 인문학과 예술을 강조했다. 나움버그는 예술과 예술적 표현은 아동의 정서적 문제에 존재하는 잠재적인 정보를 의식적으로 밝혀낸다고 생각하였다.

나움버그는 정상적인 어린이들이 자라나며 겪는 어려움까지도 인식할 수 있었다. 그녀의 아들에 따르면, 나움버그는 자주 그에게 자신이 어릴 때 얼마나 강요를 받았고 비참했는지에 대해 이야기해 주었다고 한다. 흥미롭게도 그녀의 자매인 플로렌스Florence도 비슷한 경험을 하였다. 그녀는 8세에 "나의 자녀에게는 하지 않으리라 생각하는 행동을 나의 어머니가 나에게 한 행동"이라는 제목으로 일기를 쓰기 시작하였다(Detre et al., 1983).

유럽에서 돌아온 후 그녀의 삶은 지적인 즐거움으로 가득 찬 것 같았다. 그녀는 사진작가 알프레드 스티글리츠Alfred Stieglitz와 시인 하트 크레인Hart Cane, 화가 존 마린John Marin, 조지아 오키프Georgia O'Keefe를 비롯한 많은 화가가 참여하는 문학-예술 모임에서 활발하게 활동하였다. 그녀는 스티글리츠의 갤러리에 전시된 유럽 미술가 앙리 마티스Henri Matisse, 조르주 브라크Georages Braque, 파블로 피카소Pablo Picasso의 작품들을 접하였다. 나움버그는 교육에 대한 글을 비롯해 시에 대한 글도 썼고, 그중 일부는 출판되었다(Detre et al., 1983).

이 당시 뉴욕의 미술가와 작가 중에 월도 프랭크Waldo Frank가 있었다. 나움버그는 그와 1916년에 결혼했다. 아들이 태어난 1923년에 나움버그는 월든 아카데미의 교장직director을 내려놓았다. 그녀의 결혼 생활은 2년 후에 끝이 났다. 그 후 몇 년 동안 그녀는 서부에 살면서 미술을 공부하였고, 책을 저술하였다(Naumburg, 1928).

이후의 삶의 기간 동안에 나움버그는 교육에서 치료로 뚜렷하게 전환하였다. 그녀는 사이코드라마를 발전시킨 제이콥 모레노Jacob L. Moreno와 함께 공부하였으며, 뉴욕의 벨뷰Bellevue 병원에서 연극치료 연구에 참여하였다. 1940년에 나움버그는 뉴욕주의 정신과 기관New York State Psychiatric Institute과 연관을 맺고 매우 혁신적인 두 가지 프로젝트에 착수하였다. 두 프로젝트 모두 출판되었으며, 정신과 저널에 먼저 실렸고, 이후에 책에 실리게 되었다

(Naumburg, 1947; 1950).

나움버그의 작업이 이후에 향했던 길은 크게 두 명의 동료에 의해 영향을 받았다. 한 명은 놀란 루이스Nolan D. C. Lewis이고, 또 다른 한 명은 그녀의 언니인 플로렌스 케인Florence Cane이다.

루이스는 1936년부터 1953년까지 뉴욕주 정신과 연구소New York State Psychiatric Institute의 원장이었다. 루이스는 빈에서 프로이트와 함께 공부했으며, 제2차 세계대전 동안에는 뉘른베르크 전범재판소Nuremberg War Tribunals에서 정신과 전문의로 일했다. 그는 1928년에 출판한 저서에서 그래픽 아트가 무의식을 탐색할 수 있는 방법 중 하나가 될 수 있다고 언급하였다. 꿈과 같이 최면과 무의식적인 실수, 그림 또한 환자의 경험을 평가하고 명료화하는 데 객관적으로 사용될 수 있다. 실제로 그는 그림을 통해 마음의 무의식적인 영역을 "꿈을 분석할 때보다 훨씬 더 용이하게" 탐색할 수 있다고 말했다. 그는 꿈과 유사하게 그래픽 아트도 현재 내용manifest content, 잠재 내용latent content, 연역적 의미deductive meaning라는 세 가지 수준에서 해석될 수 있다고 보았다. 그는 그림도 다소 위장된 형태이지만, 사람의 투쟁과 소망, 정체성, 전이displacement, 상징symbolization, 합리화rationalization가 투사된 영구적인 형태라고 생각하였다(Lewis, 1928).

프로이트 방식의 정신분석은 미국에서 지배적인 것으로 나타났다. 수십 년 동안 프로이트 정통파를 벗어나 다른 경쟁 이론으로 나아가는 것은 전문성의 자살과도 같은 행동이었기 때문이다. 그러나 루이스는 융이 발전시킨 집단 무의식의 개념을 세부적으로 논하였고, 그것을 지지하였다. 루이스는 "정신신경증psychoneurotic 또는 정신증psychotic 환자들의 그림을 주의 깊게 연구하여 얻은 자료 중 상당수는 권위자들의 심한 비난에도 불구하고 집단 혹은 원형 무의식의 개념을 지지한다. 비난하는 이들은 아직 원형 또는 집단 무의식에 대해 충분히 납득할 만큼의 설명을 듣지 못한 것인데, 이러한 현상은 보편적으로 사람의 꿈속에 나타난다"라고 진술하였다. 그의 참고문헌이 그가 확실히 프로이트학파임을 나타냈음에도 그가 융의 이론에 정통한 것은 분명하다.

그러나 루이스가 나움버그의 저서인 『진단과 치료 수단으로서 행동 묘제 아동과 청소년의 자유로운 미술 표현에 관한 연구Studies of the free art expression of behavior problem children and adolescents as a means of diagnosis and therapy』(1947)의 서문을 쓸 때쯤, 그의 발언은 용인된 프로이트적 경향과 맥락을 같이하였다. 보편적 상징이나 집단 무의식에 대한 언급은 없었다. 루이스는 프로이트 이론을 따르면서 그림에 표현된 자료가 일반적으로 "삶의 문제를 겪고 있는 사람의 성적이고 공격적인 추동"이라고 언급하였다.

루이스는 그림이 아동과 어른의 감정적 문제를 연구할 수 있는 도구라고 언급하였다. 강조점은 치료가 아닌 연구의 수단에 있었다. 그는 다음과 같이 말했다. "아동과 성인 모두의 감정적 문제를 연구하기 위한 수단으로서 그림을 활용하는 것은 유용한 방법으로 자리 잡고 있다." 또한 그는 다음과 같이 언급하였다. "나움버그 양의 이러한 연구들은 더 나은 미래를 기약하는 연구로서의 진보를 나타낸다고 할 수 있다."

6. 플로렌스 케인과 『각 사람 안의 예술가』

나움버그의 언니인 플로렌스 케인은 나움버그가 지닌 미술치료에 대한 개념에 또 다른 자원을 제공해 주었다. 플로렌스 케인은 마가렛 나움버그보다 8살이 더 많았다. 플로렌스 케인의 딸들은 그녀가 재미를 추구하고, 활발한 사람이었다고 묘사했다. 고등학교를 졸업한 후, 그녀는 미술을 공부하였다. 그러나 그녀는 창의성을 키워 주는 좋은 선생님을 만나지 못한 채, 몇몇 나쁜 교사를 만나게 되었다. "올바른 미술교육에 대해 플로렌스 케인이 자신만의 아이디어를 찾아낼 수 있도록 자극을 준 것은 바로 그 부족한 교사들이었다"

(Detre et al., 1983, p. 117).

플로렌스 케인의 관심사는 다양했다. 교사, 미술가, 부인, 어머니의 역할 외에도 그녀는 여성의 참정권 운동에 참여하여 여성의 권익을 위해 싸웠다. 플로렌스와 그의 남편인 작가 멜빌 케인Melville Cane은 나움버그의 첫 번째 정신분석가인 힝클에게 정신분석을 받았다. 또한 플로렌스 케인은 신비주의자 조지 구르지예프George Gurdjieff의 철학과 요가, 알렉산더Alexander의 작품(나움버그는 후에 "내가 그를 미국으로 데려왔다"라고 말했다), 그리고 윌리엄 베이츠William H. Bates의 『안경 없는 완벽한 시력Perfect sight without glasses』에 깊은 관심을 보였다(Nucho, 1975).

플로렌스 케인의 딸들은 월든 아카데미에 다녔다. 그곳의 미술 교사가 아이들의 창의성을 촉진시키기에 부족하다는 것을 알고서 플로렌스 케인은 나움버그에게 자신이 그곳에서 미술을 가르쳐 보겠다고 요청하였다. 그렇게 해서 그녀는 나움버그가 교장직을 물러난 후에도 오랫동안 그곳에서 아이들을 가르쳤다. 플로렌스 케인은 또한 자신만의 미술 학교를 소유하고 있었으며, 14년 동안 뉴욕 대학의 영재 상담 센터Counseling Centre for Gifted Children의 미술을 담당했다(Detre et al., 1983).

수년 간의 교직 생활 후, 플로렌스 케인은 1951년에 판테온Pantheon에서 발행한 『각 사람 안의 예술가The artist in each of us』라는 책에 자신의 생각을 집약하였다(개정판은 1983년 버몬트의 그래프트베리에서 Art Therapy Publications에 의해 발행됨). 이듬해 봄에 플로렌스 케인은 세상을 떠났다(Detre et al., 1983).

플로렌스 케인의 아이디어는 나움버그가 미술과 치료를 융합하여 새로운 개입 방식을 만드는 데 있어 분명한 영향을 주었다. 그러나 나움버그가 "치료의 축"이라고 할 수 있는 미술치료 형식에 관여하였다면, 플로렌스 케인은 미술치료 중에서도 "미술의 축"의 최전선에 머물렀다.

『역동적 접근 미술치료Dynamically oriented art therapy』(1966)에서 나움버그는 소위 말하는 "난화 기법scribble technique"에 대해 설명하였다. 이것과 유사한 것이 이미 레오나르도 다빈치에 의해 알려져 있지만, 보통 이 기법은 플로렌스 케인이 만든 것이라고 여겨진다(Kwiatkowska, 1978). 그러나 플로렌스 케인의 이름이 나움버그 저서의 색인에 나타나지 않았다는 사실은 흥미롭다.

더 나아가 나움버그는 그녀의 저서에서 자신이 발전시킨 "정신역동적 미술치료"를 공부하는 사람들에게 단호한 입장을 취했다. 그녀는 다음과 같이 이야기했다. "이전에 미술 훈련을 받은 사람들만 미술치료를 할 수 있다고 종종 잘못 생각되어 왔다. 이전의 미술 훈련은 자산이 될 수도 있다." 또한 다음과 같이 말을 이어 나갔다. "그러나 그러한 특별한 훈련에 이상심리학의 배경과 가능할 경우 일부 성격심리학까지 뒷받침되지 않는다면 학생들은 미술치료사가 되기에 적합한 훈련을 받지 못하는 것이다."

나움버그는 자신의 경험에 비추어 "어떤 창의적인 미술에 대해서도 공감적 관심을 가지고 있는" 잘 훈련된 미술치료사는 정신역동적 미술치료를 할 수 있다고 지적하였다. "따라서 미술치료적 접근을 어떻게 활용하는지 배우고 싶은 미술치료사에게 가장 필요한 것은 그림을 그릴 수 있는 능력이 아니라, 환자들의 창의적인 노력을 이해하려는 공감 능력과 그들의 창의적 잠재성에 대한 신뢰이다."

7. 새로운 규율의 구축

현세대의 미술치료사들이 나움버그와 다른 초기 미술치료사들이 자신의 개입 방식을 실행하였던 용기와 결단력을 인정하기란 쉽지 않다. 개척자들에게 미술치료는 두 배의 투쟁이었다. 전투는 두 가지 전선에서 이루어졌다. 즉, 미술과 치료라는 미술치료의 두 가지 주된 구성요소를 조화시키고 융합하는 것에 대한 개념적 갈등이 있었을 뿐만 아니라, 의학 학위를 받지 않은 사람들도 새로운 개입 방식을 실행할 수 있다는 생각에 대한 반대를 둘러싼 투쟁이 있었다. 프로이트 자신을 비롯해 유럽의 많은 정신과 의사, 정신분석가는 자격을 갖춘 비의학 전공 치료사들이 심리치료와 정신분석을 행하는 것에 대해 꽤 호의적이었던 반면, 미국에서는 상황이 많이 달랐다. 미국에서는 "아마추어 정신분석가lay analysts"가 용인되지 않았다. 1940년대에서 1950년대에 이르기까지 심리학자들조차 심리치료를 할 수 있는 권리를 위해 싸워야 했다. 정신역동이론과 관련하여 정신과 의사보다 정신역동적 이론에 관해 더 잘 훈련된 정신보건 사회복지사들조차 자신의 개입 활동을 "사례별 사회복지 사업casework"이라고 부르기가 조심스러웠던 반면에, 의학적으로 훈련받은 전문가들의 동일한 활동 노력은 구시대적 훈계와 조언 이외에는 공을 들이지 않았음에도 심리치료라고 자유롭게 칭할 수 있었다.

당시 미국정신의학협회American Psychiatric Association의 회장이었던 케네스 아펠Kenneth Appel의 노력에 의해 부분적으로 변화가 이루어졌다. 1953년 그는 정신의학 분야가 스스로 점검하고, 객관적 타당성을 확보하기 위해 이러한 연구에 참여 가능한 다른 많은 학문 분야를 가져올 것을 요청했다. 아펠은 정신질환이라는 과제를 하나의 전문직만으로는 해결될 수 없는 큰 문제라고 지적하였다. 아펠의 청원은 합동 정신보건위원회의 설립으로 이어졌으며, 이들은 1961년에 보고서를 발표하였다. 위원회의 권고 사항 중 하나는 정신건강 전문가들의 새로운 장pool을 형성하는 것이었다. 지역사회 정신건강 운동을 위한 길이 생겨났으며, 미술치료를 비롯한 여러 신생 정신건강 직업의 입장을 위한 문틈이 열리기 시작했다.

아펠은 나움버그가 펜실베이니아 병원 연구소Institute of the Pennsylvania Hospital의 정신과 수련의들에게 여러 번 강의할 수 있도록 도움을 주었고, 그녀와 일하면서도 따뜻한 관계를 맺어 나갔다. 1957년, 취리히에서 열린 국제 정신의학 회의The International congress of psychiatry에서 두 사람 모두 『미술치료를 통한 정신분열증 환자의 치료Treatment of a Schizophrenic Patient by Means of Art Therapy』라는 논문을 발표하였다.

그러나 미술치료는 여전히 막 태어나려는 단계였다. 그것은 제우스의 머리에서 태어난 아테나처럼 갑자기 만들어진 것이 아니다. 비슷하지만 다른 시도들로부터 미술치료를 개척하려는 투쟁은 1940년대와 1950년대 동안에 전문가 콘퍼런스에서의 나움버그의 저술과 발표를 통해 기록될 수 있었다.

1941년부터 1949년까지 그녀가 뉴욕주 정신과 연구소에서 '특수 연구원'으로 일할 때, 그녀의 출판물 제목은 대개 "연구"라는 용어를 포함하고 있었다. 예컨대, 『진단과 치료 수단으로서 행동 문제 아동과 청소년의 자유로운 미술 표현에 관한 연구』라는 저서가 있었다[1944년 3월, 『예민한 아동(The nervous child)』 이후에 『진단과 치료 수단으로서 행동 문제 아동과 청소년의 자유로운 미술 표현에 관한 연구)』(1947)에 포함됨]. 이러한 맥락에서 볼 때, 이 책의 원판 제목은 현재 개정판의 독자들이 반기는 제목을 쓰고 있지 않다는 점이 흥미롭다. 『미술치료 입문Introduction to art therapy』은 1973년 판의 제목이다. 1947년에 미술과 치료는 여전히 멀리 떨어져 있었다.

1946년 초에 나움버그는 환자들의 작품을 다양한 정신과 콘퍼런스에 보여 주는 연간 전시회를 준비하고 있었다. 그녀가 전시회와 관련하여 준비한 카탈로그가 미술치료라는 존재를 대담하게 알렸지만, 이 시기에 그녀의 논문은 여전히 자신이 하는 활동의 정확한 이름을 에둘러 말하고 있었다. 나움버그는 1946년 시카고에서 열린 미국정신의학협회의 연례 회의를 위해 첫 번째 전시회를 준비했다. 전시회 카탈로그의 제목은 여전히 '행동 문제를 지닌 소년과 조현병 소녀의 미술 표현'이라는 보편적인 언어를 사용하였다. 그러나 이듬해에 제5회 뉴욕 소아 연구에서 있었던 전시회의 카탈로그 제목에는 분명히 '행동 문제를 지닌 아동의 진단과 치료로서의 미술치료'라고 쓰여 있었다.

나움버그가 자신의 직업을 연구자라고 말했던 반면, 1949년 초에 그녀는 자신의 이력서에 뉴욕의 마운트 사이나이 병원Mt. Sinai Hospital의 소아정신과에서 "선택된 내담자와 함께 미술치료"를 하고 있다고 적었다. 1949년부터

1951년까지 그녀는 필라델피아의 펜실베이니아 병원에서 일하는 수련의들에게 "미술치료"에 대해 강의하였다. 그러나 뉴욕 대학원 심리치료 센터에서 1950년에 강연한 10개의 강의는 보다 일반적인 제목인 '정서 문제의 진단과 치료로서 미술 작품의 활용'으로 소개되었다.

1954년에 나움버그는 '심리치료에 있어 자발적인 미술의 활용'에 대한 학술 토론회를 조직해 의장을 맡았으며, 『강박증 소년의 미술 작품에 나타난 정형화된 이미지와 상징』에 대한 논문을 발표하였다. 이때도 그녀의 작업에 있어 "치료적" 측면보다는 "연구적" 측면이 조금 더 강조되었다. 그러나 1955년즈음 미술치료가 하나의 확실한 치료 방법이라는 확신이 들었고, 그녀가 뉴욕에 있는 심리치료 대학원에서 개최한 세미나의 제목을 '미술치료의 이론과 실제'라고 붙였다. 미술치료는 개입의 한 방식으로서 마침내 전문적 노력이 깃든 현장에 도달하게 되었다. 나움버그가 말하는 미술치료가 정확히 무엇으로 구성되어 있는지는 다음 장에서 논의될 것이다.

미술치료의 근원은 나움버그가 1914년에 설립하고 기획한 월든 아카데미에서의 활동에 이미 깃들어 있다. 이 근원은 그녀가 자신의 멘토인 루이스의 도움을 받아 뉴욕주 정신과 연구소에서 활동하면서 형태를 갖추기 시작했다. 또한 미술 표현의 치료적 측면에 관심이 있었던 정신분석가들에게 개인 정신분석을 받았던 두 차례의 기간 동안 그 근원이 자라났다. 1950년대 중반에 나움버그는 자신이 발전시킨 새로운 치료의 조합을 자신 있게 선언하고, 명료화하여 가르치고 있었다.

1970년 미국미술치료학회American Art Therapy Association: AATA의 첫 번째 연례 회의 때, 나움버그는 미술치료 분야에서의 현저한 공헌을 인정받아 첫 번째 영예 회원 상Honorary Life Membership을 수상하였다. 수상 후에 나움버그는 "정신과 면담의 적절한 활용에 있어 미술치료사의 훈련의 중요성"에 대한 간단한 발표를 했다. 발표 후 활발한 토론이 이어졌는데, 당시 국립정신건강연구소National Institute of Mental Health에 소속되어 있던 해리엇 외이슨Harriet Wadeson이라는 젊은 미술치료사는 나움버그가 미술치료 이론을 정신분석이론과 동일시하는 것에 대해 실망감을 표했다. 외이슨은 정신분석이론 외에도 미술치료를 위한 다른 가능한 이론적 틀이 여러 개 존재한다고 정당하게 지적하였다.

또한 그 학회는 나움버그의 마지막 학회 참석이 되었다. 그 당시에 나움버그는 80세였다. 그 후 13년을 더 살았지만, 그녀는 이후에 있었던 협회의 학회에 모두 참여하지 않았다. 인생을 통틀어 자주 해 왔던 것처럼, 그녀는 그녀답게 당시의 논쟁을 활성화했다.

이 시기에 나움버그에게 쏟아진 비평이 정신의학 전문가로서의 그녀의 정체성을 확인하게 해 주었다는 점은 역설적이다. 정신의학 전문가는 그녀가 미술, 교육, 그리고 치료라는 구성요소를 바탕으로 미술치료라는 규율을 구축하는 동안에 아주 끈질기게 싸워 왔던 격렬한 반대 세력이었기 때문이다.

나움버그가 미국미술치료학회의 첫 번째 영예 회원 상을 수상하였을 때, 그녀는 일반적으로 정신분석학파 이론의 지지자로 생각되었다. 사실 나움버그가 지지했던 정신분석이론은 해리 설리번Harry S. Sullivan과 카렌 호나이Karen Horney, 에리히 프롬Erich Fromm 등의 신 프로이트학파라고 알려진 여러 학자의 이론이다. 더구나 신 프로이트학파 이론에 있어 나움버그의 견해는 진보적 교육으로부터 파생된 아이디어뿐만 아니라 융 심리학으로부터 완전히 물들어 있었다.

나움버그가 함께 엮고자 했던 아이디어들의 풍부함은 매우 놀라웠다. 아마도 그녀는 뛰어난 지적 능력 덕분에 다른 사람들이 이루려다가 실패한 바로 그것을 성취할 수 있었던 것 같다. 그녀가 힘썼던 혼합 작업은 이전의 많은 학자가 이룰 수 없었던 것이었고, 덧붙여 이후의 많은 학자에게도 여전히 어려운 일이었다. 나움버그에게 있어 미술과 치료는 진정 하나의 독립체로 결합되어 절대 서로 떨어지지 않는 것이었다. 그러나 미술과 치료를 하나의 분야로 합치는 이러한 과정에는 당대 미술과 치료 학계에서의 심한 반대가 있었다. 나움버그는 끈질기게 자신의 작업을 이어 나간 끝에 그것을 성취

해 냈다. 그녀의 용기와 선견지명은 그녀가 미술치료 역사상 영예로운 위치를 차지할 수 있음을 확인시켜 주었다.

8. 미술치료의 개척자

다양한 분야의 더 많은 전문가가 그것을 양성하고 강화하지 않았다면 나움버그의 미술치료에 대한 비전은 정신 건강분야 현장에서 쇠퇴했을지도 모른다. 이러한 전문가들로 인해 이질적인 요소들로 이루어진 미술치료에 대한 개념은 주로 엘리너 울만Elinor Ulman과 그녀가 1961년에 창간, 출판, 편집한 『미술치료회보Bulletin of art therapy』의 도움으로 하나의 분명한 이론적 흐름이 되었다. 『미술치료회보』는 1969년에 『미국미술치료저널American journal of art therapy』로 명칭이 바뀌었고, 이 저널은 직업적으로 다양하며 지리적으로 흩어져 있는 임상가들의 의견 교환을 위한 포럼을 제공했다.

『미술치료회보』는 이론에 관한 글과 연구 보고서, 실제 치료에 대한 글, 비평적 관점, 미술치료 분야의 발전에 대한 전 세계적 뉴스를 담았다. 울만은 미술과 언어적 심리치료를 혼합한 독특한 개입 방식을 개척하고자 다양한 활동을 육성하고 격려하였으며, 불필요한 부분들을 없애고 출판에도 힘썼다. 1969년에 스스로를 미술치료사로 여기는 전문가들이 국가적인 미술치료학회를 형성할 수 있을 만큼 늘어나기 시작하였나. 미국미술치료학회의 밑그림이 된 즉석 위원회는 루이빌에서 세워졌고, 50명으로 이루어졌다.

AATA의 첫 번째 연례 회의는 워싱턴주에서 45마일 떨어져 있는 버지니아주 워런턴에 있는 에어리 하우스Airlie House라는 역사가 깊고 아름다운 호텔에서 1970년 가을에 이루어졌다. 100명 정도가 회의에 참석하였으며, 총 회원 수는 142명이었다.

AATA의 첫 번째 연례 회의의 배경은 목가적이고 평온했다. 회의 센터 밖

호수 주변에는 백조들이 깃털을 고르고 있었다. 그러나 건물 안의 분위기는 긴장감이 넘치고, 논쟁이 더해졌다. 오후에 한 시간 동안으로 예정되어 있던 비즈니스 회의는 자정까지 계속되었고, 다음 날 아침까지 이어졌다. 조직 구성의 형태에 대해 열띤 논쟁을 벌였다. 미술치료사의 증명 과정을 둘러싼 어려움과 조부조항을 둘러싼 질문은 극복할 수 없는 것처럼 보였다.

이틀 간의 학회 프로그램은 18개의 항목으로 이루어져 있었고, 세 쪽의 인쇄물에 잘 배치되어 있었다. 1973년에 오하이오 주 콜럼버스에서 네 번째 연례 회의가 열렸을 때, 학회 프로그램은 64개의 발표로 구성되어 있었다. 그 무렵 조직의 회원은 544명까지 늘어났고, 1980년 말(처음 10년이 지난 후)에는 회원 수가 2,000명이 넘었으며, 1984년 워싱턴에서 열린 AATA의 15번째 연례 회의의 프로그램은 100개가 넘는 항목으로 구성되었고, 학회 전과 후의 다수의 프로그램으로 확장되었다.

미국 내 미술치료의 미래와 위치를 확인하기 위해 여러 설문조사가 행해졌다. 첫 번째 설문조사는 1972년에 중서부의 468개의 기관과 캘리포니아 남부의 199개의 기관에서 우편으로 행해졌다. 237개의 우편 중 51%가 중서부에서 걷혔다. 캘리포니아 남부에서는 40%인 80명이 설문에 응답하였다.

중서부 지역에서는 기관 중 50%는 부속 혹은 활동 기관을 가지고 있었다. 반면, 캘리포니아에서는 그러한 기관이 전체 기관의 36%였다. 독립된 미술치료 부서를 가지고 있는 기관은 중서부 기관의 12%, 캘리포니아 기관의 10%로 보고되었다. 그러나 이러한 부서들은 다른 부서들, 빈번히는 작업치료 부서와 겹치는 것으로 드러났다.

1972년의 설문조사에서 병원, 정신보건센터, 교정 기관, 주거 치료 센터에서는 장차 직원들에게 미술치료사를 추가 고용하는 것에 큰 관심이 있는 것으로 나타났다. 이 설문조사의 응답자 중 다수는 미술치료에 대한 정보와 문헌을 요청하였으며, 미술치료사를 위한 훈련 장소를 기꺼이 제공할 준비가 되어 있다는 의사를 밝혔다(Anderson & Landgarten, 1974).

10년 후, 그레이트 로스앤젤레스 지역에서 이루어진 미술치료의 상황에 대한 추적조사에서는 245개의 기관과 접촉하였다. 이 설문조사에서 전체의 56%인 137개의 기관이 답신을 보내왔다. 지역 정신보건/가족 상담 기관, 외래와 입원 환자 대상 기관, 학교, 발달 장애 아동 센터, 복지, 재활 시설, 데이케어 치료 기관, 약물 남용 치료 기관, 양로원으로부터 받은 응답이 수집되었다. 설문조사 결과, 미술치료가 사회복지나 학교심리학처럼 실용적인 정신건강 방법론으로서 잘 수용되고 있음을 알 수 있었다. 실제로 몇몇 기관에서는 미술치료사들이 이전에 석사학위를 소지한 사회복지사나 심리학자 혹은 다른 학위를 받은 상담가들이 맡은 역할을 소화해 내고 있다고 언급하였다. 이를 통해 지난 10년간 미술치료가 인상적인 발전을 이루었음을 알 수 있었다. 또한 많은 기관에서 재정을 감축함에도 불구하고, 미술치료사들을 위한 향후 채용 계획은 전망이 밝음을 보여 주었다. 이 설문조사는 미술치료가 다른 정신건강 전문 직업들에게 용인되는 위치로 나아가는 길을 구축했음을 보여 주었다(Landgarten, 1984). AATA의 연례 회의에서 발표된 이러한 설문조사들과 다양한 보고서는 미술치료가 현재에 머무르지 않고 정신건강 분야 계보에 필수적인 요소가 되고 있음을 나타내 주었다.

9. 결론

고대 그리스와 르네상스 시대에서부터 19세기를 지나면서 새로운 개입 방식의 끈은 이어져 왔다. 그러나 20세기에 들어 인간 행동 분야에 대한 이론과 실천이 증대되면서 오늘날 미술치료라고 부르는 이론이 명확해지고, 관련된 임상적 접근이 형성되었다. 오늘날 21세기에 신경과학, 행동과학과 관련한 새로운 지식이 혁신적으로 발전하는 가운데 미술치료는 성년에 달하였고, 차세대의 치유적 예술에 있어 중요한 역할을 할 전망이다.

제5장

미술치료 이론

이 장에서는 여러 가지 중요한 미술치료 모델을 살펴보고, 미술치료에 사용된 이론적 틀에 대하여 논하고자 한다. 미술치료 문헌을 철저히 분석하기보다는 이론적 · 역사적 맥락에서 미술치료의 다양한 모델을 살펴보고자 한다. 이 장에서 제시된 다양한 미술치료 모델은 사이코사이버네틱 모델의 개입 방식보다 앞서 있었으며, 이러한 이전 모델들의 몇몇 측면은 사이코사이버네틱 모델의 발전에 영향을 주기도 하였다.

미술치료란 무엇이며, 어떻게 이루어지는가? 이것은 복잡한 질문이며, 이에 대한 답은 미술치료를 정의하는 사람과 정의해야 하는 문제 간의 관계에 따라 다양하게 존재한다. 이러한 측면에서 볼 때, 미술치료는 피라미드와도 같다. 당신이 보는 관점에 따라 피라미드는 완전히 다르게 보일 것이다. 그것을 위에서 직접 내려다보았을 때, 당신은 피라미드가 기본적으로 네모라고 주장할 것이다. 만약 옆에서 본다면 당신은 피라미드가 삼각형이라고 주장할 것이다. 미술치료 또한 마찬가지이다. 그것에 대한 정의는 당신이 그것을 어떻게 바라보는가에 달려 있다.

기본적으로 세 가지 종류의 미술치료가 존재한다. 이 세 가지 형식은 치료사가 지닌 전문적 근거지와 큰 관련이 있다. 미술치료에 종사하며 그 발전에 기여하고 있는 이들은 두 가지 경로를 따라 미술치료를 만난다. 하나는 미술을 통해서이며, 다른 하나는 다른 사람들을 돕는 직업을 통해서이다. 여기서 다른 사람들을 돕는 직업이란 정신과, 작업치료, 심리학, 임상 사회복지 직종들, 그리고 다양한 종류의 상담을 포함하는 것으로 볼 수 있다. 이러한 두 가지 전문적인 기본 이론, 그리고 이들과 각각 일반적으로 관련된 미술치료 개념을 살펴보도록 하자.

1. 미술의 축[1]

상당수의 미술치료사는 미술교육을 받은 사람들이었다. 전문가로서 발전을 이루던 어느 시점에 그들은 사람들과 직접 만나 일을 하고 싶어졌다. 이 갈망을 만족시키고자 그들은 미술치료의 영역으로 들어섰다. 이들은 어떠한 종류의 미술치료를 행하는가?

미술의 길을 통해 미술치료를 알게 된 사람들은 미술치료에서 "미술"이라는 구성요소를 강조하는 경향이 있다. 예술가로서 그들은 그것이 무엇이든 내담자가 미술의 힘에 노출되는 것으로부터 유익한 결과가 나타난다고 보았다. 그들은 기본적으로 스스로를 미술가로 여기며, 내담자 안의 번뜩이는 창의성을 일깨우고 양성하고자 노력한다. 그들의 미술치료 회기는 흔히 기초 미술교육 시간과 비슷하다. 내담자는 작품 구성, 재료 사용, 원근법의 이해에 대한 기본 원칙을 배운다. 작품은 그것이 다소 자발적으로 만들어졌을 때

1) 역자 주: 미술치료에서의 미술과 치료에 대한 두 가지 축에 대한 논의는 미술치료 분야가 발달하면서 점차 각각의 장점과 한계를 수용하며 두 요소가 적절하게 융합된 관점으로 변화해 왔다. 이 책에서 제시된 내용은 각각의 요소가 어떤 흐름으로 시작되었는지 살펴볼 수 있는 비교적 초기의 논의들을 담고 있다.

조차 미적 가치에 의해 평가를 받는다. 시각적 작품은 "좋은 작품"을 구성하는 것에 대한 마음속의 객관적인 규준을 가지고 접근한다. 미술 작품은 그것을 만드는 과정보다 더 중요하다. 전문적인 기술의 적용이 요구되며, 미술치료 회기에서의 결과물은 흔히 미술치료가 진행되는 기관에서 다른 환자들의 즐거움과 기술력을 가진 직원들의 평가를 목적으로 전시된다(Kramer, 1958). 이러한 형태의 미술치료를 실행하는 미술치료사들은 그림이나 조각에 나타난 사적인 경험이 작품을 만든 사람뿐만 아니라 보는 사람에게도 그 메시지를 전달할 수 있는 명확한 수준에 도달할 것을 기대한다.

미술의 축 Art Wing 형태의 미술치료는 미술에 소질이 있는 내담자들에게 적합하다. 이들은 이러한 종류의 미술치료 회기를 통해 자신의 잠재되어 있던 미술적 재능을 개발할 수 있다. 또한 그들은 생각이 비슷한 사람들과 어울리는 기회를 누릴 수도 있다. 그들은 친교 모임을 확장시켜서 사람들과 만나고 상호작용하는 새로운 방법을 개발할 수 있다. 새로운 관심사가 발달되고, 양성되며, 그 결과는 흔히 유익하고 풍요롭다.

이러한 유형의 활동은 즐겁고 유익하지만 미술치료의 충만한 잠재력을 활용하기에는 부족하다. 미술치료에 있어 **미술의 축**을 가장 잘 표현하자면, 기본적으로 취미 치료hobby therapy라고 부를 수 있다. 취미 활동은 흔히 유익할 뿐더러 신체적 · 정서적 건강함을 이루고 유지하는 데 필수적이다. 이는 매력적일 뿐만 아니라 삶을 풍요롭게 만든다. 그러나 미술치료에서 미술의 축을 활용할 때보다 사이코사이버네틱스의 관점에서 볼 때 적합한 경우가 더 많다. 미술치료에 있어서 **미술의 축** 유형과 사이코사이버네틱 모델 개입의 차이점은 제6장에서 더 명확히 다룰 것이며, 그때 사이코사이버네틱 모델에 대해 더욱 상세히 살펴보고자 한다. 이 시점에서는 **미술의 축** 유형이 불충분한 몇몇 이유에 주목하는 것이 중요하다. 첫 번째 이유는 내담자 중 단지 소수만이 미술에 관심을 가지고 있다는 것이다. 두 번째로 다수의 내담자는 미술 활동 자체가 즐겁기에 유익한 기술적 숙달의 경지에 도달하는 데 시간을 들이기가 어렵다. 셋째, 다수의 내담자는 정서적 · 신체적 에너지 수준이 매우 낮아서 미술학파들이 전하는 유형의 미술치료에는 참여하기가 어렵다.

이러한 맥락에서 미술치료의 "미술학파"에서 발견된 어려움을 이미 아드리안 힐Adrian Hill이 마주했다는 점에 주목하는 것은 흥미롭다. 미술치료의 발전에 기여한 그의 경험은 제4장에서 논의한 바 있다. 또 다른 종류의 미술치료는 종종 사람들을 돕는 직업에 정체성을 두고 있는 치료사들에 의해 행해진다. 그것은 미술치료에 있어 치료의 축이다.

2. 치료의 축

치료의 축Therapy Wing은 미술의 축과는 반대인 또 다른 미술치료의 유형이다. 이는 주로 정신과, 심리학, 임상 사회복지, 상담과 작업치료 등 사람을 돕는 직업에 기반을 둔 전문가들에 의해 행해진다. 이러한 신념을 가진 임상가들은 미술치료의 "미술" 부분보다는 "치료" 부분에 더 맞추어져 있다. 그들은 "치료로서의 미술art as therapy"이라고 불리는 "미술학파"와는 다르게 그들의 미술치료 유형을 "미술심리치료art psychotherapy"라고 부르는 것을 선호한다. 실제로 미술학파의 가장 저명한 임상가 중 한 명인 이디스 크레이머Edith Kramer의 두 권의 책 제목이 이러한 논쟁의 예이다. 그녀의 첫 번째 책의 제목은 『아동 지역사회에서의 미술치료Art therapy in a children's community』(1958)이고, 두 번째 책의 제목은 『치료로서의 미술Art as therapy』(1971)이다(Kramer, 1958).

두 번째 미술치료 형태의 치료사들은 회기에서의 결과물보다 과정에 더 관심이 있다. 시각적 작품을 만들면서 내담자가 경험하는 것들이 작품 자체보다 더 중요하다. 회기의 목적은 미적 가치를 지닌 작품을 만들어 내는 것이 아니라 개인적으로 의미 있는 무언가를 만드는 것이다. 내담자가 진정한 감정과 접촉하는 것에 성공했을 때 결과물도 미적 가치를 지니는 경우가 많고, 이는 다른 사람들에게 칭찬을 받고자 전시할 무언가를 만드는 것을 목적으로 하지는 않는다. 미술 작품의 목적은 내담자 삶이 지닌 어떤 측면을 명료화하는 것이다. 이러한 점에서 볼 때 미술학파와 사이코사이버네틱 모델의 개입에는 관련성이 존재한다.

치료의 측면을 강조하는 미술치료 형식을 지지하는 치료사들은 미술 기술 습득의 이점을 간과한다. 실제로 기술을 습득하고자 하는 내담자의 바람은 흔히 미술치료 과정에 있어 이롭지 않은 것으로 여겨진다. 미국에서 미술치료의 어머니로 일컬어지는 나움버그는 심지어 내담자에게 미술치료를 계속할 것인지, 아니면 미술 수업을 등록할 것인지 선택하도록 하기도 했다 (Naumburg, 1966). 나움버그는 기술적 숙달을 위해 노력하는 것이 내담자들이 미술 표현으로부터 얻을 수 있는 치료적 유익을 저해한다고 생각하였다.

3. 공예

미술치료의 형태로 인정될 수 있는 것이 하나 더 있다. 이는 미술과 공예 (art and craft) 형태라고 불리며, 미술치료의 세 가지 형태 중 가장 오래되었다. 이는 주로 작업치료 부서의 후원 하에 행해졌으며, 그것에 기원을 두고 있다.

공예 형식에서 강조하는 것은 어떤 물건을 만드는 데 있어서 좋은 작업 습관을 습득하는 것이다. 여기서 물건이란 재떨이, 가죽 벨트, 책갈피와 같이 일반적으로 유용하거나 장식적인 특성을 가진 품목을 뜻한다. 또한 내담자는 형식에 맞추어 그림을 그릴 것을 권유받는다. 자발성은 거의 기대되지 않는다. 내담자는 작업이 완성될 때까지 지시를 따르고, 그에 집중함으로써 가장 큰 성취를 누린다.

이러한 형태의 미술치료는 빈번하게 참여한 내담자들에게 매우 유익하다. 이는 사회성과 성취감을 증진시킨다. 치료사나 다른 내담자들로부터 받는 작업에 대한 인식은 분명히 행복감에 기여하며, 이는 결국 내담자의 회복을 촉진하고, 전반적으로 사회적 기능의 개선을 촉진할 수 있다.

이러한 형태의 미술치료가 많은 내담자에게 유용하고 유익할 수 있지만, 사이코사이버네틱 관점에서는 중요하게 여겨지지 않는다. 그러나 때때로 사이코사이버네틱 관점에 입각한 미술치료사들도 공예 형태가 적합한 유형의 내담자군에게 이를 활용한다. 예컨대, 특정한 신체적 장애 혹은 학습장애가 있는 내담자들은 공예 형태의 치료를 통해 도움을 받을 수 있다(Anderson, 1978; Barlow, 1976).

공예는 흔히 집단 작업에 익숙한 치료사들의 개입 방식으로 선호된다. 사회 집단 작업에서 이러한 형태의 미술치료는 스포츠, 게임, 연극 등의 활동과 함께 "프로그램 매체"에 포함된다. 사이코사이버네틱 관점에서 볼 때, 이러한 형태는 미술치료보다는 활동치료라고 불리는 것과 더 관련이 있다. 이는 사람이 정원 가꾸기나 장작 패기를 통해 자신을 더욱 능력 있고, 가치가 있다고 느끼는 데 도움이 될 수 있는 것과 같이 치료적일 수 있다. 그러나 이것은 사이코사이버네틱 모델 개입의 핵심인 정보 분류 및 처리와는 거의 관련이 없다(제2장, 제3장, 제6장 참조). 우리가 지금까지 논의한 미술치료의 세 가지 유형이 [그림 5-1]에 묘사되어 있다.

미국미술치료학회AATA에서 미술치료 중 미술의 축이 가장 눈에 띄는 형태임은 주목할 만하다. 그러나 점점 더 많은 미술치료사가 다양한 상담 직업에서 고급 학위와 전문 자격증을 획득함에 따라 그 경계가 모호해지고 있다. 몇몇 전문 미술가는 치료의 시각적 형식뿐 아니라 언어적 형식도 함께 사용할 수 있는 숙련된 치료사로 발전했다(Kwiatkowska, 1978). 반대로 언어적 방법이 지배적인 전통적 형식으로 훈련받은 몇몇 치료사는 의사소통에 있어 시각

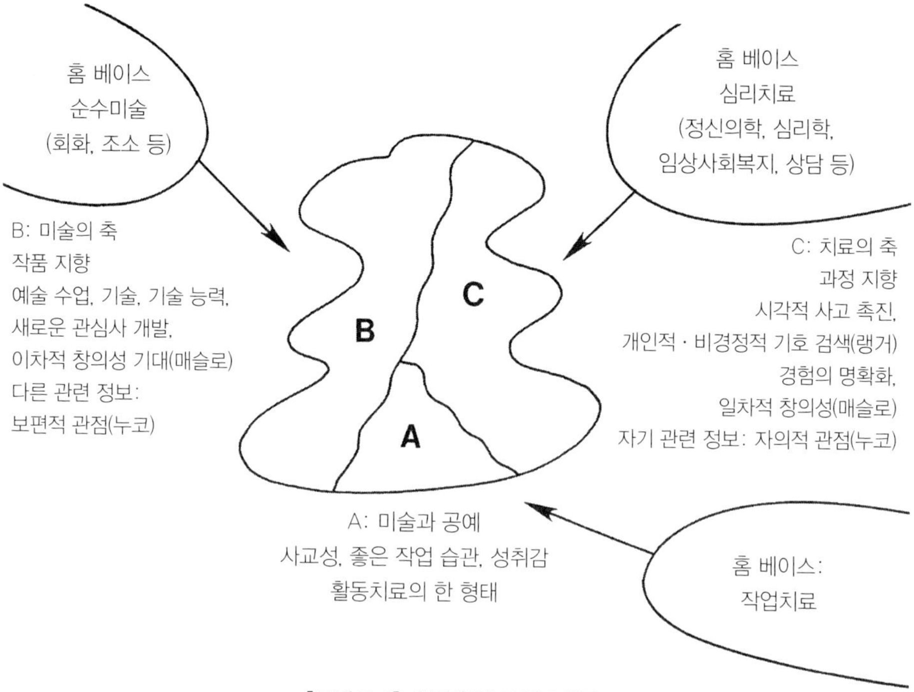

[그림 5-1] 여러 형태의 미술치료

적인 기술을 사용하는 데 능숙해졌다(Betensky, 1973). 세 가지의 미술치료 유형의 차이는 여전히 매우 실제적이며, 때때로 이러한 차이점으로 인해 미국미술치료학회AATA 내에서 열띤 논쟁이 벌어지고 있다(Kramer et al., 1982).

사이코사이버네틱 모델의 개입은 미술치료의 미술의 축보다 치료의 축과 더 깊은 관련을 맺고 있다. 사이코사이버네틱 모델은 내담자가 개인적이고, 비담론적인 상징을 탐색할 수 있도록 돕고, 자의적 관점(ipsomatic seeing)을 통해 시각적 작품을 스스로 해석할 수 있도록 돕는다. 이 모델은 이차적 유형의 창의성을 일차적 창의성보다 더 강조한다(제2장, 제3장, 제6장 참조).

4. 이론적 성향

치료사가 받아들이는 미술치료의 유형을 정하는 요인은 치료사의 전문적 근거home base 이외에 또 하나의 요소는 치료사의 이론적 성향이다. 다른 종류의 정신건강 전문가와 마찬가지로 미술치료사들 또한 당대의 인간 발달과 기능에 대한 이론을 활용해야만 했다. 미술치료가 처음으로 생겨났을 때, 당시 주된 이론은 정신분석이론이었다. 정신분석이론 또한 그 자체로 여러 발전 단계를 거쳐 왔다. 이와 같은 발전 단계는 전통적인 정신분석이론에서부터 새로운 실존-현상학적 형태에까지 이른다(Hall & Lindzey, 1957; Weisman, 1965).

많은 미술치료사의 사고를 형성한 또 다른 이론적 흐름은 융의 이론이다(Jung, 1961; Jacobi, 1959). 또한 다른 두 가지 이론도 미술치료의 형성을 도왔다. 그것은 게슈탈트 이론(Perls, 1969)과 실존-현상학적 접근 방식이다(May et al., 1958). 이 네 가지의 이론적 성향은 여전히 미술치료사의 작업에 영향을 주고 있다. 이러한 것들은 이후에 자세히 다룰 사이코사이버네틱 모델보다 시대적으로 앞선다.

5. 정신분석적 모델

미술치료에 있어 저명한 정신분석이론의 지지자는 나움버그와 크레이머이다. 나움버그가 미술치료에 있어 소위 치료의 축을 대표한다면, 크레이머는 미술치료에 있어 미술의 축을 굳게 지켜 왔다. 나움버그와 크레이머, 그리고 그들의 발자취를 따른 다른 미술치료사들(Lachman-Chapin, 1983; 1985; Langdarten, 1981; Levick, 1983; Robbins, 1979; Rubin, 1984; Wadeson, 1980)은 미술치료 회기에서의 작품과 과정을 이해하기 위해 정신역동이론을 사용하였다. 몇 가지 기본 개념이 이 이론적 성향을 따르는 치료사들의 미술치료 형성에 영향을 주었다.

정신분석이론의 핵심 개념 중 하나는 무의식적 정신 과정의 개념이다. 정신 과정은 우연한 것이 아니라, 심지어 인간 마음의 의식적 부분에서 명백하지 않더라도 특정한 목적을 가진 것이다. 억압과 부인, 투사, 전치, 반동형성은 의식적 자각 없이 일어나는 정신 과정의 몇 가지 방법이라고 할 수 있다. 정신 과정은 심적결정론psychic determinism에 의해 움직이며, 에너지도 이러한 과정과 관련이 있다. 정신분석학적 경향을 가진 미술치료사는 무의식적 정신 과정의 징후에 주목하고 그것을 이해하고자 노력한다.

정신분석이론에 따르면, 인간의 행동은 성적 욕동과 공격적 욕동이라는 두 가지의 강력한 욕동으로 형성된다. 프로이트는 『새로운 정신분석 입문 강의New introductory lectures on psycho-analysis』(1933)에서 다음과 같이 말했다. "우리는 근본적으로 다른 두 가지 본능의 발견이 있다고 가정한다. 그것은 포괄적인 언어로서 성적 본능이라고 하는 것과[선호에 따라 에로스eros라고 부를 수도 있다] 파괴를 목적으로 하는 공격적 본능이다." 프로이트 자신이 성적 본능에 대해 이야기할 때 "가능한 한 가장 넓은 의미the widest possible sense"라고 강조한 것이 흥미롭다. 또한 성적 본능의 징후에 대한 "가능한 한 가장 넓은 의미"를 뜻하는 다른 용어로 에로스를 제안한 사실 역시 흥미롭다. 그러나 그의 추종자 중 다수는 이러한 맥락의 프로이트의 언급을 간과하였고, 그들의 더 좁은 생물학적 소견에 따라 성적 충동의 개념을 사용해 나갔다.

미술치료에서 정신분석이론을 지향하는 치료사들은 내담자의 미술 작품에 나타난 성적 · 공격적 충동의 징후나 표현에 민감하다. 가늘고 긴 모양과 물체는 "남근"의 상징으로 여겨지며, 상자 모양은 여성성을 나타내는 것으로 여겨진다. 예컨대, [그림 5-2]에서 정신분석이론을 따르는 미술치료사들은 고양이의 날카로운 발톱과 뾰족한 귀, 남근 모양의 꼬리와 팔다리를 주목할 것이다.

무의식적 정신 과정과 본능적 추동의 개념과 더불어 정신분석이론을 지향하는 미술치료사들의 사고에 영향을 미치는 세 번째 개념은 일차적 사고 과정과 이차적 사고 과정의 구별이다. 일차적 사고 과정은 욕구의 즉각적인 만족을 목표로 하는 쾌락원칙에 의해 작동한다. 이는 논리, 이성, 경험의 법칙을 무시한다. 반대로 이차적 사고 과정은 현실지향적이며, 논리적 법칙으로 구성된다(Rapaport, 1951). 프로이트에 따르면, 일차적 사고 과정은 꿈과 경험의 시각적 묘사를 통해 이루어진다. 자신의 저서 『자아와 원초아The ego and the id』(1927)'에서 프로이트는 시각적으로 사고하는 것이 언어로 사고하는 것보다 무의식적 과정에 더욱 가깝다고 기술하였다. 그는 이러한 사고 형태가 "분명히 개체발생적으로, 그리고 계통발생학적으로 더 오래된 것"이라고 이야기하였다. 즉, 전체로서의 인류와 각 개인 모두를 의미하는 것으로 볼 수 있다. 프로이트에 의하면, 시각적 사고는 언어를 사용하여 사고하는

[그림 5-2] 고양이

것보다 앞선다. 프로이트의 언급 이후, 많은 미술치료사는 사고 과정이 시각적 잔여물로의 회귀를 통해 의식화된다는 것이 사실임을 밝혀 왔다. 예컨대, 나움버그는 미술치료에 대해 다음과 같이 말하였다. "미술치료는 사람의 근본적 사고와 감정이 무의식으로부터 도래한다는 것과 그것이 언어보다는 이미지를 통해 더 잘 표현된다는 인식에 기반한다"(Naumburg, 1966, p. 1).

사이코사이버네틱 관점은 시각적 사고나 이미지의 도움을 받는 사고가 더욱 오래된 형태의 사고라고 여기는 프로이트의 이론을 지지한다. 어린 시절에 우리가 심오하고 중요한 경험에 상당 기간 노출되는 동안, 우리는 우리의 경험과 결부시킬 수 있는 적절한 언어적 명칭을 갖기 훨씬 이전에 먼저 사고를 한다. 그러나 이러한 사고 형태가 논리에 기반한, 그리고 이성적으로 확대되는 이차적 사고 과정보다 수준이 낮다는 정신분석적 가정에 반대하는 근거가 많다. 두 반구의 서로 다른 기능에 관한 연구에 따르면, 이러한 두 가지 사고 형태가 질적으로 다르다고 더 이상 가정할 수 없다. 제3장에서 논의하였듯이, 두 가지의 사고 형태는 모두 적절한 부호화와 정보 처리에 필수적이다. 일차적 사고와 이차적 사고 중 어느 한 사고 형태가 다른 하나보다 더 근본적이고, 더 앞서 있다고 가정하는 정신분석적 개념을 사용하는 대신에 랭거(Langer, 1942)가 제안한 담론적 · 비담론적 사고를 활용하는 것이 더 좋다. 이 두 가지 형태의 사고는 현실을 온전히 이해하는 것과 인간의 마음이 이용할 수 있는 정보 처리의 수단을 충분히 활용하는 것에 필수적이다. 이용 가능한 정보 처리의 통로 중 어느 하나만을 사용하는 것은 기차가 2개의 레일 중 하나의 레일로만 달리는 것과 같다고 할 수 있다.

이전의 정신분석 형태에서 일차적 사고 과정과 이차적 사고 과정을 구별하는 방식에 영향을 받은 미술치료사들은 지배적으로 많이 쓰이는 대뇌와 관련을 맺는 논리적 · 순차적 · 이성적 사고 과정을 직관적 · 전체론적 · 포괄적 · 시각적 · 공간적 사고 과정보다 더 선호하는 경향이 있다. 이러한 미술치료사들은 내담자의 시각적 작품을 과도하게 해석, 분석하는 경향이 있다. 아마도 이러한 이유로 나움버그는 주로 내담자들이 자신의 집에서 작품을 제작하도록 하고, 시각적 작품에 대한 논의를 위해 치료 회기 시간을 사용하는 것을 좋아했다.

정신분석적 미술치료 이론에 대해 논의를 마치기 전에 마지막으로 강조해야 하는 개념은 쾌락원칙과 현실원칙이다. 이미 언급한 바와 같이 쾌락원칙은 욕구의 즉각적인 만족을 목표로 하며, 반대로 현실원칙은 더 적은 비용으로 더 넓은 범위에서 욕구가 충족될 때까지 만족의 지연을 따른다.

정신분석적 사고에 따르면, 미술은 쾌락원칙과 현실원칙을 연결하여 두 가지 원칙이 동시에 작용하도록 하는 다리 역할을 한다. 미술은 쾌락과 현실이라는 두 가지 원칙이 갖는 상반된 요구의 균형을 맞추는 수단으로 보인다. 미술 표현은 욕구를 절반 정도 가장하고 숨긴 채로 표현한다는 점에서 두 가지 원칙의 만족을 모두 허용한다. 이러한 방식으로 소위 "검열"은 작동하지 않으며, 금지되고 사회적으로 용인될 수 없는 욕구들이 부분적으로 표현되고 충족될 수 있다. 미술은 꿈과 같이, 의식적 마음의 "검열"을 슬쩍 통과하는 방식으로 욕망을 제시한다. 정신분석적 관점에서 볼 때 미술은 일종의 밀매 작전과 같다고 할 수 있다.

미술을 통해 사회적으로 용인되지 않는 필요들과 욕구들은 더욱 수용될 수 있는 방식으로 전환되고 표현될 수 있다. 이러한 과정은 승화라고 알려져 있다. 정신분석적 지위에 있어 가장 저명한 대표자로 여겨지는 크레이머에 의하면, 미술치료의 주된 이점 중 하나는 그것이 공격적 · 성적 욕구를 승화시킬 수 있는 기회를 제공한다. 그림을 비롯한 미술 형식에서 소원은 사회적으로 용인되는 표현으로 묘사되고, 상징화되며, 변환된다. 예를 들어, 남자아이들은 처음에는 남성성을 느끼기 위해 점토로 커다란 성기의 모형을 만들 것이다. 그러나 나중에 그들은 엠파이어 스테이트처럼 힘과 남성성의 인식을 가져올 수 있는 빌딩을 만들게 되는 것이다(Kramer, 1971).

내담자들은 미술치료를 통해 무엇을 얻는가? 정신분석적 미술치료사들은 공격적 · 성적 충동을 승화시킬 수 있는 기회로부터 미술치료의 이점이 확장된다고 보았다. 승화의 과정을 통해 내담자들은 사회적으로 수용될 수 없는 필요와 욕구에 대해 부분적이고 상징적인 형태로 만족을 누리는 법을 배운다. 미술치료의 또 다른 이점은 카타르시스 혹은 고통스러운 경험과 관련된 감정의 해소이다. 나움버그는 궤양으로 고통을 받았던 42세의 재혼 여성의 사례를 인용했다. 미술치료 회기에서 그녀는 자신의 궤양을 상징하는 핏빛의 덩어리를 그린 그림에 자신의 병을 투사하였다. 점차 환자는 나움버그의 해석을 받아들이는 대신에 본인의 그림을 해석하도록 격려받았다. 7개월쯤 되자 환자는 공황 상태에 빠지거나 궤양의 증상을 악화시키는 대신에 갈등을 담은 그림을 통해 자신의 불안을 표현할 수 있었다(Naumburg, 1966, p. 66).

정신분석적 미술치료사들이 흔히 강조하는 미술치료의 세 번째 이점은 자기 파괴적인 행동의 반복된 패턴을 더 잘 이해하는 것이다. 나움버그의 내담자 중 하나는 다음과 같이 언급하였다. "환자는 공포, 사랑, 증오의 그림을 그린다. 이 그림 중 대부분은 좋은 그림이든, 나쁜 그림이든 간에 그 의미를 언어로 담아내어 정의하기에 어려운 것들이다. 보통 언어보다 더 정확하고, 더 깊이 암시하는 자신의 내면을 알아보기 위해 정식으로 미술 기법을 숙달할 필요는 없다." 환자는 그림 그리기의 과정을 전에는 의식하지 못했을 수도 있지만, 경험으로 인한 심각한 결과에 노출되어 왔을지도 모르는 문제에 대해 어떻게 명료화하는지를 계속해서 이야기하였다. 그 환자는 다음과 같이 결론을 지었다. "우리는 문제의 숨겨진 본성이 적절히 나루어지도록 충분히 드러날 때까지 열심히 그림을 그린다"(Naumburg, 1966, p. 113). 나움버그의 또 다른 내담자는 자신의 진정한 감정을 표현하는 것을 스스로에게 허락할수록 정서적으로 더욱 성장했다고 언급하였다. 그녀는 다음과 같이 말했다. "그림을 그리면서 일단 미움을 표현하면 그림 그리기를 마칠 때쯤 그 미움은 지쳐 버리고 만다는 것을 깨달았다"(Naumburg, 1966, p. 110).

정신분석적 성향을 지닌 미술치료사들은 미술치료 회기를 비교적 오랜 기간 동안 지속하기가 쉽다. 예컨대, 나움버그는 수년 동안 많은 내담자와 함께 작업을 하였다. 실제로 그녀의 내담자 중 1명은 4년이나 미술치료를 했다. 대개 미술치료를 받는 내담자는 정신분석을 동시에 받았다. 미술치료사와 보내는 시간이 늘면서 점차적으로 정신분석가와 함께 보내는 시간이 줄었다. 예를 들어, 한 내담자는 나움버그와 주 1회 한 시간 반 동안 미술치료를 한 반면에 정신분석가와는 한 달에 한 번 20분 동안 만났다. 나움버그의 미술치료 회기 빈도는 주 1회에서 주 3회에 이른다. 내담자가 먼 거리로 여행을 떠나는 것과 같은 특별한 상황이 생겼을 때, 나움버그는 이에 유연하게 대처했는데, 회기를 연이어 길게 진행하는 방식의 마라톤 회기를 제공하거나 회기 사이의 간격을 길게 두고 진행하는 방식이었다.

일생 동안 나움버그는 정신분석이론의 발전과 맥락을 함께해 왔다. 그녀는 호나이, 설리번, 프롬을 비롯한 다양한 신 프로이트학파의 이론에도 조예가 깊었다. 그녀는 자아심리학의 성과에 대해서도 잘 알고 있었다. 나아가 나움버그는 공식적으로 정신분석 이론가였지만, 그녀가 융 심리학의 영향을 깊이 받았다는 점은 흥미롭다. 예컨대, 그녀의 무의식에 대한 개념은 전통적인 정신분석적 관점보다는 융학파의 관점에 더 가깝다. 인간 마음의 무의식적 부분을 구성하는 비이성적 요소를 의식하는 대신, 나움버그는 무의식 또한 변형적인 힘을 가지고 있다고 확신하였다. 그녀는 다음과 같이 말했다. "무의식은 일부 광신자들과 정신분석가들이 반대하는 파괴적이고 무서운 힘을 가진 반면에 또한 생산적인 힘을 갖고 있는데, 그 힘은 미술로 하여금 인간 정신의 통합과 회복의 수단이 될 수 있게 한다"(Naumburg, 1966, p. 42).

판타지와 상상의 기능은 나움버그가 순수한 정신분석적 입장과 거리를 둔 또 다른 영역이다. 때때로 판타지가 현실로부터 도피하는 수단일지라도, 나움버그는 판타지가 통합의 기능 또한 가지고 있을 것이라고 주장하였다. 이러한 기능은 "융의 관점에서 볼 때, 집단적 과거나 개인의 미래를 다룬다" (Naumburg, 1947, p. 51).

융처럼 나움버그도 다양한 문화의 상징주의에 매료되었다. 그녀는 상징적 표현을 억압하는 경향과 억눌린 것들 간의 정신내적 갈등의 결과라고 보는 편협한 정신분석적 견해에 대해 비난하였다(Naumburg, 1966, p. 29). 그녀는 상징적 표현을 인간 기능의 근본적이고 창의적인 측면으로 여겼다. 따라서 뉴욕 대학교에서 그녀가 수강한 과목의 상당한 부분은 문화인류학과 다양한 종교, 고대 문화의 상징에 대한 것들이었다(Naumburg, 1966, p. 33)

6. 융의 접근

정신분석이론이 성격은 어린 시절 이후로 거의 변하지 않는다고 상정한 반면, 융은 우리는 일생 동안 성장하고 발전할 가능성이 있다고 생각하였다. 융에 따르면, 인생은 개별화individuation의 과정이다. 개별화란 한 사람이 자신의 모든 잠재성을 실현함으로써 독특한 한 개인이 되어 가는 과정이다. 사람들은 나이가 들면서 어떤 가능성을 선택하고 다른 가능성을 무시한다. 그들은 일방적이 되는 경향이 있다. 이것이 우리를 신경증적으로 만든다고 융은 지적했다. 건강해지기 위해서 개인은 자신의 모든 잠재력을 활용해야만 한다.

개인의 모든 잠재력을 발전시키는 하나의 방법으로 "적극적 상상"이라는 기법이 있다. 이것은 우리가 오늘날 미술치료라고 부르는 것에 대한 융의 용어이다. 융의 적극적 상상의 기법은 꿈이나 환상이 이미지가 활성화되고 증폭됨으로써 이루어진다. 소극적 판타지와는 반대로, 이는 내면의 이미지의 흐름을 관찰하고 그 전개에 적극적으로 참여함으로써 활기를 띠게 만드는 성찰의 기법이다. 허먼 키서링Hermann Keyserling 백작에게 보낸 편지에서 융은 자신의 소란스러운 의식을 "차단하고", "내면의 소리에 조용히 귀를 기울이며, 마음의 눈앞에 나타난 이미지를 바라볼 것"을 제안함으로써 적극적 상상의 과정을 설명하였다. 융은 할 수 있든 없든 상관없이 "이미지는 부지런히 그려지고 채색되어야 한다"라고 덧붙였다(Jung, 1973, p. 83). 적극적 상상의 도움으로 개인은 정신의 간과되었던 부분과 접촉할 수 있다. 혹은 리디아트E. M. Lyddiatt가 언급하였듯이, 이 방법은 내담자로 하여금 "혼란스러움을 느끼지 않도록 자신의 잘 몰랐던 측면에 닿게 하며" 그리고 그들에게 삶이 더욱 조화로울 수 있도록 해 준다(Lyddiatt, 1971: 137).

융은 삶의 풍요로움과 자기발전은 정신의 깊은 층, 즉 융의 용어로는 집단 무의식에 닿음으로써 얻을 수 있다고 주장하였다. 융은 각 개인이 개인 무의식 외에도 집단 무의식을 접할 수 있다고 보았다. 집단 무의식은 인류가 진화적으로 발전하면서 생긴 정신적 잔여물을 포함한다. 개인 무의식은 잊히거나 억압된 인상들을 담고 있으며, 이러한 인상들은 의식적인 인상을 남기기에는 너무 약한 것일 수 있다. 반면에 집단 무의식은 특정한 방식으로 세상을 인지하고 반응하는 인간의 성향을 품고 있다. 예컨대, 모든 인간에게는 어머니가 있다. 따라서 유아는 특정 방식으로 어머니를 인식하고 그에 반응하는 성향을 선천적으로 갖고 태어난다. 융은 집단 무의식의 구조적 요소를 가리켜 "원형archetype"이라고 하였다. 원형은 강한 정서를 담고 있는 보편적인 사고 형식 또는 아이디어이다. 올란드 자코비Jolande Jacobi는 원형을 정의할 수는 없지만, 그것은 보이지 않는 에너지 중심으로 생각될 수 있다고 언급하였다(Jacobi, 1959, p. 75). 이러한 에너지장은 특정한 경험을 통해 활성화될 수 있다. 이러한 방식으로 원형은 의식화되고 개인 무의식을 풍요롭게 할 수 있다. 원형적 내용은 신경증적이나 정신증적 증상뿐만 아니라 신화나 꿈, 환상, 의례, 미술 작품 등에서도 나타날 수 있다.

어떤 원형들은 융이 그것들을 개별적 성격 시스템이라고 여길 정도로 발전되었다. 예컨대, 융은 사회적 관습과 개인 고유의 원형적 필요에 반응하여 발달하는 성격의 부분을 페르소나persona라고 하였다. 또 다른 성격 시스템은 여성적 원형인 아니마anima와 남성적 원형인 아니무스animus이다. 또한 프로이트학파의 무의식 개념과 비슷한 그림자shadow가 있다. 이는 인간의 생명적이고 열정적인 동물적 본능의 저장소를 말한다. 또한 융은 마음속의 의식적 부분인 자아와 정체감과 성격의 중심인 자기를 구별하였다.

융의 관점에서 볼 때, 미술치료사의 과제는 내담자에게 재료를 제공하고, 안심할 수 있도록 존재를 빌려 주며, 자기를 표현하는 활동에 가치를 두는 것이다. 리디아트가 말했듯이, "치료의 본질은 모든 사람이 의식의 표면 밑에 있는 마음의 활동과 개인적으로 연결된 것들을 표현할 수 있도록 돕는 것이다"(Lyddiatt, 1971, p. 136). 그의 모델에 따른 미술치료는 개인이 자신의 상상을 표현하고 경험하는 방식이라고 할 수 있다. 그것은 의식을 마음속의 무의식적 부분과 연결하여 성격의 수준을 높이고, 능력을 증대시키는 방법이다. 의식과 무의식적인 마음의 부분을 연결하는 것은 "기분이 그것을 통제하려고 하지 않으며, 그것에 압도당하지 않고 말할 수 있도록 하는 의도적인 노력"에 의해 이루어진다(Lyddiatt, 1971, p. 1). 내담자의 과제는 자신의 상상이 수행하는 바를 단순히 지켜보는 것이다. 내담자는 자신의 판타지의 단편이 자라나고 발전되는 모습을 객관적으로 관찰하도록 격려 받는다. 환상을 "해석하고 이해하려고 하는 것이 아니라 경험하는 것이 중요하다"(Lyddiatt, 1971, pp. 4-10). 내담자는 단순히 종이에 그림을 그려 보도록 요청받는다. 리디아트는 그림은 스스로 만들어지는 것처럼 보인다고 말했다. "그림이 치료사뿐만 아니라 그림을 그리는 내담자에 의해 존중받을 때, 낙서가 얼마나 빨리 성장하고 변화하는지 보는 것은 언제나 놀라운 일이다." 그림의 주변으로 아이디어가 흐르며, 심상의 단편이 연결되어 의미를 띤다. 집단 무의식의 개념으로 다시 돌아가서 리디아트는 다음과 같이 제안하였다. "그것을 가두어 놓으려고만 하지 않는다면 그것은 우리를 오래도록 이끄는, 우리 자신보다 더 크게 번뜩이는 무언가이다." 리디아트는 겉보기에는 간단해 보이는 적극적 상상의 기법을 실행해 본 사람들은 자신이 기분에 사로잡히도록 허락하는 것보다 기분을 객관화하는 것이 훨씬 더 어렵다는 것을 안다고 덧붙였다.

융의 이론을 따르는 미술치료사들은 보편적인 상징의 징후를 탐색하고자 할 것이며, 내담자의 표현을 신화와 고대 미술의 형태로부터 알려진 상징과 비교하는 것을 선호하겠지만, 이러한 생각들은 개인의 내면에 가장 잘 간직되어 있다. 치료사로부터 어떠한 해석도 내담자에게 제공되지 않는다. 리디아트는 다음과 같이 말했다. "자신의 문제를 내담자에게 투사하고 그들에게 부담과 혼란을 더하는 것은 무서울 정도로 쉽다." 융학파의 의견에 따르면, 내담자는 단순히 이미지를 만드는 과정을 통해서 도움을 받는다. 미술치료에서 내담자는 자신의 또 다른 측면을 탐색한다. "내담자는 점차 믿게 되는 알지 못했던 자신의 한 부분과 대화를 해 나간다."

[그림 5-2]를 통해 융 이론을 따르는 미술치료사들은 그림에 나타난 원형의 의미를 추측할 수 있다. 치료사들은 이집트 신화에 나오는 고양이들은 달과 관련이 있으며, 그것이 여신 이시스Isis와 결혼의 수호신인 블라스트Blast에게 바쳐졌다고 알려져 있음을 언급할 것이다. 검은 고양이는 흔히 어둠, 그리고 죽음의 힘과 관련되어 있다. 그러나 이러한 생각은 미술치료 세션에서 언급되지 않은 채로 남아 있다. 그럼에도 불구하고 그것은 미술치료의 대화 단계에서 그림이 완성되었을 때, 미술치료사들이 내담자들의 언급과 생각에 더욱 수용적이고 주의를 기울이게끔 만든다.

몇몇 융학파의 미술치료사는 어떤 원형을 상징화한다고 여겨지는 대상의 의도적인 묘사를 촉진하고자 노력해 왔다. 그와 관련된 에너지를 활성화하기 위해 내담자들은 해, 달, 불, 물, 나무, 물고기, 꽃, 눈, 코, 입, 귀 등을 그리도록 요구받기도 한다(Jacobi, 1969). 실제로 원형은 절대로 그림이나 글로 완전히 표현될 수 없으며, 모든 표현의 형태는 근사치에 불과하다. 개인의 무의식은 반복적으로 이미지를 만들지만, 자발적으로 생겨나는 이미지만이 치유적인 가치를 지닌다. 치유의 과정은 집단 무의식의 깊은 영역과 접촉함으로써 생겨난다.

융학파의 미술치료는 보기에 쉽지만, 시간과 인내가 필요하다. 리디아트는 겉보기에 생산적이지 못한 장기간의 미술치료 회기 후에 놀라운 결과가 나타난 몇몇 사례를 보고하였다. 예컨대, IQ가 40이고, 정신연령이 5.5세인 45세 여성은 자신의 옷을 만지작거리며, 땅을 바라보고 아무 말 없이 쭈그리고 앉아 있었다. 그녀는 어떤 재료도 만지지 않은 채 미술치료실에 30분 동안 앉아 있었다. 마침내 그녀는 고르지 못한 10개의 수평선과 파란 경계선, 그리고 3개의 잎사귀 모양으로 이루어진 자신의 첫 번째 작품을 완성하였다. 그녀의 두 번째 그림은 6개의 수평선과 초록색 경계선, 그리고 이번에는 사각형 모양을 3개 그린 것이었다. 한 달 후에 그녀는 여전히 말은 하지 않았지만, 종이가 더 필요한지 물으면 고개를 끄덕였다. 3개월 후에 그녀는 들판에 있는 노란색의 동물 같은 것을 그렸고, 하늘에는 태양을 그렸다. 그 이후로 그녀의 그림은 내용 면에서 갈수록 풍부해졌다. 5개월 후, 그녀의 그림에는 사람이 사는 집과 정원이 있었다. 치료가 시작되고 8개월 후에는 자신의 그림 중 하나에 "소년들과 소녀들이 놀러 나왔어요!"라는 글씨를 썼고, 간호사와 직원 12명 모두의 이름을 나열하였다. 다시 지능검사를 한 결과, 그녀의 IQ는 73인 것으로 나타났고, 정신연령은 8세 후반 정도로 높아졌다. 그녀는 성숙해지고, 집중력이 증가했으며, 이전보다 자신에게 더 만족하였다(Lyddiatt, 1971, p. 83).

최근 몇 년 동안, 융학파의 틀 안에서 독창적인 발전이 미술치료 분야에서 일어나고 있다. 그것은 모래상자를 사용하는 작업이며, 아동과 성인 모두를 대상으로 한다. 이 작업 방식은 본래 융의 학생 중 하나였던 도라 칼프Dora M. Kalff에 의해 고안되었다(Kalff, 1966). 그녀는 본래 피아니스트였으며, 후에 종교를 공부했고, 융으로부터 분석을 받았다. 가끔 융의 손자나 손녀들이 그녀와 함께 지냈는데, 손자나 손녀들이 그녀를 방문한 후에 유난히 행동이 좋아졌기 때문에 융은 그녀가 아이들과 무엇을 했는지 궁금해하였다. 그녀는 런던에서 마가렛 로웬펠드Margaret Lowenfeld에게 배운 모래상자 방식을 사용했다고 이야기하였다. 로웬펠드는 당시 주로 진단의 목적으로 모래상자를 사용했지만(Lownefeld, 1979), 칼프는 이 방법을 융의 아이디어와 결합하였고,

이는 그녀가 모래놀이치료라고 부르는 기법으로 점차 발전하였다(Nucho, 1975).

칼프의 모래놀이 방법은 모래로 채워진 특수 비율의 트레이로 구성된다. 모래는 건조할 수도, 습할 수도 있으며, 그것은 물체나 풍경, 디자인을 형성하는 데 사용된다. 더불어 내담자는 사람, 포식 동물, 새 등의 다양한 형상을 사용하여 자신의 판타지에 시각적 형태를 부여하기 위해 실재하는 형태를 모래에 배치한다. 또한 내담자는 찰흙이나 나무로 자신이 원하는 새로운 물체를 만들기도 한다.

모래놀이는 물리적인 제약 내에서 판타지를 유지하기 때문에 자유와 제약의 양극성이 생겨난다. 점차적으로 성격 내에서 반대되는 것들이 나타나고 통합된다. "전체성이 그 자체로 나타나기 시작할 때, 내담자는 크게 감동을 받는다. 이러한 경험을 가장 잘 나타내는 것 중 하나가 모래 그림의 만다라 표현이다."

몇몇 미술치료사, 특히 릴리안 리니하트와 폴라 엔겔혼 그리고 에스텔 웨인리브는 칼프의 모래놀이 방법을 자신의 작업에 포함했다(Rhinehart & Engelhorn, 1982; Weinrib, 1983).

융 심리학은 10년 전만 해도 미국에 거의 알려져 있지 않았다. 그것은 미국보다는 유럽에서 훨씬 더 널리 받아들이고 사용되어 왔다. 그러나 최근에 미국에서 융 이론에 대한 관심이 급증하고 있으며(Perry, 1962), 이 미술치료 모델이 더 많은 미술치료사의 생각에 영향을 줄 것으로 기대된다.

7. 게슈탈트 이론

게슈탈트 치료 이론은 미술치료에 있어 "미술의 축"을 나타낸다고 여겨지는 미술치료 모델을 고안하기 위해 제이니 라인Janie Rhyne에 의해 사용되었다.

게슈탈트 심리치료는 베를린 대학에서 의학박사와 박사학위를 받고 정신 분석 훈련을 받은 프리츠 펄스Fritz Perls에게로 거슬러 올라간다. 그는 호나이와 빌헬름 라이히Wilhelm Reich에게 정신분석을 받았다. 제2차 세계대전 후 펄스는 미국으로 왔고, 수년 동안 캘리포니아에 있는 에솔렌 인스티튜트Esalen Institute에서 근무하였다.

펄스는 게슈탈트 치료를 실존주의적 치료법 중 하나라고 생각했다(Perls, 1969). 그는 자신의 실존주의 치료법을 제외하고 다른 실존주의 치료 형태는 다른 이론에서 아이디어를 빌렸다고 생각하였다. 그는 마르틴 부버Martin Buber는 유대교에서, 폴 틸리히Paul Tillich는 개신교에서, 마르틴 하이데거Martin Heidegger는 언어학에서, 장 폴 사르트르Jean Paul Sartre는 사회주의 운동에서, 루트비히 빈스방거Ludwig Binswanger는 정신분석에서 아이디어를 빌려 왔다고 주장하였다. 펄스 자신은 그렇게 생각하지 않았지만, 앙리 베르그송Henri Bergson의 철학이 그에게 영향을 준 것처럼 보인다. 펄스의 게슈탈트 치료의 주요 전제는 신경증이 그가 "미해결 과제"라고 부르는 것에 고착되어 생긴다는 것이다. 오래된 아픔, 마음의 상처, 후회, 억울함, 죄책감은 억눌려 있으며, 이 마음 상태는 현재 삶의 경험에 악영향을 미친다. 펄스는 미완성된 감정들이 다양한 조직 시스템에 저장되어 목소리의 높낮이, 몸짓, 자세 등의 비언어적인 의사소통 형태를 통해 나타난다고 보았다. 이 점에서 펄스는 추가적인 고통으로부터 보호하는 수단으로 "성격무장character armor"을 언급한 라이히에 동의하는 것으로 보인다(Reich, 1933). 펄스는 자신의 게슈탈트 치료의 목표는 유기체가 건강한 게슈탈트 원칙에 따라 작동하고, 우리가 사로잡혀 있는 미해결 상황을 끝낼 수 있도록 인식의 연속체를 확립하는 것이라고 말했다(Perls, 1969, p. 51). 펄스는 인식 그 자체, 그리고 인식 그 자체에 의한 것은 치유력이 있다고 보았다. 그는 정서가 가장 중요한 행동의 원천이라고 지적했다. 펄스에게 정서는 기본적인 삶의 힘이고, 에너지의 공급원이다. 자신이 느끼는 모든 것을 더 많이 인식하게 될수록 그 사람은 더욱 활기를 띠게 된다. 완전한 인식이 허용되지 않은 감정들은 침체되며, 불안으로 경험된다. 펄스에 의하면, 건강해지는 것은 성숙해지는 것과 같다. 성숙해지는 것은 한 사람이 경험하고 있는 모든 것을 받아들이고 통합하는 것이다. 펄스는 성숙이 절대 완전히 달성될 수 없다는 것을 상기시킨다. 언제나 통합해야 할 새로운 것이 있다. 항상 우리 자신에 대해 더 많은 책임을 질 가능성이 있는 것이다. 따라서 자기발전과 창의성은 경험이 풍부한 것과도 같다. 그리고 책임감은 단순히 기꺼이 자신을 받아들이고 "나는 나다!"라고 말하는 것이다(Perls, 1969, p. 64). 그와 반대되는 것은 신경증적이고 가식적이며, 연극하는 듯한 모습이며, 융은 이것을 "페르소나"만 갖고 있거나 "자신이 아닌 것"이라고 말했다.

게슈탈트 치료의 두 가지 종류인 언어적 · 예술적 형태의 특징은 개인이 책임감을 가지고, 실존주의 용어로는 "진정한authentic" 사람이 됨으로써 성장하고 성숙하도록 돕는 것에 있다. 진정한 사람이 된다는 것은 한 사람의 외적인 모습이 내면의 진솔한 감정과 조화를 이루게 함으로써 가능하다. 성장은 자신의 모든 감정을 경험하고 자신이 무엇을 피하고 있는지 혹은 억누르고 있는지를 인식하게 되면서 이루어진다. 이는 정신분석에서의 자유연상으로도 달성되지 않으며, 과거의 사건을 돌아보거나 경험하는 것으로도 이루어지지 않는다. 그보다는 지금-여기에서 현재의 경험에 온전히 집중함으로써 이루어진다. 펄스는 언어적 의사소통은 믿을 만하지 못하다고 지적하였다. "언어적인 의사소통은 대개 거짓이다. 진정한 의사소통은 언어 너머에 있는 것이다. 따라서 언어에 귀를 기울이지 말고 목소리와 움직임, 자세, 이미지가 주는 메시지에 귀를 기울이라." 혹은 "문장의 내용이 보조적 역할을 하도록 하라"(Perls, 1969, p. 53). 물론 이것은 라이크가 말한 "제3의 귀로 듣는 것"과 맥락이 같다(Reik, 1952).

게슈탈트 치료는 다양한 비언어적 행동을 언어적 메시지로 변환하는 것을 촉진하기 위한 독창적인 일련의 기법을 개발하였다. 이 기법 중 일부로 "지금Now"의 원칙, "그것It"으로부터 "나I"로 이동하기, "뜨거운 자리Hot seat"가 있다(Fagan & Shepherd, 1970).

라인은 내담자와 작업하면서 게슈탈트 기법을 활용한 미술치료사이다. 1960년대 중반에 샌프란시스코에서 일하며 지내는 동안, 라인은 약물 중독의 내담자와의 작업에 게슈탈트 아이디어를 적용하였다. 그녀는 언어와 지능, 이성적 접근이 불충분하다고 믿었다. 대신 성격을 탐색하고, 그것을 확장하기 위해 판타지의 사용에 착수하였다. 그녀는 미술 표현이 자기표현의 수단과 경험의 범위를 확장하는 방법이라고 보았다.

라인은 게슈탈트 미술 경험에 대한 일련의 지침을 제안하였다. 예를 들어, 자신의 지각을 신뢰하는 것, 고유한 창의성을 존중하는 것, 미술 재료를 가지고 놀 수 있도록 내담자 스스로 허용하는 것, 어리석게 행동해 보는 것이 있다. 그녀는 게슈탈트 미술 경험을 하는 내담자들이 감정과 사고에 주의를 기울여서 자신이 "대응 능력"을 가지고 있다는 사실을 받아들이도록 격려하였다. 대응 능력이란 사람이 수동적일 수 없도록 자신을 위해 가장 좋은 종류의 대응 반응을 선택하게 하는 힘이다(Rhyne, 1973).

게슈탈트 치료와 게슈탈트 미술치료는 지나치게 사회적이거나, 절제되고, 위축되어 있으며, 공포증, 완벽주의, 우울증 증상이 깊어지고 있는 사람들에게 가장 적합하다. 게슈탈트 치료는 보다 심각한 상애가 있거나, 정신증적이거나, 행동화가 나타나는 내담자들의 경우에는 덜 효과적인 것으로 나타났다. 이러한 내담자들은 현실과의 접촉을 강화하고, 사회적 기술을 강화하며, 일반적으로 게슈탈트 치료가 수반하는 것보다 더 천천히 오랜 기간의 과정을 제공하는 치료 기술을 필요로 할 수 있다(Fagan & Shepherd, 1970, p. 234).

8. 현상학적 경향

현상학의 주된 주창자 중 에드문트 후설Edmund Husserl에 의하면, 현상학은 주관적인 진행 과정을 서술적으로 분석하는 학문이다. 현상이란 감각에 있어 명백한 어떤 사실, 상황 또는 경험이다. 현상학은 단지 인과 관계적 설명을 인식하지 않고 묘사하고자 한다. 심리학에 적용하면, 현상학은 사람이 주어진 순간에 현실을 인식하는 방법에 의해 행동이 결정된다고 주장하는 이론이다. 즉, 현상학 분야에서는 우리가 인식하는 모든 것이 우리의 행동을 형성한다. 현상학의 분야에서 가장 중요한 부분은 우리 자신이다. 우리의 자기인식이나 자기개념은 우리가 삶의 사건에 어떻게 반응하는지와 큰 관련을 맺는다. 심리학에서 소위 "자기이론가self-theorist"인 칼 로저스Carl Rogers는 현상학적 분야, 즉 자신에 대한 개념이 바뀌면 사람의 행동이 변한다고 여기는 가장 저명한 사람 중 하나이다(Rogers, 1951). 우리의 삶에 어떠한 일이 일어나든 그것은 자기개념을 통해 걸러진다. 우리의 자기개념이 우리 자신에 대한 기대치를 형성한다. 서부의 평범한 유머 작가가 언급하였듯이, 자신이 교수형에 처하는 것이 마땅하다고 여긴다면 단지 매를 맞는 정도의 처벌에 대해서는 되려 행복을 느낄 수도 있다.

말라 베텐스키Mala G. Betensky는 현상학을 미술치료와 관련지어 언급한 첫 번째 사람이다(Betensky, 1977). 내담자의 미술 표현은 현상으로 간주될 수 있다. 따라서 그것은 표현 그 자체로 존재하며, 그 특성은 관찰이 가능하다. 가능한 한 이러한 관찰은 선입견 없는 상태에서 치료사와 내담자 모두에 의해 이루어져야 한다. 내담자는 주관적으로 작품과 관련이 있음에도 불구하고, 자신의 미술 표현을 객관적으로 볼 수 있도록 도움을 받게 된다. 내용과 더불어 구조적 요소인 선, 형태, 색, 음영, 공간, 위치, 긴장과 완화의 패턴, 추상적 관념이 평가된다. 미술 표현의 세부적인 평가를 통해 내담자들은 자기성격의 새로운 측면을 발견한다. 내담자들은 자신의 내부와 외부 세상에 넘쳐나는 현상들을 보다 명확하고 정확하게 인식하는 법을 배운다. 자신의 미술 작품에 대해 책임감을 가지면서 그들은 그들의 다른 현상학적 분야에서 생겨난 어려움을 해결하기 위해 적극적으로 참여하기 시작한다(Betensky & Nucho, 1982).

현상학적 접근은 내담자의 미술 표현에 대한 편향적이지 않고 객관적인 평가의 중요성에 주목한다. 이러한 면에서 볼 때, 현상학적 접근은 사이코사이버네틱 모델과 유사하다. 사이코사이버네틱 모델도 내담자의 미술 작품과 관련 없는 의미를 해석하는 것에 대한 위험성을 경계한다. 내담자의 미술 작품을 편견 없이 평가하는 것에 대한 용어를 사이코사이버네틱에서는 "자의적 관점"이라고 부른다(제6장, 제9장 참조).

9. 결론

미술치료에 있어 미술의 축, 치료의 축, 공예는 각각 다른 모델이며, 여러 다른 전문 소속기관에서 정신건강 전문가들에 의해 수행되고 있다. 그들의 관점은 정신분석이론과 함께 발전하였고, 더욱 최근에는 융, 게슈탈트, 그리고 현상학적 접근에 노출되면서 발전하였다. 이를 배경으로 하여 활발한 이론화와 견해의 충돌이 나타났다. 사이코사이버네틱 모델은 이러한 여러 미술치료 형태가 혼합된 신형 이론이다. 이는 내담자와 치료사 모두가 미술치료에 더욱더 접근하도록 도와줄 가능성을 가지고 있다.

제6장

사이코사이버네틱 모델의 개관

이 장에서는 사이코사이버네틱 모델의 개관을 다룬다. 치료사의 구체적인 과제에 대해 알아보고, 이 모델의 다양한 단계를 개괄적으로 살펴본다.

사이코사이버네틱 모델은 시각적이고 언어적인 두 가지 인지 조직을 활용하는 방법이다. 제3장에서 논의하였듯이, 시각적인 정보 처리 방식은 일반적으로 우뇌와 관련이 있다고 여겨지는 반면에, 언어적인 정보 처리 방식은 주로 좌뇌가 담당하는 과정에 의해 주도된다. 사이코사이버네틱 모델의 치료적 개입 방식은 이러한 정보를 부호화하는 이원적 방식에 접근하는 방법을 설명해 준다. 내담자와 치료사 자신의 이원적 정보 처리 방식에 주의를 기울임으로써 치료사들은 언어적 정보 교환 방식에만 주목할 때보다 훨씬 더 효과적으로 일할 수 있다. 두 다리로 걸을 수 있는데 왜 굳이 한 다리로 뛰겠는가.

1. 정보의 이원성

윌리엄 제임스는 사람이 한쪽 뇌 부분만 사용하여 정상적으로 기능할 가능성에 대해 언급하였다. 그는 인간이 보통 뇌기능의 10%만 사용할 것이라고 추측하였다(James, 1890). 인간의 인지는 10단 변속 자전거와도 같은데, 그 기능을 거의 사용하지 않는다.[1)]

회화적이고 비담론적인 사고방식은 서구 문화에서 상당히 무시되고 하찮게 여겨졌으나, 예술가들에게는 예외였다. 예컨대, 이탈리아의 미학자 크로체는 상상은 사고에 앞서며, 그에 필수적이라고 확신하였다. 예술적 이미지를 형성하는 마음의 기능은 개념을 형성하는 논리적인 활동보다 앞선다(Croce, 1929).

크로체는 예술 활동의 본질은 미술가가 완벽한 이미지를 갖고자 노력하는 것에 있다고 보았다. 크로체에 따르면, 미술의 놀라운 점은 외적 표현에 있는 것이 아니라 아이디어의 개념에 있다. 크로체는 셰익스피어Shakespeare나 루벤스Rubens가 우리와 다른 점은 이미지를 표현하는 능력에 있는 것이 아니라, 대상의 본질을 나타내는 이미지를 내적으로 형성하는 능력에 있다고 보았다. 이와 유사하게 미켈란젤로Michelangelo도 사람은 손이 아닌 머리로 그림을 그리는 것이라고 말했다고 전해진다(Croce, 1929). 아이디어의 외적 표현은 그것이 나타내는 개념보다는 부수적인 것이며, 이는 손을 사용하는 테크닉과 기술적인 노하우의 문제이다. 이와 비슷하게 매슬로우Maslow도 자신이 언급한 일차적 창의성과 이차적 창의성 간에 차이를 두었다(Maslow, 1971). 뒷부분에서 이 두 개념을 짧게 강조할 것이다.

---

1) 역자 주: 19세기 인간의 뇌에 대한 견해이며, 21세기 뇌과학이 의료기기 장치의 첨단화와 더불어 급속도로 발전하면서 뇌세포의 기능 및 뇌신경세포간의 자극과 연결 및 활성화에 관한 과학적 증거와 이해가 가능해졌다.

2. 치료사의 역할

사이코사이버네틱 모델을 사용하는 대인 간 개입을 실행할 때, 치료사가 할 일은 내담자가 내적, 외적으로 정보를 탐색할 수 있도록 촉진하고, 안내하며, 협력하는 것이다. 따라서 사고와 감정이 명료해지고, 통합되며, 새로운 행동 방식이 파악되고, 새 힘을 얻게 된다.

이러한 맥락에서 볼 때, "치료"라는 용어의 본래 의미는 정확히 '동료가 되는 것'이라는 걸 기억하는 게 도움이 된다. "치료"라는 말은 무장을 한 동지 혹은 동료를 의미하는 "therapon"이라는 그리스어에서 유래되었다. 호머Homer의 『일리아드Iliad』에서 아킬레스Achilles에게는 파트로클로스Patroclus라는 이름의 "동료therapon"가 있었다. 그는 서열이 낮았음에도 동등한 친구였다. 고대 그리스인들은 왕을 신의 종이라고 불렀으며, 시인은 뮤즈Muse의 종이었다. "치료therapy"라는 용어의 본래 의미는 "양육하고 보살피다"라는 뜻이다. 결국 양육하고 돌보는 활동은 환자들의 간호, 의료진들이 수행하는 기능과 연관을 가지게 되었다(Liddell & Scott, 1949, p. 315). 오늘날 치료는 내담자가 치료사의 도움을 수동적으로 받는 소위 의학적 모델과 관련된 활동만을 나타내는 것으로 종종 여겨진다. 사이코사이버네틱 모델은 치료라는 용어의 본래 의미를 반영한다. 이 모델에서 치료는 내담자가 수동적으로 해답과 해결책을 얻는 과정이 아니다. 그보다는 치료사가 자업을 도와주고 촉진하는 동안에 내담자가 그것의 대부분을 수행하는 공동의 활동이라고 할 수 있다. 치료는 산파와 비슷한 역할이라고 할 수 있다. 치료사는 분만 과정을 도와주지만, 분만은 내담자 본인이 해내야 하는 것이며, 결국 내담자가 자신을 소중히 여기고 돌보는 과정이다. 결과는 내담자의 손에 달려 있다.

사이코사이버네틱 모델에서 치료사의 임무는 내담자가 그의 이미지에 주의를 기울이도록 돕는 것이다. 이것은 다양한 구조화 기술을 통해, 그리고 구체적인 방식으로 내담자의 시각적 산물에 반응함으로써 이루어진다. 이러한 기술과 원칙은 나머지 장에서 구체적으로 다룰 것이다. 치료사가 해야 할 일은 삶의 특정한 철학을 전해 주는 것이 아니다. 그보다는 내담자가 이전 삶의 경험으로부터 자신만의 내적 디자인을 파악하고 여러 가지 책임과 목표를 깨닫도록 돕는 것이라고 할 수 있다. 이러한 견해는 과거 경험만이 아니라 책임감과 미래의 계획에 의해 사람의 성장이 이루어진다고 보는 실존주의 철학과 맥락을 함께한다(Bugental, 1965).

3. 자의적 관점과 보편적 관점

사이코사이버네틱 모델의 관점에서는 내담자가 표현한 작품을 보면서 치료사가 할 일은 이미지에 담긴 상징을 해석하는 것이 아니다. 그보다는 그러한 상징에 대한 내담자의 이해를 촉진하는 것이 치료사의 역할이라고 할 수 있다. 내담자의 이미지를 바라보는 두 가지 다른 방식이 이러한 구분을 분명히 해 줄 것이다. 그중 하나는 내가 시각적 작품을 바라보는 보편적 관점nomomatic seeing이라고 부르는 것이다. 이때 시각적 표현은 어떤 이론적 접근에 근거한 가정과 그것의 연구 결과에 따라 분석된다. 이 용어는 "법칙law"을 뜻하는 그리스어 "nomos"와 "사고thinking"를 뜻하는 "mntos"가 합쳐진 것에서 유래하였다. 보편적 관점을 지향할 때, 치료사는 내담자에게 이론적 입장이나 경험적 연구에 근거한 원리를 바탕으로 설명을 제공하게 된다. 예컨대, [그림 5-2]의 내담자의 그림을 보편적 관점에서 바라보면 치료사가 프로이트의 이론을 따른다고 가정했을 때, 그림의 형태가 남근을 상징한다고 해석할 수 있다. 혹은 치료사가 매코버Machover[2)]가 수행한 연구에 익숙하다면, 내담자가 그린 자신의 자화상 그림을 볼 때, 그려진 다른 여러 요소 중에서도 단추가 그려져 있다는 것에 주의를 기울일 것이다. 이는 내담자에게 있는 의

존성 추구와 관련된 것으로 밝혀진 바 있다.

필자는 그림을 보는 또 다른 관점을 자의적 관점ipsomatic seeing이라고 칭한다. 이 용어는 '자신self'을 의미하는 라틴어 'ipse'와 '사고'를 뜻하는 'mnots'가 결합되어 만들어졌다. 이때 내담자는 스스로 자신의 시각적 이미지에 대한 개념과 가정을 설명한다. 내담자의 작품을 분석하는 이 두 가지 방식은 제9장에서 더 깊이 논의할 것이다. 자의적 관점은 사이코사이버네틱 개입의 핵심적인 개념 중 하나이다. 자의적 관점은 내담자가 이미지에 담긴 의미를 해석할 때 자신만의 가정과 기준을 사용하도록 돕기 때문에 유용한 정보의 근거를 늘릴 수 있다. 사이코사이버네틱 모델을 활용하기 원하는 치료사들은 자의적 관점의 개념을 염두에 두어야 한다. 그렇게 되면 내담자의 다양한 경험을 더욱 명확히 하도록 안내할 때 그 개념을 일관되게 구현할 수 있다. 이어지는 장에서 그것이 어떻게 이루어지는지를 자세히 다루고자 한다.

4. 일차적 창의성과 이차적 창의성

치료사의 중요한 임무 중 또 다른 한 가지는 내담자가 일차적 창의성을 발휘하여 즐거움을 느끼도록 돕는 것이다. 일차적 창의성primary creativity은 아이디어가 생겨나는 창의성의 단계로서 이와 관련하여 많은 내담자는 부모님이나 선생님의 압력을 받았을 수 있다. 그들은 좋은 의도를 가지기는 했지만, 때 이른 수행을 요구하는 경향이 있다.

일차적 창의성 단계 혹은 아이디어가 발생하는 단계the idea generating phase와 이차적 창의성 혹은 실행 단계the execution phase는 매슬로가 제시하였다

2) 역자 주: 미술치료에서 현재 사용하고 있는 인물화 검사(DAP)의 개발자이다. 1949년 연구를 통해 인물화로 성격을 진단하는 방법을 소개하였다.

(Maslow, 1971). 매슬로에 의하면, 일차적 창의성 단계 혹은 아이디어가 발생하는 단계에서는 진정한 창의성이 나타난다. 그 아이디어가 지속적인 노력과 기술에 의해 형태를 가지게 되는 이차적 창의성 단계는 창의성의 사안이라기보다는 근면함과 단순 작업의 문제라고 할 수 있다

사이코사이버네틱 모델을 적용할 때 우리는 이차적 유형의 창의성이 아닌 일차적 창의성을 자극하고자 한다. 우리는 내담자들이 작품을 완벽하게 손보아야 한다는 걱정 없이 자발적으로, 비교적 빠르게 작업하도록 요청한다. 완성된 작품의 외관이 중요한 것이 아니라 상상력을 자극하는 과정과 이 단계의 활동에서 내담자가 경험하는 바가 더 중요하다. 일차적 창의성은 정보처리 영역에 속한다. 그것은 모순되는 조언의 근원에서 흡수된 여러 상충되는 메시지로부터 쌓인 혼란으로 인해 부담을 느낀 후에 내담자가 택할 수 있는 유리한 방향을 파악하는 수단을 제공한다.

일차적 창의성과 이차적 창의성 양식이 지닌 차이점은 미술치료 기법이 사용되는 다른 많은 대인관계 개입 형태에서는 명확히 드러나지 않는다. 실제로 많은 미술치료사가 내담자들이 미적 기술을 얻어 더욱 섬세한 그림을 그림으로써 그린 사람뿐만 아니라 보는 사람들에게도 그 작품이 의미가 있기를 기대한다. 여기에서 일차적 창의성은 이차적 형태의 창의성에 비해 격하된다. 이것이 미술치료에서 미술의 축art wing과 치료의 축therapy wing이라고 불리는 것들이 벌이는 분쟁의 핵심이다(미술치료의 두 가지 견해가 지닌 차이점에 대한 논의는 제5장에 나와 있다).

간단한 미술 재료를 가지고 내담자의 일차적 창의성을 활용하고 이미지를 표현함으로써 여러 수준의 시스템에 암호화된 정보들이 문제를 효과적으로 해결하는 데 사용될 수 있다. 인간의 인지는 두 가지 좌표의 도움으로 생겨나는데, 하나는 감각적/시각적 좌표이고, 다른 하나는 언어적/이성적 좌표이다. 사이코사이버네틱 모델은 이 두 가지 정보 형태를 결합하는 수단을 제공한다. 언어적/이성적인 정보 처리 수단에만 관습적으로 의존하는 것은 마치

한쪽 눈만을 사용하는 것과 같다. 두 가지 정보 처리 좌표를 모두 사용하는 것이 보다 도움이 되는데, 이는 한쪽 눈 대신에 양쪽 눈을 모두 사용하는 것이 훨씬 더 효과적인 것과 마찬가지이다.

5. 치료 과정의 네 가지 단계

사이코사이버네틱 모델의 치료 과정은 이 장에서 요약하여 제시할 네 단계로 이루어져 있다. 다음 장에서는 각 단계를 세부적으로 살펴볼 것이다.

첫 단계는 긴장완화 단계Unfreezing Phase이다. 이때 내담자는 시각적 표현의 목적에 대해 설명을 들을 필요가 있다. 치료사는 내담자가 미술 표현에 참여하기로 동의했을 때, 늘 경험하게 되는 여러 가지 두려움을 알아차리고 그에 적절히 반응해야 한다. 많은 내담자가 학창 시절 이후로는 아무 미술 재료도 사용해 보지 않았을 것이다. 또한 치료사는 작업에 얼마나 시간이 걸리는지, 그림 혹은 입체 작업 후에 무엇을 할 것인지를 명확히 안내해야 한다.

미술작업 단계Doing Phase라고 부르는 다음 단계에서 치료사는 내담자가 미술 재료를 이용할 수 있도록 하고, 미술작업의 구체적인 주제를 제안하거나, 내담자가 자신의 성향에 따라 스스로 작업을 진행할 수 있도록 경험을 구조화해야 한다. 이때부터 치료사는 겸손한 관찰자로 남아 있고, 필요할 경우 전화와 같이 외부적인 요인으로 발생하는 방해를 처리하는 중재자troubleshooter 역할을 하게 된다. 이 단계의 길이는 치료사가 함께 작업하는 내담자의 부류에 따라 다르다. 내담자가 미적인 가치와 솜씨에 대해 걱정하지 않고 자발적으로 꽤 속도를 내어 작업하도록 권장되어야 한다. 이것은 앞서 언급한 두 번째 형태의 창의성과 반대되는, 일차적 형태의 창의성을 양성한다는 개념과 일치한다(Maslow, 1971). 작업doing 혹은 실행execution 단계는 흔히 내담자에게 꽤 재미를 느끼게 한다. 이 단계를 거치는 동안에 내담자가 집중하는 것을 방

해하지 않는 개입이 필요하다

내담자가 작업을 끝냈다고 말하면 이미지와의 대화 단계Dialoguing Phase가 시작된다. 이제 치료사는 시각적 작품에 대한 논의를 시작한다. 우뇌의 메시지가 좌뇌의 논리적 · 순차적 · 언어적 용어로 변환된다.

치료적 상호작용의 마지막 단계는 종결 및 통합 단계Ending Phase이며, 한 회기 혹은 일련의 회기가 종결된다. 종결한다는 느낌을 가져야만 하며, 치료적 상호작용에서 얻은 아이디어들은 이전에 내담자들이 이용할 수 있었던 정보들과 통합되어야 한다. 종결, 그리고 시각적 표현으로부터 도출된 생각들의 통합은 치료 과정이 공식적으로 종결되어 오랜 시간이 지난 후에도 그것들이 다시 떠오르면서 서서히 진행될 수 있다.

사이코사이버네틱 모델의 네 가지 단계와 각 단계에 내담자가 들이는 시간의 정도는 [그림 6-1]에 제시되어 있다.

각 단계의 길이는 치료사가 함께 작업하는 내담자의 종류에 따라 다르다. 아동의 경우에는 워밍업 혹은 긴장완화 단계가 꽤 짧은 편이다. 또한 이미지와의 대화 단계도 다소 짧을 수 있는데, 겨우 몇 마디 말만 할 뿐이다. 성인의

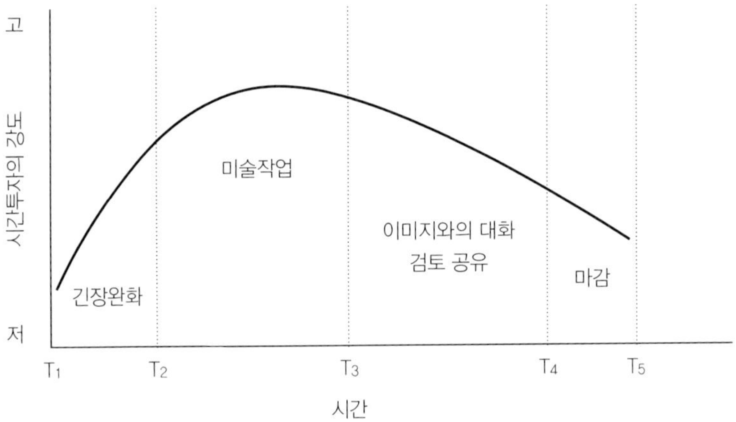

[그림 6-1] 사이코사이버네틱 모델의 단계와 내담자의 시간 사용 범위

경우에는 워밍업 혹은 긴장완화 단계가 초반에는 길지만, 후반 회기에서는 간결해질 수 있다. [그림 6-2]는 이러한 차이점을 나타낸다. 이후의 장에서는 다양한 내담자에게 이 네 가지 단계의 모델을 적용하는 것에 대해 더 자세히 다루고자 한다.

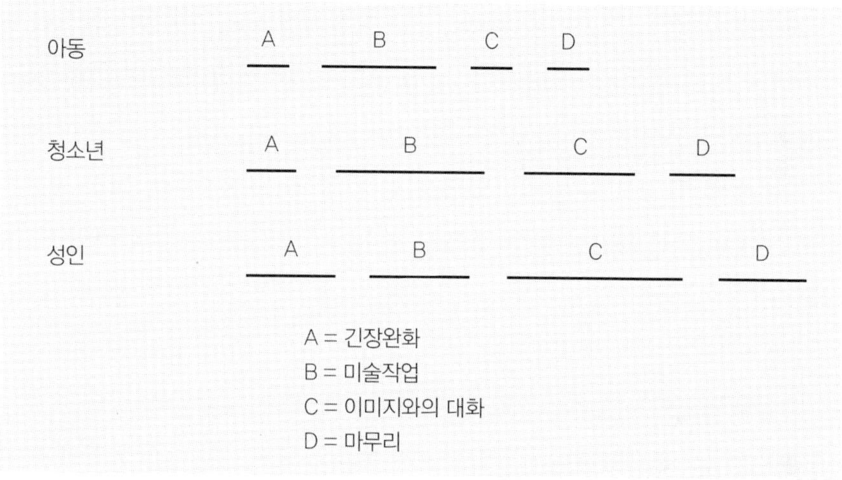

[그림 6-2] 연령이 다른 대상을 위한 사이코사이버네틱 모델의 각 단계별 길이의 차이

6. 사이코사이버네틱 모델을 언제, 어떻게 사용하는가

인간의 인지가 이미지를 만들어 내는 능력을 활용하는 사이코사이버네틱 모델은 몇 가지의 형태를 취할 수 있다. 이것은 독창적인 치료적 의사소통 양식이고, 내담자는 각 회기마다 어떤 시각적 작품을 만들 수 있다. 혹은 미술 표현이 간헐적으로 이루어질 수도 있다. 때로 어떤 성인 내담자들에게는 미술 표현에서 비롯된 아이디어가 너무 풍부하여 아이디어와 그 의미를 다루는 데 여러 회기가 소요될 수 있다.

제8장에서 논의할 내담자들의 나이와 기타 요인에 따라 그들은 한 치료 회

기 동안에 단 하나의 작품을 만들 수도 있고, 일련의 작품들을 만들 수도 있다. 내담자가 매우 많은 작품을 만든다면 이러한 풍부한 시각적 표현이 이미지와의 대화 단계를 줄이지 않도록 주의를 기울여야 한다.

사이코사이버네틱 모델은 누구에게 효과적으로 사용될 수 있는가? 필자의 경험에 의하면, 3세부터 93세 이상에 이르기까지 교육 수준과 사회경제적 계층을 가리지 않고 모든 내담자가 좋은 결과를 얻을 수 있다. 실제로 휠체어에 의지한 시각장애를 지닌 96세의 남성에게도 미술치료가 효과적으로 사용되었다(Doll & Nucho, 1982). 그는 인생회고life review라고 이름 붙인 활동을 하는 동안에 점토로 일련의 형상을 만들었다(Butler, 1963). 여러 형상을 만드는 것은 그의 다양한 삶의 경험을 돌아보고 그것을 처리하는 데 도움을 주었다.

사이코사이버네틱 모델의 이점을 누리기 위해서 내담자들이 반드시 미술에 관심을 가져야 하는가? 분명히 그렇지 않다. 많은 내담자가 미술을 좋아하지 않는다고 고백하였다. 실제로 어떤 이들은 학교에 다니는 동안에 미술이 "최악의" 과목이었다고 말했다. 사이코사이버네틱 모델에서는 이차적 형태의 창의성은 요구되지 않는다. 내담자들은 곧 이러한 유형의 "미술"이 그들이 기억하는 학창 시절의 미술과 다르다는 것을 알게 된다. 일차적 창의성 혹은 아이디어를 만들어 내는 창의성은 배려심 있고 예민한 치료사들에 의해 되살아난다. 그리하여 내담자의 기능 향상을 위한 새로운 형태의 지식이 생겨날 수 있다.

사이코사이버네틱 모델은 개인 내담자뿐만 아니라 집단원들에게도 사용될 수 있다. 집단원들과 작업할 때 치료사에게 추가적으로 요구되는 것이 있으나, 내담자들에게는 또 다른 자극을 줄 수 있고, 자신을 나눌 수 있는 기회를 제공한다.

사이코사이버네틱 원칙에 따라 행해진 치료 과정에서 유익을 얻기 위해 내담자에게 특정 수준의 언어적 혹은 지적 소양이 필요한가? 다시 한번 말하지만 "그렇지 않다". 사이코사이버네틱 모델은 스스로를 표현하고 자신의 생각을 전달하는 데 어려움이 있는 학습장애를 지닌 내담자들에게도 효과적으로 사용되었다. 자신이 만든 실제 작품이 존재한다는 사실은 내담자들로 하여금 그들이 해결하고자 노력하고, 전달하고자 하는 바를 고수하게 한다.

이제 당신의 치료 기술 레퍼토리를 확장하는 것이 가치 있다는 확신을 갖게 되었고, 사이코사이버네틱 모델을 당신의 치료에 포함하기로 결정하였다고 가정해 보자. 당신은 내담자와 작업할 때 회화적/표현적 상징화 방식과 더불어 언어적/담론적 방식을 활용하길 원할 것이다. 어떻게 시작해야 할까? 사이코사이버네틱 모델을 사용하기 위해서는 어느 정도의 개인적이고 전문적인 자격을 갖추는 것이 필수적이다. 공간, 시간, 필수적인 미술 재료와 같은 실용적인 문제도 함께 고려되어야 할 것이다.

7. 개인적 자격

대체로 사이코사이버네틱 모델을 적용하고자 하는 미술치료사의 개인적 자격은 대부분의 다른 대인관계 개입 형태의 실행에 요구되는 것과 동일하다. 치료사가 되기 위해 당신은 어느 정도의 예민함과 지각력이 있어야 한다. 칼 로저스의 지지자들은 이러한 자질들을 약어인 WEGWarmth, Empathy, Genuineness에 포함시키려는 경향이 있다. WEG는 따뜻함, 공감, 진정성을 말한다. 대부분의 심리학 교과서는 이러한 자질들에 대해 잘 설명한다(Hepworth & Larsen, 1982). 일반적으로 치료사가 "치료사"라는 용어의 본래 의미인 안내와 동행의 역할을 가정하는 것이 가장 좋다. 이것은 제4장에서 논의되었다.

일반적인 치료적 태도 외에도 특정한 미술적 자격 요건이 있을까? 치료사는 사이코사이버네틱 모델의 개입을 사용할 수 있도록 미술적 기술을 훈련

받아야 하는가? 미술치료에서 미술적 배경에 대한 질문에 두 가지 학파의 입장이 다르다. 사이코사이버네틱 모델의 실행에 관한 한 특별히 미술에 대한 훈련이 치료사에게 필요하지 않다. 실제로 미술가로서 훈련을 받지 않은 치료사는 폭넓은 미술적 배경을 지닌 치료사보다 내담자의 작품을 볼 때 자의적 관점을 더 쉽게 받아들인다. 이 장의 앞부분에서 논의되었던 자의적 관점은 사이코사이버네틱 모델의 필수적인 부분이다. 또한 전시작가가 되고자 하는 욕심이 전혀 없는 치료사는 일반적으로 일차적 창의성과 그 산물들을 일반 관람객들을 만족시키기 위해 분투하는 치료사보다 더 쉽게 발전시킨다(Maslow, 1971). 미적으로 완벽함을 이루거나 그것을 갈망하는 치료사들은 자신의 내담자들도 기술과 지속적인 수행이 요구될 때 이차적인 숙달 수준에 도달하길 대체로 원한다. 그러나 초기 미술치료사 중 한 사람인 타모 패스토 Termo Pasto가 말했듯이, 미술치료에 있어서 기술은 필수적인 것이 아니다.

사이코사이버네틱 모델의 원칙에 따라 좋은 치료적 결과로 이끄는 미술 표현의 수행으로 내담자를 이끌기 위해 치료사는 창의적 과정과 시각적 표현 방식의 이해를 존중할 필요가 있다. 이러한 입장은 나움버그가 고취시킨 것과 유사하다(Naumburg, 1966). 그녀는 이전에 미술 훈련을 받은 사람들만 미술치료 기술을 사용할 수 있다고 가정하는 것은 옳지 않다고 생각했다. 그 대신 나움버그는 전문적인 심리치료적 훈련이야말로 미술치료의 수행에 있어 가장 필수적인 요소라고 생각하였다. 그녀의 경험에 따르면, "창의적인 미술에 대한 공감적 관심"은 내담자의 창의적인 노력을 격려할 수 있도록 돕는 데 충분하였다. 나움버그는 다음과 같이 말했다. "미술치료적 접근을 배우고자 하는 심리치료사에게 있어 필수적인 것은 스스로 그림을 그릴 줄 아는 능력이 아니라, 환자들의 창의적인 노력을 이해하고 공감하는 것과 그들의 창의적 잠재성을 믿는 것이다(Naumburg, 1966, p. 14).

8. 전문적인 준비

사이코사이버네틱 모델은 심리치료의 한 형태이기 때문에 다른 형태의 심리치료와 동일한 전문적 규정이 적용된다. 30년 전에는 일반적으로 정신과 의사들만이 심리치료를 할 수 있는 자격이 있다고 여겨졌으며, 심리학자, 사회복지사, 다른 정신건강 전문가들은 보조적인 역량으로 기능한다고 가정하였다. 최근 수십 년 동안 우리 사회의 방대한 정서적인 문제는 심리치료 실무를 수행할 수 있는 전문가 그룹을 상당히 확장해 왔다. 최근에 자신을 돌보려는 움직임이 급격히 증가하였고, 전문적 훈련을 받지 않았거나, 거의 받지 못한 협조자들을 통해서도 좋은 결과가 나타났다. 그러나 이러한 선의의 많은 협조자는 곧 소진되었고, 생산성도 떨어졌다. 각 실무 수준에 따른 각 주의 법적 자격 요건이 무엇이든, 치료사의 정신건강을 지키기 위해서는 공식화된 자격 훈련이 필수적이다. 심리학, 사회복지, 작업치료, 간호사 등 정신건강 직업의 확고한 기반은 치료사들이 잘 기능할 수 있도록 돕고, 그들의 기술 목록에 사이코사이버네틱 모델을 추가할 수 있도록 허용할 것이다. 유능한 치료사가 되기 위한 가장 빠르고 확실한 방법은 MSW 학위를 취득하는 것이다. 이는 사회복지 학위의 석사로 이어지는 2년간의 풀타임 학업 코스이다.[3] 그 과정은 일부는 강의로 이루어지고, 일부는 다양한 사회복지기관에서 내담자들을 만나는 인턴십으로 이루어진다. 어떤 대학에서는 4년간 파트타임으로 학업 코스가 이루어지기도 한다. 이는 학생들이 직업을 유지하고, 학위 과정 동안에 비교적 재정적으로 자립하는 것을 가능하게 한다.

---

3) 역자 주: 임상사회복지사인 누코 박사의 시대적 · 교육적 배경에 근거한 주장으로, 20세기 중반 이후 미술치료사 양성을 위한 대학원 과정을 통해 2년간의 풀타임 학업 과정 내에서 강의와 인턴십이 이루어져 현재는 국내와 해외에서 미술치료학 전공은 별도 운영되는 학위과정이다.

일단 기본적인 정신건강 전문 직업을 통해 견고한 기초가 갖추어지면 여러 기관에서 제공되는 코스를 수강하여 사이코사이버네틱 모델을 수행하기 위해 필요한 기술을 쉽게 획득할 수 있다. 이러한 코스에 관한 정보들은 미국미술치료학회AATA로부터 얻을 수 있다. AATA에서는 미국 전역과 유럽의 여러 나라에서 연례 콘퍼런스와 다양한 워크숍을 열고 있다.

자신의 치료적 역량을 키우고 확장하는 방법은 각 전문가가 전문적 기초 준비 과정 동안에 배우는 사안이다. 슈퍼비전은 치료적 기술을 발전시키고 연마하기 위한 하나의 방법이다. 노련한 치료사가 슈퍼비전이나 상담을 제공할 수 없는 경우, 동료 슈퍼비전을 수행하여 비슷한 수준의 경험을 가진 전문가들이 주기적으로 만나 서로에게 배우고 개인적인 맹점과 편견으로부터 보호하기 위해 자신의 업무에 대해 논의할 수 있다.

이렇게 보호하는 과정은 AATA의 주관하에 발전되었고, 이에 관한 정보는 해당 조직을 통해 얻을 수 있다. 그러나 이러한 종류의 자격이 갖추어지기 훨씬 전에도 탄탄한 전문적 교육을 갖춘 사람은 사이코사이버네틱 접근이 제안하는 기법들을 사용해 보면서 상당한 도움과 즐거움을 얻을 수 있다.

사이코사이버네틱 모델의 수행에 필요한 실질적인 요소들로 미술 재료와 적절한 공간이 있다. 시간도 이 모델의 성공적인 수행에 꼭 필요한 또 다른 요인이다.

9. 미술 재료[4)]

사이코사이버네틱 미술치료 모델은 평면적인 것과 입체적인 종류의 간단

---

4) 역자 주: 미술 재료의 사용과 이해와 관련해서는 문화적 차이가 있을 수 있다. 예를 들어, 일반적으로 사용되는 종이의 규격, 화방이나 문구점에서 쉽게 구할 수 있는 재료의 종류 등이 다르며, 각 재료에 대한 내담자의 선호도 혹은 반응 또한 다를 수 있다.

한 미술 재료를 요구한다. 일반적으로 두 가지 요인이 치료사가 사용하고자 하는 미술 재료의 종류에 영향을 미친다. 한 가지 요인은 치료 목적을 달성하기 위해 사용 가능한 예산의 크기이다. 또 다른 요인은 치료사의 직업적 연계성이다.

순수미술을 통해 미술치료를 하게 된 치료사들은 보통 다소 섬세하고 광범위한 미술 재료가 필요하다고 가정한다. 예컨대, 저명한 미술가인 한 미술치료사는 이전에 훨씬 더 적은 미술 재료들을 가지고도 효과적인 미술치료를 해 왔음에도 불구하고, 다음과 같은 미술 재료들이 필수적이라고 본다. 이는 목탄, 템페라, 파스텔, 세라믹 소재의 클레이, 이젤, 가마, 수돗물, 큰 싱크대, 널찍한 저장 공간 등이다(Kramer, 1971, p. 44).

자신의 직업적 정체성을 타인을 돕는 상담가나 심리치료사로 갖는 치료사들은 꽤 간단하고 적은 미술 재료를 사용하는 경향이 있다. 예컨대, 한 정신과 의사는 그의 셔츠 주머니에 몇 가지 색의 사인펜felt-tip pen[5]을 넣고 다니며, 많은 치료 회기에서 일반 종이를 사용한다(Horowitz, 1970).

대부분의 내담자와 작업할 때, 회기마다 한 내담자에게 가로 12인치, 세로 18인치(4절지 정도) 크기의 하얀 도화지 두세 장이 필요할 것이다. 세미하드 파스텔 한 상자가 각 내담자 혹은 여러 내담자에게 필요할 수 있고, 검은색과 칼라 매직 마카 몇 개가 필요하다. 갈색 혹은 흰색 포장지 한 통은 집단 벽화나 여러 회기에 걸쳐 진행되는 작업에 유용할 수 있다. 크레파스, 연필, 볼펜과 같이 내담자들이 학교에서 사용해 본 적이 있는 재료들은 사용을 피하는 것이 좋다. 이러한 재료들은 미술 표현에 쏟았던 이전의 노력과 관련된 좋지 않은 기억을 불러올 수 있기 때문이다. 파스텔은 일반적으로 가장 인기 있는 재료로 알려져 있다. 파스텔은 색이 잘 섞이기 때문에 크레파스나 가는 사인펜으로 작업할 때보다 그림을 고치기가 더 쉽다.

5) 역자 주: 펜촉이 섬유 재질로 되어 있는 펜이다. 사인펜과 유사한 재료이다.

내담자들의 상상력을 자극하기 위해 때때로 추가적인 재료를 제공할 수 있다. 포스터 물감, 클레이, 철사wire, 파이프 클리너[6]가 사용된다. 그러나 단면이 사각형인 세미하드 파스텔과 흰 도화지를 선호하는 내담자들은 흔히 이러한 재료들을 무시한다.

파스텔은 일반적으로 세미하드와 오일 파스텔로 두 종류가 있다. 오일 파스텔은 색이 좀 더 산뜻하지만 세미하드 파스텔보다 사용하기가 어렵고 색이 쉽게 섞이지 않는다. 세미하드 파스텔은 다소 부러지기 쉽고 지저분하지만 손을 씻을 수 있는 장소가 가깝고, 작업이 끝났을 때 휴지로 손을 닦을 수 있다면 내담자들이 쉽게 적응할 수 있는 재료이다.

파스텔은 박스당 12개에서 24개가 들어 있다. 사이코사이버네틱 모델의 경우에 대체로 12개가 들어 있는 파스텔 박스이면 매우 충분하다. 우울한 환자들과 작업한다면 다른 색보다 검은색이 두 배로 빨리 소모될 것이다.

포스터 칼라를 사용하고자 한다면 마른 그림물감을 사서 직접 물감을 섞어 보라. 어떤 상표도 괜찮다. 유리병(유아식이나 인스턴트 커피 등을 담았던)을 몇 개 모아서 물감을 섞을 수 있다. 마른 그림물감을 가장 잘 섞는 방법은 병에 재료를 넣고 천천히 물을 부은 뒤 혼합물이 걸쭉한 덩어리가 될 때까지 막대로 젓는 것이다. 그러고 나서는 적절한 농도가 될 때까지 물을 더한다. 치료에서 물감을 사용하는 것에 대해서는 참여하는 내담자에 대한 확신이 있을 때까지는 사용하지 않는 것이 현명한데, 특히 어린 내담자는 퇴행 단계 없이 행동화[7] 단계에서 물감을 마구 사용할 수 있기 때문이다. 미술치료에서 유용하게 사용되는 다양한 재료의 특성은 케이긴Kagin과 루스브린크Lusebrink의 글에서 자세히 논의된다(Kagin & Lusebrink, 1978). 이 글은 다양한 미술 매체의 특성에 대한 추가적인 제안을 담고 있다.

---

6) 역자 주: 가는 철사에 보송보송한 털이 붙어 있어서 쉽게 구부러지고 가위로도 자르기 쉬운 재료이다.

7) 역자 주: 갑자기 엇나가는 행동으로 화를 표출하는 행동을 말한다.

물감을 쓸 때는 여러 사이즈의 붓도 함께 필요하다. 1인치나 3인치의 페인팅 붓[8]이 가장 적절하고, 저렴한 가격에 구입할 수 있다.

작품을 저장할 수 있는 공간이 있다면 삼차원의 입체적 표현을 촉진하기 위해 세라믹 소재의 클레이를 사용할 수도 있다. 적색 점토가 가장 매력적이다. 그것은 25파운드, 50파운드의 규격으로 구입할 수 있게 되어 있다. 회기 사이에는 점토가 마르지 않도록 젖은 수건으로 싸거나, 플라스틱 컨테이너 혹은 비닐봉지에 넣어 보관한다. 내담자의 나이와 발달 단계를 재차 고려하라. 어린 내담자들은 때때로 자신의 갈등을 해결하기 위해 클레이를 탄약으로 사용하는 경향이 있다!

클레이 작업을 위한 기본 받침도 제공되어야 한다. 가로, 세로 18인치(약 30cm) 정도 되는 판자가 필요하다. 메이소나이트masonite 같은 섬유 판자나 플라스틱판 등 표면이 매끄러운 어떤 것도 사용이 가능하다.

그림을 벽에 부착하는 데 마스킹 테이프 같은 3/4인치(약 2cm) 넓이의 플라스틱 테이프(접착용 테이프)도 필요하다. 그리하여 내담자들이 '이미지와의 대화 단계'에 참여할 준비가 되었을 때 그림이 진열될 수 있다.

여러 치료적 상호작용의 지점에서 만들어진 시각적 작품들을 바라보고 살펴볼 수 있도록 하는 것이 바람직하다. 이와 같은 이유로 개인별 그림 폴더에 모든 그림을 넣어 두고 치료가 종결될 때까지 그것을 치료사의 사무실에 보관해 두는 것이 좋다. 각 내담자의 그림 보관을 위한 폴더 제작은 마분지 같이 두께가 있는 크고 견고한 종이를 접어서 만들 수 있다. 만일 내담자가 작품을 많이 만든다면 각 회기에서 만든 작품 중 대표적인 것만 골라 폴더를 만들 수도 있다. 내담자는 원할 때 언제든지 자신의 폴더에 접근할 수 있으나, 폴더는 치료사가 안전한 장소에 저장해 두어 치료 종결 단계 동안에 치료사와 내담자가 그것을 다시 볼 수 있도록 해야 한다.

---

8) 역자 주: 국내에서는 7호나 8호 사이즈의 붓을 말한다.

파스텔로 그린 그림은 파스텔이 벗겨지지 않도록 고정할 것이 필요하다. 정착액은 화방에서 살 수 있고, 고정을 위해 헤어스프레이를 사용할 수도 있다. 일반적으로 가장 싼 스프레이도 그 기능을 훌륭히 한다.

내담자들이 회기가 끝날 때 손에 묻은 파스텔을 닦을 수 있도록 페이퍼 타월이나 젖은 스펀지를 준비해 두는 것이 필요하다. 미술작업이 예정된 회기에는 내담자들이 좋은 옷을 차려입지 않도록 주의를 주는 것도 좋다.

마지막으로, 종이의 사이즈와 질이 중요하다. 종이의 질은 사용 가능한 예산의 크기에 달려 있다. 너무 질이 좋지 않으면 어떤 내담자에게는 대접받지 못하는 느낌을 줄 수도 있다. 반면에 너무 비싼 재료는 내담자들에게 작업 수행을 주저하게 되거나 혹은 높은 수준의 미술작업을 해내야 할 것 같은 느낌을 줄 수 있다. 가장 비용이 적게 드는 것은 주로 신문을 찍는 데 사용되는 큰 갱지를 원하는 크기로 자르는 것이다. 흰 종이가 대체로 가장 좋긴 하지만, 다양성을 위해 여러 색의 공작용 판지나 마닐라지를 추가할 수도 있다.

종이의 크기는 함께 작업하는 내담자 유형에 따라 다르다. 공격적인 내담자는 우울한 내담자보다 더 단단하고 큰 종이가 필요할 수 있다. 나이가 많은 성인들은 에너지가 많은 청소년들보다 더 작은 크기의 종이를 원할 것이다. 휠체어에 앉아 있거나, 몸 한쪽이 마비된 환자들의 종이는 미끄러지지 않도록 테이프로 고정하는 것이 좋다.

마지막으로, 비교적 간단한 미술 재료를 사용하는 것이 좋다. 너무 많은 선택권을 주어 내담자를 압도하지 마라. 파스텔로 시작하고, 비용이 허락된다면 다른 재료들을 더하라.

10. 필요한 공간

또 다른 고려 사항으로 공간 사용이 있다. 대부분의 경우 사이코사이버네틱의 원리에 근거하여 내담자에게 미술 활동을 권할 때 일반 사무용 책상을 사용할 수 있다. 미술치료에서 미술의 축이라고 불리는 학파에 속한 미술치료사들은 내담자와 작업할 때 이젤을 사용하는 것을 좋아한다. 그러나 이젤이 없이도 가능하다. 이와 관련하여 격식에 얽매이지 않는 것이 가장 좋다. 집단에서 아동, 청소년, 청년들과 작업할 때, 내담자들은 적절한 작업 공간을 찾아 종종 바닥에 앉기도 한다. 노인들의 경우에는 테이블에 공간이 필요하다. 병상에 있는 내담자들은 종이나 클레이를 지탱하기 위한 밑받침이 필요할 것이다.

11. 시간에 대한 고려

마지막으로 논의할 것은 미술작업에 드는 시간에 관한 것이다. 언어로 치료를 할 때 내담자와 보통 45분을 보낸다면, 사이코사이버네틱 모델의 개입에서는 미술작업을 하는 회기에 약 75분이 할당된다. 내담자들은 원시적이고 빈약해 보이는 시각적 작품에서도 많은 정보를 찾아내는 경향이 있다. 결과적으로 논의의 과정은 본래 계획했던 것보다 더 많은 시간이 걸리는 경향이 있다. 또한 다음 약속 전에 미술 재료를 정리하고 청소하는 시간도 필요하다. 내담자를 그다음 회기에서 만났을 때, 치료사는 그 이전 회기에서 작업한 시각적 작품에 대해 다시 이야기를 나눌 수 있는 준비를 하는 것이 좋다. 이는 표현의 새로운 방식, 즉 미술작업을 통한 자극으로 인해 자신에 대한 추가적인 정보가 생겨날 수 있기 때문이다.

12. 결론

사이코사이버네틱 모델은 창의적이고 경험적 형식의 대인관계적인 도움을 제공한다. 이는 우반구와 좌반구 모두를 통한 상징화의 형성을 활용한다. 이는 표현의 언어적이고 시각적인 통로가 모두 연결된 것이다. 따라서 이 모델은 새로운 치료적 개입 방식과 치료적 기술의 목록을 확장하는 방법을 제공한다.

제2부

치료 과정

제7장

긴장완화 단계

사이코사이버네틱 모델의 첫 번째 단계는 긴장완화 단계Unfreezing Phase라고 할 수 있다. 이것은 단순한 워밍업 단계 그 이상이다. 치료사는 워밍업이 이루어질 수 있도록 몇 가지 작업을 의도적으로 수행해야 한다. 이러한 작업은 먼저 시각적 표현 과정에 대한 내담자의 불안을 다룬 후에 과정에 구조를 제공하며, 시작하는 것에 대한 심리학적이고 구체적인 의미를 부여하는 것이다.

앞에서 논의하였듯이, 사이코사이버네틱 모델은 주로 언어를 통한 의사소통 과정을 활용하는 것이 아니라 언어를 대신하거나 비롯하여 선, 모양, 색을 통한 의사소통을 한다는 점에서 전통적 언어치료 형식과 디르다. 그러나 내담자들이 미술에 흥미가 없다고 자주 불평할 때, 스스로 미술적 능력이 없다고 생각할 때 어떻게 그들이 미술 재료를 사용할 수 있도록 할 것인가? 또한 우리 문화에서 남자들은 미술을 "여자들이나 하는 것"으로 보며, 남자의 자존심을 세워 주지 못하는 여성들의 활동이라고 생각한다. 종종 선의의 미술치료사들은 미술 표현에 관여할 기회를 의욕적으로 받아들이는 대신, "그림을 못 그려요. 학창 시절에 미술을 제일 못했어요. 지루해 죽겠어요"라고 단호하게 주장하는 내담자들의 문제를 다루어야 한다.

어떤 사람들은 청각적 기능의 사용을 선호하는 반면, 어떤 사람들은 시각적 기능의 사용을 선호하는 사람이 있고, 또 다른 사람들은 로웬펠드가 명명하였듯이 "햅틱스"라고 할 수 있다. 즉, 이 사람들은 좋은 시각을 가지고 태어났다고 하더라도 시각에 의존하는 대신에 촉각에 의존한다(Lowenfeld & Brittain, 1964). 그러나 대부분의 사람에게 있어 시각은 여전히 가장 기본적인 감각이다. 시각장애를 갖고 태어난 사람들의 문제는 잠시 미루어 두고, 세상과 연결됨에 있어 시각적 방식을 전적으로 상실한 사람은 정말 드물다. 시각적 형태의 표현에 관여하는 것에 대한 저항 뒤에는 내담자들이 어린 시절에 겪었던 다양한 마음 아프고 비판적인 경험을 통해 생긴 불안감과 의혹이 존재한다. 이러한 경험들은 랭거가 비담론적 의사소통 방식이라고 했던 것을 활용하는 선천적 능력을 박탈하였다(Langer, 1942). 따라서 미술치료사의 첫 번째 임무는 시각적 방식으로 생각과 감정을 표현하도록 처음으로 요청했을 때, 내담자의 정상적이고 예상되는 불안을 인식하는 것이다. 그들은 자신이 인식한 바를 공개적으로 표현할 수도 있지만, 겉으로는 담담한 척하고 뒤로는 이러한 불안을 숨기고 있을 수도 있다.

1. 흔한 오해

성인 내담자의 가장 흔한 걱정은 기술적인 능력의 부족이다. "나는 초등학교 이후로 물감을 만져 본 적도 없어요." 시각적 표현 수단의 이점을 오랫동안 이론적으로 이야기하지 않아도 모든 치료사는 내담자에게 다음과 같이 확언할 필요가 있다. "이것은 다른 종류의 미술입니다." "이러한 종류의 미술을 하려고 미술가가 될 필요는 없습니다. 전문적인 미술가가 지닌 기술적 능력이 없다면 오히려 더 많은 것을 얻을 수 있습니다." 또한 미술치료 회기의 목적에 대해 내담자에게 설명해야 할 수도 있다. 치료사는 미술 재료를 사용하는 목적이 미술 수업을 듣기 위한 것이 아니라, 말로 표현하기 어려운 감정이나 경험을 찾는 다른 방식을 제공하는 것이라는 사실을 분명히 말해 주어야 한다. "언어는 투박합니다. 때때로 언어로는 다른 사람을 이해시키기가 어렵습니다. 오해받기도 쉽습니다. 이러한 표현 형식을 가지고 당신이 무엇을 할 수 있는지 보십시오. 선과 색만을 가지고 무엇을 전달할 수 있는지 보십시오." 혹은 치료사는 다음과 같이 말할 수도 있다. "이것은 당신이 학교에서 배웠던 미술과는 다른 종류의 미술입니다. 당신이 얼마나 잘 그릴 수 있는지 알아보려는 것이 아니라, 당신 자신에 대해 무엇을 알아낼 수 있는지를 보려는 것입니다."

또 다른 내담자의 흔한 걱정은 자신을 너무 많이 드러낼 수 있다고 생각하는 것이다. 기본적으로 이것은 자신이 "진짜로" 어떤 사람인지 알게 되면 다른 사람들이 좋아하지 않고 받아들이지 않을 것에 대한 두려움이다. 여기서 치료사는 자신만의 태도와 분명한 진술로 내담자의 감정에 대한 관심과 존중을 전해야 한다. 더욱이 치료사는 내담자만이 언어적, 비언어적으로 자신의 창작물이 의미하는 바에 대한 최종적인 권한을 가지고 있음을 분명히 해야 한다. 사이코사이버네틱 모델은 보편적 관점nomomatic seeing에 비해 자의적 관점ipsomatic seeing이라고 불리는 것을 더 촉진한다(제6장 참조). 회기가 집단으로 이루어진다면 치료사와 다른 집단 구성원들은 그림이 그들에게 어떤 영향을 미치는지 이야기할 수 있을 뿐, 그것이 의미하는 바를 말할 수는 없다. 내담자들이 점차 스스로 미술 표현의 의미에 대해서는 전문가이자 최종적인 권위자임을 깨달으면서 자신을 너무 많이 드러낸다는 것에 대한 인식과 방어는 예외 없이 약화된다. 실제로 곧 내담자들은 작품을 통해 전달되는 인식에 깊이를 더하기 위해 치료사와 동료 내담자들로부터 작품에 대한 반응을 공개적으로 요청하게 된다.

그러나 어떤 내담자들은 미술 활동이 "어린애 같다"라고 주장하면서 시각적 표현 과정에 대한 불안을 표현한다. 치료사가 소위 비담론적 대뇌 반구를 사용할 때 얻는 이점에 대해 확신을 가지고 있다면, 모든 치료사는 내담자에게 때로는 미적거리거나 어린아이 같아도 괜찮다고 말해 줄 필요가 있다. "당신은 가끔씩 좋은 시간을 보낼 권리가 있습니다. 노는 것은 긴장을 풀고 에너지를 충전하는 하나의 방법이에요." 또는 조금 더 세련되게 말하기 위해서 치료사는 우연히 유익한 발견을 하게 되는 것을 의미하는 "세렌디피티 serendipity"라는 것에 대해 이야기할 수도 있다.

미술이 여성적인 활동("여자들이나 하는 것")이라고 남성 내담자가 생각한다면, 우리가 알다시피 실제 역사적으로 유명한 남성 화가들이 있었음을 상기시킬 필요가 있다. 어떤 형태의 미술은 많은 물리적 힘을 필요로 한다. 미술치료에서는 특별히 물리적인 노력이 요구되지는 않는다. 그러나 때때로 용기와 결단력이 요구되는 정신적인 노력이 필요하다.

자신이 전혀 미술적인 성향이나 능력이 없다고 주장하는 많은 성인도 일반적으로 미술적인 것으로 간주되지는 않지만, 그럼에도 구성요소의 패턴이나 조합에 대한 안목을 요구하는 활동에 실제 관여하고 있다. 예컨대, 많은 가사활동은 오른쪽 대뇌 반구의 사용을 수반한다. 요리, 가구 배치, 편지 쓰기, 목공일, 정원 가꾸기, 퀼트 등은 미술 표현에 사용되는 것과 같은 정신적 과정과 많이 연관되어 있다.

또 다른 내담자 그룹은 이러한 맥락에서 특별히 언급할 필요가 있다. 비록 일반 인구에서 적은 비율이지만, 미술치료에서는 드물지 않게 시각적 예술의 어떤 분야에서 전문적인 기술 수준을 가지고 있는 미술가의 자녀나 형제, 자매인 내담자를 만날 수도 있다. 이러한 내담자 중 다수는 자신의 재능이 부족하다고 확신할 뿐만 아니라 일찍이 미술과 관련해 쏟은 노력들, 그리고 미술적인 성공을 이룬 부모나 형제를 이기기에는 부족한 자신의 능력과 관련된 다소 굴욕적인 기억을 가지고 있다. 이러한 내담자들에게 있어 미술 표현에 대한 불편함은 매슬로가 말한 일차적 창의성과 이차적 창의성을 구별함으로써 상당히 줄어들 수 있다. 매슬로는 일차적 창의성에 대해서 아이디어와 영감이 생겨나는 단계라고 하였고, 이차적 창의성에 대해서는 기술을 수행하고 적용하는 단계라고 하였다(Maslow, 1971). 미술치료에서 우리는 이차적 창의성이 아닌 일차적 창의성에만 관심이 있다. 이러한 내담자들은 그들의 특정 가족에게 보상이 되었던 것과 다른 방식으로 타고난 창의성을 표현해 왔을 수 있다는 것을 유념해야 한다. 사이코사이버네틱 모델이 사용될 때 이러한 창의성은 더욱 양성되고 향상된다.

치료사가 무시하고 간과하는 내담자의 불안은 치료 진행을 방해하는 저항으로 불거질 수 있다. 한 젊은 치료사는 내담자의 저항을 치료사에게서 당겨져서 멀어지는 뭉치의 풍선으로 표현하였다([그림 7-1] 참조). 치료사가 내담자의 저항에 주의를 기울이지 않으면 내담자는 정말로 마음이 떠나기 시작하여 치료를 그만두게 될 것이다.

내담자 자신의 불안에 대한 언어적 · 비언어적 메시지는 회기의 시작에도 다루어져야 하고, 그것이 회기 중에 생겨날 때에도 다루어져야 한다. 이러한

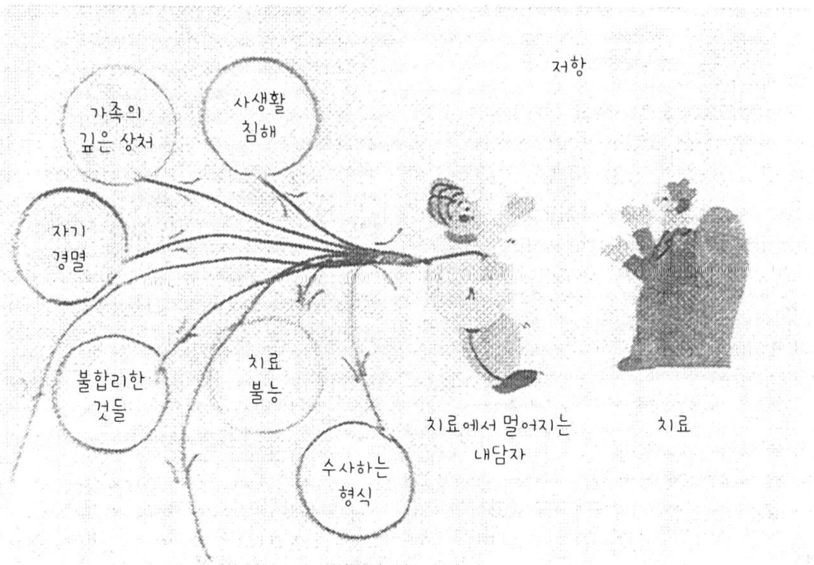

[그림 7-1] 저항

[그림 7-2] 괴짜(상대가 없는 존재)

의사소통 방식에 대한 치료사 자신의 편안함은 그 과정에 대한 내담자의 두려움을 완화하는 데 크게 도움이 된다. 시각적 표현의 이점에 대해 긴 설명을 할 필요는 없지만, 익숙하지 않은 활동들에 대한 낯섦과 일반적으로 예상되는 걱정들에 대해 민감할 필요가 있다. 모든 시작은 다소 두려운 법이다. 미술 재료를 사용하기 시작하는 것도 예외가 될 수 없다.

초기의 두려움이 극복되면 내담자들은 자신의 두려움이 유난스럽지 않다는 것을 비교하고 확인할 수 있는 기회를 얻게 된다. 예컨대, 한 내담자는 자신의 시작 경험을 "괴짜"로 그려 냄으로써 다른 집단원들과 자신이 다르다는 것에 대한 걱정을 표현했다([그림 7-2] 참조).

2. 내담자의 경험을 준비시키기

시작이 어렵다는 점을 고려하면, 내담자에게 실제와 비슷한 경험을 제공하기 위해서는 가능한 한 빨리 미술 경험을 하도록 하는 것이 가장 좋다. 이미 언어치료에 참여하고 있다면, 치료사는 함께 작업하는 내담자의 종류에 따라 다음 시간에는 다른 어떤 것이 시도될 것이라고 알려 줄 수도 있다. 이는 내담자들에게 "스스로를 준비시키고" 마음을 차분히 할 기회를 제공한다. 어떤 내담자들에게는 한 회기 내에서 설명과 그에 대한 수행을 차례로 행하는 것이 좋다. 또 다른 내담자들에게는 치료사가 언질을 주지 않고 다음과 같이 말할 수 있다. "어떤 사람들은 이러한 의사소통 방식이 도움이 된다고 생각합니다. 당신에게도 그런지 한번 보세요." 어떤 경우에는 치료사가 다소 권위적인 접근 방식을 사용할 수 있다. 예를 들어, 내담자들이 권위적인 인물이 지시하는 바에 따르는 것이 익숙해져 있는 현장에서 한 젊은 미술치료사는 자신의 노력에 비해 내담자들이 그저 단답형의 반응만 하는 것에 낙담하여 집단에 다음과 같이 말했다. "우리는 아무것도 하지 못했어요. 다음에는 여러분에게 도움이 될 다른 것을 시도해 볼게요." 다음 회기에 그는 종이와 크레파스를 가지고 왔으며, 집단원들은 약간 망설이다가 원초적이라고 볼 수 있는 그들의 그림을 통해 그들의 희망과 걱정에 대한 이례적으로 유익한 나눔을 가졌다.

초기의 불안을 다루는 하나의 방법이 모든 내담자와 치료사에게 효과적인 것은 아니다. 치료사 고유의 방식과 성격이 무엇이 적절할지를 결정할 것이다. 중요한 것은 내담자들은 모두 다양한 이유로 불안하며, 치료사가 자신을 안심시켜 주기를 원한다는 사실을 아는 것이다. 더욱이 한 번 제공된 후에도 안심시켜 주는 작업은 후에 어떤 시점에서 다시 반복되어야 한다. 사실 이미 내담자가 상당 기간 분명한 즐거움을 가지고 미술치료에 참여했다고 하더라도 각 회기를 시작할 때마다 미술 표현의 목적에 대해 간단한 언급을 하는 것이 좋다. 예를 들어, 휠체어를 탄 90세의 나이 든 신사는 6개월간 미술치료를 받아 왔다. 미술치료 회기를 시작할 때 그는 다음과 같이 말했다. "오늘도 엉망으로 만들 거예요……." 이때 미술치료사는 "엉망"이라는 것의 의미와 왜

"오늘"이라고 말했는지에 대해 탐색을 해야만 했다. 나중에 알고 보니 그는 그때까지 미술치료사를 기쁘게 할 것이라고 생각한 그림을 그리기 위해 노력했던 것이었다. 그는 간호 보조원이 그가 정시에 회기를 시작할 수 있도록 돕지 않았기 때문에 화가 나 있었다. 그가 평소에 그리던 명랑한 기억 대신, 현재의 불쾌한 현실을 그리는 것에 더 관심을 기울였다. 그는 이것 또한 꽤 받아들일 만하다고 확신하였다. 그리고 불쾌한 감정들을 속에서 끓이는 것보다 종이에 표현하는 것이 더 좋음을 느꼈다.

3. 준비 운동

우리가 긴장완화 단계Unfreezing Phase라고 칭한 시작 단계를 거치는 동안에 치료사의 두 번째 임무는 내담자들이 어색함을 극복하고 미술 표현 과정을 준비하도록 돕는 것이다. 내담자의 다양한 불안에 대해 제공된 설명과 의견을 통해 어느 정도 마음이 편안해질 수 있다. 이제 치료사는 내담자가 실제로 미술 재료를 알고 그것을 사용하게 해야 한다. 일부 미술치료사들은 단순히 내담자가 재료를 탐색하고 실험하면서 각 재료로 무엇을 할 수 있을지 알도록 격려한다(Rhyne, 1973). 한 미술치료사는 파스텔을 가지고 그것이 어떻게 연필처럼 사용될 수 있는지, 넓은 면은 어떻게 사용되는지, 색은 어떻게 혼합되는지를 보여 주곤 했다(Kwiatkowska, 1978). 또 다른 미술치료사는 신체적으로 준비 운동을 하는 것이 정신을 일깨우고 이미지를 떠올리게 하는 데 도움이 된다고 제안하였다. 예를 들어, 케인은 12인치만큼 발을 벌린 다음 허리를 굽혀 손으로 땅을 짚어 보자고 그녀와 함께 작업하는 사람들에게 제안하였다. 그런 다음 그녀는 하늘을 향해 손을 뻗거나, 혹은 나뭇가지 끝에 닿을 듯 손을 뻗어 그 질감을 느끼면서 나무 기둥을 손 사이에 두고 있다고 상상해 볼 것을 요청했다(Cane, 1951, pp. 48-53). 이러한 종류의 연습은 내담자의 근육을 이완시키고 자신의 몸이 확장되는 느낌을 준다. 그리하여 힘과 리듬에 대한 감각을 촉진하고, 이러한 특성들은 그림에 투자될 수 있다.

이전에 미술에 노출된 경험이 전혀 없는 성인들과 작업할 때 굽히기와 스트레칭, 팔로 간단히 원을 만들기, 호흡의 선을 따라 그리기, 곡선과 직선, 원 그리기는 미술 활동에 관여하도록 제안받았을 때 생기는 긴장을 해소해 줄 수 있다. 그것은 또한 편안한 마음과 즐거움을 제공한다. 신체적인 준비 운동으로 생겨난 자발성은 미술 표현의 자발성으로 번지는 것처럼 보인다. 더욱이 신체적 활동은 혈액 순환을 촉진하여 내담자의 기분과 정신 상태에 긍정적인 영향을 준다.

4. 구조화

시작 단계 혹은 긴장완화 단계를 거치는 동안에 치료사가 해야 할 마지막 과제는 경험을 구조화하는 것이다. 치료사는 내담자가 그림을 그리거나 조각으로 형태를 만들 때, 그 외의 것들을 완성할 때 시간이 얼마나 걸리는지를 명시해야 한다. 흔히 자발성을 촉진하거나 기술의 부족에 대한 두려움을 완화하기 위해서 내담자가 많은 고민 없이 작업을 진행하도록 제안하는 것이 가장 좋다. "가급적 빠르게 작업하세요. 세부 묘사에까지 신경 쓸 필요는 없습니다." 치료사는 구체적인 제한 시간을 부과해 줄 필요는 없지만, 작업 단계에 허락되는 시간이 얼마인지, 이미지와의 대화 단계Dialoguing Phase라고 칭한 대화 단계에 드는 시간이 얼마인지에 대해 알고 있어야 한다. 일반적으로 치료사는 예상했던 것보다 2배 정도 소요된다는 것을 알게 된다. 보통 겉으로는 빈약해 보이는 작품에 대해서도 많은 아이디어가 떠오르기 때문에 회기는 미리 정해 놓은 한계 시간을 초과하는 경향이 있다.

구조화를 할 때, 치료사는 작업에 있어 특정한 주제를 제안하거나 혹은 원하는 그림이면 무엇이든지 그릴 수 있는 자유가 있다고 말해 주어야 한다. 미술작업doing 혹은 작업 단계의 논의로 접어드는 다음 장에서 구체적인 주제들을 제안하는 방법을 다룰 것이다.

5. 참여 과정

한 미술치료사가 기관 생활에 익숙해진 노인 집단을 미술치료 과정에 참여하도록 한 사례가 있다. 그 치료사는 두 가지 아이디어를 강조하였는데, 첫 번째는 다른 사람에게 매력적인 것보다 자신에게 의미 있는 것을 만들도록 격려하였다. 그런 다음 상상력을 발휘하고, 실험적이며, 그들을 이끄는 것을 찾아내도록 격려하였다. 이러한 아이디어는 치료사가 회기에 사용되는 세미하드 파스텔을 가지고 무엇을 할 수 있는지 설명하면서 강조되었다.

첫 번째로 치료사는 실제로 우리 모두가 미술가라고 말했다.

"미술가가 된다는 것은 실험할 수 있는 일종의 자유를 당신이 가지고 있다는 것을 의미해요. 다른 사람을 기쁘게 할 필요가 없어요. 당신은 특별해질 수 있어요. 예를 들어, 피카소는 다소 이상해 보이는 그림을 그렸지만, 그가 미술가였기 때문에 누구도 더 이상 그의 그림을 비웃지 못했어요."

치료사가 말하는 동안, 그녀는 파스텔을 가지고 종이를 가로질러 그리기 시작했다. 몇 가지 이미지를 완성할 때까지 선과 곡선에 대한 이야기를 간간이 하였다.

"이처럼 그냥 선을 몇 개 그려 보세요. 이 선이 무엇처럼 보이나요? 저에겐 산처럼 보이는군요. 다른 것으로 바꿀 수도 있어요. 나는 지금 미술가이고, 내가 좋아하는 것을 그릴 수 있다고 생각해 보세요. 그저 실험해 보세요. 예술가가 되는 것은 실험해 보는 것이랍니다. 모든 종류의 색을 칠해 보세요……. 그리고 그것을 다른 것으로 바꿀 수 있다는 것을 알게 될 거예요……. 저에게 그것은… 많은 것으로 보여요……. 끝날 때까지… 계속 더해 나가세요……. 오랫동안 작업할 수 있어요…….”

두 번째로 그녀는 불확실성이 용인될 수 있다고 내담자들에게 언급하였다. 사실 불확실성은 창작 과정의 일부분이다.

“이것이 무엇이 될지 당신은 아직 몰라요……. 당신이 원하는 것이면 무엇이든지 그것으로 바꿀 수 있어요. 이것은 그지 낙서일 뿐이에요. 머리를 쓸 필요가 없어요……. 그저 표현하고 싶을 뿐이에요……. 문질러 보세요. 그리고 낙서를 해 보세요……. 종이 주변에 그저 크레파스를 두세요……. 그러고 나서 이것을 다른 것으로 바꿀 수 있을지 한번 보세요. 아마도 여기에 꽃들이 있는 것 같군요…….”

마지막으로, 같은 과정이 다른 재료를 사용해 이루어질 수 있음을 알려 주었다. 예컨대, 찰흙을 가지고서도 다음과 같은 과정이 이루어진다.

“그림을 그리기가 싫다면 클레이를 사용할 수 있어요. 단순히 손가락을 가지고 그것을 눌러 보세요. 무언가를 만들 수 있어요……. 시간이 오래 걸리지 않아요……. 모양을 만들어요……. 그것으로 작업하세요……. 그리고 당신이 원하는 방식으로 마무리할 수 있어요…….”

노인 내담자들은 치료사가 보여 주는 편안함과 즐거움을 목격한 후에 마침내 그들은 혼자 힘으로 시도해 보도록 격려되었다. 그들은 치료사의 다음 질문에 긍정적으로 응할 준비가 되어 있었다.

“무언가를 할 준비가 되었나요?”

결론적으로 우리는 첫 번째 회기 동안에 내담자들이 일생 동안 품어 왔던 미술에 대한 어색함, 오해와 불안을 극복하도록 도와야 함을 명심해야 한다. 이러한 불안은 한 번에 모두 가라앉지는 않을 것이며, 이후의 회기에서도 주기적으로 나타날 것이다. 치료사는 이에 민감해야 하며, 수시로 내담자를 안심시킬 준비가 되어 있어야 한다. 일부 안심시키는 작업은 언어적으로 이루어질 수 있다. 때때로 치료사는 재료를 사용하는 방법에 대해 간단히 설명할 수도 있다. 그러나 치료사가 숙련된 미술가라면 시연을 피하는 것이 좋다. 이는 자신의 작품이 비교적 미숙하고 부족하다고 느끼는 내담자를 위축시킬 수 있다.

시설에 거주하는 뇌 손상을 입은 한 내담자는 미술 표현을 할 수가 없었다. 3주 동안 그녀는 치료실에 와서 방 안을 서성거렸다. 치료사는 종이에 몇 가지 선을 그려 보면서 미술치료의 과정을 설명하고자 했다. 몇 회기가 지나 종이에 4개의 상자 같은 모양을 그린 후 그녀는 미소를 지으며 말했다.

"이게 내 거예요!"

무엇이 내 것이란 말인가? 그녀는 45분 동안 그림을 그려 나갔다. 회기가 끝날 즈음, 치료사는 그녀에게 그림에 대해 설명해 달라고 요청했다. 그녀는 그것이 자신의 가족이라고 말했다.

"이건 우리 어머니이고, 이건 우리 언니예요. 그리고 이게 나예요."

"그리고 여기 이건 뭐예요?"

치료사는 조금 더 작고 어두운 네 번째 상자를 가리키며 물었다.

"이건 우리가 매우 어렸을 때 우리를 떠난 나쁜 아버지예요……."

리디아트는 뇌 손상을 입은 성인 내담자가 미술치료 과정에 참여하도록 한 점진적이지만 결국은 성공적인 사례를 유사하게 보고하였다(Lyddiatt, 1971). IQ가 33이고, 정신연령이 약 5세인 53세의 성인 여성이 미술치료실로 들어와 재료를 뒤지고 만지작거렸다. 그리고 불안하고 재잘거리는 소리로 다른 사람들을 산만하게 만들었다. 어느 날 그녀는 갑자기 큰 소리로 "음메!"라고 울었다. 치료사는 그녀가 소 같은 것을 만들어 냈음을 보았다. 3개의 수직선이 위쪽에서 한 수평선과 만나 그녀에게 우연히 소처럼 보였음이 분명했다. 그때부터 여성은 더 이상 골칫거리가 아니었다. 매주 그녀는 새롭고 다소 재미있는 그림을 만들어 냈다. 다음 그림은 다시 소였으며, 보라색이었고, 구석에는 청록색의 방울이 있었는데, 이는 사람이 소의 젖을 짜는 것이라고 하였다. 이후로 그녀의 그림에는 주제가 부족하지 않았다. 그녀는 자신이 즐기고 체험하는 의미 있는 경험의 이야기와 연결되는 것에 성공하였다. 그에 따라 현재 현실에 대한 그녀의 행동과 경험도 변하였다.

이 두 가지 사례는 어떤 내담자에게는 그러한 과정이 즉시 시작되지 않을 수 있음을 보여 준다. 그러나 뇌 손상을 입은 내담자라고 할지라도 시각적 표현의 이점을 누릴 수 있다. 시각적 표현은 의사소통의 가교를 만들어 줄 것이다. 몇 가지 선으로 이루어진 원초적인 그림이라고 할지라도 자석처럼 기억과 아이디어를 끌어당긴다. 사이코사이버네틱 모델은 미적으로 만족스러운 작품을 추구하는 것이 아니라, 기억을 유발하고 경험을 공유하는 방법을 추구한다. 그리고 고통스러운 경험과 고통스러운 경험 중에서도 여전히 소중한 경험을 분류하여 새로운 행동 방식을 결정하도록 해 준다.

제8장

미술작업 단계

일단 내담자가 미술치료를 하겠다고 동의하고 이미지의 시각적 형태를 기꺼이 시도한다면, 치료사는 여러 중요한 문제에 직면한다. 먼저 치료사는 내담자에게 스스로 선택한 그림이나 조각을 만들도록 할지, 아니면 특정한 주제를 제안할지를 정해야 한다. 이 장의 첫 번째 주제는 무엇을 언제 제안할지에 대한 것이다.

치료사가 맞이하는 두 번째 결정 문제는 첫 번째 것과 연관되어 있다. 내담자 스스로 사용할 재료를 고르도록 할 것인가? 아니면 치료사가 시각적 작품을 위한 특정한 매체를 사용하도록 권할 것인가?

이 치료 과정 시기에 치료사가 세 번째로 결정해야 할 것은 내담자가 시각적 작품을 만드는 동안에 무엇을 할 것인지에 관한 것이다. 치료사는 내담자 옆에 앉아 내담자의 작품을 지켜봐야 하는가? 내담자와 함께 그림을 그리거나 만들기를 해야 하는가? 아니면 사무실을 정돈하고 잡지를 읽으며 시간을 보낼 것인가? 마지막으로, 시각적 작품과 그것을 만드는 과정 모두에 대한 논의에 드는 시간이 충분히 남을 수 있도록 미술작업 단계Doing Phase에 얼마나 시간을 사용할 것인가? 이 장에서는 다양한 내담자와 작업할 때 치료사가 선택할 수 있는 적절한 대안을 논한다.

1. 구조화 혹은 비구조화

치료사가 미술작업 단계에서 내려야 하는 몇 가지 결정 중 첫 번째는 내담자의 시각적 작품의 주제 혹은 소재와 관련이 있다. 몇 가지 요인이 이 결정을 만든다. 한 가지는 내담자의 기능 수준이다. 다른 요인은 미술치료 회기의 목적이다. 세 번째 요인은 치료 과정에서 이루어진 단계(초기 혹은 후기)이다.

비교적 높은 수준으로 자아가 발달하여 기능하는 내담자들은 스스로 선택하여 시각적 작품을 만드는 기회를 반긴다. 특히 어떤 기술을 가지고 있거나 시각적 작품에 대한 취향이 있는 내담자들은 자신의 노력에 무엇이 따르는지 알기 위하여 스스로 그림을 그리거나 조각을 직접 시도해 보길 좋아한다. 그러나 정서적으로 결핍된 내담자들은 종종 무엇을 그릴 것인지 결정하는 데 있어서 어려움을 가진다. 이것은 빈약한 이미지와 자기노출에 대한 두려움 또는 특정한 행동 과정을 수행하는 것에 대한 무의지 혹은 무능력에 기인한다. 일반적으로 자아 발달 수준이 낮거나, 내담자의 자아 기능 수준이 낮을수록 치료사가 더 많은 구조화를 제공해야 한다. 예를 들어, 시설에 거주하는 노인 집단은 치료사가 작품에 구체적인 주제를 정해 주었던 6회기 동안은 미술치료에 성공적으로 임했다. 그러나 치료사가 내담자 스스로 주제를 정하도록 하자 그들은 완전히 굳어서 아무 선택도 할 수 없었다.

아동들은 대개 무엇을 그릴지에 대한 촉구나 제안이 필요 없다. 그들 대부분은 잠시 생각한 후에 그림을 그리거나 만들기를 할 준비가 잘되어 있다.

내담자가 무엇을 그릴지 망설이는 듯 보일 때, 치료사는 내담자에게 그리고 싶은 특별한 것이 있는지 물어볼 수 있다. 그렇지 않다면, 시작하도록 돕는 것은 어떠한가? 내담자의 대답이 긍정적이면, 치료사는 미술치료에서 "난화scribble" 기법으로 알려져 있는 것을 설명해 줄 수 있다. 필자는 그것을 프리플로 기법이라고 부르는 것을 선호하는데, "난화"는 대부분의 성인이 비하적인 의미로 해석하는 경향이 있기 때문이다.

2. 프리플로 기법

프리플로Free-flow 기법은 미술치료 회기에서 광범위하게 사용된다. 이것의 기원은 레오나르도 다빈치로 거슬러 올라간다. 레오나르도 다빈치는 그의 노트에 다양한 색으로 물든 스펀지를 벽에 던지면 쉽게 풍경화처럼 보이는 흔적을 남긴다는 보티첼리Botticelli의 발언을 언급하였다. 레오나르도 다빈치는 계속해서 어떤 이의 상상에 따라 얼룩들이 사람의 머리, 동물, 전쟁, 바위가 있는 풍경, 바다, 구름, 나무 등으로 보일 수 있다고 말했다. "그저 종소리라도 우리는 우리의 상상에 따라 어떤 소리로도 들을 수 있다"(Kelen, 1974, p. 121). 그의 노트 중 또 다른 곳에서 레오나르도 다빈치는 벽의 갈라진 틈과 다양한 돌의 조합을 바라볼 때 이와 비슷한 효과를 얻을 수 있다고 덧붙였다. 그는 이러한 방식으로 "다양한 발견"이 이루어지도록 생각이 자극을 받고 각성될 수 있다고 하였다(Cane, 1951, p. 57).

케인은 난화를 "자유롭게 흐르는 연속적인 선을 가지고 하는 일종의 놀이"라고 설명하였다. 그것은 "계획이나 설계 없이" 자발적으로 이루어진다. 이 선은 분필이나 펜으로 종이의 어느 방향으로든지 리듬 있는 어떤 패턴으로 팔을 움직이면서 이루어진다. 리듬이 있는 쉬운 팔의 움직임이 이 기법의 가장 첫 번째 단계이다. 먼저 공중에서 팔을 움직여 보고 그것을 종이로 옮겨 올 수 있다. 프리플로 디자인은 눈을 뜨거나 혹은 눈을 감고 이루어질 수 있다. 케인은 눈을 감을 때의 장점은 익숙한 대상을 손이 의도적으로 표현하도록 마음이 지시하는 것을 막는 데 있다고 말했다(Cane, 1983, p. 56).

다음 단계는 이러한 방식으로 만들어진 선들을 잠시 동안 바라보는 것이다. 곧 내담자는 "구름 속에서 어떤 형태를 찾아내는 것처럼" 선들 속에서 어떤 형태를 알아차릴 것이다(Cane, 1983, p. 56).

프리플로 기법의 세 번째 단계는 선들 중에서 알아차린 형태를 강조하거나 색으로 칠하는 것이다. 원한다면 새로운 선이나 모양을 추가해도 되고, 내담자의 상상에 따른 대상을 나타내기 위해 몇몇 다른 선은 무시될 수도 있다.

케인에 의하면, 아동은 뒤죽박죽된 선들에서 단순하고 그의 삶의 일부인 대상을 찾는다. 성인이 보는 대상은 흔히 그들의 갈망이나 갈등, 관심사를 드러내는 반면, 아동은 선들 사이에서 동물, 다른 아이들, 꽃, 또는 장난감을 볼 것이다. 때로는 아무 대상도 보이지 않는 대신에 어떠한 디자인을 발견하기도 하는데, 케인에 따르면 그것 또한 유용할 수 있다. "디자인이 발전하면 그것은 시작하는 것에 대한 어색함으로부터 개인을 자유롭게 하는 역할을 한다. 형태와 색을 가지고 하는 단순한 놀이는 에너지와 상상력이 발휘될 수 있도록 도와준다"(Cane, 1983, p. 57).

때때로 어떤 내담자는 자유롭게 흐르는 선에서 아무것도 발견하지 못하는 것처럼 보이기도 한다. 경험적으로 볼 때, 이것은 어떤 대상이 성기와 같은 대상으로 보여서 내담자가 그리기 두렵고 창피하기 때문이다. 궁극적으로 치료적인 라포가 형성되면 내담자는 이러한 문제를 치료사와 자유롭게 나눌 수 있을 것이다. 그러나 치료의 초기 단계에서는 치료사가 고집하기보다는 내담자가 체면을 세우도록 돕는 것이 가장 좋다. 필요하다면, 두 번째 시도에서도 어떠한 형태도 드러나지 않는지 확인하기 위해 치료사는 프리플로 선들을 한 번 더 해 보도록 제안할 수 있다.

프리플로 기법은 미술적 수준을 불문하고 대부분의 성인과 청소년에게 적합하다. 미술적으로 숙련되지 못한 사람들에게도 이 기법은 작업을 시작하는 쉬운 방법이라고 여겨진다. 그들에게 우연히 만들어진 선들은 완성도가 높지 않은 작품에 대한 변명으로 사용될 수 있다. 미술적으로 숙련된 사람들은 이 기법이 자극하는 상상력을 충분히 즐긴다. 실제로 어떤 전문 미술가들은 그림의 주제를 찾기 위해 흔히 이 기법을 사용한다. 미술치료에서 어떤 내담자들은 주제를 직접 다루는 것이 편안해질 때까지 회기 초기에 프리플로 기법을 사용한다. 또 다른 내담자들은 막힌 기분이 들고, 무엇을 그려야 할지에 대한 아이디어가 부족할 때 치료의 여러 시점에서 프리플로 기법을 사용하기를 선호한다. 또 어떤 내담자들은 그림을 시작하기 위해 오직 이 기법만 사용하는 것을 좋아한다. 신경성 식욕부진증을 앓는 15세의 나오미는 그런 내담자였다. 미술치료 회기 초반에 그녀는 종이에 자발적으로 선을 그었고, 그 안에 사람들이 위치함을 알아차리게 되었다. 그리고 그녀는 상상의 장면을 구체적으로 표현함으로써 그림을 완성하였다([그림 8-1] 참조).

프리플로 기법에는 여러 가지 방법이 있다. 그중 하나는 이미 언급된 것으

[그림 8-1] 나오미의 프리플로 작품

로, 눈을 뜨거나 감은 채로 난화를 그리는 것이다. 대개 심한 정서장애가 있는 내담자들은 프리플로 디자인을 위해 선을 그릴 때 눈을 뜨고 하는 것이 좋다. 많은 사례에 비추어 봤을 때, 그들은 주변에 다른 사람들이 있는 동안 눈을 감기에는 세상이 너무 위험하다고 생각한다. 치료사들은 그들이 자발적으로 선을 그리는 동안에 그림을 바라보기보다는 천장을 올려다보거나 그림으로부터 시선을 돌리도록 제안할 수 있다.

다른 방법으로는 평소에 잘 쓰지 않는 손을 사용하는 것이 있다. 예를 들어, 오른손잡이인 사람은 처음 선을 그을 때 왼손을 사용하도록 하고, 그림을 완성하는 단계에서는 오른손을 사용하도록 할 수 있다.

프리플로 기법의 또 다른 방법으로는 2명 이상의 사람이 그림을 그리는 것이 있다. 예를 들면, 내담자가 먼저 선을 그리고 나서 치료사가 그것을 간단한 그림으로 바꿀 수 있다. 다음번에는 치료사가 먼저 선을 그리고, 내담자가 그 선을 어떤 대상이나 장면으로 바꾸어 볼 수 있다. 이 기법은 영국의 정신분석가인 위니컷Winnicott이 처음으로 제안하였으며, 그는 이러한 유형의 프리플로 기법을 "스퀴글 게임squiggle game"이라고 불렀다(Winnicott, 1971).

이와 유사하게 한나 퀴아트코스카Kwiatkowska는 일련의 가족 평가 절차에서 프리플로 기법을 사용하였다. 그녀는 공동 작업으로 가족 구성원 각자가 먼저 선을 그리고, 그 후에 구성원 모두가 선 중 하나를 골라 그것을 완성하도록 요구하였다(Kwiatkowska, 1978: 41).

베텐스키는 이 기법이 풍부한 표현을 양성하는 간단한 방법으로서 "자발적인 사람들에게는 흥미롭고, 자발적이지 않은 사람들에게는 언제나 도움이 되며, 상상력이 부족한 사람들에게는 창의적 자원을 제공한다"라고 하였다(Betensky, 1973, p. 315).

대개 추상적 사고력이 부족한 아동에게는 프리플로 기법이 적합하지 않다. 그러나 아동들은 난화 비슷한 것을 종종 그리며, 자신의 그림이 꽤 구체적인 가상의 장면을 표현한 것임을 설명하기도 한다.

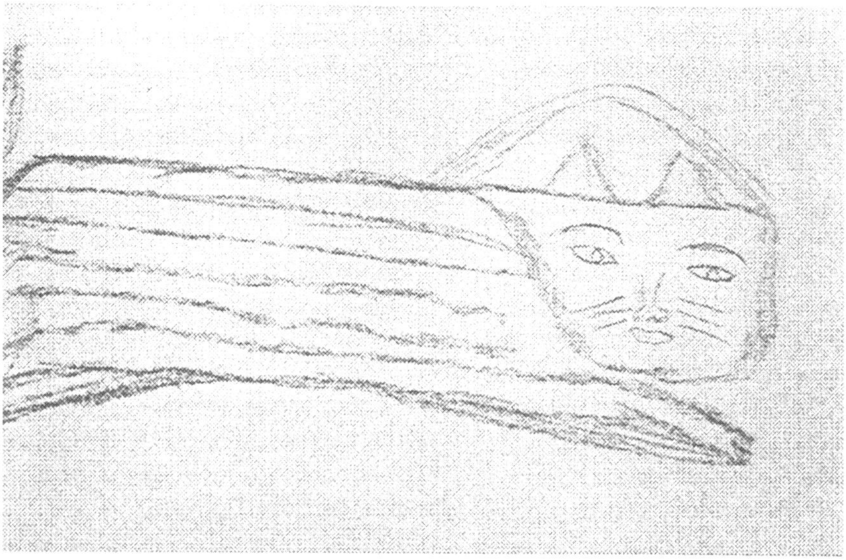

[그림 8-2] 스핑크스

프리플로 기법의 결과물이 심미적인 관점에서 다소 빈약할지라도, 난화를 그리는 경험과 그 결과물 자체는 대체로 내담자들에게 큰 의미가 있다. 내담자들은 이 기법을 통해 현재 혹은 과거의 잊고 있었던 고통스럽거나 즐거운, 개인적이고 중요한 경험과 접촉하는 데 성공한다.

내담자가 긴장을 하면 선의 흐름이 자유롭지 못하고, 딱딱하며, 변덕스럽다. [그림 8-2]는 프리플로 기법에서 발전한 18세 백인 여성의 그림이다. 이 여성의 미숙아 아들은 신생아 중환자실에 있었다. 그녀는 자신의 그림을 "고양이"라고 불렀다가 그것이 스핑크스와 닮았다면서 삶의 미스터리에 대해 이야기하기 시작했다. 동물의 몸은 그녀에게 관과 같이 보였으며, 그녀는 자신의 슬픔과 아이를 잃을 것에 대한 공포를 이야기하였다.

아들이 신생아 중환자실에 있었던 또 다른 젊은 여성은 초록색 파스텔로 자유롭게 그린 선 속에서 거북을 보았다([그림 8-3] 참조). 그녀는 검은색으로 거북의 윤곽선을 그렸는데, 그것이 거북보다는 달팽이를 더 닮았다고 말했다. 그녀는 아들의 회복 속도는 더디지만 여전히 희망이 있다고 생각하였다.

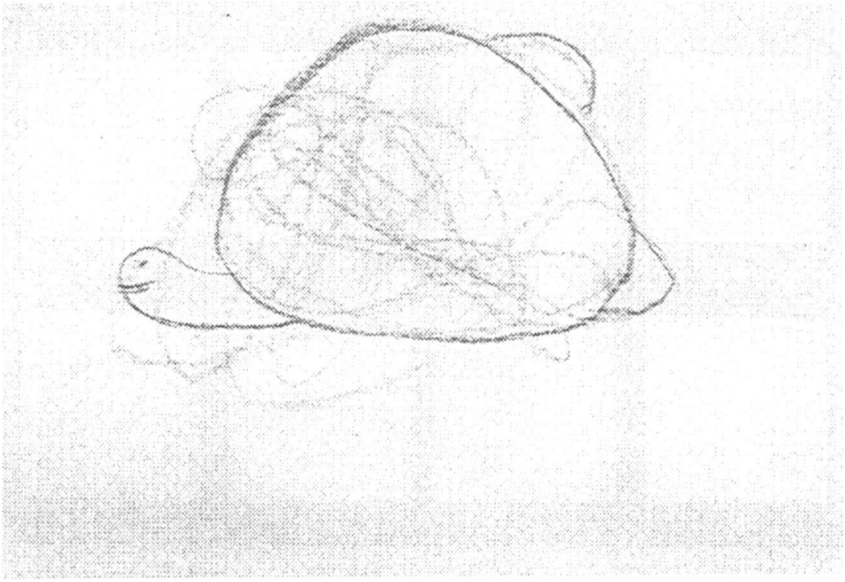

[그림 8-3] 거북

그녀는 자신에게 있어 생명을 의미하는 초록색을 사용했다는 사실에서 위안을 얻었다.

3. 발테그 기법

발테그 기법은 어떤 면에서는 프리플로 기법과 유사하다. 발테그 기법은 독일의 심리학자 발테그Wartegg가 1920년대 후반에 개발하였고, 이후 미시간 주립 대학교의 심리학자 킨제Kinget가 1950년대에 더욱 개선하였다. 이 기법은 8개의 네모난 칸으로 구성되어 있는데, 처음 종이 한 장을 반으로 접은 뒤 두 번 더 반으로 접어서 여덟 칸이 나오게 만든다. 치료사는 각 공간에 점이나 직선 혹은 곡선같이 특정한 모양을 정해진 순서에 따라 그린다([그림 8-4] 참조). 내담자에게는 각각의 모양이나 선을 활용하여 8개의 공간에 그림을

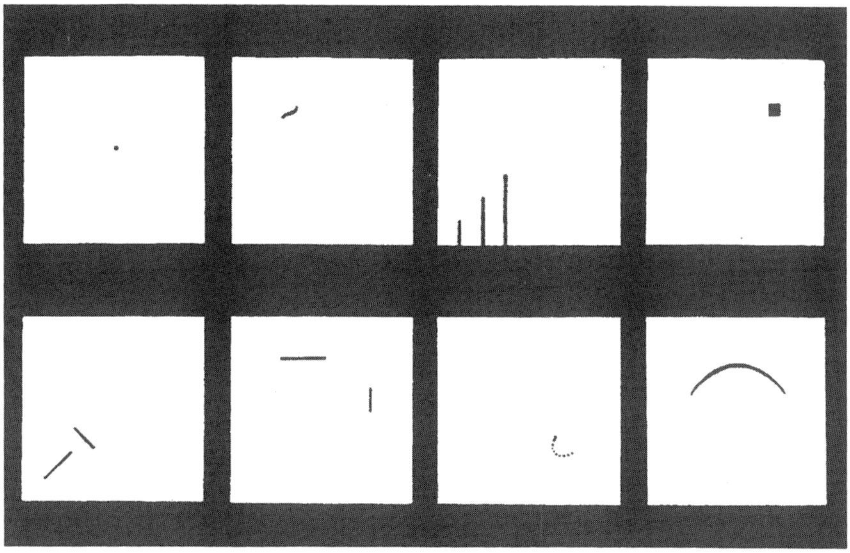

[그림 8-4] 발테크 기법 용지

그리도록 한다(Hammer, 1958, pp. 344-364).

발테그 기법은 본래 성격을 평가하고자 고안되었지만, 초기 몇몇 미술치료사들은 내담자의 상상력을 자극하고 고양시키는 방법으로 이 기법을 사용했다. 이 기법의 또 다른 이점은 동일한 과정에 대한 반응을 여러 내담자로부터 얻어 냄으로써 개인차에 대한 치료사 고유의 기민함과 인식력이 높아질 수 있다는 것이다. 형식적이고 체계적인 채점 절차가 없어도 치료사는 남다르고 특이한 반응들을 감지하면서 상당히 큰 경험을 할 수 있다.

발테그 기법은 미술적 배경이 없고 감정 표현을 꺼리는 남성 노인들이 자유롭게 표현하도록 돕는 데 특히 적합하다. 그들은 작업에서 무언가 실질적 형태를 그리고자 주어진 형태를 사용하는 경향이 있다. 그것은 도구들과 기타 구체적인 사물들을 그리기 위한 시작점으로 제공된다. 성별에 상관없이 어떤 내담자들은 가로세로 낱말퀴즈를 풀듯이 이 과제에 접근하는데, 낯선 시작점으로부터 자신이 어떻게 그림을 발전시켜 나갈지 도전을 느낀다. 그러나 충동적이고 성급한 청소년들, 그중에서도 특히 여성 청소년들은 발테그 기법을 싫어하며 그것을 할 때 꽉 막힌 기분을 느끼는 경향이 있다.

두 사람이 각각 완성한 발테그 그림의 예시가 [그림 8-5]와 [그림 8-6]이다. 두 그림은 모두 그린 사람의 상상과 생각을 예로 보여 준다.

발테그 기법을 노인과 뇌 손상 환자들, 아주 어린 내담자들에게 워밍업 작업으로 사용할 때는 여덟 가지 모양이 아닌 몇 가지만을 사용해도 충분하다. 다른 기법과 마찬가지로, 내담자의 주의 지속 시간의 정도와 에너지 수준은 진행 방법을 결정하는 데 중요한 요인이 될 것이다.

4. 진단 절차

미술치료사들은 내담자를 진단적으로 평가할 때 하나의 그림에만 의존하지 않는다. 때때로 그들은 심리학자들에게 친숙한 그림 검사를 다른 형태의 시각적 표현과 함께 활용하기도 한다. 집-나무-사람House-Tree-Person: H-T-P 그림 검사는 잘 알려진 그림 검사 중 하나로 미술치료사들이 다른 자료들과 함께 이따금 사용하기도 한다. H-T-P 검사나 인물화Drawing-a-person 검사와 관련된 문헌은 매우 많지만, 두 검사의 신뢰도와 타당도는 여전히 문제가 있으며, 다른 정보와 함께여야만 진단적 목적으로 제시할 수 있다. 이 두 가지 진단 절차에 대한 정보는 해머(Hammer, 1952), 매코버(Machover, 1949), 그리고 누코(Nucho, 1979)의 저서에 나와 있다.

최근에 H-T-P 그림 검사와 인물화 검사에서 더욱 심화된 번스Burns와 코프먼Kaufman이 개발한 동적 가족화Kinetic Family Drawing: KFD 검사가 있다(Burns & Kaufman, 1970, 1972). 체계적인 채점 시스템을 고안하려는 시도가 있기는 하지만, H-T-P 그림 검사와 인물화 검사처럼 KFD 검사의 해석 또한 주로 임상적으로 느껴지는 인상에 바탕을 두고 있다(Elin & Nucho, 1979).

단 하나의 그림으로 상상력의 풍부함을 적절히 건드리지 못할 수도 있으

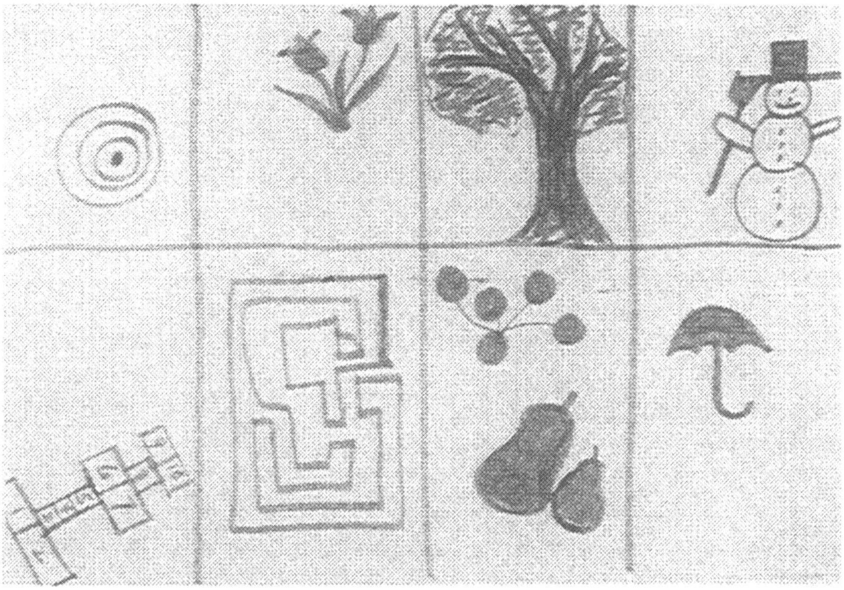

[그림 8-5] 기능이 좋은 청소년에 의해 완성된 발테그 기법

[그림 8-6] 재능 있는 성인 여성에 의해 완성된 발테크 기법

므로 미술치료사들은 진단을 목적으로 일련의 작업을 사용하는 것을 선호한다. 예를 들어, 퀴아트코스카는 가족 역동을 평가하는 데 탁월한 결과를 제공하는 6개의 그림 절차 시리즈를 개발하였다(Kwiatkowska, 1978). 첫 번째와 마지막 그림은 "자유화" 혹은 "무엇이든 그리기"였다. 즉, 각각의 가족 구성원에게 표현할 주제의 선택권이 있음을 의미한다. 아이와 부모 등 각각의 가족 구성원은 자신이 원하는 것은 무엇이든지 표현한다. 많은 경우에 자유화는 자기표상이나 개인이 가진 관심사를 상징적으로 드러낸다. 마지막 절차에 있는 자유화는 미술치료사가 미술치료 회기의 효과를 측정할 수 있도록 돕는다. 마지막 자유화가 첫 번째 그림보다 잘 조직화되어 있고 내용이 풍부하다면, 그 회기가 내담자에게 도움이 되었을 가능성이 높다. 만일 마지막으로 그린 자유화가 처음의 그림보다 조화롭지 않거나 빈약하다면, 미술치료사는 내담자가 본래 드러난 것보다 병리가 더 심각할 수 있음을 인식해야 한다.

첫 번째 작업으로 "자유화" 혹은 "무엇이든 그리기" 작업을 한 다음에 퀴아트코스카는 가족에게 두 가지 유형의 초상화를 그리도록 요청했다. 첫 번째는 가족 전체를 그리는 것이다. 퀴아트코스카는 KFD에서처럼 특정 활동을 하고 있는 가족의 모습을 그릴 필요는 없다고 하며, 단순히 가족의 그림을 그리도록 했다. 정적인 가족 그림에 담겨 있는 정보만 해도 엄청나기 때문에 다른 추가적인 동작들을 요구하는 것은 바람직하지 않다고 보았다.

가족화를 그리고 그것에 대해 간단하게 이야기를 나눈 후에 가족 구성원에게 추상적 가족화를 그리도록 한다. 이때 사람은 그들의 추상적 특성이나 관심사로 표현될 수 있다. 세 가지 그림, 즉 자유화와 두 가지 유형의 가족화를 그리고, 그것에 대해 간단히 이야기한 후에 퀴아트코스카는 프리플로나 난화 작업을 진행하기 위해 내담자들에게 팔 근육을 풀기 위한 간단히 몸을 푸는 동작limbering-up을 권했다. 먼저, 가족 구성원은 각자 자신의 프리플로 작업을 한다. 그런 다음 그들은 공동 프리플로 작업을 위해 새로운 일련의 선 중 하나를 선택한다. 가족이 어떻게 이 합동 작업에 착수하는지, 공동 작업을 위해 어떤 사람의 프리플로 선이 선택되는지를 보는 것은 진단적인 관점에서 흥미롭다. 평가 절차는 자유화를 다시 그림으로써 끝이 난다(Kwiatkowska, 1978).

가족을 평가하고자 할 때 앞의 여섯 가지 절차는 2시간에 걸쳐 한 회기 안에서 이루어질 수 있다. 그러나 사이코사이버네틱 모델의 미술치료를 시행하고자 하는 치료사들은 이 여섯 가지 진단 절차가 만들어 낸 풍부한 자료를 논하기에 2시간이 부족하게 느껴질 것이다. 퀴아트코스카 평가 프로토콜에 포함된 절차 하나하나를 1시간 반 정도 길이의 회기에 배치하는 것이 더욱 현실적일 것이다.

많은 미술치료사가 퀴아트코스카 평가 절차를 널리 사용하고 있으며, 몇 가지 변형을 고안하기도 하였다. 한 예로 외이슨은 결혼한 커플들을 대상으로 퀴아트코스카의 절차 중 일부분을 사용하였다. 외이슨이 제안한 흥미로운 혁신 중 하나는 배우자끼리 서로 자신을 그린 그림을 교환하도록 하는 것이었다. 그런 다음 각 파트너는 자신이 볼 때 적합한 방식으로 상대방의 그림을 꾸미고 발전시킨다. 이러한 과정은 종종 각 파트너가 관계에서 갖게 되는 불만과 무미건조함 혹은 지지를 보여 준다(Wadeson, 1980).

랜드가튼Landgarten 또한 저명한 미술치료사로서 퀴아트코스카의 가족 평가를 심도 있게 발전시켰다. 그녀는 한 부모 가정의 구체적인 문제들을 감안하여 이차원과 삼차원으로 된 일련의 과제들을 고안하였는데, 그것은 각 가족 구성원의 역동을 불러일으킬 뿐만 아니라, 가족 간의 교착상태를 극복할 수 있는 방법 또한 제안한다(Landgarten, 1981).

5. 내담자의 관심에서 비롯된 주제

회기를 시작할 때 치료사와 내담자가 혹은 내담자들끼리 전반적인 이야기를 하면서 시각적 작업의 주제가 종종 생겨난다. 내담자들이 지난 며칠이나 몇 주의 사건들을 돌아보면서 혹은 잡담과 아이디어를 나누면서 공통된 관심사나 흥미가 점차 드러난다. 이러한 공통적 흥미나 관심사는 그림에 아이디어를 제공한다. 예를 들어, 메타돈methadone 치료 클리닉의 한 헤로인 중독자 집단에서는 한 주에 하나씩 "소풍, 일, 가장 친한 친구, 나를 화나게 하는 것들, 클리닉, 즐겁게 지내는 것" 등과 같은 주제로 일련의 그림을 그렸다. 내담자들은 치료자나 다른 구성원들이 제안한 공통 주제를 가지고 작업할 수도 있고, 스스로 주제를 정해 작업할 수도 있다.

때로 어떤 내담자는 특정 주제를 염두에 두지 않고 그림 그리는 것을 선호한다. 다 그리고 나서야 그림이 무엇을 의미하는지 결정할 것이다. 예를 들어, 복합 약물을 사용하는 한 흑인 청년이 여러 주에 걸쳐 그림을 그렸는데, 그것은 다양한 선과 색을 시험한 것처럼 보였다. 그는 종이 위에 다소 우아한 소용돌이를 만들면서 한 색을 다른 색 위에 덧칠하고 있었다. 회기를 마칠 때마다 완성한 작품이 무엇인지 객관적으로 식별할 수 없었지만, 그 내담자는 계속해서 작품을 감탄하듯 바라보았고, 작품으로부터 분리되는 것이 어려워 보였다. 그림 속에 담긴 의미의 해석이 용이하도록 내담자는 다음과 같은 질문을 받았다. "이 그림에 제목을 붙인다면 무엇이라고 하겠습니까?" 청년은 잠시 생각하다가 "무지개의 시작이요"라고 대답하였다([그림 8-7] 참조). 치료사는 관심을 나타내며 그림에 제목을 적어 볼 것을 제안하였다. 철자를 맞게 쓸 수 있도록 다른 구성원들의 상당한 도움을 받아 그는 제목을 써 나갔다. 이어서 이야기를 나누면서 그가 새로운 감정이 내면에서 일어나는 인생의 한 시점에 있고, 약물 의존으로부터 벗어나기 원한다는 것이 밝혀졌다. 이후에 그는 직장과 결혼 생활을 통해 이 그림이 정말로 현실적이고 중요한, 그를 위한 희망의 "무지개의 시작"을 나타냈음을 증명하였다. 그 그림은 이 젊은이가 갈망의 영역에서 결단과 실행의 영역으로 자신의 소원을 끌어올리게끔 도와주었다.

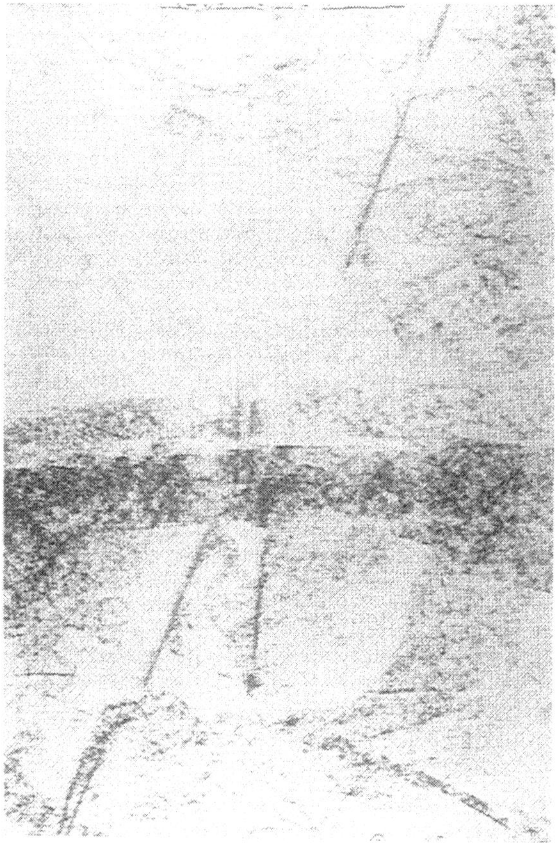

[그림 8-7] 무지개의 시작

6. 상호적 드로잉 기법

치료사가 내담자의 미술 표현을 격려하기 위해 함께 미술 표현을 하는 것이 적절할 때도 있다. 한 가지 예로 프리플로 기법의 변형 중 하나인 위니컷의 "스퀴글 게임"을 앞서 언급하였다. 위니컷은 이 기법을 사용하여 아이들이 자신의 관심사를 나눌 수 있도록 했다.

내담자와 치료사가 함께 공동 작품을 만드는 또 다른 예로 상호적 드로잉 기법Interactional Drawing Technique을 들 수 있다. 이 기법은 특히 자신의 감정과 다른 사람의 존재를 두려워하는 성인 정신질환 환자에게 적합하다. 먼저, 치료사와 내담자가 각자 그림을 그리다가 마지막에는 같은 장의 종이에 공동으로 작업을 한다. 이 기법은 마르디 호로비츠Mardi J. Horowitz가 고안하였다(Horowitz, 1970). 이 절차의 목적은 그림에서 내담자 자신을 나타낸 대상 옆에 집이나 나무 등 믿음직한 대상을 그려 줌으로써 안전감을 제공하는 것이다. 치료사는 또한 내담자를 안심시켜 주는 대상이나 동물을 그림으로써 그를 지지해 줄 수 있다. 다리나 통로, 도로 표지판을 그려서 내담자와 관계를 맺고 "대상 관계"를 증진하기도 한다. 예를 들어, 상호적 드로잉 기법을 사용하는 중에 내담자가 다친 머리를 그리자 그 위에 얼음주머니를 그려 넣는 것과 같이 보호해 주는 주제를 제안한 미술치료사도 있었다(Horowitz, 1970).

7. 타이밍, 점진성, 주목하기의 원리

경험이 부족한 미술치료사는 내담자와 무엇을 해야 할지에 대한 아이디어가 바닥났을 때 큰 두려움을 느낀다. 비슷하게 언어적 형태의 치료를 하는 젊은 치료사들도 내담자에게 무슨 말을 해야 할지 잘 모를까 봐 걱정한다. 한 초보치료사는 이렇게 말하였다. "내담자가 가만히 앉아서 아무것도 안 하면 어떻게 하죠?" 곧 치료사들은 이것이 별로 걱정할 일이 아님을 알게 된다. 할 말이나 물어볼 말이 없는 경우 혹은 내담자가 말을 하지 않을 경우는 거의 없다. 곧 과제가 언어의 흐름을 끊게 되고, 문제의 핵심에 다가간다. 그러나 또 다른 문제가 나타나면 초보치료사는 언어적 · 준언어적 소통의 결핍이 그리 큰 문제가 아님을 알게 된다. 내담자가 여러 어려움을 해결하도록 너무 성급하게 돕게 되면, 다양한 의사소통 채널을 통해 그가 확실히 전달하려는 바를 듣거나 주의를 기울일 시간이 없게 된다. 미술치료에서도 마찬가지 일들이 자주 일어난다. 초보 미술치료사들은 내담자가 경험하는 것에 주의를 기울이지 않은 채 한 기법에서 다른 기법으로 성급히 넘어가서는 안 된다. 대신에 시각적 작품의 창작을 넘어 회기 안에서 일어나는 일들에 주의를 기울여야 한다.

치료사가 프리플로 기법의 여러 가지 버전을 익히고, 치료사와 내담자의 신뢰 관계가 형성되었으며, 내담자가 자신의 경험과 감정을 시각적으로 표현하려는 의지가 있다면 치료사와 내담자는 다음에 무엇을 할 것인지에 대해 걱정할 필요가 전혀 없다. 위험은 다른 측면에 있는데, 말하자면 내담자가 아직 다룰 준비가 되어 있지 않은 영역에 대해 그리도록 제안하는 것이다. 다른 종류의 치료에서와 마찬가지로, 미술치료에서도 보다 일반적인 주제에서 조금 더 개인적인 주제로 점차 진행해 나가는 것이 가장 좋다. 한 예로 89세의 에너지 넘치는 노인 버사는 2년 반 동안 주마다 미술치료 회기에 즐겁게 참여하였다. 그녀는 자신의 미술 작품과 그룹의 상호작용을 통해 만족을 누리는 듯 보였다. 버사는 미술치료사와 치료 관계를 잘 맺었고, 집단의 다른 구성원들에게 새로운 재료와 기법을 실험해 보도록 촉구하는 것을 좋아하였다. 어느 날 미술치료사는 집단 구성원들에게 동적 가족화KFD를 그려 보도록 제안했다. 즉, 자신을 포함하여 가족이 무엇인가를 하는 그림을 그리는 것이었다. 자신을 넣어 그리라고 제안한 것에 대해 몇몇 구성원이 분명한 저항을 보였다. 몇몇 사람은 자신이 너무 늙어서 이런 것을 그리기는 귀찮다고 하였고, 자신을 마주하길 원치 않는다고도 말하였다. 버사는 여러 사람이 포함된 그림을 그렸다. 그런 다음 이것은 자신이 미술치료 그룹에 참여한 목적이 아니라고 말하더니 일어나 밖으로 나가 버렸다. 그녀는 이후 6개월 동안 그룹에 다시 돌아오지 않았다. 무엇이 잘못되었던 것일까?

버사와 미술치료사가 2년 반 동안 맺은 의사소통의 단계는 과거나 현재의 고통스러운 감정을 나눌 수 있는 단계와는 분명히 거리가 있었다. 이 미술치료사는 자신의 관심과 온정을 내담자에게 전달했을 수는 있으나, 내담자가 경험하고 있는 것에 대한 충분한 공감이나 이해는 부족했던 것으로 보인다. 또한 집단 내에서 편안하게 기쁨과 슬픔 등의 모든 감정을 편안하게 나눌 수 있을 만큼 충분한 진정성이 없었던 것으로 보인다.

관계 속에서 신뢰가 충분히 쌓였을 때 유용한 기법이 있다. 내담자가 먼저 그림을 하나 그린 후 그것의 특정 측면을 주목하여 다시 그림을 그리는 것이다. 이것은 일반적으로 이미 표현한 경험을 더 깊이 고심해 볼 수 있도록 한다. 예를 들어, 한 부부는 단조롭고 정형화된 형식으로 자신들의 관계를 표현하였는데, 미술치료사는 이들에게 다음 그림에서는 처음 그림에서 단서를 얻은 특정한 관심사에 대해 그리도록 하였다. 아내의 예를 들자면, 그녀는 남편에게 무언가 말하고 있는 자신의 모습을 그렸다. 이때 그녀에게 구체적으로 남편에게 무엇이라고 말하고 있는지에 대한 그림을 그리도록 요청하였다. 내담자가 치료사의 제안에 따를 수 없는 경우, 저항하는 이유에 대해서 관심을 가져야 하며, 치료 과정의 이점에 대해서도 논의될 수 있다.

8. 자기시스템: 매트릭스 생성 기법

사이코사이버네틱 모델을 점점 더 경험하면서 치료사는 내담자의 작품에 대해 적절한 제안을 자발적으로 하게 된다. 또한 치료사는 내담자의 삶에서 일어나는 일들에 기반하여 각 회기마다 유의한 선택을 할 수 있도록 격려할 수 있다. 경험이 적은 치료사일수록 내담자와 어떻게 치료를 진행해야 할지에 대한 두려움을 떨쳐 내는 데 어려움을 겪는다. 이들에게는 치료 회기를 건설적으로 구조화할 수 있도록 자기시스템self-system의 개념을 활용하는 것이 도움이 될 수 있다. 자기시스템이란 무엇이며, 또 어떻게 시각적 표현을 위한 적절한 기법들을 제공하는가?

심리학에서 자기self의 개념은 주기적으로 나타났다가 사라지는, 규정하기 힘든 개념 중 하나이다. 융의 심리학에서는 중요하게 다루어졌으나(Jacobi, 1959), 행동주의자들은 이를 외면하였다(Ford & Urban, 1963). 이 개념은 서양과 동양 문화에서 각각 달리 해석된다(Chang, 1982). 윌리엄 제임스는 서양에서 자기개념의 중요성에 주목한 초기의 심리학자 중 하나이다. 그는 "나I"와 "내 것mine"을 구별함으로써 자기의 개념을 명료화하고자 하였다. 그러나 그는 그 둘 사이의 경계선이 다소 유동적이라는 결론을 내리게 되었고, 다음과 같이 언급하였다. "동일한 대상이 어떤 때는 나의 일부인 것처럼 여겨지다가도, 다른 때는 단순히 내 것으로 여겨지고, 또 어떤 때는 나와 전혀 상관이 없는 것처럼 느껴지기도 한다. 그러나 가장 넓은 의미에서 볼 때, 인간의 자기는 내가 나의 것이라고 부를 수 있는 모든 것의 총합이다"(James, 1890, p. 291)

같은 맥락에서 실존주의 철학자 마틴 하이데거(Heidegger, 1953)는 한 사람의 세계는 그가 주의와 관심을 기울이는 범위만큼 넓다고 주장하였다. 사람이 성장하면서 자기에 대한 감각도 같이 자라나는데, 그것은 단지 가장 가까이 있는 유기체와 그 주변 환경이 아닌 그 이상을 포함한다. 피아제는 그의 연구를 근거로 하여 처음에 한 사람의 세계는 그가 팔을 뻗을 수 있을 만큼의 크기라고 언급하였다(Piaget, 1976). 그다음에는 눈이 닿는 곳만큼의 크기를 가진다고 하였고, 마지막에는 상상력이 닿을 수 있을 만큼의 크기라고 하였다.

사이코사이버네틱의 관점에서 볼 때, 자기시스템은 매우 중요한 자기조절 요소이다. 한 사람이 자신을 인식하는 방식을 변화시키면 상황을 보는 그의 관점도 바뀔 것이다. 상황을 보는 눈이 바뀌면 그에 따라 그의 행동도 변화할 것이다. 따라서 내담자의 자기시스템을 강화하고 개선하는 것은 사이코사이버네틱을 지향하는 미술치료사들에게 중요하다.

자기시스템은 무엇으로 이루어져 있는가? 당신은 누구이며, 무엇이 당신에게 자존감과 성취감을 느끼게 하는지 생각할 때 당신은 다섯 가지 주제에 해당하는 경험을 이야기할 것이다. 자기시스템의 이 다섯 가지 구성요소는 서로 연관되어 있고, 반투과성 경계를 가지고 있다고 볼 수 있다. 다섯 가지의 상호 연관된 자기시스템의 구성요소는 [그림 8-8]과 같이 요약할 수 있다.

첫째, 신체 자기Body Self라고 불리는 것이 있다. 이것은 물리적인 신체이며, 여기서 중요한 것은 신체적 외모와 수행이다.

둘째, 정신Mind이 있다. 이것은 개인의 정서적 자질과 능력을 포함한다.

셋째, 대인관계적 자기Interpersonal Self가 있다. 이는 다양한 관계로 구성되어 있다. 친밀한 관계에서부터 지엽적인 관계까지, 우호적인 관계부터 적대적인 관계까지 포함한다.

넷째, 성취 자기Achievement Self가 있다. 직업 수행을 비롯한 여러 성취로 이루어져 있는데, 이는 한 사람이 수행하는 역할과 다른 사람들에게 제공할 수 있는 지원들을 포함한다.

다섯째, 초개인적 자기Transpersonal Self가 있다. 자기시스템의 한 부분인 이것은 한 사람의 가치와 이상, 역할 모델, 준거 집단, 그리고 윤리적이고 인종적인 영향력과 관련된 여러 사안을 포함한다.

자기시스템을 구성하는 다섯 요인은 함께 작업하는 특정 내담자에게 적합

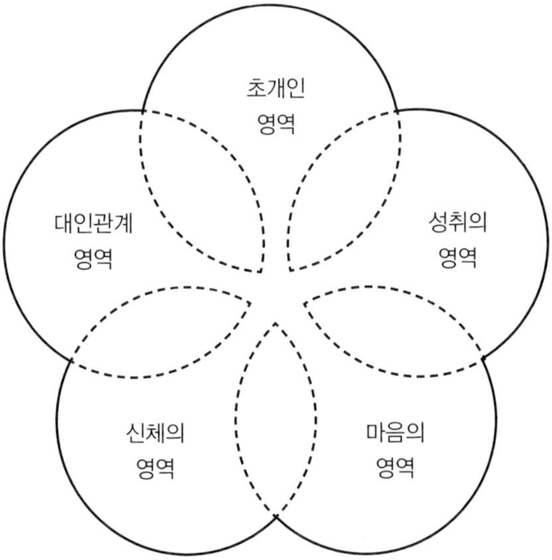

[그림 8-8] 자기시스템의 구성요소

한 미술치료 활동을 만들고 선택하는 데 사용될 수 있다. 치료사는 자기시스템의 각 부분의 형성에 기여했거나, 현재도 기여하고 있는 다양한 경험을 의도적으로 강조할 수 있다.

내담자에게 자기시스템의 다섯 가지 구성요소 중 어떤 측면에 대한 표현을 위해 그림을 그리거나 만들기 등의 수행을 명확히 요구할 수 있다. 또는 내담자가 이미 완성한 시각적 작품을 평가할 때 자기시스템의 어떤 부분이 주목을 받고 있고, 어떤 부분은 개발되지 못했는지 알 수 있는 용도로 자기시스템 패러다임을 사용할 수 있다. 예컨대, 자발적으로 그린 자유화는 자기시스템의 다섯 가지 측면 중 어느 하나를 나타낼 것이다. 예를 들어, 약물에 중독된 28세의 한 백인 여성이 닫힌 문을 그렸는데, 문 밖에는 개가 앉아서 들여보내 달라고 애원하고 있었다([그림 8-9] 참조).

그녀는 치료사와의 약속을 위해 병원에 가야 해서 차 키를 찾는데, 찾지 못할 때 자신이 마치 그림 속의 개가 된 듯한 기분을 느꼈다고 하였다. 또 다른 환자인 23세의 백인 남성은 난화로부터 새끼 오리 한 마리를 그렸다([그림 8-10] 참조). 많은 회기가 지난 후에 새끼 오리는 남성이 세상 속에서 자신을 어떻게 느끼는지를 잘 포착한 추상적인 자화상이었음이 분명해졌다.

자기시스템의 대인관계 부분interpersonal portion의 예는 [그림 8-11]에 나타나 있다. 이 그림에는 5세 아들을 가진 26세의 백인 어머니가 자신과 아들을 표현하였다. 그녀는 자신의 아들이 자신을 앞으로 끌어당기고 있는 듯하다고 설명했고, 삶에서도 꽤 그러하다고 말했다. 그녀는 "아들과 절대로 잘 지낼 수가 없어요"라고 말했으며, 다음과 같이 덧붙였다. "신체적으로나 정신적으로 모두요."

마약을 복용하는 27세의 흑인 여성은 프리플로 선을 사용하여 양의 머리를 그렸다([그림 8-12] 참조). 그런 다음 그녀는 어린 시절에 지냈던 위탁 가정에 대해 이야기했는데, 그곳 농장에 있는 동물들에게 애정을 느꼈으며, 그곳의 몇몇 사람은 자신에게 따뜻하게 대해 주었다고 하였다. 그곳에서 지내던

[그림 8-9] 애원하는 개

[그림 8-10] 새끼 오리

[그림 8-11] 엄마와 아들

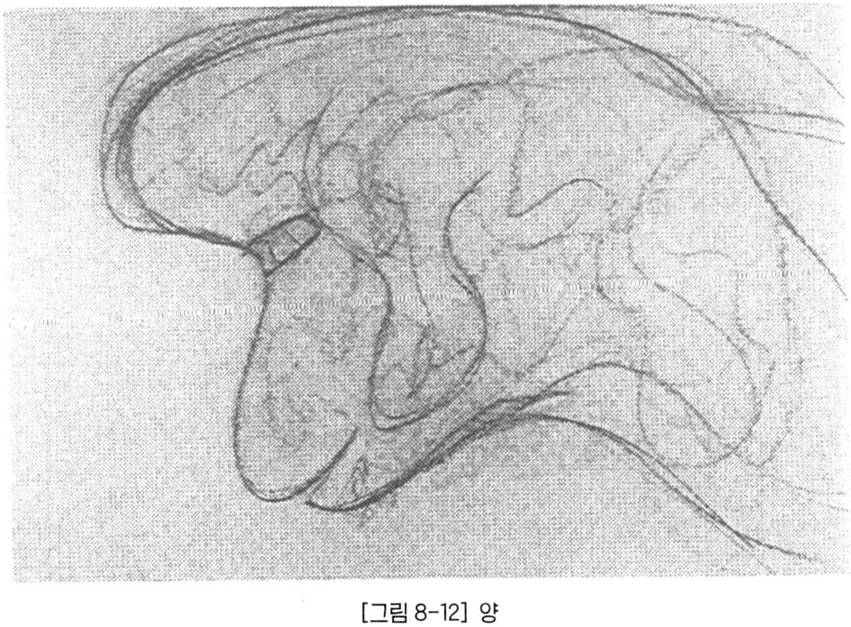

[그림 8-12] 양

시절 이후, 그녀는 어느 누구를 만나도 친밀함을 느끼지 못했다고 이야기하였다.

다음의 세 장의 그림은 성취 자기의 예를 보여 준다. [그림 8-13]은 젊은 전문직 여성의 직장에서의 모습을 표현하였다. 그녀는 수많은 책에 둘러싸여 있는데, 책 중 일부는 바닥에 놓여 있고, 일부는 책상 끝에 위태롭게 자리하고 있다.

[그림 8-14]는 또 다른 젊은 여성의 그림이다. 무용수였던 그녀는 임신으로 인해 전문가로서의 경력이 단절되었고, 이러한 사실이 상당한 정신적 고통을 초래했다. 그녀는 무대 위에 있는 자신의 얼굴을 마치 쓰러지기 일보 직전인 것처럼 표현했다는 것을 알아차렸다. 그러고 나서야 그녀는 자신이 직면했던 많은 장애물에 대해 이야기할 수 있었고, 임신하기 전에도 춤과 관련한 직업 활동이 잘 진행되지 않았으며, 결국 이러한 상황들로 인해 직업적인 야망을 내려놓아야 했음을 인정하였다.

[그림 8-13] 성취

[그림 8-14] 무용수

[그림 8-15] 취업 면접

[그림 8-15]는 28세의 흑인 여성이 성공적이지 못한 직업 면접을 가진 뒤에 그린 그림이다. 이 암울한 그림에서 가장 중요한 특징은 일자리가 없다고 주장하는 메시지이다. 이 내담자는 발이 땅에 닿지 않은 채 의자에 앉아 있는 자신의 모습을 그렸다. 무력감과 좌절감이 분명히 나타나 있으며, 내담자가 또 다른 취업 면접을 가질 용기를 얻기 위해 이러한 감정들이 다루어질 필요가 있다.

초개인적 자기의 측면은 다음의 두 그림에 나타나 있다. 28세의 흑인 남성은 소위 해방의 색깔인 검정, 초록, 빨강으로 칠해진 경주용 자동차를 그렸다([그림 8-16] 참조). 차의 중간에 그린 아주 작은 형체는 자신을 나타낸다고 하였다. 인종적 정체성은 그에게 힘을 주는 근원으로 보인다. 그러나 차의 크기에 비해 작은 사람의 크기는 자신의 야망을 실현하는 능력에 문제가 있음을 보여 준다.

[그림 8-17]은 37세의 흑인 남성이 그렸는데, 그의 영웅은 무하마드 알리Muhammad Ali였다. 그는 자신도 챔피언이 되기를 간절히 원한다고 말했으나 챔피언의 지위를 얻기 위한 노력에 대한 확신은 없었다. 그동안 그는 저임금 일자리에서 다른 일자리로 떠돌아다녔다.

미술치료의 다양한 기법을 살펴보다 보면, 이러한 활동들이 자기시스템을 나타내는 다섯 가지 주제 아래에 배치될 수 있음을 알 수 있다. 자기시스템의 각 부분을 강화하기 위해 활용될 수 있는 미술치료에서 자주 사용되는 다양한 활동 사례는 다음에 나열되어 있다.

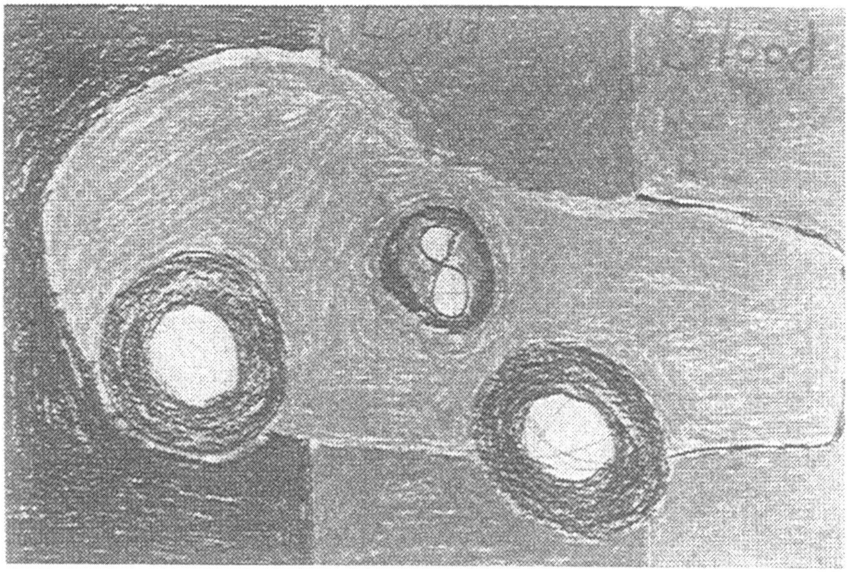

[그림 8-16] 경주용 자동차

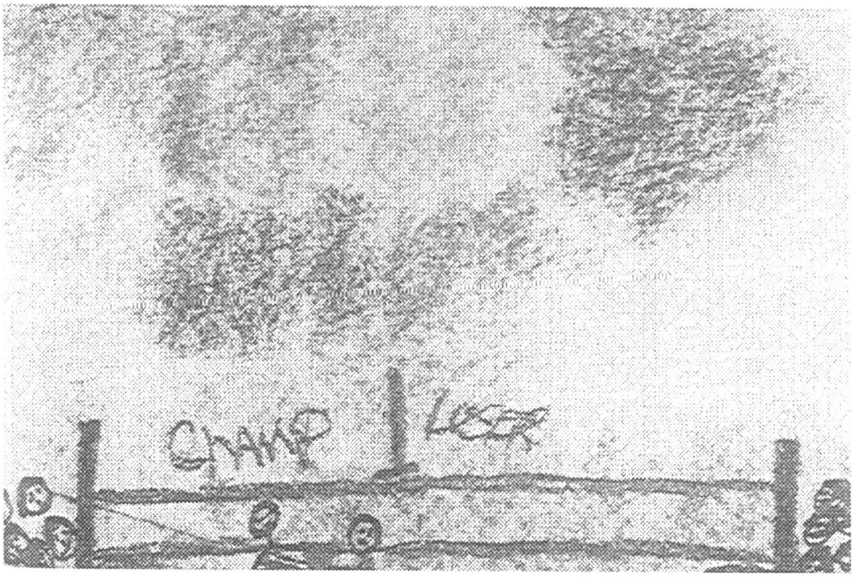

[그림 8-17] 승자와 패자

신체 영역

내가 무엇을 할 수 있을까?

나는 어때 보이는가?

1. 자화상 그리기, 실제 크기로 그리기, 현실적으로 그리기
2. 자화상, 추상화
3. 자화상, 1년 전 모습
4. 자화상, 지금으로부터 10년 후의 모습
5. 가장 좋아하는 활동
6. 가장 좋았던 휴가
7. 당신의 가장 친한 친구가 당신을 어떻게 묘사할까요?

마음 영역

정신적 · 정서적 자질, 기분. 감정, 기질, 그리고 능력

1. 행복한 날
2. 매우 슬픈 날
3. 실망
4. 가장 좋았던 휴가
5. 세 가지 소원
6. 사람들에게 보여 주는 부분
7. 누구에게도 보여 주지 않는 부분
8. 세 가지 소원
9. 내가 받고 싶은 서신이나 이메일

대인관계 영역

관계: 친밀하거나 거리가 있는

1. 현실적인 가족화
2. 추상적인 가족화
3. 동적 가족화
4. 10년 후 나의 가족의 모습
5. 가장 친한 친구
6. 내 삶에서 중요한 사람들을 그리거나 만들어 보기
7. 초등학교 시절의 나
8. 고등학교 시절의 나
9. 지금까지 살았던 집 중 가장 좋아했던 집
10. 독신이거나/이혼했거나/사별했을 때의 괜찮은 점 혹은 나쁜 점은 무엇인가요?

성취 영역

직업 수행, 성취

1. 가장 이상적인 직장
2. 나의 직장
3. 누군가가 되어 볼 수 있다면, 누가 되기를 원하나요?
4. 아버지가 인정할 만한 일을 해 보는 것
5. 어머니가 인정할 만한 일을 해 보는 것
6. 살면서 가장 자랑스러웠던 순간
7. 살면서 가장 어려웠던 때와 그것을 어떻게 극복하였는지
8. 학업, 직장, 은퇴의 가장 좋은 점과 안 좋은 점은 무엇인가요?

초개인 영역

1. 가장 좋아하는 팀
2. 가장 좋아하는 배우
3. 이상적인 친구
4. 가장 좋아하는 영화/쇼
5. 가장 좋아하는 동화
6. 슬픈 휴일 vs. 행복한 휴일
7. 가장 부러운 사람
8. 나의 필수품 vs. 사치품
9. 가장 존경하는 인물
10. 이상적인 사람에 대한 콜라주

9. 주변적 관심과 중심적 관심

미술치료사들은 내담자가 고통스럽고 당황스러운 감정과 경험을 드러낼 수 있는 정도의 주의를 기울여야 한다. "내가 가장 좋아하는 휴일"과 같이 다소 중립적인 주제나 "고등학교 시절" "나의 가장 친한 친구"나 "나의 결혼식"과 같이 다양한 경험담으로 시작하는 것이 가장 좋다. 내담자는 점차적으로 이전에 직면했던 상실이나 실망감을 언급하는 것에 자유로워질 것이며, "나의 가장 슬픈 경험" "어떤 사람이나 사물과 맺은 복잡한 관계" 혹은 "가장 크게 실망했던 일"과 같은 주제는 여전히 어려워할 수 있다. 즉, 치료사는 보다 주변적인peripheral 주제로부터 시작해야 하며, 신뢰가 형성된 다음에 좀 더 개인적이고 외상적인 경험으로 나아가야 한다. 이는 특히 강한 자부심과 강건함을 가지고 있는 성인들을 대상으로 할 때 그러하다.

10. 라포 형성하기, 자기개방 및 종결

내담자에게 제안할 수 있는 다양한 활동과 주제를 자기개방의 수준에 따라 그룹을 짓는 것이 좋다. 어떤 활동과 주제들은 신뢰를 쌓고 라포를 형성하는 데 적합하다. 이 장의 초반에 언급하였던 "자유화" 혹은 "아무거나 그리기"가 그러한 기법에 해당한다. 또 다른 기법으로는 내담자 이름 첫 글자를 포함시켜서 그림을 그리는 것이 있다. 또는 "명찰" 만들기를 할 수도 있다. 이러한 명찰 작업에서는 내담자의 이름과 함께 나타내기를 원하는 개인적인 관심사나 활동을 마음껏 표현할 수 있다. 집단의 경우, 집단원 간의 친밀함을 높이는 목적으로 합동 프리플로 작업을 수행하기도 한다.

이 장에서 이미 언급된 구체적 경험들에 관한 다양한 주제는 자기개방을 돕기 위해 사용될 수 있다. 예를 들어, 자화상, 가족화, 어려운 관계에 대한 그림, 어머니나 아버지가 인정하는 일 혹은 그렇지 않은 일을 하는 것 등이 이에 해당된다. 이러한 주제들은 모두 치료 관계의 친밀함의 정도에 따라서 제안되어야 한다는 것을 명심해야 한다.

마지막으로, 회기를 마칠 때 종결의 느낌을 얻기에 적합한 활동과 주제가 있다. 종종 미술치료 회기가 다소 강도 높게 진행되었을 때, 내담자에게 회기가 어땠는지에 대해 단순히 그려 보도록 하는 것이 좋다. 이는 내담자가 회기에서 다루어진 분노나 상실감 등의 감정에 휘둘리기보다는 그것들을 통제하고 있다는 느낌을 갖도록 해 준다. 종결의 느낌을 얻도록 내담자를 돕는 또 다른 방법은 만다라 그리기이다. 이는 제4장에서 다루어진 바 있으며, 융의 입장을 따르는 미술치료사들이 선호하는 원형 그림이다.

11. 자유화, 아상블라주, 지각적 자극

파스텔, 종이와 같이 이차원의 간단한 미술 재료는 미술치료에서 자주 사용된다. 그러나 어떤 내담자들에게는 그리기 재료 외에 다른 재료가 적합할 수도 있다. 미술치료 문헌들은 다양한 미술 재료의 여러 속성에 대해 주목하고 있다. 따라서 관심 있는 사람들은 그것을 참조하는 것이 좋다(Kagin & Lusebrink, 1978). 이러한 관점에서 볼 때, 미술치료사는 미술 재료 자체의 다양한 속성 그리고 내담자의 특정 관심사뿐만 아니라, 더 중요하게는 내담자의 신체적 · 정신적 수준도 염두에 두어야 한다.

아주 어리거나 아주 나이가 많은 내담자, 또는 정신장애를 가진 내담자와 작업할 때 치료사는 기본적으로 세 가지 치료 절차 유형의 선택 사항을 가진다. 첫째, 자유화가 있으며, 둘째, 아상블라주라고 불리는 작업을 진행할 수 있다. 마지막으로, 단순한 지각적 자극이 있다.

자유화free or anything production는 미술치료의 여러 형식 가운데 가장 빈번히 사용되는 활동 유형이다. 내담자는 이차원이나 삼차원의 미술 작품을 만들면서 자신이 선택한 주제나 치료사가 제안한 주제에 대해 표현한다. 자유화 표현은 연령과 상관없이 대부분의 내담자에게 적합하게 적용될 수 있다. 그러나 연령이 너무 어리거나, 혹은 너무 많은 내담자나, 정신장애를 가진 내담자들에게는 나머지 두 가지 활동을 더 권한다.

두 번째 작업은 아상블라주assemblage이다. 여기에는 두 가지 유형이 있는데, 하나는 형태나 잘라 낸 것, 돌멩이, 뿔cone, 껍질, 콩 등의 물건을 이용해 디자인하는 것이고, 다른 하나는 잡지나 책에서 찾은 그림들을 사용하는 콜라주이다.

내담자에게 아상블라주가 적합하다고 생각될 때, 치료사는 필요한 재료를 제공함과 동시에 내담자가 작품의 주제를 선택할 수 있도록 도와야 한다. 내담자에게 모양과 대상, 그림을 선택하고 순서에 맞추어 배열하도록 제안하면 그들은 어떤 정보를 전달하거나 이야기를 하게 된다.

아상블라주 작업은 내담자의 사고를 자극하고, 내담자와 치료사 간의 언어적 의사소통을 촉진하며, 정서적 고립감을 완화시킨다. 또한 내담자의 주의를 외부 세계의 일부 측면에 집중시킨다(Doll & Nucho, 1982). 이 활동을 통해서 운동 협응력의 개선과 같은 부가적인 효과도 얻을 수 있다.

정신과 임상에서 환자들과 콜라주 작업을 하는 것은 관련 문헌에서도 충분히 다루고 있으며, 제임스 모리아티James Moriarty의 연구에서는 이에 대해 특별히 언급하고 있다(Moriarty, 1973).

더불어 아상블라주는 앞서 언급한 내담자 유형에 효과적일 뿐만 아니라, 정서 표현에 어색함을 느끼고 자신의 창의적 능력을 신뢰하지 못하는 일반 성인 내담자들에게도 효과적이다.

아상블라주 작업이 끝나면 치료사는 자유화에서처럼 내담자가 표현한 작품의 의미에 대해 잘 설명할 수 있도록 질문을 해야 한다. 시각적 표현에 담긴 의미 해석을 촉진하는 방법은 치료 과정 중 이미지와의 대화 단계에 해당된다(제9장 참고).

상상력을 자극하는 데 사용되는 지각적 자극perceptual stimulation은 모든 내담자에게 적합할 것이다. 나이가 아주 어리거나 많은 내담자, 뇌 손상을 지닌 내담자들에게는 오직 지각적 자극이 정서적 교감과 의사소통을 가능하게 하는 유일한 활동 방식일 수 있다. 첫 번째 과정은 먼저 지각적 자극을 위해 물건을 제공하는 것이다. 물건은 잎, 꽃, 솔방울, 나무조각과 같은 자연물일 수도 있다. 빗이나 비누, 벙어리장갑 같은 일상용 물건 또한 의도한 목적에 적합할 수 있다. 또는 호박, 부활절 달걀, 성경 등과 같이 특정 휴일의 상징이나 종교적 의미를 가진 물건도 사용할 수 있다. 내담자에게는 다양한 감각을 통해 물건을 탐색하도록 요구한다. 물건을 만지거나, 쥐어 보고, 냄새를 맡을 수 있다. 이러한 활동의 목적은 뇌세포와 감각을 관여시키고, 언어적 의사소통을 자극하며, 다양한 감각에 대한 언어적 명칭을 찾고 부여하는 일을 촉진하기 위함이다. 노인들과 함께 작업할 때는 회고 과정을 촉진하기 위해 사용하기도 한다. 치료사가 할 일은 사물에 대한 탐색을 격려하고, 식별할 수 있는 힘을 길러 주기 위해 사물의 구체적인 특징에 주의를 기울이도록 돕는 것이다("여기에 있는 어두운 점이 보이나요?" 혹은 "이것이 다른 물건보다 좋은가요?"). 어떤 물건들은 종이에 붙일 수도 있다. 또 다른 물건들은 종이 위에 흔적을 남길 수 있으며, 적절한 배경을 그려 줄 수도 있다. 혹은 치료사가 물건의 윤곽선을 대략적으로 그리고, 내담자가 그 안을 색칠할 수도 있다.

아상블라주를 만드는 작업 과정은 "활동 치료activities therapy"와 닮은 점이 있다. 그러나 많은 미술치료사는 소위 "자유로운" 표현이 잘 수행되지 않는 내담자들과 작업하고 있다. "자유로운" 미술 표현은 미술치료의 유일한 방법이 아니다. 정상적인 지능을 가진 많은 성인의 상상력 또한 녹이 슬어 있으며, 이를 자극할 필요가 있다. 아상블라주는 이러한 목적에 부합할 수 있다. 어떤 경우, 아상블라주는 높은 수준의 미적 가치에까지 도달하기도 한다.

12. 내담자가 작업하는 동안에 치료사는 무엇을 할 것인가

미술작업 단계Doing Phase에서 치료사가 마지막으로 고려해야 할 것은 내담자가 시각적 작품을 만드는 동안에 치료사는 무엇을 할지에 대한 것이다. 초보 치료사들은 내담자가 바쁘게 자신의 시각적 작품을 만드는 동안에 종종 불필요하고 무력한 느낌을 갖는다. 무엇을 해야 할지 모르는 어떤 미술치료사들은 내담자 옆에서 함께 작업을 하기도 한다. 또 다른 미술치료사들은 자신의 풍부한 이미지와 미술 실력으로 내담자를 가리는 것을 원치 않기 때문에 내담자가 작업을 마칠 때까지 사무실을 정리하거나 잡일을 하기도 한다. 몇몇 미숙한 치료사는 그들의 존재가 내담자로 하여금 자신을 더욱 의식하게 하거나 불편하게 할 수도 있다고 생각하여 잡지를 읽거나 방을 떠난다.

사이코사이버네틱 관점에 의하면, 앞의 다양한 해결책은 바람직하지 않다. 미술작업 단계에서 치료사가 할 일은 불필요하게 관심을 끌지 않고 관찰자가 되면서, 때로 필요한 경우에는 중재를 하는 것이다. 정보 처리 과정은 종이 위나 클레이에서만 진행되는 것은 아니다. 내담자의 많은 정보는 그의 언어적 행동과 평상시의 말들, 불평, 머뭇거림, 한숨 등의 비언어적인 행동을 통해 전달된다. 내담자가 어떠한 순서로 시각적 작품을 만들어 나가는지 그 순서를 알아 두는 것도 중요하다. 내담자가 어디에서 막히는가? 어느 부분에서 대부분의 시간과 에너지를 투자하는가? 작업을 해 나가면서 내담자의 기분은 어떻게 변화하는가? 치료사가 주의를 기울이지 않으면 많은 정보를 놓치게 된다.

경험상으로 치료사에게는 편안하면서도 기민한 자세가 가장 좋다. 특히 어린 아동들은 치료사가 작업을 방해하지만 않는다면 작업하는 동안에 치료사의 전적인 관심을 원한다. 그들은 작업을 해 나가면서 간단한 이야기나 질문을 통해 자신의 생각을 나누기를 좋아한다. 종종 어린 아동들에게는 그리기나 만들기가 끝나고 나서 형식적인 대화 단계를 가지는 것이 쉽지 않다. 따라서 어린 내담자들과의 작업에서는 그들에게 주의를 기울이는 것이 특히 중요하다.

치료사와 함께 있을 때 내담자가 시선을 많이 의식하는 것은 사실이다. 대개의 경우, 관심과 격려의 표현을 담은 치료사의 적절한 말들이 내담자를 안심시키기에 충분하다. 그러나 어떤 7세 소년 내담자는 자신이 작업할 동안 치료사가 나가 있기를 요구했다. 이 사례에서는 이것이 그 아동의 "명령하는" 방식의 일부분이며, 자신의 세상에서 어른들에게 본인의 우월함을 주장하는 방식임을 알 수 있다. 미술치료사는 자신의 입장에서 아이에게 "나의 일은 네가 만든 것에 대해 함께 이야기 나눌 수 있도록 네가 작업을 할 때 옆에 앉아서 바라보는 것"이라고 말해 주었다. 이는 아동이 받아들일 만한 것이었다. 그렇지 않았다면 치료사는 내담자가 특별히 힘들어 하는 점에 대해 물어보고 타협점에 도달하도록 시도했을 수도 있다.

경험상으로 볼 때, 앞에서 언급하였던 상호적 드로잉과 같은 구체적인 기법을 제외하고는 회기 중에 치료사는 그림 그리는 것을 삼가는 것이 좋다. 그렇지 않으면 치료사가 자신의 이미지에 몰입하느라 내담자가 하고 있는 것을 따라가지 못할 수 있기 때문이다. 치료 회기는 기본적으로 내담자를 돕기 위한 것이지 치료사의 즐거움을 위한 것이 아니다. 미술치료사는 치료 회기에 편안한 상태로 임하기 위해 최선을 다해야 한다. 그러나 치료사의 에너지와 창의성은 내담자와 그의 경험에 대한 이해를 위해 전환되어야만 한다. 이것은 치료사의 마음속에 떠오르는 이미지에 세심한 주의를 기울이는 것을 포함한다. 그렇지만 이때 떠오른 이미지는 치료사 스스로 간직해야 하며, 내담자와 나눌 때는 주의를 기울여 분별한 후에 나누어야 한다.

13. 미술작업 단계의 길이

미술작업 단계Doing Phase를 시작할 때 치료사가 결정해야 할 것 중 하나는 시각적 작품을 만드는 데 사용되는 시간이다. 결정을 할 때는 시각적 작품에 대해, 그리고 그것을 만들면서 내담자의 경험에 대해 논의하기 위해 얼마나 시간이 필요한지까지 계산해야 한다.

몇 가지 요인이 미술작업 단계의 길이를 결정한다. 첫 번째 요인은 작업하는 대상의 유형이고, 두 번째는 치료사가 가진 이론적 틀이다. 마지막 세 번째 요인은 회기에서 진행하게 될 구체적인 활동이다.

신체적 질병이 있는 내담자들이나 노쇠한 노인들과 함께 작업할 때는 일반 성인들과 작업할 때보다 부득이하게 회기 시간을 짧게 가져야 한다. 신체가 건강한 대부분의 성인과 개인적으로 작업할 때, 긴장완화 단계Unfreezig Phase,

미술작업 단계Doing Phase, 이미지와의 대화 단계Dialoging Phase를 포함한 전체 미술치료 회기는 약 1시간 반 정도 소요될 수 있다. 반대로 신체적인 질병이 있는 내담자와 작업할 때는 세 단계를 모두 합쳐 15분 정도가 걸린다. 이 경우, 미술작업 단계는 아마도 5분 정도밖에 되지 않을 것이다. 아동 내담자와의 작업도 마찬가지이다. 치료사는 주의력이 약한 아동 내담자가 비록 2시간 혹은 그 이상 지속되는 미술치료 회기에 참여하는 것에 만족하는 것을 발견한다고 할지라도, 전체 30분의 치료시간을 유지하는 것이 적당하다. 아이들은 미술작업 단계가 이미지와의 대화 단계의 길이보다 더 길며, 보통 한 작품 이상을 그리거나 만들기를 원할 것이다. 집단으로 작업할 때는 아이와 성인을 불문하고 개별적으로 작업할 때보다 더 많은 시간이 필요하다. 대부분의 성인 집단은 2시간, 아동 집단은 45분이 걸린다.

때때로 미술을 배운 내담자들은 자신의 성취 기준을 만족시키고자 미술 작품을 완성하는 데 상당히 많은 시간을 투자하길 원한다. 이러한 내담자에게는 매슬로가 말한 일차적 창의성 혹은 아이디어 생성 단계, 그리고 이차적 창의성 혹은 실행 단계를 상기시켜 줄 수 있다(Maslow, 1971). 미술치료에서는 표현할 아이디어를 대략적으로 스케치하는 것에만 관심이 있다. 만약 내담자가 완성도 높게 작업을 다듬기를 원한다면, 그것은 미술치료 회기 밖에서도 이루어질 수 있다.

미술적인 재능을 갖고 있지 않은 내담자들은 일반적으로 아이디어를 완벽하게 표현하는 것에 대해 걱정하지 말고 빠르게 그리고 자발적으로 작업하라는 격려의 말을 환영한다. 그러나 강박적인 내담자들은 자발적으로 작업하는 것과 작품을 반쯤 완성한 채 남겨 두는 것을 어려워한다. 그들은 종종 자신이 원하는 대로 작품이 만들어질 때까지 하나의 작업에만 몰두하기를 원한다. 때로는 원하는 대로 작업이 풀리지 않는 것처럼 보이는 내담자의 어려움에 공감하는 것이 도움이 된다. 이 실망감의 예로부터 시작해서 삶의 비슷한 사례로 논의가 점차 넓어질 수 있다. 내담자는 삶에서 완벽을 추구했지만, 여러 가지 이유로 그것을 성취할 수 없었을 것이다. 또 어떤 때에 치료사는 구체적으로 시간을 제한하고, 정해진 시간 내에 최대한 할 수 있는 것만큼만 작업하도록 요구할 수도 있다. ("우리에게 시간이 별로 없어요. 5분 안에 대략 완성할 수 있으세요? 하고 싶은 것들이 여전히 많이 남아 있다는 것을 알고 있어요.")

특히 어린 내담자들을 비롯해 집단으로 작업을 할 때 몇몇 내담자는 다른 내담자들보다 더 많은 시간을 필요로 할 수 있다. 필요한 시간이 내담자들 사이에서 불일치할 때, 치료사는 천천히 작업하는 내담자들이 작품 하나를 만드는 동안에 빠른 작업을 선호하는 내담자들에게는 두 가지를 만들어 보도록 제안할 수 있다. 이미지와의 대화 단계에서 빨리 작업하는 내담자들은 자신의 여러 작품 중 무엇을 선택하여 이야기를 나누고 주의를 기울일지를 결정할 수 있다.

특히 개인 미술치료 작업을 할 때 치료사는 때로 유연성을 발휘하여 치료를 어떻게 진행해 나갈 것인지 결정할 수 있다. 경도의 학습장애를 가지고 있는 한 사춘기 소년은 하나의 그림을 그리면서 "미술작업" 단계와 "이미지와의 대화" 단계를 번갈아 가며 거쳤다. 그는 만족할 만큼 그림을 완성하였다고 생각하고 그것에 대한 설명을 시작했지만, 추가로 그려야 할 것들을 발견하고서 더 그려 넣기를 원했다. 그러고 나서 그는 그림을 더 이어 그려 나갔고, 그에 대한 논의를 계속했다.

작품은 한 회기 내에 완성되어야 하는가? 이따금 어떤 내담자는 같은 그림을 여러 회기에 걸쳐 작업하기를 원할 수 있다. 단지 그림이 자신에게 의미하는 바를 말하려고 하지 않는 것이 아니라면, 내담자가 하나의 작품을 만드는 데 여러 치료 회기를 사용하는 것을 제지할 이유는 없다. 그러나 사이코사이버네틱 모델의 관점에서 가장 중요한 것은 최종적인 작품이 아니라 작품을 만드는 과정에서 내담자가 가지는 경험이다. 따라서 작품을 만드는 과정과 작품에 대해서 논의하는 단계에 충분한 시간을 할당할 필요가 있다. 32세의 흑인 남성의 이야기를 예로 들어 보자. 그는 별거 중인 부인이 2명의 자녀

앞에서 잔인하게 살해당한 뒤 집단미술치료 회기에 평소처럼 참여했다. 그는 "흑인 마돈나Black Madonna"라고 칭한 그림을 그려 나갔다. 마돈나는 팔에 한 아이를 안고 있다. 그녀 뒤에는 십자가가 있고, 오른쪽 아래 모퉁이에는 평화의 상징이 있다. 내담자는 회기가 끝난 후 그림을 완성하지 못했으며, 다음 시간에 계속하기를 원한다고 말했다. 일주일 뒤 그는 "흑인 마돈나" 작업을 이어 나갔다. 그는 추가적으로 색을 몇 가지 더 칠했지만, 이전 미술치료 회기를 마칠 때쯤의 모습과 기본적인 형태는 비슷했다. 한 주간 그의 기분은 변하였고, 그는 다른 주제의 그림을 그릴 준비가 되어 있었다.

극단적인 경험은 그것을 해결하는 데 많은 시간과 에너지를 필요로 한다. 때때로 내담자는 경험의 다양한 측면에 대해 시리즈의 그림을 그릴 것이다. 고통스러운 경험을 다루도록 내담자를 돕기 위해서는 그가 순차적인 방식으로 경험을 표현할 수 있도록 제안하는 것이 좋다. 예컨대, 한 위탁 아동은 만화 형식으로 일련의 그림을 그렸는데, 그것은 새로운 가족을 맞이하는 그의 모습을 보여 주었다. 또한 63세의 신사는 수많은 미술치료 회기 동안에 그가 성인기에 바텐더로 일하면서 겪은 여러 경험을 나타내는 클레이 작품 시리즈를 만들었다. 이것은 노인학자들이 "인생 회고life review"라는 용어로 부르는 것에 참여한 그만의 특별한 방식을 보여 준다(Butler, 1963).

시각적 표현을 위해 선택한 활동이나 기법의 종류는 미술작업 단계에 소요되는 시간의 정도와 양식에 영향을 준다. 어떤 활동에는 상당히 많은 시간이 드는 반면, 어떤 활동은 짧은 시간이 소요될 것이다. 예컨대, 대부분의 내담자는 자화상을 그릴 때 많은 시간을 사용한다. 그러나 그림의 기술적 측면에 대한 내담자의 걱정을 덜어 주기 위해서 치료사는 임의적으로 완성하기까지 제한 시간을 5분 정도로 매우 짧게 정해 줄 수 있다. 예를 들어, "어떤 사람 혹은 사물과 맺고 있는 어려운 관계" 등과 같이 어려운 경험에 관한 작업을 진행할 때 치료사는 의도적으로 작품을 완성하는 데 많은 시간을 할당할 수 있다. 이러한 과정을 통해 내담자는 직면한 문제들의 다양한 측면을 받아들일 수 있다.

치료사가 만나는 내담자들의 신체적, 정서적, 연령별 및 기타 특성 외에도 미술작업 단계의 길이를 결정하는 또 다른 요인으로 치료사가 선호하는 미술치료의 유형이 있다. 제5장에서 미술치료의 여러 가지 입장에 대해 언급한 바 있다. 대체로 "미술의 축"이라고 부르는 것을 수행하는 치료사들은 이미지와의 대화 단계보다 미술작업 단계에 더 많은 시간을 사용할 것이다. "치료"의 입장에 더 가까운 미술치료사들은 "미술"학파의 치료사들보다 이미지와의 대화 단계에 더 주의를 기울이는 경향이 있다. 사이코사이버네틱 모델에서는 대부분 이미지와의 대화 단계가 미술작업 단계보다 더 긴 경향이 있다.

미술치료 과정의 여러 단계마다 주의를 집중하는 정도에 영향을 미치는 요인이 하나 더 있다. 치료사가 "미술의 축" 혹은 "치료의 축" 중 어디에 속하는지에 상관없이 치료사가 받아들인 이론적 틀은 치료 과정의 각 단계마다 기울이는 주의의 정도에 깊은 영향을 줄 것이다. 융의 관점을 따르는 치료사들은 기본적으로 미술작업 단계에 시간을 많이 들인다(Lyddiatt, 1971). 융학파와는 반대로 정신역동적 미술치료사들은 미술작업보다 그에 대한 논의에 시간을 더 많이 사용한다(Naumburg, 1966; Betensky, 1977). 미술치료에 대한 여러 이론적 접근 간의 차이점, 그리고 이들이 사이코사이버네틱 모델과 어떻게 다른지에 대해서는 앞으로 계속 논의될 것이다. 우선은 미술작업 단계의 길이와 관련하여 치료사가 할 수 있는 여러 가지 선택과 시간을 미술작업 단계에 할당하여 활용하는 방식에 대해 논의하고자 한다.

요약하자면, 치료사는 수많은 기법과 절차를 사용할 수 있다. 몇 가지 원칙은 다양한 유형의 내담자에게 적합한 기법과 절차를 선택할 수 있도록 돕는다. 이 시점의 미술치료에서 치료사가 내려야 할 결정들이 있으며, 언제나 가장 좋은 방식은 절차에 관해 치료사 자신의 경험을 따르는 것이다. 치료사가 사이코사이버네틱 모델과 관련하여 경험을 쌓고 내담자가 미술 표현을 사용하는 치료 회기에서 얻는 가치와 즐거움을 알게 된다면, 이러한 선택과 결정은 곧 스스로 처리될 것이다.

제9장

이미지와의 대화 단계

그림 하나가 천 가지의 말보다 더 가치 있다는 중국의 오랜 속담이 있다. 그러나 미술치료에서 만든 그림이 가진 이야기들은 종종 침묵을 지킬 때가 있다. 이러한 그림들은 치료사에게나 그림을 그린 사람에게나 불가사의하고 수수께끼 같이 느껴진다. 이 장에서는 내담자의 시각적 작품에 담긴 메시지를 풀고 해석하는 과정에 대해 구체적인 사항을 제안하고자 한다.

미술치료에서 내담자가 그리거나 만든 작품은 비우세적인 대뇌 반구의 언어로 자신의 메시지를 나타낸다(대뇌의 두 반구와 관련된 두 가지 상징 시스템의 차이점에 대한 논의는 제3장 참고). 이미지와의 대화 단계에서 비우세적인 대뇌 반구의 시각적 언어는 치료사, 그리고 필요한 경우 내담자의 삶에서 중요한 인물들과 더 쉽게 공유될 수 있도록 우세적인 대뇌 반구의 보다 관습적인 언어로 변환되어야만 한다. 시각적인 메시지는 그 안에 담긴 정보를 명료화하기 위해 언어적인 메시지로 변환되어야 한다. 메시지는 시각적 작품에 담겨 있는 동안 종종 융이 코드로 작성된 메시지에 대해 사용한 용어인 크립토그램cryptogram(암호문) 상태로 남아 있다(Jung, 1961). 흔히 시각적 작품에 포함된 정보는 그것을 만든 내담자에게조차 신비하고 난해해 보인다. 작품을 만든 사람과 치료사 모두를 위해 이 정보를 어떻게 해석할 것인가?

1. 보편적 관점과 자의적 관점

어떤 미술치료사들은 잘 훈련받고 경험이 많은 전문가에게조차 미술 작품이 수수께끼 혹은 암호일 수 있다는 주장에 반대할 수 있다. 치료사가 채택한 이론적 틀이 내담자의 시각적 표현의 해석에 어떠한 정보를 주는 것은 사실이다. 예를 들면, 정통 프로이트학파의 치료사들은 가늘고 긴 물체를 남근의 형태로 여기는 경향이 있으며, 이 형태의 성적인 의미를 주장할 것이다. 만약 시각적 작품이 날카롭고, 삐죽삐죽하며, 각진 모양을 하고 있다면 이 치료사들은 이러한 형태가 공격적 욕동의 표현이라고 여기는 경향이 있다. 유사하게 융학파의 치료사들은 특정한 상징의 의미에 대해 강한 확신을 가질 것이다. 이러한 학파들에 관해서는 제5장에서 어느 정도 다룬 바 있다. 치료사의 이론적 경향을 불문하고, 내담자의 작품에는 열린 시각으로 접근해야만 한다. 심지어 사이코사이버네틱 관점을 지향하는 치료사도 다른 이론적 관점의 어떤 측면을 받아들일 수 있다. 이러한 측면에서 볼 때, 사이코사이버네틱 모델은 치료사가 내담자의 작품을 볼 때 모든 선입견을 버려야 한다고 보는 현상학적 접근과 닮아 있다(Betensky & Nucho, 1982).

치료사는 두 가지 방법으로 내담자의 시각적 작품을 바라볼 수 있다. 하나는 보편적인nomomatic 입장이고, 다른 하나는 자의적인ipsomatic 입장이다(시각적 작품을 평가하는 두 가지 방법에 대한 제6장의 논의 참고). 치료사가 어떠한 이론적 관점이나 경험적 연구를 내담자의 시각적 작품에 적용하려고 할 때는 보편적인 관점을 취한다고 할 수 있다. 미술 작품을 최대한 아무런 편견 없이 현상학적으로, 창작자만의 관점으로 바라본다면 치료사는 자의적인 관점으로 진행하고 있는 것이다.

사이코사이버네틱 모델에서는 이미지와의 대화 단계에서의 접근이 자의적 관점으로 이루어질 것을 제안한다. 이는 타인의 삶에서 받아들인 이론, 연구, 경험보다는 창작자 본인의 경험에서 비롯된 방법과 생각, 아이디어를 활용하는 것이다. 사이코사이버네틱 모델의 관점에서는 내담자의 시각적 작품에 담긴 정보를 해독하고 처리하는 데 자의적 접근이 보편적 접근보다 더욱 효과적이라고 본다.

이미지와의 대화 단계에는 네 가지 측면이 있다. 첫 번째로 방금 만든 시각적 작품과 창작자 사이의 대화의 측면이다. 다음으로, 치료사가 자의적 원리에 입각하여 다음에 제시한 구체적인 절차를 따라 진행하면서 내담자와 치료사의 논의를 통해 대화가 깊어진다. 그런 후에 치료사의 마음속에서 대화가 이루어진다. 그것은 이론적 관점과 경험적 연구로부터 치료사가 도출한 견해와 현재 내담자와 비슷한 문제를 지녔던 다른 내담자들을 통해 겪은 자신의 전문적인 경험을 더한 보편적 접근법의 혼합일 수 있다. 마지막으로, 내담자의 작품을 보면서 치료사 안에 떠오른 개인적인 삶의 경험들로부터 비롯된 주관적인 메시지와 감정들이 존재한다. 앞에서 언급하였듯이, 대화 과정의 마지막 두 가지 측면은 처음의 두 가지 수준을 촉진시키고 명료화하면서 마음속으로 조용히 정리되어야 한다.

이미지와의 대화 단계는 세 부분으로 구성되어 있다. 첫 번째 부분은 거리두기이다. 두 번째 부분에서는 시각적 언어를 해석하고 관습적인 언어적 상징 시스템으로 변환하는 과정이 이루어진다. 세 번째 부분에서는 새롭게 얻은 정보를 통합하며 종결의 느낌을 갖게 된다.

2. 거리 두기

이미지와의 대화 단계에서 치료사는 먼저 내담자와 그가 만든 시각적 표현 사이의 대화를 격려해야 한다. 이것은 완성된 그림이나 작품으로부터 한 발 물러나면서 촉진된다. 한발 물러나는 것은 그림을 벽에 붙여 놓고 실제로 몇 걸음 물러나는 형식으로 이루어질 수도 있고, 혹은 작품을 만든 이가 다양한 각도에서 작품을 바라볼 수 있도록 위치를 설정함으로써 이루어질 수 있다. 치료사는 내담자가 내적인 대화에 마음대로 몰입하기 전에 작품에 대해 생각할 시간을 주어야 함을 기억해야 한다. 내담자가 시각적 작품을 관찰할 기회를 가진 다음, 치료사는 어떤 작품을 만들었는지 치료사에게 이야기하도록 단순히 요청함으로써 이미지와의 대화 단계의 다음 단계로 넘어갈 수 있다. 여기서 우뇌의 메시지가 관습적인 좌뇌의 상징으로 바뀌게 된다. 이 과정은 쉽지 않을 수도 있다. 어떤 내담자들은 말을 하는 것이 불필요하다고 여길 수도 있다. 어떤 내담자가 말했듯이, "말로 표현할 수 있었다면 그림으로 그릴 필요가 없었을 것이다".

융학파의 치료사들은 아이디어를 단순히 외부로 표현하는 것이 도움이 된다고 이야기한다. 그들은 시각적 표현을 통해 원형이 활성화되고, 시각적 표현 자체나 혹은 그것을 통해서 심리적인 통합이 증진될 수 있다고 생각한다. 따라서 그들에게 있어 그림에 담긴 의미를 말로 설명하는 것은 부차적인 일이다. 그러나 사이코사이버네틱 관점에서는 메시지가 하나의 상징 시스템에서만 표현되는 것이 아니라, 두 가지 언어로 표현될 때 시스템이 보다 안전하고 적절하게 구동되며, 메시지도 더욱 명료해진다고 상정한다. 양쪽 반구를 모두 사용하면 시각적 표현에 담긴 정보를 강화하고 명료화할 수 있으며, 결국 시스템의 정보 처리가 지체되기보다는 경우에 따라 내담자가 정보에 의도적으로 주의를 기울이거나 거둘 수 있도록 해 준다.

3. 해독

시각적 표현 형식에 담긴 메시지를 해독하는 것이 이미지와의 대화 단계의 두 번째 단계이다. 이것은 어떻게 이루어지는가?

시각적 메시지의 해독은 점차적으로 더 집중적인 일련의 세 가지 질문으로 구성된다. 일련의 세 가지 질문은, 첫째, 작품을 묘사하는 것inventory, 둘째, 정서적인 특징을 찾는 것, 셋째, 의미를 추출하는 것이다.

해독 절차의 첫 번째 질문은 작품의 내용과 관련되어 있다. 이는 내담자가 그린 그림이나 클레이로 만든 작품에 대해 단순히 설명해 보도록 요청함으로써 시작된다. "무엇을 표현한 것인지 말해 볼래요?" 또는 단순하게 "그것에 대해 말해 주세요"라고 이야기할 수 있다.

이 시점에서 아마도 내담자는 작품에 대해 어느 정도 설명해 나갈 것이다. 또는 치료사와 단편적인 이야기만을 할 수도 있다. 시각적 작품에 담긴 의미를 해독하는 과정은 내담자로 하여금 작품에 존재하는 다양한 형태 혹은 대상에 대해 이야기하고 이름을 붙여 보라고 단순히 요청함으로써 촉진될 수 있다. 듀드니Dewdney는 이 과정을 "대상 인벤토리object inventory"라고 불렀다(Dewdney, 1967). 듀드니는 작품을 만든 이가 완전히 간과하고 있거나, 맨 마지막에 언급한 모양 혹은 디자인은 흔히 그에게 어떤 중요한 의미를 지니고 있다고 하였으며, 필자도 동의하는 바이다. 내담자가 그림 속의 형태 혹은 대상에 대한 설명을 마치면 치료사는 "또 다른 것은 없나요?"라고 물을 수 있다. 그러면 내담자는 작품의 추가적인 특징에 대해 이야기할 수 있다. 그렇지만 내담자가 덧붙일 것이 없을 때가 많다. 그러나 이후에 내담자는 작품의 중요한 특징을 갑자기 인지할 수 있다. 이것은 몇 주 혹은 심지어 몇 달이 흐른 후에 일어날 수도 있다. 처음 보았을 때 내담자가 전혀 그 의미를 알 수 없었던 그림의 일부분이 이제는 특별한 의미를 가지게 될 수도 있다. 이 시점에서 내담자의 부호화 시스템이 확장되어 추가적인 정보가 수용되고, 이전에 얻은 정보와 통합될 수 있는 수준에 이르게 된다(부호화 시스템으로서의 인지에 대해 논의한 제3장 참고).

시각적 작품에 담긴 메시지의 해독을 촉진하는 또 다른 방법은 그림의 무엇이 내담자에게 두드러져 보이는지, 무엇이 그의 눈을 사로잡는지, 무엇이 중요하게 보이는지를 물어보는 것이다. 이러한 일련의 질문은 작품에 담긴 의미를 내담자가 인지적으로 조직화하도록 돕는다. 메시지의 더욱 중요한 부분은 지엽적인 생각에서부터 추려진다.

시각적 메시지의 이해를 돕는 또 하나의 방법은 아직 언급되지 않은 시각적 표현의 부분으로 내담자의 주의를 돌리는 것이다. 치료사는 다음과 같이 물을 수 있다. "여기 이 부분에 대해 할 이야기가 있습니까?" 또는 "여기에 있는 이 선으로부터 어떤 느낌을 받습니까?"

이러한 질문들을 거쳐 해독 과정의 다음 단계로 넘어간다. 이미지와의 대화 단계의 과정은 작품의 다양한 항목, 대상과 형태, 부분에 대해 질문하거나 작품의 다양한 부분과 형태와 관련된 정서적인 특징을 탐색하기 위한 간단한 목록으로부터 더욱 심화된다. 먼저, 치료사는 작품에 담긴 전체적인 느낌에 대해 일반적인 질문을 할 수 있다. 예컨대, 치료사는 다음과 같이 질문할 것이다. "지금 작품을 보면서 어떤 감정을 느낍니까?" "작품이 어떤 느낌을 전해 줍니까?" 이것은 작품을 만들면서 전달하고자 한 내담자의 감정과 일치할 수도 있고 아닐 수도 있다. 종종 내담자가 본래 표현하려고 했던 것과 완전히 다른 것이 나타나기도 한다. 치료사는 다음과 같이 내담자에게 질문함으로써 이를 발견할 수 있다. "원래 이런 방식을 계획하셨습니까? 아니면 작업하면서 갑자기 떠오르는 것이 있었습니까?" 흔히 내담자들은 그림 자체가 마음을 갖고 있는 것처럼 보이고, 자신이 의도한 것과 다른 형태로 작품이 나왔다고 보고한다. 이러한 "비자발성"은 의도적으로 나타내려고 했던 것보다 감정을 더욱 진솔하게 표현한다는 점에서 흥미롭다. 내담자가 치료사에게 안정감을 느낀다면, 그는 작업 과정에서 나타나는 "놀라운 것들"의 의미를 손쉽게 탐색할 것이다. 치료사의 수용과 지지는 이전에 언급하기에는 너무 부담스러웠거나 수치스러웠던 감정과 경험을 다룰 수 있는 적절한 감정과 그에 필요한 용기를 제공할 것이다. 이러한 걱정과 불안은 악몽 속에서만 미리 나타났을 수도 있다. 이제 이러한 문제들에 대한 해결책은 정보 처리의 통로와 멀리 떨어져 있던 때보다 표면화될 가능성이 더 높다.

이미지와의 대화 단계의 해독 부분에서 마지막 단계는 시각적 표현으로부터 의미를 추출하는 것이다. 이를 달성하기 위해 이전과는 달리 더욱 지적인 "좌뇌" 수준으로 논의의 방향이 달라진다. 치료사는 내담자가 그림 혹은 삼차원의 작품으로부터 얻은 메시지에 대해 이야기하도록 요청할 수 있다. 대부분 이에 대한 답은 정서적 메시지를 다루는 질문에서 표현된 생각들보다 더욱 정교해지고 명료화될 것이다. 시각적 작품에 담긴 의미는 게슈탈트 유형의 질문들의 도움을 받아 더욱 잘 분리되고 명료해질 수 있다. 이러한 질문들은 시각적 작품을 의인화한다. 예를 들어, 치료사는 내담자에게 작품이 말을 할 줄 안다면 무슨 말을 할 것 같은지 물어볼 수 있다. 한 예로 48세의 여성은 작품이 자신에게 "더욱 담대해져라! 무너지지 마라!"라는 메시지를 전달해 준다고 생각하였다. 다음으로 치료사는 시각적 작품에서 받은 메시지에 응답해 보도록 요청할 수 있다. "어떻게 대답하실 건가요? 혹은 작품에게 뭐라고 말하고 싶나요?" 앞의 여성은 다음과 같이 대답하였다. "쉽지는 않겠지만 이번에는 해낼 거야!"

때때로 그림이나 삼차원 작품에 제목을 붙여 보도록 하는 것은 작품에 담긴 의미를 추출하는 데 도움이 된다. 28세의 흑인 남성은 종이의 오른쪽 아래 모서리에 머리를 하나 그렸다. 머리에는 붕대가 감겨 있고, 피를 흘리고 있는 것처럼 보였다. 종이의 왼쪽 위 모서리에는 해를 그렸다. 그는 치료사에게 그림에 대해 설명하고, 머리에 부상이 있는 사람들이 느끼는 감정에 대해 이야기한 후에 그림의 제목을 "인내"라고 짓기로 결정했다. 그는 자신의 삶에 많

[그림 9-1] 인내

은 고통과 힘듦이 있었지만, 여전히 견뎌 낼 수 있다는 생각을 담고 있다고 그림의 의미를 요약하였다. "삶을 견디는 것"을 통해 그는 더욱 오랜 시간 동안 헤로인을 복용하지 않을 수 있고, 이전의 친구들과도 떨어져 지낼 수 있다는 것을 보여 주었다([그림 9-1] 참조).

치료사와 내담자 간의 신뢰의 수준이 적절하다면, 내담자는 지금까지 고통스럽고 당황스러웠던 감정과 경험에 대해 치료사와 공유할 수 있다. 이제 경험들과 문제들은 의식으로 표면화되어 다루어지거나 없어질 수 있다. 따라서 시스템은 안정될 수 있고, 더욱 유익하고 건설적인 방향으로 나아갈 수 있다.

4. 종결과 통합

이미지와의 대화 단계의 마지막 부분은 종결을 달성하고 의미를 통합하는 것이다. 이 시점에서 내담자는 작품을 만들고 그에 대해 논의하면서 겪은 전체적인 경험을 이야기할 기회를 가져야 한다. 내담자는 어떤 것이 쉬웠고, 어떤 것이 어려웠는지를 설명할 수 있는 기회를 환영할 것이다. 그는 작품이 어느 정도로 마음에 드는지, 바꿀 수 있다면 무엇을 바꾸고 싶은지를 반영하고

[그림 9-2] 걱정 없는

싶을 것이다. 예컨대, 치료사는 다음과 같이 말할 수 있다. "당신의 그림을 도와줄 수 있는 전문적인 화가가 있다고 가정합시다. 어떤 것을 손봐 주길 원하나요? 어떤 부분을 살피고 개선해 주길 원하나요? 어떻게 그리길 원하나요?" 흥미롭게도 그림이 명백히 잘못되어 있거나 왜곡되어 있어도 내담자들은 그 왜곡을 거의 알아차리지 못한다. 왜냐하면 그림은 내담자 고유의 세계에 대한 자신만의 감각과 그 안에서의 위치를 반영하기 때문이다. 예를 들어, 22세의 한 흑인 남성은 다소 약해 보이는 몸 위에 커다란 머리가 위태롭게 위치한 자화상을 그렸다. 커다란 한쪽 발은 다른 한쪽 발과 서로 다른 방향을 향하고 있었다. 자화상을 다 그리고 난 후 그는 그림에 상당히 만족하였다. 그는 그림이 당시 그의 삶을 정확히 표현하였다고 생각하였다. 실제로 그는 한 번에 모든 방향으로 나아가려고 했고, 이렇게 모호하고 자유로운 느낌을 포착할 수 있는 이러한 기회를 다소 즐겼다([그림 9-2] 참조).

모든 그림이 내담자의 마음에 들 수는 없을 것이다. 때때로 내담자는 작업을 거부할 기회를 가져야 한다. 시각적 작품에 내담자가 아직 다룰 준비가 되어 있지 않은 생각과 감정이 담겨 있고, 내담자가 그것이 나타내는 바에 만족하지 않을 경우, 치료사는 그림 중 특히 마음에 들지 않는 것은 무엇인지, 어떻게 하면 받아들일 수 있을지 물어볼 수 있다. 때로 제8장에서 다룬 주목하기의 원리가 이 치료 시점에서 사용될 수 있다. 또한 내담자는 그림이 자신에게 전달하는 느낌이나 불만족스러운 그림을 작업하며 드는 느낌을 그림으로 그리도록 요청받을 수도 있다. 따라서 그 경험이 외부로 표현되고, 다른 삶의 경험들 사이에서 점검되고 배치된다. 미술치료에 있어 정보 처리는 치료사가 아닌 내담자를 위해 이루어진다. 그러나 이 시점에서 치료사는 내담자가 외부로 표현한 감정들이 자신에게는 무섭거나 불쾌하게 느껴지지 않음을 말하며, 미적으로 매력적으로 보이는 어떤 특징들을 보여 줄 수도 있다.

그림을 그리면서 겪은 것에 대해 표현하는 것은 종결에 대한 느낌을 갖도록 돕는다. 내담자가 자유롭게 주제를 정해 아무거나 그리도록 하는 것도 또

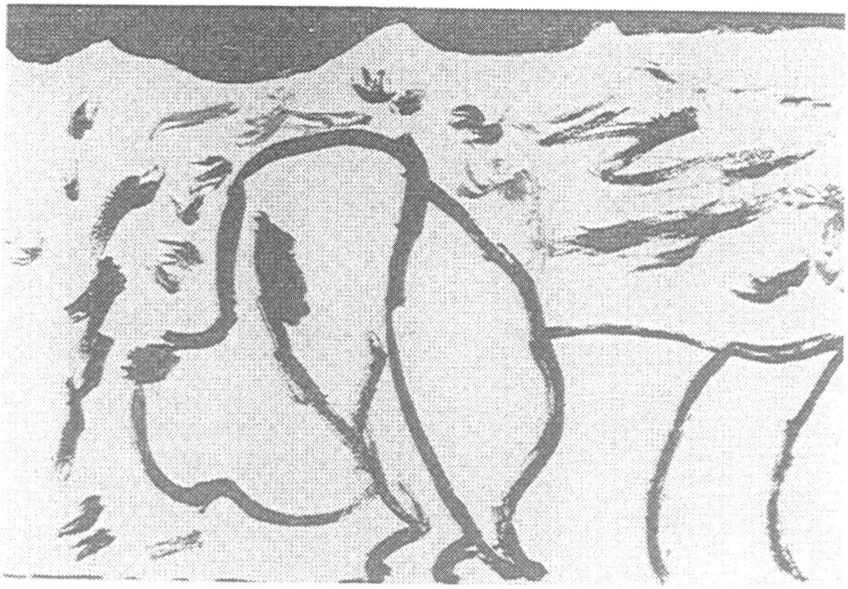

[그림 9-3] 슬픈 강아지

하나의 방법이다. 이전의 그림에서 다루었던 문제들은 자유화에서 표현될 것이며, 종종 어떤 해결책이 떠오를 것이다. 예컨대, 33세의 흑인 여성은 몇 번의 붓질로 [그림 9-3]의 슬퍼 보이는 강아지를 그렸다. 이미지와의 대화 단계에서 그녀는 자신의 슬픔이 인생에서 앞으로 나아가기보다는 뒤로 돌아가고자 하는 갈망으로부터 생겨난 것을 깨달았다. 비참해 보이는 강아지가 불러일으킨 감정은 자신을 돌보고, 삶을 살아 나가야겠다는 결단을 조금씩 내리게 해 주었다.

마지막으로, 많은 내담자는 만다라를 통해 통합과 종결의 느낌을 갖는다. 만다라는 대개 중심에서 시작해서 원의 경계 쪽으로 그려 나가는 원 모양의 그림이다. [그림 9-4]의 만다라는 20대의 전문직 여성이 그린 것이다. 미술치료를 접하기 전에 그녀는 자신에게 미술적 재능이 전혀 없다고 생각하였다. 그러나 불과 몇 주 후에 그녀의 타고난 창의성이 꽃을 피웠다. 만다라 작업은 감정과 생각을 정리하도록 도왔을 뿐 아니라 미적으로 매력적인 고유의

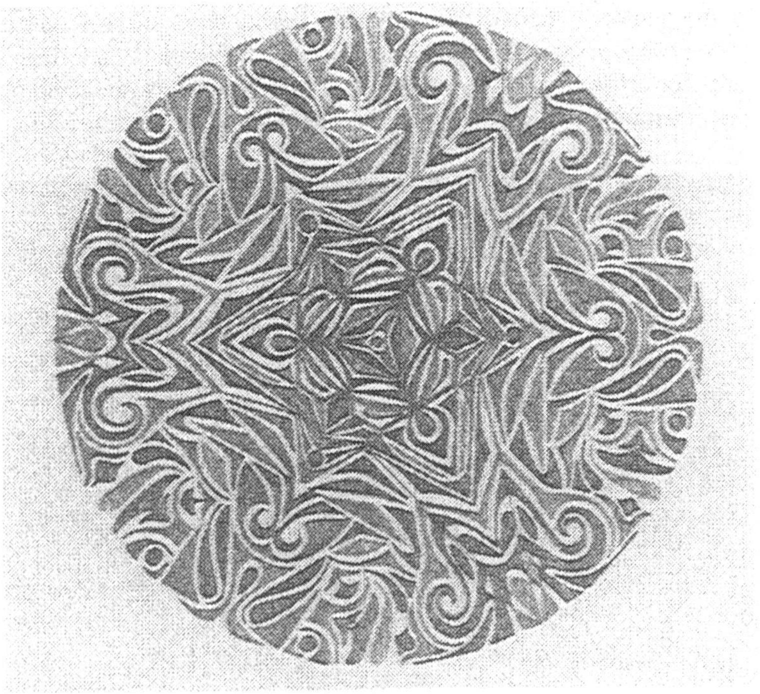

[그림 9-4] 만다라

이미지와의 대화 단계	
보편적 관점	자의적 관점
• 이론 또는 경험적 연구에서 도출된 아이디어의 적용	• 내담자 자신의 인생 경험에서 도출된 아이디어 활용 • 거리 두기 • 해독하기 • 대상의 목록화 • 정서적 특성 • 인지적 의미 • 통합/마무리 • 과정에 대한 반영 • 결과물에 대한 수용 • 과정에 대한 묘사

[그림 9-5] 이미지와의 대화 단계

디자인을 만들어 내는 기쁨을 주었다.

이미지와의 대화 단계에서 수행해야 하는 작업은 [그림 9-5]에 요약되어 있다.

5. 이미지와의 대화 단계에서의 형식과 길이

미술치료 과정에서 이미지와의 대화 단계의 형식과 길이는 두 가지 변인에 의해 결정된다. 첫 번째는 함께 작업하는 내담자의 특성이다. 이미지와의 대화 단계의 형식과 범위를 결정짓는 두 번째 변인은 치료사가 택한 이론적 성향이다. 이 두 가지 요인은 미술치료사에게 중요한 고려 사항이다.

아동들과 함께 작업할 때, 미술작업 단계는 이미지와의 대화 단계보다 훨씬 더 많은 시간이 들 것이다. 아동들은 그림 그리기를 즐기며, 치료사가 집요하게 묻지 않으면 겨우 몇 마디만 할 것이다. 반대로, 성인과 함께 작업할 때 이미지와의 대화 단계는 대부분의 경우에 미술작업 단계보다 더 길 것이다.

발달적으로 정상이며 신체적으로 건강한 6세 소녀 제니퍼와 있었던 이미지와의 대화 단계를 예로 들어 보자. 제니퍼는 6년 동안 외동으로 자랐고, 부모로부터 아낌없는 사랑과 관심을 받아 왔다. 그러나 지난 4개월 동안, 두 가지 원인이 그녀의 안정적인 세계를 공격하였다. 그녀의 어머니가 임신을 하여 심한 입덧과 피로로 고통을 받게 되었나. 갑자기 어머니가 제니퍼의 삶에서 덜 활동적인 요인이 되어 버렸고, 대개 다가가기 어려운 존재가 되었다. 제니퍼의 아버지가 그 틈을 메우려고 했지만, 어머니의 관심 결여를 완전히 보상할 수는 없었다. 제니퍼가 동생을 갖게 된다는 생각에 기쁨을 드러냈음에도 불구하고, 그녀는 상당한 분노와 슬픔 또한 언어적으로 표현하였고, 어머니가 정상적인 활동 수준을 빨리 회복하기를 바랐다.

유치원을 다니다가 최근에 초등학교 1학년이 된 것도 제니퍼의 삶에 두 번

[그림 9-6] 바깥세상 그림

째로 영향을 미친 원인이었다. 유치원 생활은 매우 즐거운 경험이었지만, 규칙과 규율이 있는 초등학교 1학년 생활과 낯설고 약간 무서운 선생님은 그녀가 좌절을 참아 낼 수 있는 인내심의 한계를 낮추는 것처럼 보였다. 그녀의 자신감과 효능감은 무너지는 듯했다. 제니퍼는 짜증을 내거나 울음을 터뜨리곤 했다.

미술치료 회기에서 제니퍼는 상당히 큰 옹이가 있는 커다란 나무를 그렸는데, 나무 옆에는 작은 집이 있으며, 집의 다른 쪽에 2개의 꽃을 그렸다. 웃고 있는 해가 그림의 왼쪽 위 모서리에 그려져 있다([그림 9-6] 참조). 그림은 꽉 차게 그려져 있었으며, 제목은 "바깥세상 그림The Outsude Picture"이었다.

그린 내용에 대한 제니퍼의 설명은 그림의 기법과 색의 선택에 집중되어 있었다. "나무는 뚱뚱하고 커요. 커튼은 밝은 오렌지색이에요. 크레용으로 그림을 그렸어요. 웃는 얼굴의 해님은 레몬색과 검은색으로 그렸어요. 꽃들이 예뻐요. 정말 열심히 그렸어요." 그림의 구체적인 내용에서 벗어나 정서적인 측면에 집중할 수 있도록 치료사는 제니퍼에게 그 집에 누가 사는지를 물었다. 그녀는 다음과 같이 대답하였다. "존 삼촌이랑 엘시 이모, 그리고 나의 사촌 줄리와 대니가 살아요. 이게 제가 말하고 싶은 전부예요." 치료사는 제니퍼가 그린 사랑스러운 그림을 칭찬해 주었고, 옹이를 가리키며 "나무의 검은 부분"에 대해 더 깊이 질문하였다. 제니퍼는 그것을 옹이로 인식하였다. 그 안에 누가 살고 있는지 묻자, 그녀는 다음과 같이 대답하였다. "다람쥐 가족이 살아요. 엄마, 아빠, 할머니, 할아버지가 살고, 나무 안에는 견과류가 많이 있어요. 엄청 큰 나무예요." 치료사는 모든 다람쥐가 서로 싸우거나 방해하지 않고 살 만큼 공간이 충분히 큰지 물어보았다. 제니퍼는 모든 다람쥐에게 그 공간이 충분하다고 생각하였으며, 다음과 같이 덧붙였다. "그리고 그들은 서로를 매우 사랑해요. 모두 굉장히 행복해 하고 있어요." 이때 그녀는 옹이에 하트를 그려 넣었다. 치료사는 꽃에 대해 이야기해 보라고 하였다. 제니퍼는 다음과 같이 말했다. "장미꽃이고요. 집보다 더 가까이 있어요. 집은 조금 더 멀리 있어요. 그래서 더 작게 보이는 거예요. 사실 집은 거의 나무만큼 커요. 제가 할 말은 이게 다예요." 계속해서 치료사는 제니퍼가 그림 중 어떤 부분을 가장 좋아하는지 물었다. 제니퍼는 그림 중에서 해가 가장 좋다고 했으며, 다음과 같이 언급하였다. "저는 낮 동안에는 엄청 열심히 생활했어요." 그녀에게 그림 중에서 특별히 마음에 들지 않는 부분이 있는지 물어보았다. 제니퍼는 꽃을 더 잘 그렸더라면 좋았을 것 같다고 대답하였다. "꽃이 생각만큼 예쁘게 그려지지 않았어요."

대체로 제니퍼는 세부적으로 주의를 기울여 열심히 만든 자신의 작품에 대해 만족하는 듯 보였다. 그녀는 자신이 "좋은 일"이라고 생각하는 것을 하는 것에 대해 약간의 불안을 겪는 것처럼 보였다.

이 사례는 어린 아동이 자신의 작품에 대해 더 이상 할 말이 없다고 계속해서 생각할 때, 숙련된 치료사가 어떻게 언어적 논의를 촉진할 수 있는지를 보여 준다. 치료사는 가족에게 추가로 필요한 공간에 대한 문제를 포함하여 아동의 그림에 암시적으로 묘사되어 있는 주제를 언어로 나타냈다.

이미지와의 대화 단계에서의 형식과 길이를 결정짓는 두 번째 요인은 치료사가 사용하는 이론적인 틀이다. 그리고 미술치료 과정의 이미지와의 대화 단계에서 다양한 이론적 틀 간의 차이점은 대부분 명백해진다.

정신분석적 성향을 가진 미술치료사들은 미술작업 단계보다 이미지와의 대화 단계를 더 강조하는 편이다. 종종 이미지와의 대화 단계는 미술작업 단계보다 상당히 길다. 이 이론적 관점은 소위 일차적 사고 과정과 이차적 사고 과정을 구분한다. 프로이트에 따르면, 시각적으로 사고하는 것은 언어적으로 사고하는 것보다 무의식적 과정에 더 가깝다. 시각적으로 사고하는 것은 인류 전체와 각 개인에게 있어 유전적으로나 철학적으로 더 오래되었다고 추정된다. 시각적 사고 혹은 일차적 사고 과정 유형은 이차적 사고 과정보다 수준이 낮다. 따라서 시각적 표현은 언어적 혹은 이차적 사고 과정으로 상세하게 설명된다. 경험에 따르면, 프로이트학파의 치료사들이 미술치료를 할 때 그들은 지나친 해석과 언급, 지나친 언어화의 위험에 처하기가 쉽다.

반대로 융을 따르는 미술치료사들은 다른 방향에서 실수를 범하기 쉽다. 많은 융학파는 시각적 작품에 대한 언어적 논의가 중요하지 않다고 일축한다. 그들은 표현 과정 자체가 치유적이라고 주장한다. 이전에 언급한 바와 같이, 그들은 표현된 원형적 형태에 언어적으로 상응하는 것이 없으며, 이미지와의 대화 단계 과정을 시도하더라도 시각적 표현 자체에 담긴 의미를 이해하는 데 미치지 못할 것이라고 생각한다. 결과적으로 이러한 형태의 미술치료에서 이미지와의 대화 단계는 매우 짧거나 완전히 생략된다.

시각적 표현이 실제로 언어의 제약을 넘어선다는 것은 극명한 사실이다. 그러나 사이코사이버네틱 개념에 비추어 볼 때, 이미지와의 대화 단계는 축소되어서는 안 된다. 그것은 시스템에 피드백을 주는 한 형식이다. 이미지와의 대화 단계가 시각적 작품에 남긴 미묘한 뉘앙스를 모두 잡아내지 못한다고 할지라도, 새로운 정보를 부호화하고 그것을 이전의 시스템에 저장되어 있는 정보와 통합하는 과정을 촉진하기 때문에 여전히 가치가 있다.

6. 확충 과정

이러한 맥락에서 볼 때, 융 자신이 꿈속에 담긴 메시지를 명확히 하기 위해 사용한 확충 과정에 주목하는 것이 좋다. 미술치료에서 만들어진 시각적 형태의 작품에 담긴 메시지를 이해할 때에도 그와 동일한 확충 과정이 필요하다. 시각적 작품에 담긴 메시지는 언어적인 상징 시스템으로 나타낼 때 쉽게 사라질 가능성이 적다. 융의 확충 과정은 무엇으로 구성되어 있는가?

융은 꿈의 다양한 측면을 그것이 제안하는 이미지, 상징과 관련지음으로써 이해할 수 있다고 보았다. 유추를 사용하면 공통된 주제가 나타날 것이고, 이 공통된 주제의 관점에서 꿈의 각 부분을 검토하여 그 의미를 더 자세히 설명할 수 있다. 이 신중한 절차를 통해 꿈의 의미가 해석될 것이다. 그러나 융은 "객관적 확충"으로는 충분하지 않을 것이라고 생각하였다. 그는 "주관적 확충" 또한 필요하다고 지적하였다. 꿈속에 원형적인 모티브가 조금이라도 담겨 있을 때 꿈을 꾸는 사람은 꿈의 의미를 밝히기 위해 자신의 주관적인 삶의 경험으로부터 개인적인 연관성을 제공한다(Jacobi, 1959, p. 130).

7. 성향적 이해와 촉진적 이해

꿈을 확충하는 융의 방식을 보면, 융은 꿈의 심상을 언어로 적절히 표현하려는 시도에 반대하지 않았음을 알 수 있다. 미술치료 과정에서 목적을 가진 시각적인 표현을 하는 방식도 마찬가지이다. 여기에서도 "확충"의 과정이 필요하다. 융이 "객관적 확충"이라고 칭한 개념은 보편적 관점이라는 표현과 유사하며, "주관적 확충"은 자의적 관점에 상응한다.

융에 의하면, 주관적 확충은 객관적 형태의 확충으로는 설명될 수 없는 꿈의 내용을 이해하는 수단을 제공할 수 있다. 미술치료의 맥락에서 보편적 관점을 취하는 것이 적합할 때와 자의적 관점을 사용하는 것이 적합할 때는 각각 언제인가?

우리는 시각적 형태의 표현에 보편적 접근을 사용하는 것이 내담자와 그의 경험을 객관적으로 이해하는 데 도움이 된다는 것을 경험을 통해 알 수 있다. 내담자가 겪은 경험을 객관적으로 이해하는 것이 어느 때에 중요한가? 객관적인 이해 방식은 치료사가 내담자의 어려움에 대해 해결책을 제공할 것이라고 예상되는 상황에서 필요하다고 본다. 이것을 내담자에 대한 "성향적이고" 진단적인 이해로 부를 수 있다. 치료사가 내담자의 문제에 대해 성격을 부여해야 한다면 이러한 형태의 이해가 필요하다. 이때 내담자를 특정한 방식으로 치료하는 것이 권고되거나 특정한 것을 제공하는 권리를 부여하게 된다. 그러나 많은 경우에 치료사는 내담자의 어려움을 해결하는 조치를 반드시 취하지는 않는다. 문제는 내담자 자신이 해결한다. 이러한 경우에 "촉진적"이고 진단적인 이해 혹은 내담자가 자신의 문제를 해결하는 과정을 용이하게 하는 이해의 방식이 요구된다. 이때 내담자는 구체적인 결정을 내리거나, 혹은 자신의 행동이 변화할 것이며, 스스로 최대한의 이익을 위해 행동할 것임을 보장하기 위한 특정한 단계를 거쳐야 한다. 그렇다면 내담자가 앞으로 어떻게 해야 할지를 아는 데 있어 자의적 관점이 필수적이다. 치료사가 해결책을 알고 있는지의 여부는 내담자가 다음에 무엇을 해야 할지를 스스로 아는 것보다 덜 중요하다.

시각적 작품에 담긴 의미의 해독은 자의적 특징 없이 보편적으로 행해졌을 때 대개 시각적 작품에 대한 객관적인 이해의 틀에 갇히는 결과를 가져온다. 실제로 이러한 유형의 이해는 치료사 자신의 성향과 인생 경험으로 인해 매우 치우쳐 있고, 오염되었을 수 있다. 이는 치료사의 감정이 자신의 경험에 의해 형성된 삶의 철학과 일치하는 특정한 치료적 입장에 이끌리거나 그것을 받아들이는 경향이 있기 때문이다.

보편적 혹은 객관적 접근이라고 불리는 것은 배타적으로 사용되었을 때 심리검사로 이어지기도 한다. 사이코사이버네틱 모델에서는 이와 반대로 내담자 자신에 대한 이해가 높아져야 그의 삶의 경험을 적절히 이해하고 그에 반응할 수 있다고 본다.

8. 내적 디자인에 대한 탐구

매우 어린 아동들을 포함한 대부분의 내담자에게 있어 이롭고 지속적인 행동의 변화를 자극하는 주된 것은 치료사의 노력과 바람보다는 내담자 자신의 노력에서 비롯된다. 명료함과 결의는 치료사가 아니라 내담자가 이루어야 할 것들이다.

사이코사이버네틱 미술치료 모델에서 이미지와의 대화 단계는 내담자의 삶이 적절한 양의 정보를 공급받으며, 안정적이고 안전하게 운영될 수 있도록 시각적 표현에 담긴 정보를 해독한다. 이 모델에서 정보 처리 과정은 시각과 언어라는 두 가지 조직을 활용한다. 일차적 · 이차적 과정은 모두 적절한 정보 처리를 위해 필수적이다. 대뇌의 두 반구 모두 주의를 기울여야 한다. 정보는 인간의 두 가지 부호화 시스템에 들어 있으며, 사이코사이버네틱 모델은 두 가지 모두에 주의를 기울인다.

인간 시스템의 운영과 기능은 정보의 부족뿐만 아니라 과부하로 인해서도 방해를 받을 수 있다. 지나치게 압도적이거나 두려운 경험은 종종 따로 구분된다. 이러한 경험들은 완전히 인식되어 그때의 현실의 관점에서 분류되고 검열되지 않는다. 이러한 정보는 운동/감각적 수준에서 저장되어 남아 있으며, 다양한 신체 증상으로 나타날 수 있다. 시스템의 다양한 수준에서 저장된 정보를 상호 연결하고 통합함으로써 목표 지향적인 기능을 수행할 수 있는 에너지가 만들어진다.

사이코사이버네틱 모델은 이미지가 가장 중요한 정보 처리 통로 중 하나임을 상정한다. 삶의 경험들은 다양한 감각 양식의 심상으로 부호화된다. 이 중에서 시각적 양식은 무엇보다도 중요하고 강력한 것 중 하나이다.

시각적 표현 양식은 정보를 생산하는 컨베이어 벨트와도 같다. 그것은 본래의 상태로 변환될 수 있는 화석과 같은 의미를 전달한다. 말하자면 의미가 소생될 수 있으며, 본래의 경험에 담긴 에너지는 다시 활성화될 수 있다. 혹은 적절히 처리하면 거의 원래 상태로 회복할 수 있는 냉동 야채와도 같다.

인간 시스템의 다양한 수준에 저장된 정보와 전체 시스템의 기능 사이의 관계는 신발 가게와 유사하다고 볼 수 있다. 각양각색의 크기가 다른 신발이 있다. 그러나 특정한 상황에 맞는 적절한 사이즈와 스타일을 찾기 전까지 그 모든 것은 소용이 없다. 정보도 마찬가지이다. 시스템에 저장된 정보는 부호화되어야 하고, 사람이 관여하고자 하는 특정한 과제에 "맞추어" 시도되어야 한다. 이것은 이미지와의 대화 단계의 도움으로 이루어진다.

정보 처리의 입출력 시퀀스에 지장이 생기면 불안을 경험한다. 이러한 불안은 점차 커져서 병리와 바람직하지 못한 행동으로 이어진다. 이러한 일련의 사건은 인간에게뿐만 아니라 동물에게서도 일어난다(Sebeok, 1962). 예를 들어, 쥐의 경우에 과밀 수용으로 생겨난 정보 과부하는 비정상적인 내적 인지, 정서 과정을 다양하게 양산하였다. 특히 부산한 행동과 병리적 철수가 나타났다. 몇몇 과학자에 의하면, 정상적인 입출력 시퀀스의 완성이 새로운 입력으로 인해 반복적으로 방해를 받을 때 이는 "퓨처 쇼크future shock"라는 것으로 이어진다(Toffler, 1970). 부유한 산업화 사회에서 개인에게는 지나치게 많은 매력적인 정보가 넘쳐난다. 개인은 매력적인 자극 중에서 선택을 해야 한다는 사회적인 압박을 받는데, 이 자극들은 다른 대안을 선택했어야 했다는 갈등을 야기한다. 개인은 필터링, 탈출, 여러 다른 목표나 정보의 자원에 반복적으로 접근하는 것, 공격적 행동, 혹은 소극적 굴복을 통해 과부하 된 정보를 처리하고자 한다. 젊은 사람들은 지나친 정보의 과부하에 특히 취약하다. 왜냐하면 그들은 여러 대안 중에서 하나를 선택하고, 선택된 목표를 향해 일관된 방식을 고수하는 세련된 방식을 아직 갖추지 못했기 때문이다(Spitz, 1964).

9. 집단에서의 이미지와의 대화 단계

미술치료가 집단 형태로 이루어질 때, 작품을 만든 본인만이 작품의 의미를 안다는 중요한 원칙을 명심하는 것이 좋다. 다른 집단 구성원들은 작품이 그들에게 미치는 영향에 대해 이야기할 수는 있지만, 그것이 의미하는 바를 말할 수 없다. 종종 시각적 표현에 대한 집단 구성원들의 반응은 매우 다양하다. 개인마다 다르지만, 각각의 반응은 그 사람의 정당한 표현으로서 받아들여지고 존중된다. 각 개인은 개인적으로 좋아하고 싫어할 권리를 갖지만, 오직 작품을 만든 사람만이 어떤 의견이 정확한지 혹은 실제로 맞는지를 안다. 때때로 어떤 집단 구성원의 인식이 다른 구성원들과 현저히 다를 때가 있다. 그렇다면 결국 그들의 특정한 인식에 대한 이유를 탐색해 볼 수 있다.

작품을 만든 사람은 다른 집단원들이 의견을 내고 반응을 보이기 전에 자신의 작품을 보여 주고 그것에 대해 설명할 기회를 가져야 한다. 작품을 만든 사람이 자신이 하려고 했던 것에 대해 설명하고, 자신이 작품을 보면서 느낀 감정들에 대해 이야기하고 난 후에야 집단의 다른 구성원들도 의견을 내는 반응을 보일 수 있다. 같은 그림 혹은 삼차원 작품에 대한 서로 다른 반응을 공유하는 이러한 경험은 대개 작품을 만든 사람에게 꽤 만족스러운 경험이다. 치료사가 집단 내에 비판적인 분위기를 만들어 내지 않는 것에 성공했을 때 특히 그렇다. 내담자들은 그들의 작품에 대해 할 말이 거의 없을 때에도 이처럼 주목받는 것을 즐긴다.

내담자는 치료사가 시각적 작품에 대해 자신만의 해석을 제공해야 한다고 주장할 수 있다. 이것이 내담자가 단순히 자신의 생각을 드러내지 않으려는 시도가 아니라, 자신의 작품을 더욱 깊이 이해하려는 과정 중에 생긴 진실한 바람이라면 치료사는 다음과 같이 말해 줄 수 있다. "만일 제 그림이라면…… 제가 그것을 그렸다면…… 아마도 이렇게 생각했을 거예요……."

10. 중요한 논점과 타이밍

이미지와의 대화 단계에서 치료사는 구체적인 고려 사항 두 가지를 염두에 두어야 한다. 첫 번째 고려 사항은 질문의 깊이와 관련이 있다. 시각적 작품에 담긴 모든 정보를 빠트리지 말고 질문해야 하는가? 혹은 어떤 정보들은 놔두어도 되는가? 두 번째 고려 사항은 타이밍이다.

대부분의 경우 치료사는 상투적인 표현을 넘어서 내담자에 대한 전반적인 진술을 할 수 있다. 이 장의 초반에서 본 제니퍼의 사례에서 제니퍼는 더 이상 할 말이 없음을 여러 번 표현하였다. 그러나 치료사는 추가적인 정보를 끌어낼 수 있었다. 언제 질문을 계속할지 그리고 언제 멈춰야 할지를 알기 위해서는 임상적인 숙련이 필요하다. 이미지와의 대화 단계는 내담자의 유익을 위한 것이지, 치료사가 과정을 완전히 수행했다는 느낌을 갖기 위한 것이 아니다. 그러나 치료사의 소심한 태도는 이미지와의 대화 단계에서 좋은 것이 아니다. 우울한 여성 내담자와 작업하면서 정신과 병원의 한 미술치료사는 내담자의 그림에서 밧줄 고리를 나타낸 것으로 보이는 것을 발견했다. 그 치료사는 그림 속의 미스터리한 모양의 의미를 계속 탐색하지 않았다. 여성은 집으로 가서 주말을 지내도록 허락받았다. 집에 있는 동안에 그녀는 목을 매달았다.

이것은 우리가 기질적이고 진단적인 이해라고 칭한 것을 이룰 필요가 있었던 치료사의 사례이다. 이 내담자에게는 자살 예방 조치를 취했어야 했다. 자살 도구의 의미가 이미지와의 대화 단계에서 언어화되었다면, 내담자는 자신을 위해 우리가 촉진적인 이해라고 칭한 것을 이룰 수 있었을 것이다. 그녀는 자살만이 그녀에게 가능한 대안이 아님을 깨닫도록 도움을 받을 수 있었을 것이다.

어떤 정보가 중요한지와 치료 과정의 시점에 대한 고려 사항 외에도 치료사는 내담자 자신의 생각을 끌어내는 것과 치료사 자신의 생각을 내담자에게 강요하는 것 사이의 구별을 염두에 두어야 한다. 대부분의 내담자는 치료사의 말을 부인할 수 있다고 하더라도 이를 어렵게 느낀다. 치료사가 내담자 고유의 자의적인 관점을 촉진하려면 의견은 조심스럽고 잠정적으로 표현되어야 한다. 예컨대, 내담자에게 "그렇다is" 혹은 "무엇을 의미한다"'means' a certain thing고 말하기보다는 다음과 같이 말할 수 있다. "여기 이 부분에 만든 것이 무엇이죠? 제가 이렇게 생각하는 것이 틀렸을까요? 당신에게도 이 부분이 그렇게 보이나요? 아니면 단순히 저의 상상인가요?" 치료사가 내리게 된 결론은 이전에 경험한 유사한 내담자와의 경험에 근거한 것이든 자신의 "잠정적인soft" 자료로 여겨야 한다. 그 자료는 확고한 증거로 여길 수 있는 "확정된hard" 자료로 취급되기보다는 현재 대하고 있는 특정 내담자에게서 얻은 정보로 입증되어야 한다.

요약하자면, 사이코사이버네틱 모델은 현상학적 혹은 우리가 자의적이라고 칭한 접근 방식을 지지한다. 자의적 접근 방식에서 작품을 만든 사람의 고유한 아이디어가 시각적 작품에 담긴 의미를 설명하는 데 활용된다. 자의적 접근의 세 단계는 거리 두기, 해독, 그리고 통합으로 이루어져 있다. 특정 이론이나 경험적 연구, 혹은 보편적인 접근에서 비롯된 아이디어들은 시각적 작품이 지닌 다양한 측면의 중요성에 대해 가설을 형성할 수 있도록 돕지만, 이러한 아이디어들은 미술 작품을 만든 사람이나 다른 적절한 자료들로부터 얻은 정보에 의해 뒷받침되기 전까지는 가설로만 남아야 한다.

제10장

종결 및 통합 단계

치료에 있어 종결 단계ending phase를 다루는 것은 종종 치료 과정의 다른 단계보다도 더욱 복잡하다. 그것은 다른 형태의 치료에서뿐만 아니라 미술치료에서 특별히 어려움을 나타낸다. 치료사와 내담자 모두에게 치료적 상호작용의 마지막 단계가 복잡해지도록 만드는 몇 가지 요인이 있다. 첫째, 치료는 종종 예상치 못하게 혹은 너무 이르게 끝날 때가 있다. 많은 내담자가 일방적으로 단순히 치료를 중단하기로 결정한다. 치료의 목표가 달성되었기 때문에 종결하는 것이 아니라, 내담자의 희망과 시간, 에너지가 고갈되었기 때문에 종결하는 경우가 많다. 많은 경우, 치료사 또한 마찬가지이다. 처음 시작할 때 원했던 바람직한 결과는 상호작용이 끝나는 시점에서 종종 멀게 느껴진다.

치료를 제공하는 기관이나 에이전시에서 서비스를 개편하는 것과 같이 외부적인 요인에 의해 종결될 수도 있다. 혹은 치료사가 승진이나 다른 고용의 기회를 얻어 기관을 떠나게 되어 종결할 수 있다. 내담자가 퇴원하거나 보험료가 소진되었을 때에도 다수의 치료적 상호작용이 중단된다. 이러한 이유 혹은 기타 이유로 종결의 주제는 많은 치료사에게 고통을 준다.

종결이라는 주제에 대한 전문적인 문헌이 상당히 빈약하기 때문에 종결 단계를 다루는 것은 더욱 복잡한 일이다. 이는 다른 형태의 치료에서뿐만 아니라 미술치료에서도 그러하다. 종결 과정은 모의된 침묵에 의해 가려져 있는 듯이 보인다. 미술치료의 중요한 연구 중 일부는 종결에 대한 언급을 완전히 피하고 있으며, 다른 몇몇 연구에서는 단지 몇 문장만이 할애되었다. 지금까지 오직 1명의 미술치료 이론가만이 치료적 과정을 논할 때 종결에 관한 논의를 포함시켰다(Landgarten, 1981).[1)]

이 장에서는 내담자와 치료사가 치료적 과정의 마지막 단계를 효과적이고 건설적으로 운영할 수 있도록 몇 가지 원칙을 제시하였다. 또한 치료의 마지막 단계에서 치료사가 행하는 구체적인 과제에 대해 알아보고 논의하고자 한다.

미술치료 과정의 마지막 단계에서는 그 부분에서의 치료적 상호작용을 네 가지 구성요소로 나누어 볼 때 효과적으로 운영될 수 있다. 이 네 가지 구성요소는 승인Ratification, 저항Resistance, 회고Review 그리고 해결Resolution이다. 이 단계들은 완벽히 연속적이고 선형적이기보다는 서로 밀접하게 관련이 있고 겹치기도 한다. 제2장에서 논의한 일반체계이론의 개념을 적용하면 종결의 이 네 가지 구성요소는 치료 과정의 하위 시스템으로 여길 수 있다. 이들은 인식이 가능하지만 경계가 반투과성이기 때문에 각각의 하위 시스템은 다른 하위 시스템에 의해 영향을 받는다.

1. 승인

승인Ratification은 종결 과정의 첫 번째 단계이다. 이는 내담자와 치료사 사이

1) 역자 주: 원서가 출판된 시점이 2003년이기 때문에 현재는 더 많은 미술치료 문헌에서 종결에 대한 논의를 찾아볼 수 있다.

의 계약이 얼마나 오래 지속될지에 대해 내담자와 합의를 이루는 과정이다. 회기의 대략적인 횟수를 합의하고, 이러한 회기를 활용하는 이유에 대해 논한다. 이와 같은 논의는 일반적으로 치료 중 계약 단계 동안에 행해진다. 이러한 초기 논의 과정에서 잠정적인 종결 날짜가 정해진다. 예상되는 치료의 횟수를 결정하는 것은 현실적이고 경제적인 상호작용의 형성을 돕는다. 에너지는 상호작용을 위해 허락된 시간 내에서 효과를 낼 것으로 합리적으로 기대되는 작업에 집중된다. 예컨대, 메타돈[2] 관리methadone intoxication 클리닉에서 일하는 한 치료사는 헤로인 중독 성인 집단과 함께 작업을 하였다. 그들은 이전에 받은 어떠한 형태의 치료에도 의욕이 없는 것으로 악명이 높았다. 치료사는 그들과 6회기의 미술치료를 수행하기로 합의하였는데, 5회기를 하고 난 후에 추가로 6회기를 할지 아니면 회기를 종결할지를 정하는 것을 조건으로 삼았다. 이 계약은 두 번째 회기가 진행되는 동안에 재협상되고 명확해졌다. 비록 몇몇 집단 구성원은 미술치료가 그들의 삶에 변화를 가져올 수 있다는 것에 있어서 회의적이었지만, 아무도 중도 이탈하지 않았다. 다섯 번째 회기에서 그 이전까지 진전된 것들에 대해 논의하였고, 추가로 6회기를 더 하는 것으로 계약이 갱신되었다. 그 시점에서 12명의 집단 구성원 중 2명이 그만두기로 결정하였고, 새로운 2명의 구성원이 집단에 합류하였다. 이러한 방식으로 진행된 집단 작업은 2명의 구성원이 떠나는 것으로 인해 좋지 않은 영향을 받지 않았다. 종종 예상치 못한 이탈이 나머지 집단 구성원에게 부정적인 영향을 미치기도 하지만, 이 사례에서는 그렇지 않았다(Nucho, 1977).

어떤 치료사들은 계약을 하면서도 구성원들이 갑자기 이탈할 가능성을 막으려고 시도한다. 내담자들은 종결하기로 정해진 날짜 전에 언제든지 치료를 그만둘 수 있다. 그러나 그들은 치료를 중단하기 결심한 이유를 논의하기

2) 역자 주: 메타돈은 헤로인 중독 치료에 쓰이는 약물이다.

위해 추가로 한 회기를 더 하는 것에 동의하는지의 여부에 관해 질문을 받게 된다(Shulman, 1984). 즉, 승인은 예상되는 치료적 상호작용 기간에 대해 명료화하는 것의 문제이다. 내담자와 치료사는 모두 이 점에 있어 명확해야 한다. 그럼으로써 끝없이 방황하기보다는 에너지를 집중해서 효과적으로 사용할 수 있다. 미리 계획된 경우, 상대적으로 짧은 회기의 치료가 끝이 정해지지 않은 무기한의 치료만큼이나 효과적이라는 전문적인 문헌상의 증거가 늘어나고 있다(Puryear 1979).

장기간 동안 종결이 정해지지 않은 치료 형태가 표준인 환경에서 단기 치료의 특정 부분을 활용하는 것은 내담자가 시간의 흐름을 표시하고 성취감을 얻도록 돕는다. 예를 들어, 6주간의 치료를 두세 번 완료함으로써 "졸업"의 분위기를 얻을 수 있다.

2. 저항

저항Reistance은 종결 단계의 두 번째 구성요소로서 세심한 주의를 필요로 한다. 치료적 과정이 종결을 향해 가고 있다는 사실을 직면해야 하는 것에 대해 저항하는 것은 종종 감지하기 힘들지라도, 내담자와 치료사에게 있어 불가피한 징후이다.

저항은 두 가지 원인에 의해 일어난다. 하나는 급진적 개선에 대한 많은 바람이 아직 실현되지 않았다는 깨달음 때문이다. 내담자는 동화에서처럼 "영원히 행복하게" 사는 것에 대한 환상이 사라짐을 직면하고 슬퍼할 수 있어야 한다. 따라서 종결에 대한 이러한 형식의 저항을 제거하기 위해서는 치료 계약의 최초 시점에서 치료적 상호작용을 위한 현실적인 목표를 세우고 그에 동의하는 것이 필수적이다.

여러 형태의 저항을 만들어 내는 종결과 관련된 또 하나의 불편함의 원인은 내담자의 삶에서 경험한 이별의 고통을 어쩔 수 없이 환기하게 되기 때문이다. 치료를 종결하는 것은 언제나 내담자와 치료사에게 있어 이전에 경험한 삶의 이별에 대한 오래된 상처를 다시 건드린다. 감정적으로 중요한 사람에게 버림받은 고통을 견뎌야 했던 경험 없이 살아온 사람은 거의 없다. 우리는 대부분 죽음, 이혼 또는 다른 중요한 관계의 파국 등 다양한 형태의 이별에서 오는 고통을 경험해 왔다. 이전에 버림받았던 경험, 혹은 누군가를 떠나야 했던 고통스러운 경험들은 내담자와 치료사가 종결을 맞이할 때 다시 수면 위로 떠오르는 경향이 있다.

종결에 대한 저항에는 많은 형태가 있다. 이전의 이별과 지지의 상실로 인한 오래된 상처를 재경험할 가능성을 막고자 사람들은 자동적으로 여러 회피 행동을 하게 된다. 내담자에게 있어 이러한 회피는 치료적 상호작용을 시작할 때 치료의 구체적인 종결 날짜를 정했다는 사실을 잊어버리는 형태로 나타난다. 다른 내담자들은 갑자기 흥미를 잃고, 종결 날짜가 다가옴에 따라 결석을 하기 시작한다. 그들은 치료사가 치료를 종결함으로써 그들을 "거절"할 가능성을 갖기 전에 치료사를 거절하기를 원하는 것처럼 보인다. 또 다른 내담자들은 마치 치료를 종결하면 안 된다는 것을 치료사에게 보여 주듯이 지나치게 많은 문제를 갑자기 드러낸다.

치료사 또한 중요한 관계를 상실한 경험과 관련한 오래된 상처를 다시 경험할 가능성을 막기 위해 내담자에게 종결에 대한 주제를 꺼내기를 꺼려 하기도 한다. 많은 치료사가 종결의 주제를 다루는 것을 되도록 피한다. 그들은 종종 내담자들이 도움 없이 종결 단계를 지내며 힘들어 하도록 하거나, 너무 조급하게 치료를 종결하도록 놓아둔다.

치료사가 종결에 대한 저항에 대처할 수 있는 방법이 있는데, 치료사의 불편함을 줄이기 위해 두 가지 일이 일어날 필요가 있다. 첫째, 치료사는 슬퍼할 시간을 천천히 갖고 의미 있는 관계의 개인적인 상실을 받아들여야 한다. 개인적인 심리적 공간을 적절히 갖춘 후에 두 번째 과제를 수행할 수 있다.

이는 모든 내담자의 치료를 바라는 대신에 다양한 내담자에게 현실적으로 기대될 수 있는 개선의 수준에 대해 명확히 하는 것이다. 치료사는 모든 내담자를 치료할 수 있다는 희망을 갖는 대신, 할당된 시간에 성취할 수 있는 현실적인 목표를 설정해야 한다. 물론 현실적인 치료적 목표를 추정하고 세우는 능력은 경험이 쌓일수록 높아진다. 비현실적인 목표를 세우는 것은 경험이 부족한 치료사들이 겪는 어려움 중 하나이다. 그들은 내담자가 원하는 대로 완전히 제 기능을 찾고 자아실현을 할 수 있도록 바꾸는 것에 성공하지 못하면 비탄에 빠지기 쉽다.

심각한 기능 손상을 지닌 내담자들과 작업할 때 현실적인 치료 목표는 무엇인가? 제2장과 제3장에 논의된 사이코사이버네틱 관점은 정서적 · 사회적 측면에 있어 만성적으로 결핍된 내담자들과 작업할 때 적절한 치료 목표를 결정하기 위한 대략의 지침을 제공한다. 몇몇 특정한 내담자의 문제는 해결될 것이다. 그러나 다수의 경우 문제는 종결 이후에도 여전히 존재한다. 대부분의 경우 만성적인 기능장애를 가진 내담자들에게 할 수 있는 것은 전보다 자신과 다른 사람들의 소모가 적은 삶을 살도록 돕는 과정에 시동을 거는 것이다. 시스템을 안정시키는 물질적 · 감정적 입력 측면에서 생각해 보는 것이 좋다. 내담자들은 자신의 삶에서 현실적으로 변화할 수 있는 것이 무엇인지에 대해 좀 더 명확해진 후에 치료를 종결할 수 있어야 하며, 그렇게 하기 위한 수단을 추구할 결의 또한 가질 수 있어야 한다. 그들은 정서적으로나 물질적으로 그들이 필요한 것들을 무엇이 지원하는지, 어디서 어떻게 그것을 구할 수 있는지 명확히 알아야 한다. 그들은 자신의 삶의 목표에 대해 확실히 알아야 하고, 자신만의 개인적 가치에 대해 더욱 잘 인식해야 한다. 우리의 많은 내담자가 종종 인간 이하의 삶의 조건을 견뎌 내면서 보여 주는 끈기와 용기는 그들이 충분히 자랑스러워 할 수 있는 놀라운 힘의 원천이다. 그들은 "전체whole", 혹은 안드라스 앙얄Andras Angyal[3]이 말하는 "동질성"[4]이라는 상위 체계적 가치를 경험할 수 있도록 도움을 받아야 한다. 고립과 피해의식으로부터 벗어나 자신의 삶을 더욱 책임질 수 있도록 도움을 받아야 한다. 그들은 그것의 모든 위험, 보상과 함께 변화의 가능성을 느껴야 한다. 그들의 경계는 자신이 누구인지 알고, 정체성을 인식하며, 타인, 기관, 신념 체계와 같이 다른 시스템으로부터 나오는 에너지를 찾을 수 있는 용기를 가지고 있다는 점에서 합리적으로 확고해야 한다. 이러한 과정은 가동될 수 있지만 아무리 폭넓은 치료를 한다고 해도 완성될 수는 없다.

만약 치료사가 내담자의 외부와 내부 세계에서 예상되는 변화의 정도에 현실적이라면, 종결과 관련한 문제를 다루는 데 생기는 저항은 줄어들 것이다. 그들은 내담자가 종결 과정을 다룰 수 있도록 도울 준비가 된 것이다.

내담자의 저항이 완전히 커져 발현되기 이전에 치료사가 종결에 대한 내담자의 불편함을 완화할 수 있는 구체적인 방법은 무엇인가? 내담자가 건설적으로 종결 단계를 맞도록 돕는 것과 관련해서 가장 첫 번째로 중요한 것은 시간의 경과와 남은 회기의 수를 상기시키는 것이다. 단기 치료라고 해도 내담자는 남은 시간이 얼마가 되었든 그것을 활용하는 것에 대해 치료사와 함께 계획을 세워야 한다. 치료사가 해야 할 또 다른 필수적인 일은 종결이라는 사실이 내담자 안에서 불러일으키는 감정을 공감적으로 인지하고, 예상하며, 인정하는 것이다. 만약 치료사가 내담자의 삶에 있었던 이전의 이별의 본질에 대해 알고 있다면 이러한 공감적인 인정은 자연스럽게 따를 것이다(Puryear, 1979).

이 치료의 시점에서 강조할 것은 "지금"에 대한 것이다. 다양한 내담자에게 제기해야 하는 질문은 다음과 같다. "회기가 ×번 밖에 남지 않았는데, 이것이 당신에게는 어떠한 의미를 주나요?" 한 미술치료사는 종결이 다가오면 내담자에게 "우리의 다음 만남이 마지막 회기라는 사실에 대해 어떻게

---

3) 1920년대 후반에 미국에 정착한 헝가리 출신의 정신과 의사로, 자율성(autonomy)과 동질성(homonomy)의 상호 보완적 균형이 개인의 성격 형성에 중요한 요소임을 강조했다.

4) 동질성이란 개인은 타인에 대한 인식을 통해서만 개인의 정체성을 달성할 수 있음을 뜻한다.

느끼는지를 보여 주는 무언가를 만들어 보도록" 제안하는 것을 좋아한다 (Landgarten, 1981). 이러한 방식으로 내담자는 종결과 관련된 모순된 감정에서 달아나기보다는 그것을 해결하도록 도움을 받는다. 이제 종결 단계의 다음 구성요소인 회고에 대해 다룰 수 있는 기반이 준비되었다.

3. 회고

회고Review는 종결 단계의 세 번째 구성요소이다. 치료의 이 시점에서 전체 경험을 점검하는데, 비록 이 경험이 몇 시간이나 며칠뿐이었다고 해도 마찬가지이다. 여기서는 치료사와 치료를 계약한 첫 시점 이후로 내담자와 그의 외부 환경에서 일어난 변화를 알아본다.

이상적으로 회고의 과정은 언어적 형태의 치료에서도 일어난다. 그러나 언어적 치료에서는 일어났을 변화에 대한 가시적인 지표가 부족하기 때문에 회고의 과정에 한계가 있다. 회고 과정이 일어나면서 내담자와 치료사는 새로운 마음 상태에 도달할 것이다. 그때쯤 이전 마음 상태에 대한 흔적은 희미해져 있을 것이다. 성장과 변화는 대개 매우 천천히 어느 사이엔가 이루어지기 때문에 변화의 정도를 밝혀내기가 어렵다.

미술치료는 이러한 점에서 언어적 형태의 치료들에 비해 확실한 장점을 갖는다. 치료 시간에 만든 시각적 작품은 정보의 영속적인 근원으로 기능하는데, 이는 치료 과정이 해낸 일과 부족했던 점을 알려 준다. 치료의 초기에 내담자가 자신의 문제와 씨름하면서 경험한 생각과 감정이 명확하게 기록으로 남는다. 선택적으로 기억하고 망각하는 경향에도 불구하고, 시각적 작품은 그 자리에 존재한다.

치료를 종결하면서 과정을 되돌아보는 동안에 내담자는 종종 꽤 명확하게 자신의 성장을 알아차릴 수 있다. 예컨대, 32세의 전문직 여성은 회고 과정

동안 초기의 그림에서 자신을 작고 그늘진 인물로 표현했음을 스스로 알아차렸다. 그녀는 크고 고압적인 인물에게 애원하듯이 손을 뻗고 있었다. 그림에 대해 생각하는 동안 그녀는 직장에서 상사를 대할 때, 더 이상 이전과 같이 소녀처럼 행동하지 않음을 깨달았다. 이제 그녀는 자신을 잘 수용할 수 있으며, 성숙한 방식으로 자신의 생각을 표현할 수 있다.

이러한 종류의 행동 변화는 일반적으로 내담자 자신보다 외부의 관찰자에게 더욱 명백하게 보인다. 그러나 내담자가 종결 후에 자신의 나쁜 습관으로 돌아갈 수 있는 가능성을 방지하기 위해 스스로 그러한 변화를 알아차릴 수 있도록 돕는 것이 필수적이다. 치료의 회고 과정 동안 시각적 작품에 대한 평가는 치료를 거치면서 경험한 내담자의 변화를 명백히 강조하는 경향이 있는데, 그로써 이후의 삶의 경험이 지금까지 성취한 과정을 더 이상 지우지 않도록 한다.

회고에는 몇 가지 방법이 있다. 치료사는 내담자로 하여금 주제와 표현 방법의 변화에 주목하면서 첫 회기부터 마지막 회기까지의 작품을 연속적으로 점검하도록 요청할 수 있다. 예컨대, 내담자들은 반복되는 상징과 색, 선, 형태 사용의 미묘한 변화를 알아차릴 것이다. 내담자들은 표현 방법에 있어서의 이러한 변화를 그들의 기분과 태도의 변화와 연관시킬 수 있다. 즉, 그들이 자신의 경험을 처리하고 평가하는 방식인 부호화 시스템이 변화했다고 볼 수 있다.

회고 과정을 촉진하는 또 다른 방법은 내담자로 하여금 치료 과정 중에 만든 작품 중 가장 의미 있는 작품과 그렇지 않았던 작품을 고르게 하는 것이다. 또한 왜 그러한지를 말하도록 요청할 수 있다.

대부분의 내담자에게 있어 가장 의미 있는 작품은 대개 긍정적이거나 부정적인 것을 막론하고 진정한 감정을 부여했던 이차원 작품이나 삼차원 작품인 것으로 드러났다. 그들의 작품은 끔찍하고 트라우마적인 경험을 묘사할 수 있다. 그러나 얼마나 심각하든 간에 내담자가 이 경험을 해결하려고 노력한다면, 그 결과는 종종 개인적으로 꽤 만족스럽고 미적으로도 매력적이다. 예를 들어, 여러 그룹에서 다수의 내담자가 자신의 가장 의미 있는 작품으로 "다른 사람이나 물건과 맺은 어려운 관계"라는 주제에 대해 그린 그림을 골랐다. 한 예로 47세의 흑인 남성은 13세의 수양딸과의 관계를 묘사하였다. 그는 수양딸의 반항을 의미하는 수많은 상징과 더불어 그녀가 자신의 삶에 일으키는 혼란을 그렸다. 그는 그림을 살펴보면서 소녀를 나타내는 듯한 사이클론 같은 모양의 한쪽 면에 조금 더 부드러운 색을 칠한 것을 알아차렸다. 그는 딸이 생물학적 아버지를 상실한 것을 슬퍼할 필요성에 대해 존중하는 과정에서 아이가 그가 길러 줄 수 있는 좋은 자질들을 가지고 있음을 깨달았다.

가장 의미가 없었던 작품은 대개 내담자가 황급히 만들었으나 자발적이지 못했던 작품이었다. 왜 그 작품이 내담자에게 의미가 없는지를 아는 것이 중요하다. 의미가 없는 이차원 혹은 삼차원 작품은 보통 내담자가 자신을 그리 많이 투자하지 않은 작품이다. 종종 투자의 부족은 내담자가 어떤 경험이나

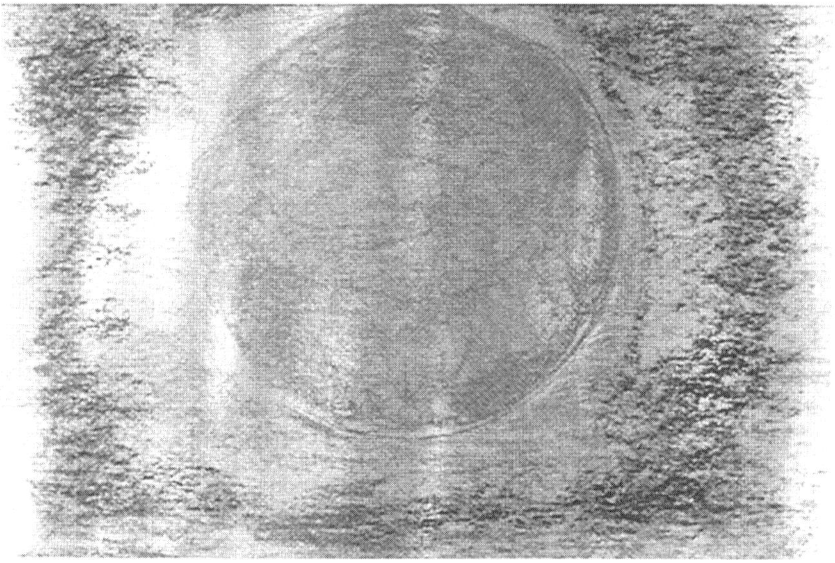

[그림 10-1] 따뜻한 장소

문제를 해결하려는 의지가 없었음을 암시한다. 결국 내담자는 그에 대한 이유를 숙고하길 원할 수 있다. 이때 미래의 한 시점에서 추가적인 작업이 이루어질 수 있다.

치료의 종결 단계 동안 회고 과정을 촉진하는 또 하나의 방법은 내담자에게 치료의 전체적인 경험이 그에게 어떠했는지를 표현해 보도록 제안하는 것이다. 이것은 드로잉, 페인팅, 조각, 콜라주 등의 형식으로 이루어질 수 있다. 예컨대, 헤로인을 과다 복용한 적이 있는 한 집단 구성원은 최근에 중독 치료를 받게 되었다. 22세의 백인 청년인 그는 9×12인치 크기의 종이에 가득 차게 파스텔로 그림을 그렸다. 빨간색으로 둘러싸인 노랗고 흐릿한 해를 그린 것이었다([그림 10-1] 참조). 그는 자신에게 있어 치료 경험은 따뜻하고 햇살 좋은 장소와도 같았다고 설명하였다. 이 젊은이는 특정한 방식으로 자신을 무시한다고 생각하는 사람들을 향해 작은 목소리로 위협적인 말을 중얼거리는 습관이 있었다. 그러나 미술치료에서는 자신의 속도에 맞게 참여하는 것을 허락받아 편안함을 느꼈다고 이야기하였다. 공공연히 공격받거나 비난받지 않는 공간을 가진 것은 그의 삶에 있어 드문 경험이었다.

작품들을 돌아보면서 내담자들은 때로 만족하지 못한 그림이나 조각을 다시 손보길 원한다. 예컨대, 32세의 여성은 회기 초기에 그린 자화상이 마음에 들지 않았다. 어머니와의 갈등을 직면하고 해결하는 동안에 한 개인으로서 자신에 대한 개념은 상당히 변화하였다. 그녀는 또 다른 자화상을 그렸는데, 이 결과는 치료 시간에 그녀가 이룬 성장을 명확히 반영한다.

회고의 과정은 내담자들이 저항과 회피에서부터 해결로 이동하도록 돕는 다리 역할을 한다. 자신이 어디에 있었고, 어디로 가고 있는지를 명확히 아는 것은 위협과 약속이 모두 동반된 미래를 직면하기 위한 용기와 결단력을 제공한다.

4. 해결

해결Resolution은 종결 단계의 네 번째이자 마지막 구성요소이다. 종결 단계는 내담자에게 "지금은 어떤가요?"라는 질문에 대답하도록 요청하는 것으로부터 시작된다. 중요한 것은 종결한다는 사실에 대한 즉각적인 반응과 이것이 내담자의 마음 상태에 어떠한 영향을 주는가이다. 내담자가 전체적인 치료 경험을 살피면서 회고 과정이 이어진다. 회고 과정에서 내담자에게 다양한 형태로 던지는 질문은 "당신은 그동안 어땠습니까?"이다. 이제 해결의 과정을 촉진하기 위해서 내담자에게 미래를 계획해 보도록 요청하고, 치료가 끝난 뒤에 무엇이 기다릴지를 물어본다. 이제 내담자가 해결해야 하는 문제는 "다음에 나에게 무슨 일이 일어날까?"이다. 내담자는 이에 대해 긍정적으로 기대할지 모른다. 혹은 직면하기 꺼려 할 수도 있다. 아무튼 미래는 무엇을 가지고 있든지 냉혹하게 자신의 길을 간다. 지금 중요한 것은 그것이 무엇

[그림 10-2] 검은색 닻

을 포함하고 있든지 내담자가 미래를 직면할 용기를 느끼는 것이다.

해결에는 다음과 같은 두 가지 구성요소가 있다. 첫 번째는 치료적 상호작용이 끝을 맞이하고 있다는 사실을 다루는 것에 대한 내담자의 저항과 관련된 갈등을 해결하는 것이다. 두 번째는 향후 거취에 대한 결의나 판단을 형성하는 것이다. 이 행동의 방향은 다음 몇 시간 혹은 며칠로 구성되는 단기적인 것일 수 있다. 혹은 몇 년이나 수십 년을 다루는 장기적인 것일 수도 있다.

치료의 종결을 둘러싼 갈등과 감정의 해결을 촉진하는 하나의 방법은 내담자에게 다음 주, 다음 달, 내년, 3년 후, 혹은 기타 적절해 보이는 시점에서 자신이 무엇을 하길 원하는지, 어떤 삶을 살고 있을지를 그려 보거나 만들어 봄으로써 앞을 내다보도록 요청하는 것이다.

결의와 해결의 상태를 지나가도록 내담자를 돕는 또 하나의 방법은 치료를 끝내면서 뒤에 남겨 두고 가는 것은 무엇인지, 가지고 가는 것은 무엇인지를 그려 보도록 요청하는 것이다. 어떤 경험은 후에 기꺼이 남겨질 수도 있고, 다른 경험은 마지못해 남겨질 수도 있다. 심지어 짐을 남기는 것도 양가감정을 만들어 낼 수 있다. 이는 기능이 좋고 성공적인 전문직 여성의 그림에서 추론해 볼 수 있다([그림 10-2] 참조). 거대하고 무거운 검은색 닻은 그녀가 남긴 짐을 나타낸다. 체인의 연결고리가 부서져 있으며, 매우 작은 인간의 형체는 자유롭기보다는 닻 쪽의 수렁으로 떨어질 듯이 보인다. 현재의 마음 상태를 이렇게 명확히 그려 보면서 내담자는 이 상황에 내재하는 위험을 피할 수 있는 예방책을 취할 수 있다.

친부모의 집으로 돌아오게 된 한 수양 자녀는 과제와 일거리, 통금 시간을 뒤로하고 떠나는 그림을 그렸다. 이는 그녀가 없이도 잘할 수 있다고 생각한 것이었다. 한 가지 가져가고 싶었던 것은 양어머니의 고양이였다. 고양이는 명백히 양어머니에 대한 양가적 애정을 상징했다. 어떤 미술치료사는 두 손의 윤곽선을 그린 다음, 내담자에게 간직해야 할 것과 보내 주어야 할 것이 무엇인지를 보여 주는 그림을 손 안에 그리도록 요청한다(Landgarten, 1981).

치료사가 내담자에게 중요한 전환점이 되는 작품을 특별히 언급함으로써 해결 과정이 촉진될 수도 있다. 미술치료가 집단으로 이루어져 왔다면, 치료사는 상상력을 더하여 각 집단 구성원에게 감사의 토큰을 제공할 수 있다. 예를 들어, 최고의 난화 상, 최고의 자화상 상, 최고의 검은색 사용 상, 최고의 선 사용 상 등이 있을 수 있다.

내담자가 해결을 얻는다는 것은 그가 "영원히 행복하게" 사는 것을 보장받는다는 개념이 아니라, 삶의 다음 단계에 잠복해 있는 어려움을 직면할 수 있다는 의미이다. 미술치료가 끝난 후에 남겨 두는 것과 앞으로 가져갈 것이 무엇인지의 질문에 대하여 36세의 전문직 백인 여성은 두 부분으로 구성된 그림을 그렸다. 그녀는 직업적 헌신의 일부를 포기함으로써 가족에게 더욱 많은 시간을 헌신하고자 하는 바람을 나타냈다. 두 그림 사이에 그녀는 다리를 그려 넣었다. 다리 위에는 자동차가 있었다. 그녀는 가족과의 삶을 나타낸 그림의 부분으로 나아가도록 정해져 있었지만, 차는 완강하게 반대 방향, 즉 그녀의 직장 생활을 나타낸 부분으로 향해 있었다. 그녀는 가족의 요구에 대한 양가감정을 해결하지 못했다는 점과 삶의 여러 역할의 균형을 맞추기 위해 계속 싸워 나가야 한다는 것을 깨달을 수 있었다.

장기 치료에서 미술치료의 종결 단계는 몇 주에 걸쳐 진행될 수 있다. 단기 치료에서는 종결의 네 가지 구성요소인 승인, 저항, 회고, 해결이 한두 회기 내에 매우 간단하게 다루어질 수 있다. 그럼에도 불구하고 그것들은 모두 이루어져야 한다. 내담자와의 계약이 단 한 회기 내로 끝날지라도 그것들에 주의를 기울여야 한다.

종결은 치료 과정의 시작에 있었던 곳과 다시 연결되는 것이다. 정서적으로, 인지적으로, 기타 다른 방법으로 거쳐 온 여정을 주목하고 평가해야 한다. 시작할 때 느낌이 어땠는지, 지금은 어떤지를 비교함으로써 지나온 여정을 평가할 수 있다. 그때 우려했던 것은 무엇이며, 지금은 어떠한가? 그때의 바람은 무엇이었으며, 지금은 어떠한가?

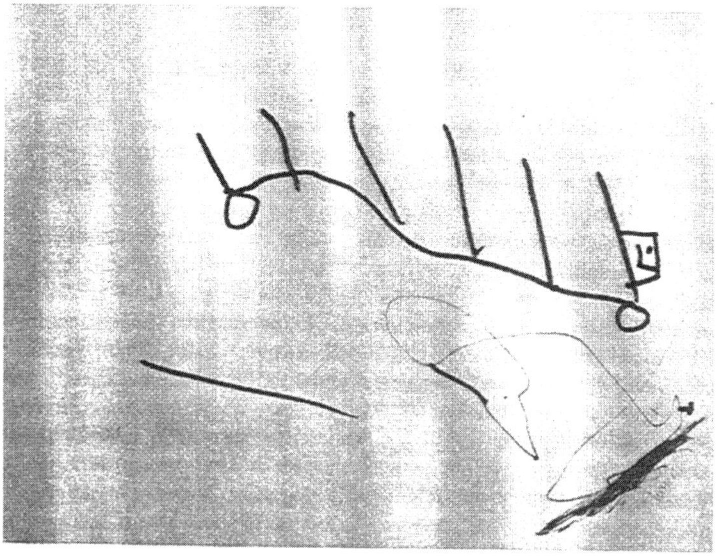

[그림 10-3] 배, 물, 상어, 통나무 트럭

[그림 10-4] 나무 오르기

변화의 정도는 치료 과정 중에 만든 첫 번째 작품과 맨 마지막 작품을 비교함으로써 가늠할 수 있다. 이러한 변화를 평가하는 방법은 언어적 능력이 제한된 어린 내담자들과 작업할 때 특히 유용하다. 한 예로 5세의 흑인 남아는 그의 치료사와 같은 인종적 배경을 갖고 있었다. 그의 첫 번째 작품은 몇 개의 선으로 이루어져 있었으며, 다소 일관성이 없었다([그림 10-3] 참조). 그는 이 선들이 배, 물, 상어를 표현한 것이라고 설명하였다. 또한 그는 트럭을 언급하였다. 이것들 중 어떤 것도 그림에서 실제로 식별할 수 있는 것은 없었다.

그의 다음 그림은 더욱 구조화되었고, 나이에도 적절하였다([그림 10-4] 참조). 그림에는 집이 그려져 있으며, 그의 부모가 집 왼쪽에 있다. 집의 반대편에는 나무를 기어오르고 있는 자신을 그렸으며, 여동생이 그를 지켜보고 있었

[그림 10-5] 소년 리(Boy Lee)

다. 그를 나타낸 인물은 부모님이나 여동생을 나타낸 인물보다 덜 발달되어 있었다. 그 외에도 작고 부분적인 달, 별, 그리고 검은 하늘이 그림을 채웠다.

보편적인 관점에서 경험적 연구와 임상적 경험에 비추어 보면, [그림 10-4]의 수행과 대상의 위치는 다소 미성숙하며, 우울한 아이의 모습을 보여 준다. 그러나 같은 미술치료 회기에서 만든 마지막 작품은 훨씬 더 성숙하고 안정된 아이의 모습을 보여 준다([그림 10-5] 참조). 그것은 여러 색으로 칠해진 옷을 입고 발랄한 모자를 썼으며, 13개가 적절히 위치한 공을 저글링 하는 사람을 나타낸다. 그는 그 인물을 "소년 리Boy Lee"라고 불렀는데, 그것은 그의 이름도, 친구들의 이름도 아니었다. 같은 회기 내에 아동이 그린 첫 그림과 마지막 그림의 차이는 매우 놀랍다. 이 치료사는 그의 성장을 강화할 수 있는 숙달감을 양성하는 데 분명히 성공하였다. 그림이 보여 주는 증거가 없었다면 이 아동에게 회기가 준 영향력을 측정하기가 훨씬 더 어려웠을 것이다.

종결은 애도와 성취의 요소를 지니고 있다. 모든 과정이 잘 지나고 나면 기쁨의 측면과 성취감이 존재한다. 종종 슬픔의 기운도 있다. 왜냐하면 현실은 사람의 기대에 부응하는 법이 거의 없기 때문이다. 성숙함의 표시는 꿈이 어쩔 수 없이 무산되는 것을 인식하는 것이며, 그것을 받아들이는 법을 배우는 것이다.

두 얼굴을 가진 로마의 신 야누스처럼, 종결 단계도 앞쪽과 뒤쪽을 동시에 바라본다. 얼굴 한쪽은 과거를 향해 있고, 다른 한쪽은 미래를 향해 있다.

뒤쪽과 앞쪽을 둘 다 조망하는 이중 시선은 시스템을 안정시키는 사이버네틱 기능을 수행한다. 정보 입력은 시스템의 적절한 방향을 결정할 수 있도록 이 두 가지 방향을 살핌으로써 제공된다.

5. 통합

인간의 시스템은 내부와 외부에서 다양한 근원으로부터 들어오는 정보로 인해 움직인다. 이 정보는 부호화되어야 한다. 즉, 처리되고 기존의 시스템에 있던 정보들과 통합되어야 한다. 그리해야 다음 활동 단계가 순조롭고 적절하게 계획될 수 있다. 정보가 부호화되고 조직화되는 방식은 시스템의 에너지가 활용되는 방식을 결정한다. 그것은 목적 없이 낭비될 수도 있고, 혹은 목표 지향적인 활동에 분별력 있게 투자될 수 있다.

미술치료 회기 동안 시각적 작품에 표현된 이미지와의 대화 단계를 통해 생긴 정보는 치료가 종결되고 나서도 완전히 해독되지 않는다. 표현된 경험의 의미 중 일부는 수수께끼처럼 남아 있을 것이다. 경험의 의미 중 다른 부분들은 내담자가 이후에 비슷하거나 반대되는 종류의 경험들에 직면하면서 해석되고, 내담자의 인지적 · 행동적 시스템에 점진적으로 통합될 것이다. 이미지에 응축된 어떤 정보는 잠자는 공주나 괴물처럼 잠재되어 있는 상태로 유지된다. 치료적 관계의 본질은 이러한 면에서 차이를 보일 것이다. 치료적 관계가 건설적이었다면, 치료 시간에 적절히 다루어지지 않은 잠자는 괴물이 여전히 존재한다고 해도 계속 에너지를 발산하고 건설적인 정보를 제공할 것이다. 반면에 치료적 관계가 해로웠다면, 치료를 종결하고 한참이 지나서도 개인의 가치와 능력에 관한 좋지 않은 메시지를 계속해서 제공할 것이다. 그것은 녹는 얼음 조각 같이 미래의 경험을 희석할 것이다.

치료사와 대면하고 상호작용하는 동안에만 일이 이루어지는 것이 아님을 명심하는 것이 좋다. 이는 회기 중에도, 그리고 회기가 모두 끝난 한참 뒤에도 계속될 수 있다.

치료 세션 중에 사고와 노력이 요구되는 질문이 제기된다. 이러한 질문들은 내담자의 정신적 에너지에 초점을 맞춘다. 두 대뇌 반구 모두 이 질문을 해결하기 위해 관여한다. 사람의 마음은 과거와 현재의 삶의 경험을 다루면서 그물망처럼 정답을 위해 던져져야 한다. 미술치료의 다양한 활동과 시각적 작품에 대한 논의는 모든 답과 해결책을 제공해 줄 수는 없지만 해결 과정을 촉진시킨다. 적절한 답에 대한 탐색은 마음의 다양한 하위 시스템을 통틀어 반향을 일으킨다. 대뇌의 두 반구 모두가 관여하면서 해결책이 마침내 모습을 드러내는데, 그것은 생각의 한 부분만 활용될 때보다 더욱 적절하기 마련이다. 에너지의 모듈처럼 치료에서 제기되는 질문들도 에너지를 생산하며, 생각, 감정, 의도, 결정의 형태로 새로운 에너지를 끌어당긴다. 사이코사이버네틱 관점에서 인간의 기능을 관찰할 때, 그 과정은 치료사의 도움으로 시작된다. 생각(mind)은 내담자가 스스로 삶에 변화를 줄 수 있는 그러한 질문들에 관심을 보이며 이 과정을 계속 진행한다. 사이버네틱 관점에서 이러한 방식으로 얻은 정보는 내담자가 스스로 삶의 방향을 조종하는 데 사용된다. 더욱 중요한 것은 치료 시간에 내담자가 마음속에 자발적으로 떠오르는 이미지에 주의를 집중하는 법을 배운다는 것이다. 이미지는 치료가 종결된 후에도 끊임없이 다루어지고 처리되어야 하는 정보의 운반자들이다.

6. 실제적인 지침

종결의 과정은 치료 과정 중에 내담자가 만든 작품들을 종결 시점에서 손쉽게 점검할 수 있을 때에만 앞에서 언급된 바와 같이 효과적으로 진행될 수 있다. 이러한 이유로 치료사의 사무실에 내담자가 만든 그림과 기타 항목들을 보관하는 시스템을 갖추고 있는 것이 좋다. 튼튼한 재질의 폴더를 만들라. 각 회기가 끝난 후, 내담자에게 자신의 작품에 날짜를 쓰고 서명을 하도록 요청하라. 그리고 이차원의 작품은 폴더 안에 넣고, 삼차원의 작품은 보관 목적으로 내담자에게 허용 가능한 공간이면 어디든지 보관이 가능하다. 내담자가 작품을 보고 싶을 때면 언제든지 작품에 접근할 수 있어야 한다. 그러나 치료사의 사무실에서 가지고 나가지 않는 것으로 합의하는 것이 좋다. 그것은 내담자의 치료 과정을 기록한 서류이다. 그것은 친구나 가족을 즐겁게 하기 위한 것이 아니다.

미술치료 작품이 치료사의 사무실 밖에서 돌아다니면 안 되는 또 다른 이유가 있다. 미술치료에 익숙하지 않은 대부분의 사람은 기타 다른 미술 작품을 대하듯이 미술치료에서 만들어진 작품들을 대할 수 있기 때문이다. 박물관이나 미술관에서의 미술 작품은 미적 특성과 기술의 정도로 평가된다. 반면에 미술치료에서 만들어진 작품들은 미적 규준을 염두에 두고 만들어지지 않는다. 미술치료에서 중요한 것은 미적인 것이 아니라 시각적 작품을 만드는 동안에 창작자가 자극을 받는 사고 과정이다.

특히 아이들과 작업할 때, 치료사는 아이들의 작품을 평가할 때 미적인 기준을 사용하는 부모로 인해 아이들에게 쏟아지는 불공정한 비난으로부터 내담자를 보호해야 한다. 대부분의 아이는 부모님이나 선생님에게 자신의 작품을 보여 주길 원한다. 따라서 어른들은 이러한 형식의 정보 처리에 대한 아이들의 열정을 약화시키지 않도록 미술치료에서 만들어진 미술 작품의 목적을 안내받아야 한다.

내담자들은 치료가 끝난 후에 자신의 모든 작품을 가져갈 수 있다. 어떤 이차원 · 삼차원 작품은 내담자에게 큰 의미가 있기 때문에 이 작품들을 치료적 상호작용과 치료 과정 동안에 얻은 해결책을 상기시키는 것으로서 소중히 여기고자 한다. 남겨진 다른 작품들은 폐기되거나 치료사가 안전하게 보관하게 된다. 많은 내담자는 치료사에게 작품을 맡김으로써 자신이 이제 성장하였음을 보여 주고자 한다.

7. 결론

종결 단계는 네 부분으로 구성되어 있다. 승인은 치료의 대략적인 기간에 대해 내담자와 합의하는 것이다. 다음으로, 종결 날짜가 다가오면서 저항이 수면 위로 떠오른다. 치료사는 내담자가 헤어짐의 고통을 다루는 것을 피하려고 할 때 저항의 다양한 조짐을 경계해야 한다. 그다음으로 치료 과정 동안에 일어난 일들을 내담자가 살필 때 도입되는 회고의 과정이 이루어진다. 과정의 회고는 종결 단계의 마지막 구성요소, 즉 내담자들이 미래의 방향을 설정하는 데 도움을 받는 해결로 이어진다.

인생은 우리 자신, 그리고 다양한 역할에서 상호작용하는 사람들에 대한 다양한 과제와 기대에 대처하면서 다양한 감각 양식을 통해 우리에게 잇따라 주어지는 메시지를 처리하는 끝없는 과정이다. 이상적으로 치료 과정 동안에 내담자는 외부에서 들어오고 내부에서 떠오르는 메시지에 주의를 기울이는 법을 배운다. 미술치료에서 만든 시각적 작품들은 이 정보의 흐름을 일시적으로 중단시키는 수단으로 기능하며, 그럼으로써 다양한 메시지가 검토되고 기존 시스템에 있던 정보들과 통합된다. 치료사는 인간의 시스템에 잠겨 있는 다양한 형태와 수준의 정보를 처리하는 과정을 돕는다. 치료 후에도 정보의 유입을 처리하는 과정은 치료사의 즉각적인 도움 없이도 계속되어야 한다. 치료사와의 관계가 긴설직이었나면, 그 이후로 치료사는 내담자의 삶의 상징적인 면에 있어서 매우 실제적인 존재로 남아 있을 것이다.

제3부

특정 내담자군과의 작업

제11장

아동과의 작업

이 책의 제1부에서는 사이코사이버네틱 모델의 이론적 기초에 대해 논의하였다. 치료 과정의 여러 단계에 대해서는 제2부에서 다루었다. 간단한 사례들을 통해 치료 과정의 여러 단계에 대해 보여 주었다. 제3부에서는 특정한 내담자 집단과 함께 작업할 때 염두에 두어야 할 구체적인 문제들을 다루고자 한다. 생애 단계life stages에 대한 개념을 조직 원리로 사용하여 아동과 청소년, 그리고 다양한 성인과 함께 작업하기 위한 특정한 요인들을 강조한다.

증상이 있는 아동과는 어떻게 작업을 할 것인가? 그 아동이 문제를 가지고 있다고 가정해 보자. 가정이나 학교에서 문제가 될 수 있을 것이다. 아마도 아동은 괴롭힘을 당하거나, 악하게 다른 아동들을 괴롭힐 수도 있다. 또는 수업 시간에 몇 분도 가만히 있지 못하고, 쉬지 않고 돌아다닐 수도 있다. 이제 그 아동에게 문제가 있을 뿐만 아니라, 아동 자체가 선생님과 부모에게도 문제가 된다. 치료사는 무엇을 해야 하는가?

미술치료사의 첫 번째 충동은 어떤 일이 일어나고 있는지를 알기 위해 아동에게 그림을 그리게 하는 것이다. 로다 켈로그Rhoda Kellogg에 의하면, 아동에게 있어 그림 그리기는 쿠키를 먹는 것만큼 자연스러운 일이다(Kellogg,

1969). 그러나 아동이 거절한다면 어떨까? 주의력 결핍 및 과잉 행동 장애로 진단받은 아동은 그림을 그릴 수 있을 정도로 충분히 진정되지 않으며, 그림에 대해서 말하려고 하지 않는 경향이 있다. 제7장에서 논의된 사이코사이버네틱 모델의 긴장완화 단계가 상당히 확장될 필요가 있다. 신체적으로 격렬한 활동이 필요하다(Henley, 1988). 한 미술치료사는 만다라 그리기가 과잉 행동을 보이는 아동들을 차분하게 만드는 데 도움을 준다는 것을 발견했다(Smitheman-Brown & Church, 1966).

아동 자체가 문제이거나 혹은 아동이 문제를 가지고 있을 때, 치료 과정이 더 많이 진행되기 전에 미술치료사는 아동과 직접 작업하는 것이 가장 좋은 것인지를 고려해야 한다. 비록 미술치료사가 아동과 직접 작업하도록 대부분 훈련받아 왔지만, 그것은 가능한 모든 고려 사항의 절반일 뿐이다. 직접적인 치료 방법 외에도 부모와 협력하여 아동을 돕는 간접적인 치료 방법 또한 있다. 종종 부모와 함께 협력하는 것은 아동의 문제를 돕는 가장 효율적인 방법이다.

1. 간접적인 치료

아동은 그가 속한 가족 시스템의 일부분이다. 불가피하게도 아동은 부모의 재정적, 사회적, 건강에 관한 기타 어려움으로 인한 심리적 고통을 흡수한다. 아동은 다소 예민하고 연약한 시스템의 한 부분이다. 부모는 자신의 문제를 "쓴웃음을 지으며 참을 수" 있으며, 때로는 "아이를 위해서" 그들의 어려움을 참고 견딘다. 그러나 아동은 고통과 긴장감을 느낀다. 아동은 긴장감을 표출하거나 공상에 빠지기도 하고, 우울해지거나 건강상의 문제를 일으킬 수도 있다. 아동은 가족이 견뎌 내고 있는 스트레스를 보여 주는 바로미터와도 같다. 이러한 상황에서 아동과 직접 작업을 하는 것은 구멍 난 보트를 타는 것과도 같다. 당신은 보트에서 물을 퍼내려고 할 수도 있지만, 구멍을 고치지 않으면 소용이 없다. 이것은 특히 어린아이들에게 해당된다. 그러나 부모가 도움을 받을 수 없거나 도움을 구하려는 의지가 없는 상황이 있다. 아버지가 수감되었을 수도 있다. 혹은 어머니가 마약에 깊이 빠져 있을 수도 있다. 그렇다면 어떻게 할 것인가? 아버지가 아이 앞에서 어머니를 총으로 쏜 죄로 종신형을 선고받은 사례를 생각해 보자. 어머니는 사망했다. 아버지는 감옥에 있다. 당신은 "물을 퍼내는 것" 외에 무엇을 할 것인가? 감옥에 있다고 하더라도 아버지는 여전히 아버지이다. 그는 아이의 유일한 아버지이다. 아버지가 적어도 자녀에게 편지를 쓰도록 설득할 수 있다면 도움이 될 것이다. 그런 다음, 아버지는 지금 그에게 일어난 일에 대해 미안하다는 것과 아이는 그에 대해 아무런 책임이 없으며, 아이를 사랑한다는 것, 학교에서 어떻게 지내는지 알고 싶다는 것 등을 확실히 이야기할 수 있을 것이다.

더 나이가 많은 아동과 작업하거나 부모의 치료가 불가능한 경우, 치료사는 어떤 형태로든 삶을 풍요롭게 할 수 있다. 예컨대, 큰오빠나 큰누나로서 동물원이나 스포츠 경기 혹은 다른 종류의 활동을 계획하는, 의지할 수 있는 성인들과 관계를 맺게 한다. 미술치료사가 삶을 풍요롭게 할 수 있는 형태에 대해 충분히 모를 수도 있지만, 다른 전문가 동료들에게 의뢰하거나 상담할 수 있다. 대개 사회복지사들이 이러한 일에 능하다. 부모, 조부모, 사회 환경을 통해 간접적인 치료 형태로 가능한 모든 방법을 찾아본 후에도 안 되는 경우에만 문제 아동에 대한 직접적인 치료 방식으로 전환하라. 간접적인 치료 방식은 아동이 미술치료사에게 직접적인 치료를 받으면서 사용하는 경우에도 역시 유용하다.

현재의 세대인 베이비 붐 세대가 전면에 나오면서 정신건강 분야에서 간접적인 치료와 직접적인 치료의 분리는 잘 수립되었다. 이것을 아동 지도 모델 Child Guidance Model이라고 부른다. 정신과 의사는 때때로 어떤 형태의 미술 표현을 사용하여 아동과 직접 작업하였으며, 부모(대개 어머니)는 사회복지사와 이야기하였다. 어머니가 사회복지사의 도움으로 자신의 문제를 정리하자 아이는 나아졌다. 그렇다면 아이의 상태 개선에 대한 공로를 인정받은 사람은 누구인가? 정신과 의사이다!

아이 자체가 문제가 되거나 문제를 가지고 있는 아이와 함께 작업할 때, 가장 먼저 할 일은 그들의 부모가 자신의 문제를 해결할 준비가 되어 있는지를 보는 것이다. 그들은 재정적 도움이나, 부부 상담이나, 취업 상담 등 어려운 서비스를 필요로 할 수 있다. 혹은 가족치료가 필요할 수도 있다. 가족치료는 분열된 가족에게 적절할 수 있으며, 이러한 경우에 할머니, 혹은 어머니의 남자친구도 과정에 참여할 수 있다. 또한 어떤 형태의 삶의 풍요로움 또한 고려해 보자. "한 아이를 키우려면 온 마을이 필요하다"라는 말이 있는데, 우리는 "마을" 공동체 같은 형태가 가족과 아이를 돕기 위해 활성화될 수 있는지를 살펴보아야 한다. 다른 형태의 도움을 고려하고 찾아볼 수 있다면, 아동과 직접 작업하는 것은 최후의 수단이 되어야 한다.

2. 직접적인 치료

직접적인 치료는 부모의 치료가 불가능할 때 아이와 함께 작업하는 것으로서 적절하다. 이는 기관이나 양육 시설의 아동에게 적합하다. 직접적인 치료는 실제로 "불 끄기 모델fire-fighting model" 형식의 도움이다. 트라우마는 오래전에 이미 일어났을 것이다. "두 번째 숙달"이라고 불리는 양육을 통해 긍정적인 자기이미지를 더욱 개발하고 아이의 고통을 치료하도록 돕는다. 새로운 관계를 통해 아동은 자존감과 능숙함, 사랑 받음을 느끼게 된다. 아동은 또한 새로운 정체성과 기술, 참조 그룹 및 존경하는 사람을 개발하게 된다.

미술치료에서 내담자는 시각적 표현에서부터 언어적 표현으로, 또는 언어적 표현에서 시각적 표현으로 진행할 수 있다. 어린아이들은 그림 그리기를 먼저 하고, 그림이 나타내는 바를 말로 표현한다(제9장 참조). 아동은 자신의 성가신 감정을 인식하고 처리하는 법을 배운다. 감정에 단어를 연결하는 것은 아동에게 어느 정도의 숙달감을 제공한다. 이제 아동은 신체화하거나 행

준비

1. 내담자 아동을 가상 TV 프로그램의 게스트로 초대하라.
2. 촬영할 수 있다면, 쉬운 질문들에 대답하는 것을 녹화하는 데 익숙해지도록 하라(예: 이름, 주소, 학년, 담임 선생님의 이름 등. 그런 다음, 다시 테이프를 돌려서 아동이 자신의 목소리를 듣게 하라).
3. 규칙을 설명하라. 이야기에는 서론, 본론, 결론이 있어야 한다. 즉석에서 만들어야 하며, 읽거나 들어 본 적이 있는 이야기는 안 된다.
4. 준비되면 아이는 시작할 것이다. 아이를 안심시키라. "머릿속에 수백만 가지의 이야기가 있다는 사실에 놀랄 거야."

과정

5. 필요하다면 아동이 시작할 수 있도록 돕는다. "옛날에…… 아주 오랜 옛날에…… 멀리 떨어진 곳에…… 누가 살았어요……." 그러고 나서 아동에게 계속하라는 신호를 준다.
6. 아동이 어려워하면 연결어를 제시함으로써 도와줄 수 있다(예: "그런 다음……." "그리고 그 다음에 일어난 일은…….")
7. 아동이 이야기를 다 마치면 교훈이나 이야기의 제목을 묻는다.
8. 필요한 경우, 명료화할 수 있는 질문을 던진다(예: 그 개는 화가 났었니? 남자였니, 여자였니?)
9. 이야기를 잘 들려준 것에 대해 아동을 칭찬해 준다.

치료사의 이야기

10. 아동이 당신의 이야기를 구성하는 데 도움을 수고자 이야기할 때 그것에 주목할 수 있다. 같은 캐릭터를 사용하되, 다른 환경이나 소품을 사용하라. 아동이 암시했던 딜레마에 대한 더 건강한 해결책을 찾아보라.
11. 이야기 속의 어떤 캐릭터가 아동 자체를 나타내고, 누가 다른 인물인지 확실히 알도록 하라. 가끔은 다양한 인물이 아동 성격의 여러 측면을 나타내기도 한다.
12. 당신의 이야기에서는 아동의 이야기에서보다 아동에게 건설적인 대안과 선택을 더 많이 제공하도록 하라.

[그림 11-1] 상호 이야기 전달 기법 (Mutual Storytelling Technique)

동화하기보다는 스스로를 통제할 수 있다.

치료사 또한 언어적 표현에서 시작하여 시각적인 표현 형식으로 진행할 수 있다. 상호 이야기 전달 기법mutual story telling techique이 이에 해당된다(Gardner, 1971). 먼저, 아이가 딜레마에 대한 이야기를 한다. 그런 다음, 치료사는 더욱 긍정적인 결과가 있는 이야기를 해 준다. 마지막으로, 아이가 그림을 그린다. 그림은 문제에 대한 해결 경험을 간직하도록 돕는다. 그것은 이제 "우뇌" 사고의 도움으로 더욱 깊이 탐색된다(제3장 참조). [그림 11-1]은 이 과정을 요약해 준다.

3. 치료 방식

아동과 함께 작업하기 위한 세 가지 치료 방식이 있다. 정신역동적 · 참여 관찰자적 · 행동 수정적 방식이다. 이 방식들은 다양한 형태의 놀이치료뿐만 아니라 미술치료에서도 나타날 수 있다.

1) 정신역동적 방식

정신역동적 방식에서는 치료사가 아동의 행동과 말을 끌어내어 그에 응답하는 반응 테스트기sounding board처럼 행동해야 한다. 치료사는 아동이 말한 것과 행동한 것을 반영해 주고 아마도 "편집"을 해 줄 수 있을 것이다. 그것은 아이의 강점을 선택적으로 강조하고, 내담자가 자신의 행동과 말로 표현한 감정에 대해 말해 주는 것이다. 좋고 긍정적인 감정뿐만 아니라, 분노와 금기시되는 감정까지 그 모든 감정은 주목을 받고 인식되며 받아들여진다. 모든 감정은 정당하다. 유일하게 던질 수 있는 질문은 그 감정을 가지고 무엇을 할지이다. 실제의 삶에서 화난 감정을 폭발시키는 것은 금지되어 있다. 왜냐하면 아이는 행동하기 전보다 더 큰 어려움에 처할 것이며, 죄책감이 들 수 있기 때문이다. 치료사는 먼저 다음과 같이 말할 수 있다. "네 여동생을 때리고 싶은 기분이 드는 구나……. 왜냐하면 너는 화가 났기 때문이지……. 동생은 모든 것을 갖고 있으니까……. 그리고 너에게 아무것도 남지 않을까 봐 두려워하는구나……." 얼마 후에 치료사는 아이를 교육하려고 할 것이다. 그의 감정이 인정되고 받아들여진 뒤 치료사는 다음과 같이 말할 수 있다. "그래, 그건 너를 화나게 만들지……. 슬프지……. 그렇지만 동생은 아주 어린 아가잖니……. 아가는 몰라……." 그러고 나서 치료사는 계속해서 다음과 같이 말할 수 있다. "네가 매우 화가 났을 때 무엇을 할 수 있겠니? 나가서 공을 차는 게 좋을까?" 감정이 받아들여지고, 인정되고, 공유되고, 이해된다면 더 이상 그것은 행동화될 필요가 없다.

경험이 부족한 한 미술치료사가 8세 소년과 작업을 하고 있었다. 그는 교실에서 가만히 있지 않았으며, 온갖 종류의 소란을 피웠기 때문에 교사로부터 의뢰되었다. 어떻게 진행해야 할지 몰라 미술치료사는 버지니아 엑슬린 Virginia M. Axline의 놀이치료에 대한 책을 기억해 냈고, 그 방법을 모방하기를 원했다(Axline, 1947). 소년의 교실에서부터 복도를 걸어 내려가면서 소년의 미술치료 회기에 할당된 방의 위치를 확인하지 못했던 치료사는 소년이 그 방의 위치를 아는 것에 주목하였다. 그는 열쇠를 어디서 얻을 수 있는지도 알고 있었다. 그녀는 또한 아이가 길을 보여 주면서 작은 가슴이 팽창하는 것을 알아차렸다. 그들은 곧 방에 도착했고, 치료사는 가져온 장난감과 종이, 크레파스를 꺼냈다. 그녀는 아이를 유인하여 작은 테이블에 앉게 하고, 그녀가 가져온 것을 보게 함으로써 그의 흥미를 끌길 원했다. 그러나 소년은 그저 방을 돌아다닐 뿐이었다. 잠시 후에 그는 창문으로 가서 밖을 내다봤다. 날씨는 꽤 따뜻했고, 창문은 열려 있었다. 교실은 건물의 2층에 있었다. 소년은 물어보았다. "제가 점프하는 것을 보실래요? 저는 할 수 있어요!" 치료사가 할 일은 무엇이었겠는가? 일어나서 소년을 잡고 창문을 닫는 것이겠는가? 다행히도

치료사는 소년이 보내는 메시지에 귀를 기울일 수 있었다. 그는 치료사에게 새롭고 낯선 상황을 두려워하지 않는다는 것을 말하려고 했던 것이었다. 그의 목소리의 톤이 치료사에게 단서를 주었다. 그는 스스로를 주장하고자 했다. 그녀는 다음과 같이 말했다. "나는 네가 아무것도 두려워하지 않는다는 것을 알아. 너는 용감하구나……." 그것이 필요한 전부였다. 소년은 창문에서 돌아서서 테이블로 다가왔다. 엑슬린의 기본적인 철학이 그 소년을 구하였다. 감정을 표현하고 받아들여지자 행동화될 필요가 없었다. 표현은 언어적으로나 시각적으로 혹은 두 가지 모두의 방식으로 이루어질 수 있다. 놀이치료에서 감정은 주로 행동으로 표현되고, 일부는 언어화된다. 미술치료에서 감정은 종이 위에, 혹은 클레이, 모빌, 콜라주 등과 같은 삼차원 작품에 시각적으로 표현된다.

미술치료와 놀이치료에서 정신역동적 방법은 로제리안들Rogerians과 엑슬린의 지지자, 그리고 다른 정신역동적 성향의 치료사들에 의해 사용되었다.

2) 참여 관찰자적 방식

참여 관찰자는 또 다른 치료 방식이다. 여기서 치료사는 놀이 장면으로 들어가서 구성의 방향을 틀어 그것에 영향을 줄 수 있다. 예컨대, 베텐스키는 아동이 작업하던 장면에 헬리콥터를 보냈던 사례를 설명했다(Betensky, 1973). 제8장에서 논의하였던 상호적 드로잉 기법은 참여 관찰자 개입 방식의 또 다른 예이다. 여기서 치료사는 내담자에게 도움이나 공감의 힌트가 될 수 있는 대상을 그린다. 참여 관찰자로서 치료사는 내담자가 의사소통을 위해 필요로 하는 고통을 무효화하지 않도록 주의해야 한다. 많은 경우, 곤경을 완화하기 위해 무엇을 할 수 있는지 아동 스스로 찾아낼 수 있도록 하는 것이 가장 좋은 방법이다.

3) 행동 수정적 방식

행동 수정적 방식에서 치료사는 나중에 사탕이나 장난감으로 교환할 수 있는 토큰을 줌으로써 아동의 바람직한 행동에 대해 보상한다. 만일 아동이 그림을 그리면 그는 보상을 받을 것이다. 그림에 대해 이야기를 만들면 그는 또 다른 보상을 얻을 수 있다. 리처드 가드너Richard A. Gardner는 정신분석가로 시작한 저명한 소아 정신과 의사이다. 현재 그는 상류층 가정의 저항적인 어린이들에게 이러한 형식의 개입을 적용하고 있다(Gardner, 1975). 행동 수정에는 열렬한 지지자와 반대자가 있다. 이러한 기법은 성인들에게뿐만 아니라 아동들에게도 널리 사용된다. 치료사뿐만 아니라 부모와 교사도 아동의 행동을 형성해야 한다. 아동은 무엇이 허용되고, 무엇은 그렇지 않은지 알기 위해 사회화되어야 한다. 이것은 아동이 성장함에 따라 가족 안에서 가장 잘 행해진다. 물질적인 형태의 보상은 점차 사회적 보상과 자존감 또는 선한 양심과 같은 자기보상으로 대체된다. 사이코사이버네틱 관점에서 볼 때, 대부분의 경우 행동 수정은 가장 바람직하지 않은 방식이다. 아동의 생각과 적절한 보상에 대한 탐색이 촉진되어야 한다. 이것은 우리가 치료사의 전반적인 과제를 검토할 때 더 명확해질 것이다.

4. 치료사의 과제

치료사는 수행할 작업과 장소, 기간을 명확히 함으로써 회기를 구조화한다. 어떻게 진행할지는 아동에게 달려 있다. 그런 다음 치료사는 내담자의 미술 작품과 행동을 통해 혹은 언어를 통해 표현된 아동의 감정에 주목하거나 그것을 말로 옮긴다. 치료사의 주된 업무는 감정을 나눌 수 있는 안전한 환경과 관계를 제공하는 것이다. 자신이 받아들여지고 존중받는다고 느끼면 아동도 자신을 존중하기 시작할 것이며, 다른 사람을 배려하고, 타인을 향한 행동도 적절해질 것이다.

치료사는 놀이나 미술 활동을 통해 아동의 자아 발달을 고취시키는 동안에 수많은 역할을 수행한다. 치료사와 함께 작업하는 동안에 아동은 미술이나 놀이 재료에 질서를 부여하면서 숙달감을 얻는다. 아동은 자신을 피해자가 아닌 행동하는 자로서 경험한다(제8장 참조). 그는 고통스러웠던 상황을 이제 안전한 장소에서 재작업하고, 재경험할 수 있다. 고통스러웠던 경험은 상징적으로 묘사될 수 있다. 이제 그는 견딜 수밖에 없었던 상황을 이해하고 재구성할 수 있다. 이것은 "2차 숙달secondary mastery"이라고 불린다. 여기서 아동은 상징적 표현을 통해 받아들여지지 않는 감정을 승화시킬 수 있다. 괴물을 만들고 죽이는 것은 2차 숙달의 좋은 예이다. 다양한 미술 활동을 통해 아동은 새로운 정체성을 형성한다. 다양한 자기표상이 만들어지고, "맞춰 가며" 시도된다. 아동은 자신의 자존감을 강화하고, 결과적으로 그의 행동 또한 보다 만족스럽고 사회적으로도 보상받는 방식으로 점차 변한다. 다양한 미술 활동에 참여하면서 그는 "우뇌"를 자극하게 되고, 삶의 다양한 영역에서 더욱 창의적이고 문제를 잘 해결하는 사람이 된다(제3장 참조).

5. 구체적인 기법

제8장에서 논의한 치료 과정의 미술작업 단계에서 아동과 다양한 연령 집단에 유용한 구체적이고 다양한 기법을 언급하였다. 이러한 기법 중 몇몇을 더 자세히 살펴보고, 추가적인 방법을 덧붙이고자 한다.

만약 아동이 미술치료 활동에 참여하는 것을 불안해 하고 꺼려 한다면 치료사는 그림을 그리는 것에 대해 아동을 편안하게 만들고, 라포를 형성하면서 안전한 환경을 조성해야 한다. 어떤 아동들은 그림을 그려 본 적이 있는지 물어보는 것만으로도 충분하다. 그러면 그 아동은 자신의 선택으로 그림을 그리기 시작한다. 반면에 아동이 학교에서 미술을 잘 못한다고 대답한다면 치료사는 이것이 그것과는 다른 종류의 미술이라고 이야기하며 안심시켜 주어야 한다. 그것은 "그저 그냥" 이루어져서는 안 된다. 아무도 아동의 작품을 비판하지 않으며, 그 그림이 좋은지 나쁜지를 결정할 수 있는 사람은 아동뿐이다. 사실 아동이 미술 활동을 시작하도록 하는 한 가지 방법은 "고의로 엉망인 것을 그려 보도록" 하는 것이다. 아동으로 하여금 종이의 한 부분에는 "기분 나쁜" 그림을, 또 다른 부분에는 좋아 보이는 것을 그려 보자고 한다(Landgarten, 1981). 이 작업은 자연스럽게 집이나 학교에서의 좋은 행동과 나쁜 행동, 그리고 부모님과 선생님이 어떻게 반응하는지에 대한 논의로 이어진다.

아동이 여전히 그림 그리는 것을 주저한다면, 그림 그리기를 시작하기 위한 쉬운 방법들을 해 보지 않겠느냐고 묻는다. 난화라고 알려져 있는 "프리플로 기법"을 소개한다. "먼저 종이 위에 이렇게 선을 그려(치료사가 난화 선을 그린다). 이제 나는 선에서 무엇을 만들 수 있는지 살펴볼 거야. 이것이 무엇처럼 보이니? 꽃처럼 보이지는 않니? 혹은 새처럼 보일 수도 있지 않을까? 여기에 점을 찍으면 어떻게 될까? 그러면 우리가 이걸 얼굴로 만들 수 있을까?"

"위니컷의 스퀴글 게임"은 프리플로 기법과 유사하다(Winnicott, 1971). 치료사는 아동에게 "스퀴글 게임"을 해 본 적이 있는지 물어볼 수 있다. 대개 아동은 어깨를 으쓱할 것이다. 치료사가 어떻게 하는지 가르쳐 주는 것을 아동이 원할까? 다시금 대답은 애매할 수 있다. 계속해서 프리플로의 시작을 보여 주라. "이렇게 종이를 가로지를 거야. 그러고 나서 이것을 무엇으로 바꿀 수 있을지 보렴. 이제 네가 종이에 그리면, 내가 그것을 그림으로 바꿀 수 있는지 볼게. 누가 먼저 할까?" 등이 있다. 얼마 지나지 않아 대부분의 아동은 혼자서 더 좋은 그림을 그릴 수 있으며, 출발이 순조롭다면 과정을 결정할 수 있다.

"이름 꾸미기"도 분위기를 부드럽게 할 수 있는 또 다른 유용한 과정이다. 아동에게 자신이 좋아하는 방식으로 이름을 쓰도록 요청하되 되도록 크게 쓰고, 좋아하는 색깔을 최대한 많이 사용하도록 격려한다. 이것은 "소란을 떨 만큼fussing about" 아동의 이름이 중요하고 가치 있다는 메시지를 상징적으로 전달한다. 다음으로, 아동에게 글자를 장식하는 데 있어 그가 좋아하는 어떤 오브제든지 붙이게 한다. 이 기법은 아동의 관심사가 드러나도록 도울 수 있다. "이름 주변에 좋아하는 것과 즐기는 것을 그려 볼래? 취미를 보여 줘도 좋아." 아이가 어리고 아직 자신의 이름을 쓸 줄 모른다면, 치료사가 대신 이름을 써 준 후 아이가 다양한 글자를 장식하고 채색할 수 있게 한다.

"신체 따라 그리기"도 어린아이들이 좋아하는 또 다른 기법이다. 이것은 정체감을 기르는 데 도움이 된다. 벽에 큰 종이를 붙이고 아동에게 그 앞에 서도록 한다. 치료사는 아동 몸의 윤곽선을 따라 그린다. 그림이 점점 자세히 그려지면 옷을 그릴 수도 있다. 대개 아동은 자신이 "그렇게 크게" 보인다는 사실에 꽤 감명을 받는다. 아동들과 집단으로 작업할 때, 신체 따라 그리기를 짝지어서 해 보라. 돌아가면서 서로를 그려 주도록 하라. 그리는 사람은 그가 그리는 신체에 이름을 붙여야 하고, 이름을 붙일 수 없으면 멈추어야 한다. 또한 자신의 몸을 그리도록 해 준 사람이 그만하라고 할 때에도 멈추어야 한다. 이러한 방식으로 자신의 몸을 그리도록 해 준 아동은 과정에 대해 통제권을 갖고 다른 누구에게도 연민을 느끼지 않는다.

일단 아동이 미술치료 상황에 편안함을 느끼고 그림을 그리거나, 조각을 하거나, 모빌을 만들거나, 콜라주를 하려는 의지가 있으면 치료사는 얼마나 회기를 구조화할 것인지와 아동에게 주도권을 어느 정도로 맡길 것인지를 결정해야 한다. 일반적으로 내담자의 자아 발달 수준이 낮을수록 더 많은 구조화가 필요하다. 회기를 시작할 때, 아동에게 그날 무슨 그림을 그리고 싶은지, 어떤 재료를 가지고 작업하고 싶은지 간단히 묻는다. 시간이 제한되어 있다면 아동의 성격과 사회적 상황의 역동을 탐색할 수 있는 주제 중심의 회기를 진행한다. 주제 중심의 회기는 아동의 자기인식 및 아동의 세계에서 중요한 타인에 대한 인식을 확인하는 데 도움을 준다. 제8장에서 논의한 "자기시스템"은 내담자 삶의 다양한 차원을 파악할 수 있는 간단한 방법이다.

1) 신체 자기

앞에서 언급한 신체 따라 그리기와 같이 아동을 나타내는 그림과 만들기를 통해 신체 자기body self가 이해되고 자아상이 개선될 수 있다. 또 다른 과정으로는 치료사가 신체의 윤곽선을 그리고 아이에게 "고통을 느끼는 부분" 혹은 "다양한 감정을 느끼는 부분"에 색칠을 하도록 요청할 수 있다([그림 11-2] 참조). 아동이 각 감정에 맞는 색을 선택할 수도 있고, 치료사가 어떤 감정에 사용될 수 있는 색깔들을 제시함으로써 아동의 시작을 도울 수도 있다.

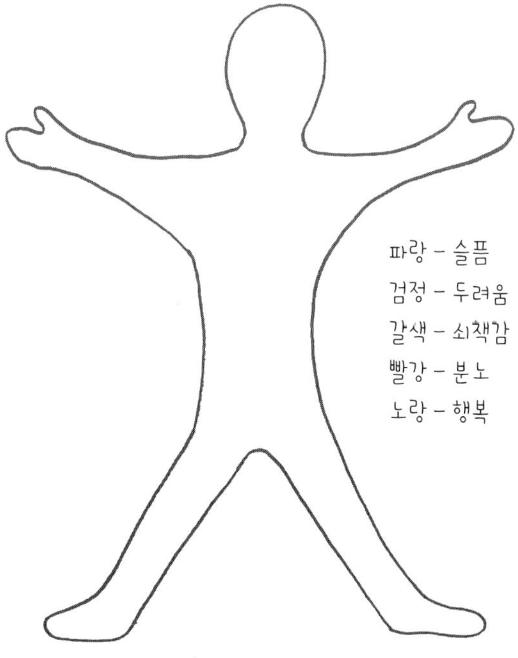

[그림 11-2] 몸 안의 감정

2) 마음의 영역

마음의 영역은 아동의 재능, 능력, 자부심, 소원과 관련된 주제를 통해 탐색할 수 있다. 예컨대, 아동에게 "행복한 날" 혹은 "슬픈 날"을 표현해 보도록 하라. 혹은 "아동에게 보내는 이메일에 어떤 말이 담겨야만 하는지" 혹은 원하는 모든 것을 주기로 약속한 "요정 대모Fairy Godmother[1]"를 만났을 때 아동이 가질 "세 가지 소원"에 대해 표현해 보도록 하라. 말키오디Malchiodi는 학대받은 여성 쉼터에 있는 아동들에게 후자의 주제를 활용하였다. 그녀는 아동들이 잃어버렸거나 잃어버릴까 봐 두려워하는 것들을 주로 그렸음을 발견하였다. 예를 들어, 오랜 이웃, 가정, 친구, 혹은 자전거와 같은 것들이었다(Malchiodi, 1990).

3) 자기시스템의 대인관계 영역

자기시스템self-system의 대인관계 영역Interpersonal Domain은 "가장 친한 친구" "반 친구들" "가장 좋아하는 선생님" "코치님" 등과 같은 주제를 나타내는 그림과 삼차원 작품을 통해 탐색하고 강화할 수 있다. "동적 가족화KFD"는 가족의 상황을 탐색하는 가장 좋은 기법이다. 그러나 위탁 가정에 있거나 분열된 가정 상황에 있는 아동들에게는 이를 조심스럽게 사용해야 한다. 치료적 관계가 확고하게 정립된 후에만, 그리고 당신이 치료사로서 그림이 담고 있는 고통을 다룰 충분한 치료적 능력을 갖추었을 때에만 아동에게 KFD를 소개하라. 한 아동은 그의 가족 그림을 그리는 것을 거절하였다. 치료사는 그 아동에게 자신의 가족 혹은 인간 가족의 형태가 아니어도 좋으니 어떤 종류의 가족이라도 그림으로 그려 보도록 격려하였다. 이는 고양이나 새의 가족일 수

1) 역자 주: 도움이 간절히 필요할 때 도움을 주는 사람

도 있었다. 혹은 "이상적인 가족의 그림"을 그릴 수도 있었다.

표준 KFD를 사용할 때는 가족의 그림을 그릴 때 자신을 그림 속에 포함시키도록 요청하는 것이 중요하다. "너를 포함해서 무언가를 하고 있는 너의 가족의 모습을 그려 보렴"이라고 말한다. 아동이 "하도록" 내버려 두고, 그가 선택할 수 있게 하라. 어떤 아동은 소풍 간 것을 그리거나 가족이 저녁 식사를 하려고 테이블에 앉아 있는 것, 또는 추수감사절에 식사 테이블에 있는 것을 그린다. 그러나 대부분의 KFD에서 우리는 가족 구성원이 각자 따로 무엇인가를 하는 모습을 보게 된다.

4) 성취 영역

성취 영역Achievement Domain은 학교에 관한 그림을 그리도록 요청함으로써 강조되고 강화할 수 있다. "1학년 때 있었던 일을 그려 보자." "엄마가 인정하는 어떤 일을 하는 너에 대해 그려 볼래?" 혹은 "아빠를 자랑스럽게 만드는 어떤 일을 하는 것을 그려 보자." "누구든지 될 수 있다면, 누가 되고 싶니?" "네가 가장 자랑스럽게 여기는 것은 뭐야?" "학교에 대해 가장 좋아하는 점과 가장 안 좋아하는 점은 무엇이니?"라고 주제를 요청할 수 있다.

5) 초개인적 영역

자기시스템의 초개인적 영역Transpersonal Domain은 개인의 가치, 이상, 삶의 철학을 강조한다. "특정한 휴일에 대한 그림"은 종교적 의식에 대한 가족의 입장을 보여 줄 수 있다. "가장 좋아하는 스포츠 팀" 혹은 "가장 좋아하는 TV 쇼"에 대한 질문은 아동이 존경하거나 되고 싶은 것을 보여 준다. 아동에게 "커서 무엇이 되고 싶은지"를 물어보는 것은 현재의 가치관 설정에 빛을 비추어 주며, 생각을 더욱 명확하게 하는 데 발판을 제공해 줄 수 있다. 이와 유사

[그림 11-3] 용

하게 가장 좋아하는 장난감이나 물건에 관한 질문은 무엇을 중요하게 여기는지에 대한 정보를 보여 준다.

시스템의 다양한 부분 사이의 경계는 반투과성이다. 이것은 자기시스템의 영역에 있어서도 마찬가지이다. 한 영역에서 일어나는 일은 다른 영역에 영향을 준다. 예를 들어, 물리적인 신체에 문제가 있으면 대인관계뿐만 아니라 (정신적인) 마음에도 영향을 받을 것이다. 성취 영역 또한 어려움을 겪을 것이다. 또한 하나의 영역을 강조하는 그림은 하나 이상의 다른 기능에도 역시 빛을 비출 것이다. "용 기법Dragon Technique"은 이것을 명확히 나타낸다. 아동에게 다음과 같이 이야기한다. "네가 우연히 보물을 발견했는데, 용이 그것을 지키고 있다고 상상해 봐. 어떻게 보물을 얻을 수 있을지 그림으로 그려 보자." 입을 벌리고 있는 용의 머리가 그려진 그림을 아이에게 주거나, 견본 그림을 보고 용을 그리게 한다.

한 7세 소녀는 용의 입속에 작은 형체를 그렸다. 그 작은 형체는 "도와주세요!"라고 외치고 있었다. 그 소녀는 용의 입속에 남동생을 던져 넣고 "보물이 있는 곳으로 달려가서 그것을 가지고 집으로 갈 것"이라고 말했다.

이 사례는 소녀의 문제 해결 능력과 소녀가 어떻게 성취를 이루는지에 대한 아이디어를 제공한다. 또한 우리는 소녀가 자신의 남동생에 대해 어떻게 느끼는지, 즉 소녀의 대인관계 영역의 부분에 대해서도 알 수 있다. 그리고 우리는 소녀가 가진 가치관에 대해서도 파악할 수 있다(예: 보물이 남동생의 생명보다 더 중요한 것). 이제 치료사는 여러 가지 방법으로 진행할 수 있다. 치료사는 소녀의 지략과 빠른 사고력을 알아차릴 수 있다. 그러나 치료사는 소녀에게 남동생이 어떤 식으로 성가신지와 이에 대해 "용의 입속으로 남동생을 던져 넣는 것" 외에 그녀가 무엇을 할 수 있는지를 찾아내야만 한다. 가족 안에서 소녀는 어린 동생들을 돌보는 것에 부담을 느끼며, 가족 안에서 어른들의 도움이 필요할 수 있는 매우 "부모 같은 아동"일 수 있다.

용 그림은 많은 미술치료사에게 꽤 잘 알려져 있다. 말키오디는 이것을 한 사람이 인생의 문제를 어떻게 극복하는지에 대한 은유로 여긴다. 용은 학대자 혹은 아동의 인생에서 어떤 고통스러운 상황을 나타낼 수 있다. 아동들은 다양한 해결책을 만들어 낸다. 어떤 아동은 칼로 용을 죽이기도 하고, 어떤 아동은 잠을 재우기도 한다. 또 어떤 아동은 친구를 만들어 주기도 한다(Malchiodi, 1990). 적응을 잘하는 아동들은 보물을 얻을 수 있도록 도와줄 수 있는 어른을 찾는다.

"하트"는 어린아이들과 작업할 때 유용한 또 다른 기법이다. 치료사는 하트의 윤곽선을 그리고 그 안에 "마음속에 있는 사람들"을 그리도록 한다. 한 아동은 엄마와 가장 친한 친구의 일굴을 그렸다. 그런 다음 아동은 그녀의 어머니가 죽었다는 것과 "이제 그녀는 천사라는 것"을 보여 주기 위해 하트에 날개를 덧붙였다.

또 다른 아동은 아무도 사랑하지 않기 때문에 하트를 빈칸으로 남겨 두었다. 치료사는 하트의 윤곽선을 그리는 것을 도와주면서 상당히 많은 정보를 얻을 수 있다. 하트를 그리면서 치료사는 물었다. "하트가 무엇을 상징하는 것 같니?" 한 9세 소년은 그것이 사랑을 상징한다고 대답하였다. 그에게 사랑

[그림 11-4] 하트

하는 사람을 그리라고 요청하자, 그는 사랑하는 사람이 "아무도 없다"라고 대답하였다. 그러자 치료사는 "오래전에" 사랑했던 사람이 있는지 물어보았다. 역시 대답은 "없다"였다. 잠시 후에 소년은 말했다. "우리 가족이요." 치료사는 "너의 가족 그림을 그려 보렴"이라고 말했다. 소년은 그렇게 할 수 없다고 대답했지만, 하트 안에 "가족"이라는 글씨를 썼다. 그런 후에 소년은 자신이 더 어렸을 때 가족은 좋은 시간을 보냈다고 이야기하였다. 그런데 지금은 "엄마가 자신을 신경 쓰지 않는 것 같아서 엄마를 사랑하기가 힘들다"라고 이야기하였다. 소년의 어머니는 현재 소년이 살고 있는 기관에 전혀 방문하지 않는다. 소년은 아버지를 사랑할 수도 없었는데, 왜냐하면 아버지가 "모두를 때리고" 가족을 버렸기 때문이다. 그리고 소년은 양아버지도 사랑할 수 없었는데, 양아버지는 "매일 술을 마시고 못됐기" 때문이었다. 그러자 치료사는 다음과 같이 물어보았다. "너의 하트를 누가 채워 주기를 원하니?" 소년은 자신이 누군가를 선택할 수 있다면 그의 가족이 될 것이지만, 그들이 자신의 하트를 완전히 채우지는 못한다고 말했다. 소년은 하트의 모든 공간을 채울 수 있는, 자신이 진정으로 사랑하는 사람이 충분히 많았으면 좋겠다고 이야기하였다. 소년은 하트가 이렇게 텅 비어 있는 걸 보는 것이 싫다고 말했다.

소년이 우울한 것도 당연하다. 소년은 반항장애oppositional disorder 진단도 받았다. 그것은 소년이 여전히 정서적인 욕구를 충족시키기 위해 분투하고 노력하고 있음을 의미한다.

이후에 소년은 슬픔의 상징이 무엇인지에 대해 질문을 받았다. 소년은 "눈물방울"이라고 대답하였다. 치료사는 소년에게 "눈물방울"을 그려 보라고 요청했다. 눈물방울을 그리면서 소년은 그 안에 전화기가 있는 테이블 그림을 그려 넣었다. "왜냐하면 엄마가 전혀 전화를 안 하니깐요." 소년은 치료사와 깊은 슬픔을 나눌 수 있었고, 이해받는 경험을 하였다. 이제 소년은 자신의 세계에 긍정적인 감정을 가질 수 있는 적어도 한 사람을 갖게 되었다.

또 어떤 아동은 자신의 슬픔을 상징하는 눈물방울 속에 비와 번개 그림을 그렸다([그림 11-5] 참조).

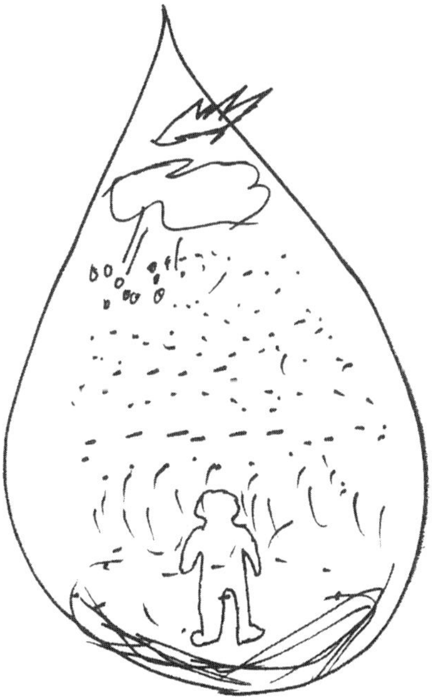

[그림 11-5] 눈물방울 속 비와 번개

[그림 11-6] 눈물방울과 살인

어떤 아동들은 슬픔을 유발하는 사건을 묘사했다.

치료사에게 제안되는 또 다른 유사한 과정은 "주먹 쥔 팔을 그리는 것"이다. 그리고 아동들에게 화가 나 있는 사람을 그리도록 요청한다. 한 소년은 불량배처럼 보이는 그림과 다른 두 인물을 그렸다. 한 사람은 웃고 있었고, 다른 한 사람은 곧 되받아칠 기세였다.

비슷한 기법을 사용하자면, 2개의 평행한 곡선을 그리고 그것을 허그라고 이야기한다. 그런 다음 치료사는 아동이 포옹하고 싶은 사람은 누구인지 물어본다. "허그"를 상징하는 2개의 선 사이에 한 아동은 부모님과 오빠, 그리고 두 남동생과 3명의 사촌을 그렸다. 이 아동은 긍정적인 대인관계를 충분히 가지고 있다고 볼 수 있다.

치료사는 자기시스템의 개념을 활용하여 특정한 진단 범주를 나타내는 아동에게 적용할 구체적인 기법을 선택할 수 있다. 성적으로 학대를 당한 아동

[그림 11-7] 주먹 쥔 팔과 불량배

들에게는 먼저 "자유화"나 "학교에 대한 그림"을 그리도록 요청함으로써 관계를 발전시킨다. 혹은 "위니컷의 스퀴글 게임"을 시도하라. 그런 다음 "자신에 대한 그림"을 그려 보도록 요청한다. 이때 못생겨 보인다거나 뚱뚱한 것 같다 등의 느낌에 주목하라. 그러고 나서 "아동의 방"에 대한 그림을 그려 보도록 하고, 그의 방에서 일어난 "좋은 일" 혹은 "나쁜 일"에 대한 그림을 그려 보도록 요청한다. 학대를 받았을 가능성에 더욱 구체적으로 초점을 맞추고, 사람 그림이나 "아이의 그림"을 그려 보도록 하면서 "그 아이와 사람에 대한 이야기를 만들어 보라"고 요청한다. "악몽"에 대한 그림은 아동에게 일어난 일을 드러낼 수 있다. 다른 내담자들과 하는 것과 마찬가지로 긍정적인 의견으로 회기를 결론짓도록 노력하라. "세 가지 소원" 혹은 "만다라"가 이러한 목적에 부합하다.

[그림 11-8] 허그

6. 반응적인 대화

그림이나 다른 시각적 아이템을 만들어 내는 것은 아동에게 부담을 주는 수많은 감정을 다루고 명확하게 하는 것을 돕는다. 소위 말하는 "우뇌"적 사고 이후에 그림에 묘사된 것에 언어가 연결될 때, 언어적 의사소통은 내담자의 문제 해결 노력을 촉진하는 데 종종 도움이 된다.

사이코사이버네틱 모델에서 이미지와의 대화 단계는 시각적 작품의 언어적 처리에 대한 용어이다. 아동들의 경우에 시각적 작품에 대한 이야기가 꽤 짧은 경향이 있지만, 이미지와의 대화 단계는 두 가지 중요한 목적을 제공한다. 첫 번째, 치료사는 상황에 대한 추가적인 정보를 얻고, 시각적 작품을 바라보면서 표면화되었을지도 모르는 진단적인 단서를 확인할 수 있는 기회를 갖는다. 두 번째, 치료사는 아이를 지지해 줄 수 있고, 그와의 치료적 관계를 강화할 수 있다.

첫 번째 목적의 예는 제니퍼의 작품이 설명된 제9장에 있다. 그녀는 발달적으로 정상이고, 신체적으로도 건강한 6세 소녀였다. 그림을 그리고 나서는 제니퍼는 그림에 대해 더 이상 할 말이 없다고 수차례 표현했다. 치료사는 능숙하게 제니퍼의 그림에 함축적으로 표현된 주제를 언어화함으로써 추가적인 정보를 얻었다. 치료사는 제니퍼의 가족에게 새로운 가족을 맞이하기 위해 필요한 공간에 대한 제니퍼의 걱정을 다루었다. 새로운 아기가 태어날 예정이었다. 덧붙이자면, 제니퍼의 그림에 뚜렷이 드러난 옹이는 어떤 신체적인 상해의 가능성을 보여 준다. 이 단계에서 제니퍼의 성격에 큰 상처를 남긴 것 같아 보이지는 않지만, 옹이는 더 많은 주의를 기울여야 하는 요인이다.(나무에 있는 옹이의 의미에 대해서는 Bolander, 1977을 참조하라).

레오나드라고 불리는 또 다른 아동과의 미술치료 회기는 치료사가 그림에 관해 논할 수 있도록 아동을 돕는 동안에 얼마나 큰 지지를 제공하고 따뜻한 치료적 관계를 구축할 수 있는지를 보여 준다. 11세의 흑인 소년인 레오나드는 불우하고, 학대적이며, 혼란스러운 배경에서 태어났다. 미술치료 회기는 정서적으로, 정신적으로 심하게 손상된 아동들이 있는 주거형 치료 기관에서 이루어졌다. 레오나드는 6세 이후로 어머니와 전혀 연락을 하지 못했다. 레오나드의 현재 진단명은 주의력 결핍 과잉행동 장애였다. 레오나드는 친구들과의 갈등을 해결하기 위해 신체적인 폭력에 의존했다. 회기 목표는 레오나드의 폭력적인 행동화의 정도를 낮추는 것이었다.

치료실에는 서로 다른 두 가지 크기의 종이와 다양한 색의 마커, 물감, 그리고 크레파스가 준비되어 있었다. 레오나드는 두껍고 굵은 마커와 큰 종이를 선택했다. 레오나드는 원하는 것은 무엇이든 그려도 된다고 안내받았다. 레오나드는 약 10분 동안 작업을 했고, 치료사에세 작업이 다 끝났다는 것을 알렸다. 그림에 대한 설명과 평가가 이어졌다. 이미지와의 대화 단계 동안에 치료사는 반응적 대화 방식을 주로 사용하였다. 다음은 이미지와의 대화 단계에서 발췌한 내용이다.

치료사(이하 T): 와, 멋진 그림이다. 너 정말 대단한 예술가인데? 네가 여기에 사용한 모든 색을 봐. 이것은 사람 같구나. 이 사람이 누구인지 말해 줄 수 있니?

레오나드(이하 L): 이름은 레미이고, 남자아이예요!

T: 그래? 이 아이는 남자아이이고, 이름은 레미이구나. 이 아이는 몇 살이니?

L: 이 아이의 이름은 레미 쿠퍼이고, 8살이에요.

T: 그 아이의 얼굴만 그린 것 같네. 레미의 키가 큰지 작은지 알려 줄래?

L: 작아요. 안경을 썼고요. 보세요, 여기에 안경이 있어요. (눈 주위의 가는 원을 가리키며) 책 읽기를 좋아해요. 그래서 안경을 썼어요.

T: 그래서 레미가 안경을 썼고, (검은 선 안의 오렌지색과 빨간색 원을 가리키며) 이것이 그 아이가 책을 읽을 때 쓰는 안경이구나. 맞지? 이것은 눈이니?

L: 맞아요. 그것은 그 아이의 화가 난 눈이에요.

T: 이건 그 아이의 화가 난 눈이구나. 그가 왜 화가 났다고 생각하니?

L: 아이들이 그를 괴롭혀서 화가 났어요.

T: 아이들이 그 아이를 괴롭혔고, 그래서 그는 화가 났구나, 맞니?

L: 네.

치료사는 레오나드의 리드를 따라가면서 레오나드가 자신의 어려움, 즉 다른 아이들이 자신을 "괴롭히는" 것을 다루도록 하는 데 성공하였다. 비록 간접적이지만, 레오나드는 치료사에게 자신의 감정을 나누기 시작하였다. 대화는 다음과 같이 이어졌다.

T: 레미가 어디에 가고 있다고 생각하니?

L: 학교에 가고 있어요. 이건 제가 아니에요, 알겠죠?

T: 네가 아닌 걸 나도 알아. 그 아이는 레미이지. 그리고 학교에 가고 있구나. 그 아이는 학교를 좋아하니?

L: 네, 다른 아이들이 그를 괴롭히는 것만 빼고요.

레오나드는 자신에 대해 이야기하고 있는 것이 아님을 강조해야 했다. 이야기가 자신에게 너무 가까워지고 있었다. 따라서 치료사는 레오나드의 개인적인 경계에 대해 안심시킨다.

T: 다른 아이들이 괴롭힐 때 그 아이는 무엇을 하니?

L: 그 아이는 걔네들을 때려요.

T: 오, 그 아이를 괴롭히는 아이들을 때리는구나. 그건 네가 하는 행동인데? 그렇지?

L: 네, 그렇지만 이건 제가 아니에요. 이 아이는 레미 쿠퍼예요.

T: 맞아. 나는 단지 레미가 너와 비슷하게 화를 다룬다는 걸 알아차리고 있었어. 레미는 어디에 사니?

L: 그는 집에서 혼자 지내요. 그는 혼자 살아요. 부모님이 없어요.

T: 오, 부모님은 어디 계시지?

L: 돌아가셨어요. 살해당했어요. 총에 맞아서요.

여기서 레오나드는 자신이 얼마나 외로움을 느끼는지 드러냈다. 레오나드는 의지할 사람이 아무도 없었다. 이 감정은 레미의 미명 뒤에 이제 더 깊이 탐색될 수 있었다.

T: 그럼 그 아이는 혼자 있는 것을 좋아하니?

L: 네, 그렇지만 그는 혼자라는 걸 아무한테도 말을 못해요. 사람들이 알면 그를 호스피스 마리스(주거형 치료 기관)에 넣을 거니까요.

T: 그럼 그 아이는 호스피스 마리스를 좋아하지 않는구나?

L: 네, 그는 그곳을 좋아하지 않아요……. 그는 곧 죽을 거예요.

T: 그가 곧 죽는다고? 그가 죽는다는 걸 어떻게 아니?

이 시점에서 치료사는 아동이 자살 계획을 가지고 있을 가능성을 고려하게 된다. 그래서 치료사는 자살 가능성에 집중한다.

L: 그는 혼자이고, 일을 할 수 없어서 죽을 거예요. 그는 직업을 가질 수도 없고, 그리고 돈도 벌 수 없고, 돈이 없으면 음식도 없어요. 음식을 못 먹어서 그는 죽을 거예요.

이 말은 상당히 논리적으로 들린다. 자살을 시도하려는 구체적인 계획은 없다. 단지 레오나드는 무력감을 느끼고, 자신의 곤경에 대해 해결책을 찾지 못하고 있었다.

T: 그럼 레미는 집에서 혼자 살고, 음식과 부모님이 없기 때문에 곧 죽을 거다……. 음……, 그가 자신을 보호하기 위해서는 무엇을 할 수 있다고 생각하니?

L: 그는 가라테(일본 무술)에 갈 수 있어요. (이 시점에서 그는 청소년 닌자 거북이의 얼굴을 추가해서 그렸다)

T: (그림 밑에 그린 초록색 얼굴을 가리키며) 닌자 거북이이니?

L: 네, 그렇지만 그는 가라테에 갈 수 없어요. 등록하고 돈을 내려면 부모님이 필요하니깐요.

T: 너는 가라테를 하니?

L: 네, 그래서 제가 이 모든 걸 알고 있는 거예요.

치료사는 레오나드 내면의 풍경에 대해 많은 것을 알게 되었다. 레오나드는 자신의 우울과 절망을 보여 주었지만, 또한 자신이 자랑스러워할 수 있는 것, 즉 가라테에 대한 자신의 지식을 인식하는 지점까지 이르렀다. 결국 레오나드의 감정이 탐색되고 수용되고 이해된 후에 더욱 현실적인 문제 해결이 이루어질 수 있다. 이 회기는 레오나드에게 건설적인 경험이었으며, 레오나드는 나머지 회기에서 이 치료사와 더 깊이 작업할 수 있을 것이다. 치료사가 사용한 반응적 대화 방식은 레오나드에게 주도권을 주었으며, 레오나드의 속도에 맞추어 회기가 진행되었다. 레오나드는 자신의 그림에 대한 권위를 가지며, 자신이 그린 캐릭터를 통해 자신의 감정과 불안을 표현할 수 있었다.

레오나드의 개인적인 경계는 존중되었다.

아동들은 자연스럽게 그림으로 시각적 사고를 한다. 소위 "우뇌의 사고"는 논리적이고, 순차적이며, 분석적인 "좌뇌 사고 과정"보다 아동들에게 더욱 효과적이다. 그림을 그리도록 아동을 격려함으로써 치료사는 아동의 세계로 더욱 완전히 들어갈 수 있다. 빈약하고 원초적이라고 할지라도 그림은 감정과 생각을 풍부히 담고 있다. 그림은 어른과 아이가 적어도 중간 정도에서 만날 수 있게 해 주는 다리와도 같아서 서로에 대한 이해를 높이고, 관계를 강화한다. 이해받고 받아들여진다고 느끼면서 아동은 어느 정도 자신의 문제를 해결할 수 있는 자신만의 능력을 계속해서 사용할 수 있게 된다.

제12장

청소년과의 미술치료

청소년들은 가지각색으로 존재한다. 어떤 청소년들은 "성장통"을 지닌 밝은 정상의 청소년들이고, 어떤 청소년들은 부진하고 정신적으로 지체되어 있으며 신체적으로 장애가 있다. 어떤 청소년들은 안정적인 가정에서 자라지만, 어떤 청소년들은 아버지가 없거나 약물을 남용하는 어머니 밑에서 제대로 된 역할 모델을 제공받지 못하는 깨진 가정에서 자란다. 어떤 청소년들은 외롭게 지내며, 또 어떤 청소년들은 갱에 속하여 범죄 성향을 보인다.

이 시기는 모든 청소년에게 있어서 사회적으로나 신체적으로 과도기인 변화의 시기이다. 이전의 문제 해결 장치가 더 이상 적합하지 않기 때문에 가장 좋은 환경에 있다고 해도 모든 위기 요소를 포함하는 시기이다. 신체적으로 급속히 성장하고 몸이 변한다. 소년들은 목소리가 변하고, 소녀들은 생리를 하는데, 이는 어색함과 불만족, 자의식을 낳는다. 사회적으로 볼 때 청소년기는 모호한 지대이다. 어떤 상황에서 청소년은 권한이 없다. 다른 때는 그들이 성인처럼 행동하기를 기대한다. 어떤 때는 아이처럼 느껴지지만, 또 어떤 때는 성인으로 여겨진다. 심리적으로 자신과 타인에 대해 아는 것은 어렵다. 청소년들은 "쾌락원칙"으로부터 "현실원칙"을 골라 내기 어렵고, 즉각적인 만족과 오래 지속되는 이익을 구분하기가 어렵다. 청소년들은 예측하기가 어렵고, 일관성이 없으며, 인내심이 부족하고, 성급하며, 즉각적으로 모든 답을 얻길 원하는 것처럼 보인다.

청소년들과 어떻게 작업하는가? 청소년기의 발달 과업을 염두에 두는 것이 도움이 된다. 이 시기는 직업적으로나 성적으로 정체감이 형성되는 때이다(Erikson, 1963). 자신의 정체성을 형성하면서 청소년은 가장 중요한 애정의 근원이었던 부모로부터 자신을 해방시키고자 한다. 종종 이러한 해방은 반항의 형태를 취한다. 청소년은 독립하여 새로운 역할 모델을 찾아야 한다. 또한 또래 그룹에 속할 필요가 있고, 그들의 관습에 따르길 원한다. 새로운 정체성에 대한 그들의 탐색은 옷, 용어, 행동의 순응으로 이어지기도 하고, 때로는 음주와 마약으로 이어지기도 한다.

1. 청소년기를 회상해 보기

치료사들은 자신의 청소년기를 회상함으로써 청소년이 되는 것이 어떤 것인지 "이해하는" 것이 유용하다고 생각한다. 그것은 행복한 시기였는가? 혹은 슬픈 시기였는가? 슬픈 시기였다면, 무엇이 그것을 어렵게 만들었는가? 그리고 구체적으로 어느 시기에 그랬는가? 초기인 대략 11~14세였는가? 중반기인 15~17세였는가? 후반기인 18~19세였는가? 그림을 그림으로써 당신의 느낌과 기억을 표현해 보라. 그런 다음 종이를 뒤집어서 인생에서 청소년기를 보내는 것이 어땠는지에 대해 한두 문장으로 써 보라. 막힌 것 같다면, 청소년기를 묘사하는 형용사에 대해 생각한 다음에 그 형용사를 그림으로 바꾸어 보라.

석사 학위 과정에 있는 15명의 치료사 그룹에서 13명은 자신의 청소년기가 혼란스러웠으며, 가족으로부터 독립하는 시기였다고 말했다. 한 사람은

[그림 12-1] 청소년기

자신의 초기 청소년기에 대해 다음과 같이 말했다. "롤러코스터와 같았어요. 감정이 전혀 안정되지 못하고, 늘 올라가고 내려가기를 반복했어요. 그리고 대부분의 시간 동안에 왜 그러는지를 이해할 수 없었어요." 또 다른 사람은 말하길, 청소년기 중반에 그녀는 운전을 하고 직업을 가질 만큼 충분히 독립심을 느꼈지만, 한편으로는 부모님에게 의존하고 있었으며, 자신이 상호작용하는 다른 그룹에서 각기 다르게 행동하였기에 스스로를 정의하는 것에 어려움을 겪었다고 하였다. 자주 나타나는 주제는 "모호한" 느낌, 강요 당함, 내면의 질서와 혼란스러운 수준을 다루는 것이다.

가장 문제가 많은 시기는 청소년기 중반의 시기로 보인다. 이 그룹의 한 구성원에 의하면, 청소년들은 자신을 정의하기 위해 외부 자극을 사용한다. 그리고 이러한 자극은 청소년들이 자신이 누구인지 모른다는 사실을 덮기 위해 사용된다. [그림 12-1]에서 헤어 스프레이와 배꼽의 피어싱, 그리고 보석이 이와 같은 목적으로 사용된다. 또한 얼굴에 특징이 없다는 것에 주목해야 하는데, 이것은 아마도 명확한 정체감이 부족함을 상징할 것이다. 손 또한 보이지 않는데, 이는 무력감을 나타낸다.

이 활동에 참여한 오직 2명의 치료사만이 자신의 후기 청소년기에 대해 긍정적인 느낌을 가졌다. 한 사람은 자신의 강점을 느꼈으며, 자신을 특별하고, 독립적이며, 에너지에 가득 찬 사람으로 표현하였다. 또 다른 사람은 자신의 후기 청소년기가 비교적 근심이 없었고, 친구들과 웃음이 많았던 시기이며, 단 하나의 걱정은 졸업 파티에 갈 때 무엇을 입고 어떻게 준비할지에 대한 고민이었다고 하였다.

훈련을 받고 있던 또 다른 16명의 미술치료사 그룹 중에서 10명은 자신의 청소년기를 스트레스가 많은 시기였다고 묘사하였다. 5명은 "혼란스러운" "들뜬"과 같은 형용사를 사용하였고, 단 한 사람만이 자신의 청소년기를 삶에서 긍정적인 시기로 보았다.

2. 도움이 되는 전략들

청소년들과 작업할 때 가장 중요한 원칙은 그들이 정체감과 숙달감을 얻도록 돕는 것이다. 만일 청소년이 더 자신감이 있다면, 그는 적대감과 반항심을 덜 느낄 것이다. 따라서 치료사들은 청소년들이 현실 문제에 대해 구체적으로 도움을 얻을 수 있는 상황에 주의를 기울여야 한다. 학교에서나 가정에서의 상황을 다루는 방법, 단장하는 것에 대해 조언을 얻는 방법, 그리고 자신의 희망과 포부를 실현하는 방법 등이 그 예이다. 당신 자신을 청소년에 대한 "보조 자아auxiliary ego"로 생각하라. 다시 말해, 이는 현실을 검증하고 타인의 기대를 평가함으로써 경험을 조직화하고 통합하는 성격의 부분이며, 고려된 행동의 잠재적 결과에 대해 그것들을 비교 · 검토하는 성격의 한 부분을 말한다. 예를 들어, 도망가거나 싸움을 하는 등 다양한 상황에서 다음과 같이 물어보라. "그게 너에게 어떻게 도움이 되니?" 혹은 "그것이 네가 원하는 걸 얻도록 도와주니?" 치료사는 청소년의 편에 서서 "이득"을 증가시키기 위한 방법을 찾는다.

"선택 포인트에 주의를 집중시키기"는 숙달감을 증가시키는 또 다른 기법이다. 당신의 언어를 자유롭게 다음과 같은 표현과 섞도록 하라. "너는 할 수 있어……." 혹은 "그걸 해 봐." 혹은 "선택은 너의 것이야." 또는 "그건 너에게 달려 있어……."

"건설적인 논쟁"은 숙달감을 기르기 위한 또 다른 기법이다. 이때 치료사와 부모는 청소년에게 "자신의 생각을 고수할 것"을 격려하는 한편, 또 다른 관점을 제공한다. 아이의 주장에 너무 섣불리 상처를 내서는 안 된다. 선을 그어야만 하는 시점에 언어적인 탐색을 한 후에 적어도 자신의 아이디어를 변호하려는 청소년의 노력에 대한 공로를 인정해 주어야 한다. 건설적인 논쟁은 사람들이 문제를 해결하는 방법을 찾기 위해 모든 방면에서 문제를 고려할 수 있도록 해 주는 언어적 탐색 방법이다.

청소년들과 작업하면서 치료사들은 어려운 주제에 대해 이야기할 때 직접적이고 열린 태도를 취하는 것이 중요하다. 직설적이고 솔직한 것이 신중한 것보다 낫다. 치료사의 가식적이고 허위적인 모습은 관계를 탈선시키는 지름길이다. 치료사는 어른이 되는 것이 어떤 모습일지에 대해 청소년에게 있어 잠재적인 역할 모델이다. 부정적인 감정을 다루는 방법에 대해 자신의 이야기를 해도 된다. 치료사로서 당신은 어떻게 좌절감과 지루함과 분노에 대처하는가? 청소년들은 매우 분노할 수 있으며, 성인의 감정에 영향을 줄 수 있는 기회를 즐긴다. 하임 지노트Haim G. Ginott는 분노에 대처하는 부모를 위한 몇 가지 건전한 제안을 하였다. 이는 치료사에게도 마찬가지로 적용될 수 있다. 분노는 피할 수 없는 인생의 현실이다. 특정 순간에 화내는 것에 실패하는 것은 사랑이 아니라 무관심을 나타낸다. 화가 났을 때 화가 나지 않은 척하지 마라. 진실 되게 하되, 어린아이를 모욕하지는 마라. 상황과 당신이 느끼는 감정을 단순히 설명하라. 예컨대, 소리를 질러 소란스럽게 한 아이에게 "대체 왜 그래? 더 낫게 행동할 수 없어? 당장 그만해"라고 나무라는 대신에 단순히 다음과 같이 말할 수 있다. "그렇게 소란을 피우는 것은 나를 매우 불편하게 하는구나." 가정에서 부모는 분노를 발생시키는 상황을 변화시키기 위해 필요한 것들이 무엇인지 종종 명확히 이야기할 필요가 있다. 예를 들어, "젖은 욕실 바닥에 좋은 수건이 놓여 있는 것을 볼 때 난 화가 나! 몹시 화가 난다고! 수건은 바닥을 닦는 데 쓰는 게 아니야. 수건걸이에 있어야 한다고"라고 말할 수 있다. 그 대신에 부모는 이렇게 말하는 경향이 있다. "넌 대체 뭐야! 이 게으름뱅이야, 네 여자친구가 네가 정말 지저분하고 이기적인 걸 알아야 하는데……."(Ginott, 1969, p. 96).

많은 십 대가 무엇이 부모와 교사를 자극하는지를 감지하는 내적 레이더를 갖고 있다. 만일 부모가 깔끔한 것을 중시한다면, 자신의 정체성을 찾는 십 대는 차림새가 엉성해질 것이다. 그는 반항적이고, 저항적일 것이며, 정체감과 자율성을 경험하기보다는 부모를 거역할 뿐일 것이다. 그들의 변덕스러운 기분을 바라보고, 끊이지 않는 불평을 듣는 것은 혼란스러운 일이다. 가족치료는 부모님이 이러한 혼란을 극복하는 데 도움이 될 수 있다. 일반적인 원칙에 따라 기억할 것은 청소년들에게 있어 이때가 불확실함과 자기의심, 그리고 고통의 시간이라는 것이다. 청소년들은 즉각적인 이해를 원하지 않는다. 그들은 독특하고, 복잡하며, 불가사의하고, 헤아리기가 어렵다. 그리고 당신이 다음과 같이 말하면 모욕감을 느낄 것이다. "네가 느끼는 걸 나도 잘 알아. 나도 어렸을 때 같은 감정을 느꼈거든."

부모와 어른들이 청소년의 세계에서 수용과 인정을 구분하는 것이 현명하다. 만일 부모가 터무니없는 머리 모양을 수용한다면, 아이들은 자율성과 반항의 상징으로서 그것의 가치를 무너뜨릴 것이다. 반항아는 더욱 불쾌한 행동으로 대체해야 할 수도 있다. 지노트가 언급한 것처럼, "가시들thorns"을 모으지 마라. 부모는 아이들이 완벽하길 바라고, 성격의 작은 결함에도 주의를 기울이는 경향이 있다. 그들을 그대로 놔두어라. "티눈"을 밟지 마라. 만약 아이가 작다면 그는 "꼬마"로 불릴 것이고, 크다면 "키다리"로 불릴 것이다. 아이는 농담으로라도 놀려서는 안 된다. 또한 분명히 할 것은 그가 아기였던 때를 상기시켜서는 안 된다는 것이다(Ginott, 1969).

법을 어겨서 어려움을 겪는 청소년들과 작업할 때, 성숙하고 배려심 있는 사람과 관계 맺은 경험이 없이는 책임감 있고 성숙한 사람이 될 수 없음을 염두에 두는 것이 중요하다. 부모가 그러한 관계를 제공하지 않는다면 대체적인 관계를 찾아야 하며, 그것은 치료사, 선생님, 큰형 혹은 공동체의 또 다른 구성원과의 관계가 될 수 있다.

윌리엄 글래서William Glasser의 현실치료적 접근 방식은 안정적인 가정을 갖지 못한 아이들과 작업할 때 유용하다(Glasser, 1965). 글래서가 치료에서 가장 먼저 하는 일은 아이들이 어떤 목표를 갖고 있는지를 알아내는 것이다. 만약 목표가 전혀 없다면 그것을 개발하는 것이 첫 번째 일이 된다. 새 신발과 같은 어떤 물건을 사기 위해 돈을 버는 것이 그 예가 될 수 있다.

글래서는 청소년들에게 현실이 너무 구조적이기 때문에 그들의 행동에 결과가 따른다는 것을 지적하고자 노력했다. "네가 뭘 하느냐가 중요해. 너는 무력하지 않아. 너는 학교에 갈 필요는 없지만, 학교에 가지 않으면 어떤 결과가 뒤따를 거야. 예컨대, 너는 보수가 좋은 직업을 얻을 수 없을 거야. 또한 군에 입대할 수도 없을 거야"라고 말할 수 있다.

많은 청소년이 대부분 행복하지 않다고 느낀다. 글래서는 그들에게 "현실

교육"을 제공하는 경향이 있다. 그는, 현실은 대개 행복하기 어렵도록 구성되어 있어서 행복해지는 유일한 방법은 다른 사람을 행복하게 만드는 것이라고 이야기했다. 이 말이 구식으로 들릴 수 있고, 젊은 사람들에게는 진부할 수도 있겠지만 이는 진실이다. 행복에 이르는 직접적인 길은 없다. 그것은 부메랑과도 같다. 다른 사람을 행복하게 만들어 줄 때에만 행복을 얻을 수 있다. 글래서는 다음과 같이 물었다. "불행하다고 느끼니? 그럴 수밖에! 최근에 누군가를 행복하게 만들어 주려고 노력해 봤니?" 그러나 다른 사람에게 행복을 전달해 주고 싶다면 잠재적으로라도 관계가 가깝다는 것을 전제로 한다. 누군가와 친밀하고 보람 있는 관계를 실현하는 것은 주도성을 가지고 사회적 기술을 습득하는 것을 의미한다.

3. 구체적인 기법

치료사에게 오는 청소년들은 대개 실제 연령과 심리적인 연령 사이에 상당한 차이를 가지고 있다. 신체적으로는 다소 성숙한 것처럼 보일 수 있지만, 감정적으로 종종 그들은 여전히 어린아이이다. 드물지 않게 그들의 발달은 그동안 경험한, 아마도 여전히 겪고 있을 다양한 외상으로 인해 중단되었을 수 있다. 따라서 아동과 관련하여 이미 논의된 구체적인 기법 중 상당수가 이들에게도 적합할 수 있다.

이름 꾸미기는 어색한 분위기를 깨는 좋은 기법으로서, 특히 집단으로 청소년들과 작업할 때 좋다. 색을 하나 골라 이름을 쓰게 한다. 그런 다음 마음대로 이름을 강조하거나 꾸미게 하고, 그들이 좋아하거나 재미있어 하는 것을 이름 주변에 그리도록 한다.

이름 첫 글자 그리기는 저명한 미술치료사 헬렌 랜드가튼Helen Landgatten이 자주 사용하는 것으로서 이름 꾸미기 기법과 비슷하다. 헬렌 랜드가튼은 성인과 청소년에게 자기 이름의 첫 글자를 그리게 하고, 그 속에서 어떤 형태를 발견할 수 있는지 보도록 하였다. 그러고 난 후, 기본적인 디자인을 장식하게 하였다(Landgarten, 1981). 어떤 사람들에게는 그림을 전개할 수 있는 대상을 자기 이름 디자인이 제안하기도 한다. 여기서 자기 이름 첫 글자는 프리플로 기법이나 난화 기법과 유사한 것을 발전시키기 위한 시작점 역할을 한다.

발테그 기법은 어떤 면에서는 랜드가튼의 방식과 유사하지만 따뜻하고 개인적이지는 않다. 성인 남성 및 노인 내담자에게 적합한 발테그 기법은 도구와 기법적인 것들에 흥미가 있고, 다소 감정 표현을 어색해 하는 젊은 남성들에게도 효과적으로 사용될 수 있다. 내담자의 에너지와 주의력 수준을 감안하여 8개의 자극 구획 중 2~3개만을 사용하는 것도 좋은 방법이다.

자기가 선택한 그림 그리기는 유용한 워밍업 과정이며, 이후 치료 과정의 어느 단계에서도 적합하다. 청소년에게 그림을 그리도록 요청하되, 되도록 많은 결정권과 주도권을 갖고 그림을 그리게 한다. 어떤 특정한 기능의 영역 혹은 특정한 경험을 탐색하기 위해 회기를 구조화할 필요가 있다면 과제에 대한 2개 이상의 가능한 접근 방식 중 하나를 선택하도록 함으로써 통제한다는 인상을 주는 것을 피하라.

두 쪽 그림A Two-part Picture은 청소년과 젊은 성인들에게 매우 적합한 기법이다. 내담자에게 두 부분으로 된 그림을 그리도록 요청한다. 한쪽에는 그가 어떤 사람인지 그리고, 다른 사람이 볼 수 있도록 한다. 다른 쪽에는 내면의 느낌을 그리도록 한다. 이는 다른 누구에게도 보여 주고 싶지 않은 느낌이다. 이는 내부와 외부를 분리할 수 있는 상자나 종이봉투를 사용하는 이차원 또는 삼차원 작업일 수 있다. 그것은 조각이 될 수도 있고, 콜라주가 될 수도 있다.

그 밖에도 다음과 같은 기법이 있다. "가장 친한 친구"나 "동적 가족화KFD"의 주제는 자기시스템의 대인 간 영역을 탐색하고 강화한다.

"취미" "관심" "학교" "일" "가장 자랑스러운 것"을 그리면서 자기시스템의 성취 영역이 강조된다.

"영웅" "가장 좋아하는 팀" "좋아하는 배우" "좋아하는 영화나 TV 프로그램" "슬픈 휴일 vs. 행복한 휴일" "대부분의 사람이 부러워하는 사람" 및 기타 범주 안의 그림이나 삼차원 작품에서 초개인적 영역이 관찰될 수 있다.

1) 자화상 그리기

자화상 그리기는 청소년들에게 가장 효과적인 활동이다. 왜냐하면 그들은 보통 자신에게 꽤 몰두해 있기 때문이다. 자화상 작업에 한 회기 혹은 여러 회기가 소요될 수 있다. 자화상은 자기시스템의 신체 도메인뿐만 아니라 여러 다른 기능 영역 또한 밝혀 준다.

자화상 그리기를 시작하기 위해서는 청소년에게 머리부터 발가락까지 자신의 전신 그림을 그리라고 말한다. 세부사항에 집착하지 않게 하기 위해 시간에 제한을 두라. "5분 동안 무엇을 할 수 있는지 보자. 세부사항에 너무 신경 쓰지 않아도 돼. 그저 대략적인 스케치를 해 봐." 이미지와의 대화 단계에서 자화상에 대해 논할 때, 어떤 부분이 가장 좋고, 어떤 부분은 그리기 어려웠는지, 어느 부분에 가장 많은 시간을 들였는지를 물어보라.

같은 회기 내에서 혹은 다음 회기에 청소년에게 다른 자화상을 그리도록 요구하라. 두 번째 이미지는 "1년 전 네 모습을 그려 보렴"이라고 말한다. "자화상 주위에 그 당시 너에게 중요했던 것들을 글로 써 보거나 그려 보렴. 어디에 시간을 사용했니? 1년 전 너의 친구들은 누구였니? 1년 전 너의 목표와 희망은 무엇이었니?" 이러한 지시는 그 자체로 아이디어를 자극하고 목표를 탐색하도록 유도한다. 성인은 물론 청소년에게도 이는 좋은 활동이다(제13장 참조).

다음 버전의 자화상은 "1년 전 자신과 비교했을 때 현재의 자신"에 초점을 맞춘다. 다음과 같이 말하라. "지금 너의 삶에서 무슨 일이 일어나고 있는지 보여 주기 위해 새로운 그림을 그리거나 기존의 그림을 변화시켜 보렴. 이제 더 이상 하고 있지 않은 활동들은 줄을 그어 지워도 돼. 지금 중요한 사람들과 활동들을 추가해 보렴." 그런 다음 청소년에게 그의 목표와 열망이 어떻게 바뀌었는지 물어본다.

같은 회기 또는 이후의 회기에서 좋은 결과를 가져올 또 다른 버전의 자화상을 발전시킬 수 있다. 다음과 같이 말하라. "1년 후의 너의 모습을 그려 보렴. 그림 주위에 네가 관여하게 될 활동을 그리거나 글로 써 보렴. 어떻게 시간을 보낼 것 같니? 목표와 열망은 무엇일 것 같니?"

그림을 그리는 대신에 콜라주를 만들 수도 있다. 당장 필요한 것과 반대로 자신의 목표와 희망을 탐색하는 것은 꽤 많은 시간이 걸리기 때문에 이것은 숙제로 내줄 수 있다.

이러한 자화상 시리즈는 어린아이들뿐만 아니라 성인들에게도 유용한 것으로 드러났다. 성인의 경우에는 기간을 더 연장하라. 내담자에게 1년 후의 삶뿐만 아니라 3년, 5년, 10년 후의 삶에 대한 그림을 그리게 하라. 노인들은 종종 그들의 인생이 끝나가는 것을 두려워하고, 당장 현재를 넘어서는 미래가 길지 않다고 생각한다. 가능한 미래에 대한 이미지를 자극하는 것은 그들의 에너지를 동원하고 전망을 개선할 수 있다.

"1년 후"의 모습을 그리는 것은 많은 도시 아이들에게 어렵지만 유용한 활동이라고 증명되어 왔다. 예를 들어, 최근에 볼티모어의 길거리에서는 묻지마 총격이 빈번히 있었다. 초등학생들은 다음날 살아 있을 것이라고 기대하지 않았기 때문에 자신의 장례식에 대한 그림을 그렸다. 그림을 그리면서 치료사는 이러한 무서운 전망에 대해 다룰 수 있었고, 아이들에게 정서적인 지지를 제공하도록 그것을 정리할 수 있었다.

치료를 시작할 때 자화상을 그리고, 치료 계약이 끝날 때 그린 자화상과 그것을 비교하는 것은 유용하다. 두 그림 간의 변화는 발생했을 수 있는 성장과 청소년과 치료사 사이의 치료적 상호작용에 의해 촉진된 정도를 나타낸다.

2) 이야기 그리기 검사

청소년들뿐만 아니라 몇몇 아동도 비교적 자유롭게 선택할 수 있는 그림을 그리라고 하면 두려워한다. 그들은 이렇게 말한다. "무엇을 그려야 할지 모르겠어요." "이야기 그리기Draw-A-Stroy" 검사는 이러한 상황에서 유용하다. 이것은 페기 던 스노우Peggy Dunn-Snow에 의해 개발되었으며(1994), 라일리 실버Rawley Silver의 작업을 기반으로 한다(Silver, 1993). 이 기법은 본래 우울을 평가하기 위한 것이었으며, 아동과 청소년의 창의성이나 모험심을 자

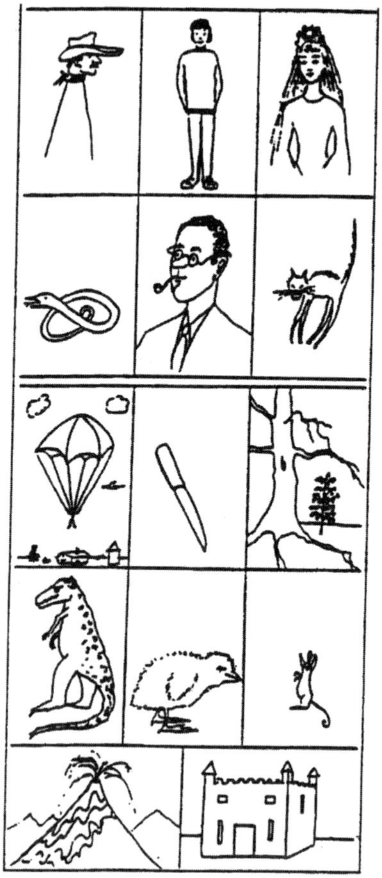

[그림 12-2] 이야기 그리기 검사의 자극 카드

극하는 데에도 효과적이다.

일련의 자극 카드를 준비해 놓고 아이에게 2개의 카드를 가져가거나 2개를 복사하도록 한다. 14개의 자극 카드 중 고른 2개의 카드를 가지고 아이는 그림에서 일어날 것들을 상상하고 자신의 방식대로 그것을 그려 본다. 그림을 완성한 후에는 제목을 붙이고, 그림에 대한 이야기를 세 문장으로 쓴다 ([그림 12-2] 참조).

던 스노우는 이야기 그리기 기법을 개인 치료에서뿐만 아니라 아동과 청소년 집단에서도 사용하였다. 각 집단의 구성원은 하나의 자극 카드를 고른다. 그런 다음 집단의 구성원들은 각 이미지가 공통의 주제, 제목 및 줄거리가 있는 하나의 그림으로 혼합될 수 있도록 공동으로 작업한다. 던 스노우에 따르면, 선택의 기회는 통제력과 구조에 대한 감각을 제공하므로 집단내의 분쟁이 성인의 개입 없이, 혹은 최소한의 개입으로 결국 해소된다. 그러나 사회화가 되지 않은 청소년의 경우, 집단 구성원들을 한 쌍씩 나누어 선택한 카드로 이야기를 만드는 작업을 하는 것이 더 안전할 수 있다.

3) 콜라주

콜라주는 정서적으로 결핍이 있고, 조심스러우며, 저항하는 청소년들에게 특히 효과적이다. 치료사는 다양한 잡지를 풍부하게 모아서 내담자에게 나누어 준다. 치료사나 내담자가 주제를 정하고, 내담자는 잡지를 살펴보고 주제를 표현하기 위해 그림을 잘라 낸다. 가령 내담자에게 그림을 골라서 자신을 어떻게 바라보는지, 다른 사람이 그를 어떻게 바라보는지 표현해 보도록 하라. 또는 "현재의 경험"이나 "편지함의 편지 내용"을 묘사하기 위해 그림을 골라 보도록 하라. "눈에서 흐르는 눈물에 대한 콜라주를 제작해 보세요." 또는 "외로움, 우울함, 화 등의 다양한 감정에 대해 콜라주를 만들어 보세요." 라고 말할 수 있다. 내담자는 잡지에서 그림을 오려서 종이에 붙이고 원하는 대로 꾸민다. 그러고 나서 종이의 다른 면에 그림에 대한 이야기를 쓴다 (Linesch, 1988).

특히 자살 충동, 거식증과 폭식증, 성폭력, 약물 의존과 같이 몇몇 범주에 속해 있는 청소년들은 대하기가 어렵다. 이제 이러한 부류의 청소년들을 어떻게 대할 수 있을지 알아보고자 한다.

4. 자살 충동을 느끼는 청소년들

다른 내담자와 마찬가지로 가장 먼저 해야 할 일은 그를 알아 가고, 그가 존중받고 받아들여진다고 느끼는 데 도움이 되는 관계를 확립하는 것이다. 이는 먼저 '청소년이 된다'는 것이 일반적으로 어떤지에 집중함으로서 이루어질 수 있다. 한 가지 유용한 과제는 내담자에게 "청소년의 악몽"에 대한 그림을 그리거나 콜라주 작업을 하도록 하는 것이다. 청소년들은 대체로 무엇을 두려워하고 걱정하며 고심하고 있는가? 다음으로 "세 가지 소원"에 대한 그림은 청소년의 세계에서 무엇이 일어나고 있는지, 무엇이 그를 힘들게 하는지에 대해 보여 준다. 자살 충동을 느끼는 내담자가 그의 부정적인 감정을 표현하도록 돕는 것은 중요하다. 내담자에게 "분노에 대한 그림angry picture" "진정한 슬픔에 대한 그림real sad picture"을 그리게 하거나 그가 경험한 "실망감"에 대해 그림이나 콜라주 작업을 하도록 요청하라.

점차적으로 치료사는 내담자의 자존감을 높이는 방법을 찾아야 한다. 자존감을 향상시키는 것이라면 어떤 것이든지 자살 시도에 대한 생각을 덜 매력적으로 느끼게 할 것이다. 이를 위한 한 가지 방법은 내담자의 좋은 자질을 표현하는 그림을 그리도록 하는 것이다. "사람들에게서 네가 존경하는 점" 혹은 "친구로 삼고 싶은 사람"에 대한 그림을 그리게 하라. 더욱 개인적으로는 "네가 자랑스러워하는 것"에 대한 그림을 그리게 하라. 그런 다음 "미래의 나의 목표"에 대한 그림을 그리도록 한다. 또한 "최근에 내가 자랑스럽게 내린 결정" 혹은 "내가 하고 싶은 결정"에 대해 그림을 그리거나 콜라주를 만들도록 하라. 예컨대, 그것은 금연이나 다이어트, 운동을 시작하는 것일 수도 있다. "사람들이 나에 대해 알아봐 주었으면 하는 점"은 내담자의 세계를 탐색할 수 있는 또 다른 그림이다. 내담자가 사람들을 선택하도록 하라. 이는 교사, 부모, 반 친구들, 친구, 혹은 기타 다른 사람일 수도 있다.

일단 자살 충동을 느끼는 청소년이 자신을 잘 아는 누군가에게 중요하다는 것을 느끼면 자살 사고가 약해질 것이다. 그런 다음, 치료적 관계가 확고하게 확립되면 "그 사람이 지금 어떻게 느끼는지"와 "그 사람이 어떻게 느끼고 싶은지"를 보여 주는 두 쪽 그림이나 콜라주 작업을 요청함으로써 좋은 결과를 얻을 수 있다(Landgarten, 1981).

자살을 "도움을 위한 외침"으로 간주하는 것이 일반적이다(Shneiman et al., 1970). 정신병리와 행동장애는 정서적 · 사회적 박탈에 대한 자연스러운 반응이다. 문제는 위험 신호이다. 그것은 "ouch"[1)]신호, 즉 알람 반응이다. 고통이 자살 사고로 이어지기 전에 고통의 원인을 찾아야만 한다. 치료사들이 함께 작업하는 많은 청소년은 결손 가정에서 자라났거나, 정서적인 필요를 만족시켜 줄 사람이 없었다. 치료사들은 내담자들이 더 큰 결핍으로 이어지지 않도록 하는 사랑, 수용, 안전의 요소를 그들의 세계에서 찾도록 도와야 한다. 치료사들이 어머니, 아버지, 이성 친구를 대체할 수는 없지만, 내담자들이 자신의 세계에서 자양분의 근원을 찾을 수 있도록 도울 수 있다. 그리고 또한 중요한 것은 우리는 그들이 부족할 수는 있지만 그들의 환경에서 구할 수 있는 자양분을 무산시키도록 무슨 일을 하고 있는지 깨닫도록 도울 수 있다.

---

1) 역자 주: 아야(갑자기 아파서 내지르는 소리)

5. 섭식장애

오늘날 우리 사회에서는 두 가지 유형의 섭식장애인 신경성 식욕부진증과 폭식증이 증가하고 있다. 이러한 장애는 남성보다 여성에게서 10배 더 많이 발생한다. 젊은 여성의 3분의 2 정도가 약한 정도의 식이 행동 문제를 가지고 있는 것으로 추정된다(Motto, 1997). 신경성 식욕부진증의 신체적인 증상으로는 15% 이상의 체중 상실을 포함하며, 종종 월경 불순, 과다 활동, 저체온증이 동반된다. 심리학적인 증상으로는 마른 것에 대한 집착, 체중 증가에 대한 공포, 왜곡된 신체 이미지, 배고픔을 부인하는 것, 무력감, 통제를 위한 고투 등이 있다(Crowl, 1980). 일부 연구자들은 음식에 관한 문제는 성학대의 과거력에 기인하고, 외상 후 스트레스 증상을 완화하려는 시도를 나타낼 수 있다고 추측한다(Root, 1989). 즉, 섭식장애는 자신의 몸을 없애고 싶어 하는 것처럼 보이는 자기파괴적인 행동이며, 사실상 부분적인 자살 시도이다.

미술치료에서 신경성 식욕부진증 환자들이 그린 자화상은 작은 소녀로 자신을 묘사하며 매우 낮은 자존감을 보여 준다. 기계적이고 로봇 같은 형태도 자주 보이는 이미지이다. 성학대 피해자일 수 있는 신경성 식욕부진증 환자는 자신의 몸과 운명, 그리고 삶을 통제하려고 함으로써 성에 관해 관심이 없는 채로 남아 있으려고 할 수 있다(Crowl, 1980).

전신 거울 앞에서 그리는 "자화상"은 신경성 식욕부진증 환자와 작업할 때 유용한 기법이다. 내담자는 잘못 그려졌다고 생각하거나 불만족스러운 신체 부분에 대해 나열한다. 내담자는 자신의 외모에 대해 좋아하는 부분 세 가지를 나열하도록 요청받는다. 그런 다음 논의는 자신에 대해 좋아하지 않는 것은 확대하고, 좋아하는 부분에 대해서는 축소시키는 경향에 초점을 맞출 수 있다.

"신체 윤곽 따라 그리기"는 또 다른 유용한 접근 방식이다. 먼저 내담자는 어떤 모습일지 상상하면서 자신의 몸의 윤곽선을 따라 그린다. 그리고 치료사가 몸의 윤곽을 따라 그린다. 두 가지 윤곽선 사이의 차이점을 강조하면서 논의가 진행된다.

"가면 만들기"도 유용한 기법이다. 어떤 미술치료사들은 내담자에게 가면을 만들도록 한 다음, 가면에 목소리를 주어 그것과 대화하도록 한다(Motto, 1997).

청소년과 작업하는 것과 관련하여 앞에서 언급된 대부분의 활동은 섭식장애로 고통받는 내담자에게 효과적이다. 제8장에서 언급한 자기시스템의 개념은 기능의 다양한 영역을 탐색하고 이해할 수 있도록 돕는다. "이름 꾸미기" "좋아하는 것 그리기" "취미" "관계" "감정의 범위에 관한 그림"은 청소년이 어려움을 겪고 있는 다양한 문제를 유익하게 점검하게 해 준다. 더불어 섭식장애를 가진 청소년은 알코올 의존자 갱생회 모델로부터도 도움을 받을 수 있다. 이러한 모델에서는 질환에서 회복된 내담자가 아직 치료를 받고 있는 내담자에게 멘토 및 역할 모델을 제공한다(Madigan, 1994).

6. 성학대

성학대sexual abuse는 광범위한 심리적 문제를 가져올 수 있는 심각한 사안이다. 여성 중 약 27%, 남성 중 16% 정도가 어린 시절에 성학대를 경험한 것으로 추정된다(Rodriguez et al., 1997). 일부 연구들에 의하면, 어린 시절의 성학대는 남성들보다 여성들에게서 2~3배 정도 더 흔하다(Richter et al., 1997).

성학대 피해자들이 겪는 흔한 증상으로는 강렬한 공포, 분노, 역할 혼미role confusion, 낮은 자아존중감, 불안, 사회적 고립, 자기파괴적 행동 패턴이 있다. 정신과 입원 환자들의 50%는 어린 시절에 심각한 수준으로, 혹은 오랜 기간 동안 성적·신체적 학대를 경험해 왔고, 해리 장애 및 외상 후 스트레스 장애가 발생할 위험을 갖고 있다(Van der Kolk & Van der Hart, 1989).

집단 형태에서 성학대 피해자들과 치료적인 노력treatment effort을 기울이는 것은 혼자가 아니라는 상호 지지의 위안을 제공한다. 성학대의 "피해자"라는 용어 대신에 "생존자"라는 용어를 사용하는 것이 중요하다. 미술 작품과 논의로부터 나오는 주제는 분노와 자기비난self-blame, 슬픔과 관련된다. 분노는 가해자가 합법적인 경로를 통해 기소되었음에도 처벌을 전혀 받지 않거나 최소한의 처벌을 받는다는 사실로부터 발생한다. 일부 연구들에 의하면, 보고된 모든 강간범 중 10% 미만의 사람들만 감옥에 가며, 대부분의 사람은 보호관찰도 받지 않고 풀려난다(Ledray, 1994). 생존자들은 그들이 달리 처신했더라면 성학대를 막을 수도 있었을 것이라는 의문을 갖고 자책한다. 또한 "정상적인" 어린 시절을 상실한 것에 대한 슬픔도 존재한다.

특히 배코스Backos와 페이곤Pagon은 효과적인 치료 형식을 고안했다(Backos & Pagon, 1999). 그들은 "출석 확인"으로 회기를 시작하고, 집단원들에게 먼저 "오늘 밤 나 자신myself tonight"을 보여 주는 "만다라"를 만들도록 요청했다. 그림 옆에는 자신의 느낌을 기록한다. 예컨대, 흥분되는jumpy, 혼란스러운, 의기소침한down, 학교 회피school avoidance, 우울, 자살사고, 살인에 대한 생각homicidal thought, 감정의 폭발explosive outburst, 음주, 도피running away, 무분별한 성행위, 폭식증bulimia과 같은 현재의 이슈들current concerns이 나타나기 시작한다. 이는 분노를 다루는 법, 자존감을 향상시키는 법, 학교에서 친구들과 잘 지내는 법, 가족과의 갈등을 다루는 법, 신뢰를 쌓는 법 등 논의할 수 있는 주제로 이어진다. 또한 배코스와 페이곤은 "질문 항아리question jar"를 사용했다. 그곳에는 각 집단원이 익명으로 그룹에서 탐색하기 원하는 질문들을 적은 것이 있다. 이는 소녀들이 공개적으로 언급하기에 너무 부끄러울 수 있는 주제들을 논의할 수 있는 기회를 제공한다. 예컨대, 한 주 동안 어떤 집단에서는 강간과 성교rape and sex의 차이를 분명히 하였고, 성관계 그리고 성병sexually transmitted disease에 관해 토론하였다. 이를 통해 성적인 무지sexual ignorance가 그에 관한 지식으로 대체되었다(Backos & Pagon, 1999). 이 특정 그룹은 겨우 8주 동안 만났지만 긍정적인 변화를 보였다. 소녀들은 외부 세계에 집중하기 시작했고, 다른 생존자를 도울 수 있도록 자신을 격려하는 법을 고려하기 시작하였다.

레슬리 파웰Leslie Powell과 산드라 파허티Sandra L. Faherty는 성학대의 생존자들을 위한 또 다른 장기 치료 계획에 대해 설명했다(Powell & Fahetry, 1990). 이 집단에서는 이차원의 그림뿐만 아니라, 모래 치료, 비디오테이프, 사이코드라마, 간식, 상품을 사용하였다.

수년에 걸쳐 심각한 외상에 시달려 온 사람들에게는 가장 약한 외상 기억이 가장 먼저 나타나고, 가장 강한 외상 기억은 치유 과정을 거치며 나중에 나타나는 경향이 있다. 새로운 기억이 드러나기 시작하면서 생존자들은 다시 "피해자"의 사고, 감정, 행동에 빠져들 수 있다. 게다가 각 개인은 모든 기능 영역에서 동일한 단계에 있지 않을 수 있다. 그녀는 어떤 관계에 있어서는 충분히 잘 기능하지만 다른 관계에서는 희생자일 수가 있다(Matsakis, 1994). 회복 과정은 평생 동안 지속될 수 있다. 어떤 사람들에게 외상은 비교적 쉽게 치료할 수 있는 급성 전염병과 유사할 수도 있다. 누군가에게는 이 과정이 당뇨와 같은 만성적인 상태와 닮아 있어 평생 동안 주의를 기울여야 한다.

7. 약물 의존

현대 사회에서 청소년들이 알코올이나 약물 의존에 말려들지 않도록 하는 것은 가장 어려운 일이다. 친구들의 압박과 개인의 호기심, 위험 감수risk-taking, "멋지게" 보이고 싶어 하는 등의 요인은 쉽게 불법 약물을 시도해 보는 것으로 이어진다. 청소년이 약물에 "의존하지" 않고서 더 이상 기능할 수 없을 때, 많은 경우 약물 시도는 중독으로 끝을 맺게 된다. 청소년들은 특히 약물 중독에 취약하다. 어떤 이유에서이든 그들 중 일부는 성장하면서 생기는 일상적인 스트레스를 잘 다루지 못한다. 그들에게 있어 마약은 열등감과 실망감으로부터 벗어나는 탈출구의 의미를 가질 수 있다. 그들은 열등감과 무력감을 과잉 보상하기 위해 자신에게 비현실적인 목표를 설정하는데, 이는 그들에게 실패감만 강화할 뿐이다. 청소년은 겉으로 부인하는 척, 무관심한 척, 화가 난 척을 하면서 고통과 혼란스러운 마음을 숨긴다. 그러한 겉모습 뒤에는 깊이 상처받은 아이가 자리하는데, 그 아이는 자신의 기대에 미치지 못하는 것에 대한 부적절감과 불충분함, 불완전함, 그리고 죄책감을 느낀다. 소년은 자신이 슈퍼맨처럼 뛰어나야 하며, 그렇지 않으면 아무런 존재도 아니라고 생각한다. 소녀는 프리마돈나가 아니면 아무 쓸모가 없다고 생각한다. 이러한 청소년들은 기회, 관계, 소유물, 건강을 잃으면서 후회한다. 그들은 많은 상실에 대한 고통스러운 인식을 더 많은 술이나 마약으로 덮어 버린다.

치료사는 이러한 청소년을 약물 문화로부터 어떻게 구출해 낼 수 있을까? 집단으로 이루어지는 미술치료는 자신의 시간을 달리 사용하는 방법을 차츰 찾아가는 새로운 동료 집단을 제공할 수 있다. 그들은 더 이상 약물 조달, 도박 등 자신을 위험하게 만들고 파괴하는 행동에 끌리지 않을 것이다. 그들은 시간을 구조화하는 방법을 새롭게 배우게 되며, 상처와 무시당함 없이 의미 있는 감정을 표현하는 것에서 오는 만족감을 경험하게 된다.

약물에 의존하는 청소년들을 미술치료와 친해지도록 하기 위해서는 시각적 표현 수단에 익숙하지 않은 사람들은 보통 불안감을 보인다는 것을 기억해야 한다. 청소년들은 미술이 학교에서 가장 최악의 과목이라고 주장하는 경향이 있다(제7장 참조). 이 시점에서 미술치료사는 미술치료에서의 미술은 학교에서 하는 미술과 다른 것이라고 말해 줄 필요가 있다. “네가 예술가가 아니라는 걸 알아. 이런 종류의 미술을 하기 위해 예술가가 될 필요는 없어.” 또한 약물을 사용하는 청소년들은 치료사가 자신에 대해 알아낼 부분들에 대해 걱정한다. 언어적으로 또한 비언어적으로 치료사는 그림의 “의미”에 대해 알아낼 권리가 내담자 자신에게만 있음을 명백히 밝혀야 한다. 치료사와 다른 집단 구성원들은 그림이 의미하는 바가 아니라, 그림이 어떻게 그들에게 영향을 주었는지에 대해서만 이야기할 수 있다. 내담자 자신이 본인의 작품이 의미하는 바에 대해 최종적인 권한을 갖고 있는 전문가임을 인식하게 되면서 자신의 방어와 불안은 약해지게 된다. 그럼에도 약물 남용 청소년들의 그룹에서는 집단원들을 안심시키면서 미술치료가 생각을 나누는 다른 의사소통 방식이며, 그림이 무엇을 의미하는지를 알 수 있는 사람은 오직 그림을 그린 사람임을 다시 한번 설명해 주어야만 했다. 미술치료는 불법적인 약물 사용을 은밀하게 감시하는 방식이 아니며, 그림을 보고 내담자가 무슨 약물을 복용하고 있는지 알 수 있는 방법 또한 없다(Nucho, 1977).

이 장과 앞서 제7장에서 언급한 기법들을 통해 내담자들은 그림 그리는 것에 익숙해질 수 있다. "프리플로 기법"도 효과적이며, "이름 꾸미기", 혹은 "이름 첫 글자 그리기"도 좋은 방법이다.

한 집단은 미술치료를 시작하면서 약물 의존 청소년들과 치료사는 그 주에 일어난 일들에 대해 편하게 이야기하는 시간을 가졌다. 주제는 이러한 일반적인 논의로부터 도출되기 시작했다. 내담자들은 치료사가 작업의 주제를 제안하길 좋아했지만, 그 주제를 활용할 수도 있고 스스로 주제를 골라 작업할 수도 있었다. 등장한 주제들은 다음과 같은 것들이다. "나와 가장 친한 친구" "일" "나를 화나게 하는 것들" "소풍" "나의 즐거움"이 그것이다. 제8장에서 언급한 바 있는 자기 시스템의 다양한 영역을 나타내는 기법들도 적절하다. 내담자의 미술 작품에 나타난 주제들은 외로움, 죄책감, 두려움, 불안함, 우울함, 공허함, 분노, 실망감과 같은 감정을 다룬다. 겉모습은 단조롭지만 그 안에 매우 힘든 모습이 감추어져 있었음이 점점 분명해진다. 치료사와 수용적인 관계를 맺고, 집단원들로부터 지지를 받으면서 약물 의존 청소년들은 자신의 삶의 한계를 받아들이기 시작한다. 그리고 자신에게 남아 있는 장점을 인식하고, 자존감을 향상하기 시작한다(Nucho, 1977). 한 미술치료사는 내담자에게 두 쪽 그림을 그리도록 하였다. 내담자는 그림을 두 부분으로 나누어서 한 부분에는 "자신의 단점"을 상징하는 색, 이미지, 상징을 표현한다. 다른 부분에는 "자신의 장점"을 나타낸다. 그런 다음, 각 개인은 집단원들에게 자신의 그림을 보여 주고 설명한다. 그 후, 집단원들은 장점 그림을 안전하게 보관할 수 있도록 접어서 주머니에 넣는다. 그리고 다른 그림은 찢어서 버린다(Potocek & Wilder, 1989).

앞서 논의한 다양한 유형의 자화상과 더불어 두 종류의 동적 가족화는 치료사와 말을 잘 하려고 하지 않는 내담자에게 풍부한 정보 소스를 제공한다. 흔히 사용하는 동적 가족화KFD가 현재 혹은 과거의 가족 관계에 대한 정보를 제공하는 반면, "미래 동적 가족화Prospective Kinnetic Family Drawing"에서는 치료사가 내담자에게 10년 후의 모습을 상상하여 그리도록 한다(Kismiss, 1992). 미래 동적 가족화는 그림 그리는 이의 미래에 대해 생각해 보도록 하고, 목표 설정을 촉진한다. 청소년이 그림에 누구를, 무엇을 포함할지와 묘사된 항목의 크기, 왜곡은 내담자의 역동에 대한 가설을 세우는 데 필요한 정보를 제공하며, 이는 언어적 치료에서 더 깊이 탐색할 수 있다. 내담자는 자신의 미래와 관련한 두려움과 소망에 대해 논의할 수 있으며, 비현실적인 자기기대를 수정하고 화학 물질에 의존하지 않고도 욕구 만족을 제공할 수 있는 현실적인 목표를 설정하도록 도움을 받을 수 있다.

제13장

성인과의 미술치료

많은 사람이 시간이 지나 성인이 되기는 하지만, 불행하게도 정서적인 면에서는 그렇지 않다. 성인이 된다는 것은 어떤 것을 의미하는가?

청소년들은 하루빨리 성인으로 인식되고, 그에 맞는 대접을 받기를 원한다. 청소년들은 성인들이 특정한 권리와 특권을 갖고 있다고 인식한다. 점진적으로 청소년들은 그러한 특권에 따르는 의무와 스트레스에 대해 인식하기 시작한다.

1. 성인이 된다는 것

사람은 언제 자신이 성인이 되었다고 느끼는가? 성인이 되었음을 나타내는 특정한 사건은 무엇인가? 대학원생들로 이루어진 집단에서 자신이 성인기에 도달했다고 느끼게 해 주는 사건으로 가장 많이 언급되었던 것은 운전면허증을 땄을 때였다. 어떤 학생들은 학자금 대출을 갚기 시작했을 때 어른이 되었음을 느꼈다고 했다. 어떤 여학생은 치과에 혼자 가는 것을 허락받았을 때 어른이 되었음을 느꼈다고 회상하였다. 자신의 어떤 행동에 대해 책임질 수 있는 능력이 성인기의 도달을 암시하는 것처럼 보인다.

늦은 청소년 시기를 지나는 동안, 아이들은 스스로 결정을 내리기 시작한다. 그들은 어느 정도 재정적인 독립을 이룬다. 더 이상 가족과 온 여름을 함께 보내지 않는다. 그들은 가족과 떨어져 살기 시작한다.

에릭 에릭슨Erik H. Erikson에 따르면, 이 시기의 청소년은 자신이 무엇을 하고 싶은지, 누구와 관계를 맺고 싶은지를 결정한다. 이제 성인이 된 그는 자신이 돌보고 싶은 사람이 누구인지를 결정해야만 한다. 성인이 된다는 것은 어떤 사람 혹은 대상을 돌보고자 하는 마음과 돌볼 수 있는 능력을 가지게 된다는 것을 의미한다. 에릭슨은 이것이 친밀감 대 고립감intimacy vs isolation의 위기로 이어질 수 있다고 언급하였다(Erikson, 1963).

프로이트는 한 사람이 건강한 성인이 되기 위해서는 일하고 사랑할 수 있어야 한다고 말했다. 성인은 자신이 추구할 직업을 결정해야 한다. 또 다른 중요한 결정사항은 독신으로 남을 것인지 혹은 인생의 동반자와 삶을 함께할 것인지와 관련된 삶의 방식이다. 서구 사회에서 특히 여성들이 이러한 결정에 어려움을 겪는다. 자녀를 갖는다는 것은 여성의 직업적 포부를 연기하는 것을 의미한다. 여러 연구에 따르면, 고위직의 40대 여성 중에는 자녀를 가진 여성들이 상대적으로 적다. 짧은 육아휴직과 적절한 보육 시설의 부족은 직업과 육아의 병행에 큰 어려움을 준다. 여성들은 전통적인 결혼이 주는 안정감을 상실하였고, 절반 정도는 이혼에 이른다. 더불어 노동 시장에서 수익을 얻을 수 있는 가능성도 낮기 때문에 많은 여성은 어머니가 될지 아니면 성공적인 전문인이 될지를 선택해야 한다. 스미스 대학Smith college의 직업 개발 연구소에 따르면, 1960년대에는 해당 대학 졸업생의 61%가 주부가 되기를 원한다고 보고하였다. 1970년대에는 15%만이 전업주부가 되고 싶다고 하였으며, 1980년대 즈음에는 1% 이하의 졸업생만이 주부가 되기를 원한다고 하였다. 자녀 양육과 직업을 병행하는 것은 여성에게 매우 어려운 일이다. 직장

생활에 더해 아이와 배우자의 필요를 채우고, 나이 든 부모를 돌봐야 하기 때문에 성인의 스트레스는 견딜 수 없는 수준에 이른다. 정신장애의 진단 및 통계 편람DSM-IV이 성인을 공격하는 정신병리의 형태를 다양하게 제시하고 있다는 사실은 결코 놀랄 일이 아니다. 종종 삶의 번거로움과 스트레스는 일부 유전적 소인이 있다고 생각되는 조건에서도 정신질환의 본격적인 삽화를 유발한다.

다양한 정신병리 유형의 목록은 내담자의 기능 손상의 정도에 주의를 기울이게 함으로써 미술치료사들에게 편의를 제공한다. 낮은 수준의 기능장애를 가진 성인과 중간 정도의 기능장애, 그리고 중증 기능장애를 가진 성인이 있다. 기능장애의 정도가 낮은 성인들은 대부분의 삶의 영역에서 기능을 적절히 수행한다. 그들은 자신의 동료들이나 사회 전반에 자신의 문제를 드러내지 않지만, 본인의 수행 수준에 대해 불만을 가지고 있다. 그들은 어떤 행동 방침을 추구할지 말지, 관계를 깰지 말지를 고민하는 것과 같은 주된 인생의 결정과 관련하여 어려움을 겪고 있을 수 있다.

중간 정도의 기능장애를 가진 성인들은 삶의 특정 영역을 제외하고는 모든 부분에서 기능을 잘 수행할 수 있다. 예컨대, 많은 알코올 의존자는 직업적 기능을 수행할 수 있다는 것에 자부심을 갖지만, 배우자와의 관계에서는 많은 고통과 혼란이 발생한다. 그들은 부모로서 부적절하며, 그들의 자녀는 고통을 받는다. 일부 성범죄자들도 중간 정도의 기능장애를 갖고 있으며, 그중 일부는 사회적으로 높은 위치에 도달해 있기도 하다. 그들은 보이지 않는 곳에 있는 아동 학대의 가해자이다.

중증 기능장애를 가진 성인들은 삶에서 어른으로서의 역할을 전혀 혹은 거의 감당하지 못한다. 그들은 과거에 정신질환으로 수차례 입원한 경험이 있을 수도 있다. 미술치료사들은 중증 정신장애를 가진 성인들을 사회 복귀 훈련소, 노숙자 보호 시설, 교도소를 비롯한 기타 기관에서 만나게 된다.

다음에 설명할 구체적인 미술치료 과정은 기능장애의 정도가 낮은 성인,

중간 정도인 성인, 중증 기능장애 성인 모두에게 유용한 것으로 입증되었다.

2. 기능장애 정도가 낮은 성인들

기능장애의 정도가 낮은 성인들은 외부의 압력에 의해 치료를 권고받기보다는 자진해서 치료를 받으러 온다. 그들은 주된 삶의 역할을 직업적으로나 사회적으로 모두 다 잘 수행하는 듯 보인다. 그들은 다른 사람에게는 전혀 문제 없어 보이지만 스스로에게는 문제가 될 수 있다. 그들은 자신의 수행에 만족하지 못할 수도 있고, 잠재력을 완전하게 실현하지 못한다고 느낄 수 있으며 혹은 관계의 어려움을 경험할 수도 있다. 전문가들은 그들을 익살스럽게 YAVIS 유형 내담자라고 부른다. 이는 "젊은Young, 매력적인Attractive, 언어적인Verbal, 지적인Intelligent, 성공적인Successful" 내담자라는 뜻이다. 그들은 젊을 수 있으며, 설령 나이가 많을지라도 인생관도 마음도 젊을 것이다. 신체적으로 매력적일 수도 있고 그렇지 않을 수도 있지만, 다른 사람을 끌어당길 수 있으며, 지속적인 친구 관계를 형성할 수 있다. 그들은 말로 자신을 잘 표현하는 경향이 있지만, 아무 의미 없이 방어적으로 말하는 방식을 알고 있다. 미술치료는 우리 사회에서 덜 알려진 의사소통 수단이기 때문에 이러한 내담자들과 작업할 때 특히 유용하다. 그들은 대부분 정상 지능 혹은 그 이상의 높은 지능을 지니고 있다. 비록 그들이 자신의 경제적 · 사회적 성공에 대해 스스로 낮게 평가하더라도 그들은 스스로를 돌볼 수 있는 능력이 있다는 점에서 성공한 것이라고 볼 수 있다. 그들의 야망과 기대 수준은 지금까지 성취한 것에 비해 높을 수 있다. 그들은 종종 더 나은 개인적 성장과 자기실현을 위해 치료에 오기도 한다. 삶에서 인간관계의 문제를 갖고 있을 수 있으나 그것은 보통 그들 자신의 문제인 경우가 많고, 파트너나 다른 사람들 혹은 전체 사회의 문제는 아니다.

YAVIS 유형의 내담자들은 미술치료에 잘 임하고, 비교적 짧은 기간에 어려움을 해결한다. 이전 장에서 기술한 모든 미술치료 기법이 그들에게 적합하다. 다양한 워밍업 유형의 활동들로 시작하는 것이 좋은데, "프리플로" 기법, "무엇이든 그리기" 또는 "자유화", 다양한 형식의 "자화상"이 이에 해당한다. 이러한 활동들은 곧 자기탐색과 치료사와의 깊은 대화로 이어지며, 회기가 집단 형식으로 이루어진다면 집단의 구성원들과도 깊이 있게 대화할 수 있게 된다. 특정 기능 영역을 탐색하기 위해서는 자기시스템의 다양한 영역을 고려해 보라. 만다라는 회기를 닫는 역할로 적절하며, 많은 내담자가 분주하고 스트레스를 많이 받은 날 집에서 혼자 만다라를 하기도 한다. 다양한 미술치료 활동은 YAVIS 유형의 내담자들이 자신의 잠재력을 더 깊이 이해하고 그것을 실현할 수 있도록 돕는다. 미술치료는 자신감을 강화하고, 자신의 문제 해결 능력에 대한 자신감을 높일 수 있게 해 준다.

3. 중간 정도의 기능장애를 가진 성인들

중간 정도의 기능장애를 가진 성인들은 삶의 어느 영역에서는 잘 기능하지만 다른 영역에서는 문제를 가지고 있다. 이 범주에 속하는 사람들은 직업을 유지할 수 있지만 특정 관계에 있어서는 어려움을 겪을 수 있다. 그들은 알코올 의존자 혹은 성범죄자일 수도 있다.

중간 정도의 기능장애를 가진 성인 중 어떤 이들은 결국 법에 저촉되는 행동을 하여 치료를 "선고받는다". 당연히 그들은 억울해 하면서 치료에도 비협조적이다. 처음에 그들은 그저 시늉을 할 뿐이다. 참석할 수는 있으나 치료에서 무엇인가 얻어 가려는 노력을 전혀 하지 않는다. 이러한 내담자들과는 집단으로 작업하는 것이 도움이 된다. 점차 그들은 자신의 상처를 드러내고 비슷한 어려움을 가진 집단원들에 의해 지지를 얻기 시작할 것이다.

"이름 꾸미기" 작업은 집단 미술치료를 위한 유용한 활동이다. 각 내담자는 자신의 이름을 쓰고 그 주변에 자신의 활동이나 관심사, 취미를 나타내는 것들을 그린다. 치료 초기에는 각 내담자들에게 "문제 있는 관계"에 관해 그림을 그리거나 콜라주 작업을 하도록 요청한다. 그것은 사람에 대한 것일 수도 있고, 법원, 병원, 직장 혹은 기타 기관에 대한 것일 수도 있다. 이러한 활동은 집단 내에서의 의미 있는 공유와 상호 지지로 이어지는 경향이 있다.

우리 사회에서 "남성이 되는 것에 대한 어려움"을 다루는 주제는 남성 성범죄자 집단에 유용한 탐색의 기회를 제공한다. 그중 다수는 적절한 남성 역할 모델을 가진 적이 없다. 그들이 아버지와 맺는 관계에 있어서의 태도와 경험에 집중하는 것이 도움이 된다. "그들이 아버지와 보냈던 시간 중 좋았던 때는 언제인가?" 혹은 "그들이 아버지와 함께 보냈더라면 좋았을 법한 시간들이 있다면?" "그들의 아버지는 어떠했는가?" "그들에게 있어 이상적인 아버지란 어떤 모습인가?" 그들의 어머니에 대해서도 이와 유사하게 탐색해 보도록 하라. "어머니에 대해 좋았던 점과 싫었던 점은?" "배우자나 이성 친구의 좋았던 점과 싫었던 점은?"

"KFD"는 가족 내에서의 성장이 어떠했는지 이해할 수 있도록 돕는다. 내담자는 가족에 대해 그림을 그리게 되는데, 무언가를 하고 있는 자신을 그림 안에 포함한다. 어린 시절의 가족의 모습이어도 되고, 현재의 모습이어도 된다. 제대로 기능하지 못하는 성인 중 다수는 가정교육을 적절히 받지 못했다. 그들은 아마도 위탁 가정에서 자랐거나 여러 친척의 손에서 자라 왔을 것이다. 혹은 그들의 부모가 차갑고 무관심했을 수도 있다. 종종 계부나 계모가 존재하며, 형제나 이복형제 간의 분쟁도 있었을 것이다. 따라서 가족 그림은 분함과 억압된 슬픔을 불러일으키는 경향이 있다. 이해심 있는 치료사, 그리고 비슷한 어려움을 견뎌 내며 성장한 집단원들과 이를 나눔으로써 고통을 서서히 경감할 수 있다.

"가장 좋았던 꿈"을 그리거나 "내가 꾸고 싶은 꿈"을 그리는 것도 의미 있는 대화로 이어질 수 있다. 또한 "최악의 악몽"을 그리는 것도 탐색해 볼 가치가 있다. 내담자가 자신의 감정을 드러내기 어려워한다면 꼭 본인이 꾼 꿈을 그릴 필요는 없다. 일반적으로 남성들이 겪는 특정한 상황이나 악몽을 그려도 된다.

불충분한 보험 보장 때문에 치료는 매우 짧게 이루어져야 한다. 내담자가 치료에 몇 회기 정도밖에 참석할 수 없을 때 할 수 있는 일은 그저 씨를 뿌리고, 당신이 던진 질문에 대해 내담자가 계속 생각해 보도록 하는 것이다. 단기 치료 프로그램에서 치료사는 종이의 왼쪽 아래에 블록block을 그리게 하고, 오른쪽 아래에 또 다른 블록을 그리도록 요청한다. 왼쪽 블록은 그들의 문제를 나타내고, 오른쪽 블록은 이에 대한 해결책을 의미한다. 그런 다음 두 블록 사이에 "다리"를 그리게 하는데, 이것은 그들이 어떻게 문제에서 해결 방법으로 이동할 수 있는지를 보여 준다.

이와 비슷한 활동에서 내담자는 자신의 목표 달성을 방해하는 "벽"을 그린다. 혹은 "보물 지도"를 그리기도 하는데, 종이의 아무 곳에나 × 표시를 하고 보물이 묻힌 또 다른 곳에 × 표시를 한다. 그런 다음 보물로 이어지는 길을 그리고 자신의 길을 가로막는 것이 무엇인지 설명한다. 우울함을 지닌 한 물질 남용 환자는 "진정한 행복"이 자신의 보물이라고 이야기했다. 그리고 그는 자신의 "보물"에 도달하지 못하게 한 문제들에 대해 이야기했다. 의학적인 문제, 돈의 부족, 자신의 중독, 가족의 문제, 친구의 부족이 이에 해당하였다. 이러한 장애물들이 드러나게 되면서 그는 자신의 문제를 부분적으로 나누고, 자신이 할 수 있는 것들의 우선순위를 매김으로써 문제를 해결할 수 있었다.

또 다른 유용한 활동으로는 "자신의 문제를 덮을 수 있는 가면을 그리는 것"이 있다. 한 내담자는 종이 아래쪽에 파란색의 무언가를, 천사로 보이는 형체를 그렸다. 그는 그것을 자신의 "우울함blues"이라고 말하며, 본인이 숨기고자 하는 우울depression을 의미한다고 하였다. 또 다른 내담자는 코카인 흡

입으로 인해 눈과 코가 붉고, 눈물을 흘리는 가면을 그렸다. 이를 통해 이 내담자의 약물 중독이 그가 겪고 있는 깊은 감정적 문제를 덮고 있다는 점이 분명해졌다.

집단에서 이루어진다면 내담자들은 서로의 그림에 대해 의견을 말하고, 작업 과정이 불러일으킨 감정에 대해 이야기를 나눌 수 있다.

약물에 의존하는 내담자들과 중간 정도의 기능장애를 지닌 내담자들에게 사용되는 통상적인 언어적 치료 방법에는 어려움이 매우 많다. 많은 내담자는 약을 얻기 위해 의무적으로 상담을 받아야 하는 경우라고 할지라도, 상담사를 피하기 위해 기지를 발휘한다. 한 예로 헤로인을 장기 복용해 왔고, 신경안정제barbiturate에 의존했던 30세 여성은 상담사의 의자 끝에 걸터앉아 대화가 불편해질 때마다 뛰쳐나가곤 했다. 이러한 행동에 대해 직접적으로 이야기하자 그녀는 불법 주차를 했다거나 갑작스럽게 처리해야 할 다른 급한 일이 생겼다고 주장하였다. 후에 그녀는 다음과 같이 시인할 수 있었다. "저는 상담사에게 할 말이 없었어요. 제가 아마 다른 삶을 살았더라면 그녀에게 말할 것들이 있었겠죠. 그녀는 신문에서 오려 낸 구인광고와 함께 이런 작은 메모를 계속 보내 줘요……."

미술치료 기법을 사용하는 상담가들은 언어적 치료 형식에서 흔히 마주하게 되는 많은 어려움을 상당 부분 피할 수 있다. 미술치료는 언어적 표현을 잘하지 못하고, 행동 지향적인 내담자들에게 특히 적합하다. 미술치료에서 내담자는 시각적인 작품을 만드는 데 적극적으로 참여한다. 이러한 활동들은 마음과도 관련되지만, 눈과 손을 비롯한 신체의 상당 부분과도 연관되어 있다. 여기에 내담자의 관심을 높이고 주의를 집중시킬 수 있는 구체적이고 가시적인 것들이 존재한다. 상담가에게 시각적 창작물은 다소 단답형으로 말하는 내담자에 대한 풍부한 정보를 제공한다. 상담가는 시각적 작품의 내용과 형태로부터 많은 정보를 얻을 수 있다. 그는 작품을 만드는 과정, 작품에 대한 내담자의 의견과 반응, 집단 세팅의 경우 다른 집단원들의 의견과 반응으로부터 추가적인 통찰을 얻을 수 있다. 또한 시각적 자료에 대한 치료사 자신의 반응도 중요하다.

미술을 배우지 않았다고 하더라도 모든 사람은 기초적인 시각적 어휘a basic visual vocabulary를 가지고 있다. 예컨대, 모든 사람은 색에 대한 감정을 가지고 있다. 어떤 색을 보면 기분이 좋은 반면, 다른 색은 매력적이지 않은 것으로 생각된다. 형태도 마찬가지이다. 어떤 형태는 흥미로워 보이지만, 어떤 형태는 불안감을 준다. 어떤 선은 부드럽고 차분하게 보이지만, 어떤 선은 변덕스럽고 두드러져 보일 수 있다. 이러한 시각적 어휘는 일단 발견되면 확장될 수 있으며, 지속적인 풍요로움과 즐거움의 요소가 된다. 자신이 늘 실패했다고 여기는 데 익숙한 내담자들은 이러한 깨달음에 꽤 흥미를 갖게 된다. 자신의 시각적 어휘가 집단의 다른 사람들의 시각적 어휘처럼 타당하다는 것과 함께 다른 집단원들의 시각적 어휘와 어떻게 수렴하는지, 혹은 다른지를 발견하는 것은 가치가 있다.

제대로 기능하지 못하는 많은 성인은 종종 위험하고 신뢰할 수 없는 방식으로 언어를 경험함으로써 깊이 상처를 받는다. 그들에게 있어 언어는 회피하기 위해, 모욕을 주기 위해, 혹은 다른 사람을 속이기 위한 방식으로 사용되었을 수 있다. 반면에 시각적 표현 수단은 우리 사회에서 보다 덜 사용되어 왔기 때문에 이에 대한 왜곡과 편견이 적다. 드물지 않게 언어적 의사소통 수단보다 시각적인 수단을 통해 더 신선하고 직접적인 표현이 이루어질 수 있다.

시각적 표현 수단은 말로 적절히 표현하기 어려울 정도로 미묘하고 지극히 개인적인 경험에 적합한 경향이 있다. 대체로 언어는 그것이 가진 복잡성 때문에 사회적으로 중요한 경험은 지칭하지만, 보다 사적이고 고유한 경험은 간과한다. 또한 중요한 경험 중 다수는 사람이 자신의 경험에 적절한 언어를 부여하기 이전인 출생 후 첫해 동안에 축적된다. 따라서 일부 매우 중요하고 근본적인 경험들은 언어보다는 정신적인 그림으로 부호화되었을 수 있다.

어쨌든 우리는 대부분 시각적 이미지로 꿈을 꾸며, 꿈은 우리 존재의 보다 깊은 차원에 접근할 수 있게 한다고 오랫동안 인식되어 왔다.

그림을 그리는 동안에 미술치료의 내담자는 그의 삶의 많은 부분에서와 마찬가지로, 단순히 반응하는 사람이 아니라 행동을 취하는 사람이다. 그는 그림을 작게 그릴지 크게 그릴지, 밝게 그릴지 어둡게 그릴지를 정해야 한다. 그러나 일단 결정하고 나면 스스로 바꾸길 원하지 않는 이상 그림은 그가 결정한 대로 남아 있다. 종이는 그와 언쟁을 벌이지 않는다. 만약 그림이 마음에 들지 않으면 그는 불이익 없이 자신의 결정을 바꿀 수 있으며, 이는 실제 삶에서는 드물게 주어지는 특권이다. 내담자들은 이러한 자유로운 느낌을 일단 한 번 경험하고 나면 그것을 진심으로 좋아하게 된다. 미술교육이 아닌 미술치료를 받는 한 그는 자신의 결정을 정당화할 필요도 없고, 다른 사람들을 기쁘게 하려고 노력할 필요도 없다.

많은 약물 상담가는 약물에 중독된 내담자들의 삶에 소위 정체기plateau period가 있음을 언급하였다. 직업을 갖고, 주거와 의복, 의학적 필요를 채울 수 있을 정도로 생활이 안정되면 그들은 곧 불안해 하고 지루함을 느끼기 시작한다. 삶의 단조로움과 지루함은 그들을 마치 갇혀서 쳇바퀴만 돌며 아무 곳에도 가지 못하는 기분을 느끼게 한다. 이 시점에 미술치료를 접하도록 하는 것은 그들 내부에 일어나고 있는 성장을 인식하도록 도울 수 있다. 그들이 새로운 생각과 경험을 할 때마다 작품에서 새로운 형태와 색의 조합, 새로운 방식이 나타난다. 한 사람의 삶의 방식이 바뀌면 그의 작품도 바뀐다. 내담자는 미술작품의 도움을 받아 자신이 더 만족스러운 삶을 향해 전진하고 있음을 인식할 수 있다.

4. 중증 기능장애를 가진 성인들

중증 기능장애를 가진 성인들은 삶의 주된 역할에 있어 적절히 기능하기가 어렵다. 그들은 직업을 유지할 수 없으며, 결혼생활이나 부모의 역할을 수행할 수 없다. 그들의 걱정이 과대망상 등으로 가려지지 않는 이상 그들은 가족과 자신에게 문제가 된다. 그들은 조현병이나 양극성 장애manic-depressive disorder, 혹은 다른 주요 정신질환으로 어려움을 겪는다. 그들은 정신병원의 입퇴원을 반복한다. 최근 그들은 과도한 약물치료를 받는 경향이 있으며, 겉으로만 봐서는 질병이 나타나지 않는 것처럼 보일 수 있다. 미술치료사들은 그들이 비교적 단기간 입원하였을 때, 혹은 사회 복귀 시설이나 그룹 홈, 노숙자 시설에서 만나게 된다. 그들은 자아가 약하고, 자존감이 낮으며, 정서가 둔하다. 관계도 탄탄하지 않다. 그들은 의기소침하고, 의심을 가지며, 환멸에 차 있다. 그들은 실망스러운 관계를 또 한 번 맺음으로써 감정을 쏟는 위험을 감수하려고 하지 않기 때문에 치료적 관계를 형성하기가 어렵다. 그들은 만성적인 스트레스에 시달리며, 문제를 해결하는 기술 또한 빈약하다.

중증 정신질환을 지닌 사람들은 대개 과다한 아픔으로 고통을 겪는다. 그들은 어떠한 외상적 사건을 심하게 겪어 왔다. 정신질환은 유전적인 소인 때문일 수도 있지만, 심한 정서적 외상으로 인해 촉발되는 경우도 많다. 일반적인 생각과는 달리 정신질환은 결코 사회경제적 하위 계층에게만 국한되는 것이 아님을 명심할 필요가 있다. 예컨대, 저명한 가문의 일원인 한 젊은 여성은 그녀의 자매가 하버드 의학전문대학원Harvard School of Medicine에 합격한 후 환각제LSD에 손을 대기 시작했고, 조현병을 앓게 되었다. 사회경제적으로 상위 계층에 속한 또 다른 여성은 자신이 노벨 화학상을 받을 것이라고 기대했던 아버지를 실망시켰다는 사실에 주요 정신질환에 점차 빠져들기 시작했다.

정신질환을 지닌 성인들과 어떻게 작업할 수 있을까? 대부분의 다른 부류의 내담자들을 대할 때와는 달리, 치료사는 정신질환을 가진 내담자들에게 지나치게 따뜻하게 대하지 않도록 주의해야 한다. 이 중 대다수는 개인적이고 친밀한 관계에 실망하고 상처를 입은 사람들이다. 그들은 의심이 많으며, 정서적 공간이 필요하다. 또한 치료사는 의사소통을 명확히 하고, 구조를 확립해서 내담자 스스로가 무엇을 기대할 수 있을지 알도록 해 주어야만 한다

1) 상호적 드로잉 기법

제8장에서 이미 소개한 바 있는 상호적 드로잉 기법은 아직 급성 정신증 단계에 있는 내담자들에게 적합하다. 장애가 심한 대부분의 환자는 상호적 드로잉 기법에 참여하기 전에 몇 가지 예비 단계를 거쳐야 할 수도 있다. 어떤 환자들은 치료사가 조금 떨어져 있지 않으면 그림을 그리려고 하지 않을 수도 있다. 그러나 점차 나아져서 치료사와 같은 테이블에 앉아 작업하려고 할 수 있다. 마침내 치료사와 같은 종이에 그림을 그리려고 할 수도 있지만, 치료사가 그들의 "영역"을 침범한다면 그리기를 멈출 것이다.

치료사와 내담자는 동시에 그림을 그릴 수도 있고, 번갈아 가며 그릴 수도 있다. 재료는 간단하며, 자극을 단순화하기 위해 색상도 몇 가지만 사용된다. 연필이나 사인펜을 사용하는 것이 가장 좋다. 이 기법을 만든 호로비츠는 셔츠 주머니에 몇 개의 색연필을 지니고 다니면서 환자에게 하나를 주고, 자신이 하나를 가졌다. 이러한 방식으로 그는 환자가 그린 부분과 자신이 추가한 부분을 인식할 수 있었다(Horowitz, 1970).

상호적 드로잉 기법은 치료사가 내담자를 보호해 줄 수 있는 것들을 시각적으로 제시함으로써 내담자의 자아를 지지해 줄 수 있는 일종의 상징적 대화이다. 한 예로, 내담자가 지진 현장의 파괴된 건물에서 떨어지고 있는 사람들을 그렸을 때 치료사는 구급차를 그려 주었다. 치료사는 애완동물이나 사람과 같은 특정 대상을 제시함으로써 환자를 지원해 줄 수 있다. 다리나 길,

도로 표지판을 그려 넣음으로써 연결을 강화할 수도 있다. 일반적으로 집이나 나무와 같은 그림 속의 단단한 물체들은 안정감을 전달하는데, 특히 동물, 차, 배, 혹은 사람과 같이 상징적으로 환자 자신을 나타낸 형태 옆에 그려 줄 때 더욱 효과가 있다(Horowitz, 1970).

상호적 드로잉 기법을 사용할 때 치료사는 자신의 기법적인 기술, 풍부한 아이디어나 연상으로 인해 내담자가 주눅 들지 않도록 주의를 기울여야 한다. 내담자의 컨디션을 고려하여 회기는 10분에서 20분 정도로 짧게 진행할 수 있다.

일반적인 미술치료와 마찬가지로 상호적 드로잉 기법은 새롭고 왜곡되지 않은 언어를 제공하는 시각적 표현 수단을 활용한다. 정신질환을 가진 사람에게는 통상적인 언어를 사용하는 것보다는 이 기법을 활용하는 것이 덜 위협적일 수 있다. 특히 모든 언어를 완전히 포기한 긴장증 환자들의 경우에는 더욱 그렇다. 상징적으로 묘사된 경험일수록 나중에 인지적인 용어로 표현하기가 더 쉬울 수 있다. 그림을 그리는 동안에 정서가 상징적으로 방출되고 통제되며 통합된다. 치료사와 내담자 모두 그림에 주의를 집중하기 때문에 상호작용 자체에 대한 불안감은 보다 견딜 만한 것이 된다. 치료사가 내담자에게 더 민감하게 반응하고 조율한다면 환자도 속도와 규칙을 정하여 자신을 드러낼 수 있다(Horowitz, 1970).

2) 콜라주

만성 정신질환을 지닌 환자들에게 적합한 또 다른 기법으로 콜라주가 있다. 콜라주 작업은 다소 구조화되어 있으며, 자신이 그리기나 채색을 잘 못한다고 생각하는 환자들에게 덜 위협적인 기법이다. 내담자들은 그저 그림을 오려내어 배열하기만 하면 된다. 콜라주 기법은 사람, 사물, 일상의 사건들을 나타낸 그림을 매개로 외부 세계에 주의를 기울이게 하기 때문에 자폐적인 사고에 몰두할 기회를 좀처럼 주지 않는다(Moriaty, 1973).

과정은 다음과 같다. 집단원들을 테이블에 둘러앉게 한 후 각자에게 풀과 날이 무딘 가위, 마분지, 잡지 몇 권을 나누어 준다. 잡지는 가사 관련 잡지, 미국의 흑인 대상 월간 잡지, 연예 잡지, 스포츠 전문지와 같은 여러 인기 잡지일 수 있다. 내담자들이 잡지를 훑어본 후 그림이나 문구를 오려 내도록 한다. 그런 다음 그림과 문구를 배열하여 자신에 관한 콜라주를 만들어야 한다. 내담자들이 콜라주의 주제를 직접 정할 수도 있고, 치료사가 각 회기마다 새로운 주제를 제안할 수도 있다. 예를 들어, "내게 일어난 일 중 가장 안 좋았던 일" 또는 "내게 일어났던 일 중 가장 좋았던 일"에 대해 작업할 수도 있고, "병원"에 대한 콜라주 작업을 할 수도 있다. 혹은 "내가 원하는 존재가 되기 위한 방법"에 대해 작업할 수도 있다. 어떤 집단에서는 전체 집단원을 위한 공동 주제를 정할 수도 있다. 공동 주제로 작업하는 것은 사회적 기술을 개발하는 데 도움이 된다. 누가 작업을 주도하고 누가 따르는지, 혼자서 더 잘하는 사람은 누구인지, 집단 프로젝트에서 더 잘 기능하는 사람은 누구인지를 보여 준다. 공동 작업을 통해 각 사람이 중심 주제에 얼마나 근접해 있는지, 최종 결과물이 얼마나 통합되어 있는지 혹은 혼란스러운지를 볼 수도 있다. 콜라주의 내용뿐만 아니라 그것을 만든 과정에 대해 논의하는 것도 매우 유익할 수 있다(Moriaty, 1973).

콜라주 작업을 활용하는 회기는 한 시간 반 정도 소요된다. 보통 콜라주를 만드는 데 30분 정도가 걸리고 남은 시간은 작품에 대한 언어적 소통으로 사용할 수 있다. 각 내담자는 콜라주가 자신에게 의미하는 바에 대해 이야기하고, 다른 집단원들은 작품에 반응하며 의견을 제공한다. 치료사는 콜라주의 현실 지향적인 측면에 관심을 두고 지금-여기, 문제 해결, 대안적인 행동의 학습을 강조한다. 치료사는 언어적으로 내담자를 인정해 줌으로써 건설적인 행동을 강화하고, 회기의 마지막 5분 동안에는 다양한 주제와 그것으로부터 무엇을 배울 수 있을지 종합하기 위해 할애한다. 내담자들은 자신의 선택에 따라 콜라주를 포트폴리오에 보관할 수도 있고, 벽에 전시해 둘 수도 있다(Moriaty, 1973).

콜라주 작업을 경험하는 것은 참여자들의 자존감을 높여 주고, 회기에 따른 발전 기록을 명백히 남기도록 해 준다. 집단으로 진행되는 작업은 지지적인 구조를 충분히 제시하고, 자율성을 기를 수 있는 충분한 자유를 제공한다. 집단 안에서 내담자들은 말하고, 경청할 수 있으며, 사회적으로 상호작용할 수 있다. 그들은 나만의 사진을 자유롭게 선택할 수 있고, 나만의 방식으로 사진을 배열한 후 다른 사람들에게 그것이 의미하는 바를 말할 수 있다. 이 과정은 또한 치료사에게 내담자를 관찰하는 데 있어 풍부한 자료를 제공해 준다. "내담자가 왜 다른 사진이 아닌 이 사진을 골랐을까?" "왜 이러한 방식으로 배열했을까?" "왜 이러한 연상을 하게 되었을까?" "회기를 거치며 주제가 달라지거나 혹은 매주 주제가 같은 이유는 무엇일까?" 등을 고려해 볼 수 있다(Moriaty, 1973).

미술치료사들은 종종 다른 종류의 콜라주를 사용하기도 하는데, 랜드가튼과 그녀에게 훈련받은 미술치료사들은 특히 그러하다. 예를 들어, 랜드가튼은 한 집단에서 내담자들로 하여금 자신이 끌리는 세 가지 그림을 고르게 한 후 신문지 위에 그것을 붙이도록 한다. 그런 다음 내담자들은 각 그림 아래에 몇 가지 단어를 쓴다(Landgarten, 1981).

3) 미술 대화 기법

미술 대화 기법The Art Dialogue Technique은 내담자 자신이 만든 이미지가 아닌 타인이 만든 이미지로 작업한다는 점에서 콜라주와 유사하다. 그러나 미술 대화 기법은 콜라주가 가진 장점에 더해 참여자들에게 미적인 즐거움 또한 제공한다.

미술 대화 기법에서 미술치료사는 내담자에게 미술관에서 얻을 수 있는 엽서 사이즈의 작품 복사본 세트를 제시한다. 이는 저명한 예술가들의 작품이다. 그러나 내담자는 작품의 미적인 질을 평가하거나, 작가가 "실제로" 무엇을 말하려고 했는지를 알아낼 필요도 없다. 대신 내담자는 수용적이고 묵상적인 관점으로 작품을 보게 된다. 작품을 보는 사람은 그것에 몰입하여 보는 것을 즐기고, 가능하다면 작품으로부터 개인적으로 의미 있는 메시지를 도출하고자 시도한다. 미술 대화 기법의 목적은 내담자가 작품의 가치를 평가하도록 하는 것이 아니라, 작품을 보는 이가 겪고 있는 딜레마와 혼란에 작품이 어떤 깨달음을 주는지를 알게 하고자 하는 것이다(Nucho, 1983).

앞에서 언급한 목표를 달성하기 위해 치료사는 작품을 보는 이에게 세 가지 질문을 염두에 두고 작품에 접근하도록 요청한다. 첫 번째, 단순히 "작품에 무엇이 있을까?" "어떤 것이 눈길을 끌지?" "어떤 부분이 당신에게 두드러져 보이지?"라고 묻는다. 두 번째, "작품에서 어떤 정서나 기분이 느껴지는가?" "작품이 당신에게 어떠한 정서를 불러일으키지?"라고 묻는다. 세 번째, "작품이 당신에게 무엇이라고 말하는가?" "작품이 당신에게 어떤 메시지를 주고 있지?"라고 묻는다.

다양함 속에 드러나는 일관성, 표현의 설득력과 같은 미술 표현의 특징이 내담자에게 의식적으로 혹은 무의식적으로 영향을 미친다. 그러나 즐거움이나 불쾌함 등 작품을 보는 이의 다양한 감정은 대부분 그가 기쁨이나 고통을 느끼는 성향, 혹은 의향에 의존한다고 볼 수 있다. 미술은 보편적인 언어일 수 있지만, 작품을 감상하는 사람 각 개인에게 독특한 메시지를 전달하는 경향이 있다. 이것은 선택적 지각selective perception이라고 잘 알려진 현상이며, 대부분의 경우 매우 조심스럽게 고려해야 하는 사항이다. 그러나 미술 대화 기법에서는 선택적 지각을 인정하고 적극적으로 장려한다. 중요한 것은 작품을 보는 사람이 자신의 고유한 삶의 경험에 비추어 적극적으로 구성한 의미이다.

미술 대화 기법은 개인이나 상대적으로 작은 집단에서 이루어지는 경우에 내담자는 미술 작품에 대한 자신의 반응을 자발적으로 구두로 소리 내어 나눌 수 있다. 집단이 더 크거나 혹은 다른 집단원들의 의견으로 인해 자신의 생각과 감정에 섣부른 영향을 받길 원하지 않는 내담자가 있다면, 앞서 언급한 세 가지 질문에 대한 자신의 반응을 먼저 짧은 글로 기록해 두었다가 나중에 집단 안에서 공유할 수도 있다.

개인이나 작은 집단으로 작업할 때, 미술 대화 기법에 사용하기 위해 선택한 작품들은 원본 혹은 복제본의 형태로 제시될 수 있다. 인원이 많은 집단에서는 슬라이드로 보는 것이 가장 편한 방식이다.

각 작품을 살펴보는 데 개인별로 대략 2~3분 정도의 시간이 걸리는데, 이는 내담자의 유형별로 다양하다. 미술 작품을 보는 데 익숙하지 않거나 불안한 내담자들은 보려고 했던 모든 것을 다 파악했다고 만족할 때까지 두세 번씩 작품을 보길 원할 수 있다. 대부분 세 번 정도 작품을 보면 놓친 것이 있다는 걱정이 사라진다. 이때쯤이면 자신의 느낌을 나누고 다른 집단원들이 관찰한 각 작품에 대해 이야기하는 것을 들을 준비가 된다.

각 회기에 보는 미술 작품의 수는 많지 않아야 한다. 단조롭고 특별한 부분이 없어 보이는 작품이라도 보는 사람에게 강렬한 감정과 기억을 불러일으킬 수 있다. 감상하는 이가 스스로에게 던지는 세 가지 질문은 깊은 상실감과 후회, 죄책감 등 복잡한 감정을 일깨울 수 있다. 개인적인 경험을 의미 있게 공유할 수 있는 풍부한 자료를 제공하기 위해서 한 회기당 일반적으로 3개의 작품을 제시하는 것으로 충분하다. 4개 이상의 작품을 사용하게 되면 감상하는 사람이 미술관에서 감상하듯 작품에서 다소 분리되는 경향을 보이며, 개인적으로 와닿는 부분도 줄어든다. 작품 하나에 몰두하게 되면 다른 작품에 관여할 여력이 없게 된다.

미술 대화 기법에 사용하기에 적합한 미술 작품 유형으로는 어떠한 것이 있을까? 작품을 고를 때는 점진적으로 접근해야 한다는 원칙을 명심해야 한다. 치료 초기에 내담자가 치료사와 안전하고 신뢰할 수 있는 관계를 아직 형성하지 못했을 때는 다소 중립적이고 다루기 쉬운 주제를 사용하는 것이 좋다. 화창하고 쾌적한 풍경, 꽃, 정물, 애완동물 등이 적절하다. 치료사와 내담자의 관계가 점차 편안해지고 개인적인 경험을 나눌 수 있는 준비가 되면 사람을 묘사한 작품이나 보다 생각할 여지가 있는 인간관계에 관한 작품을 소개하는 것이 좋다. 그러나 각 회기에서 마지막으로 제시하는 작품은 심각하지 않고 유쾌한 것이어야 한다. 회기를 끝내기에 앞서 안정감과 종결의 느낌을 제공해야 하기 때문이다.

미술치료사는 자신이 맡은 내담자의 유형에 따라 자신의 능력과 선호를 반영하는 미술 작품을 선택할 수 있다. 마티스Matisse와 빈센트 반 고흐van Gogh 등이 만든 작품이 치료에 효과적이다. 예컨대, 〈올리브 나무 숲의 화가The artist in the olive grove〉라는 마티스의 작품은 대부분의 사람에게 휴식과 이완을 떠올리게 하는 맑고 편안한 장면을 제공한다. 굵고 검은 나무줄기에 반응하는 사람들도 있고, 뜨겁게 내리쬐는 해에 주목하는 사람들도 있다. 때때로 작품을 보는 이가 그림 속 제2의 사람의 이젤에 대해 작가와 이 허구적 인물의 관계에 관한 여러 가지 상상을 하기도 한다.

두 번째로 선택할 만한 작품으로는 피카소의 〈해변의 남자Man on the beach〉가 있다. 이 인물은 종종 무언가로부터 달아나려고 하는 사악하고 위협적이며 수상한 사람으로 인식된다. 소수의 사람들은 그림 속 인물의 외로움, 그리고 어려운 상황에도 불구하고 자신의 목표를 성취하기 위해 어딘가로 향하는 투지에 반응하기도 한다.

시리즈의 세 번째 그림으로 적합한 작품은 반 고흐의 〈신발The shoes〉이다. 대다수의 사람은 이 그림을 보며 도보여행과 야외 활동의 기억을 떠올린다. 그리고 어떤 이들은 이 작품을 보고 할아버지를 떠올리거나 이러한 신발을 신었을 법한 열심히 일하는 누군가를 떠올리기도 한다. 대개 많은 추억이 공유되고, 이러한 경험에 참여한 집단원 사이에서 상호 나눔과 이해의 감각이 깊어진다.

메리 카사트Mary Cassat의 〈정원에서In the garden〉는 내담자가 치료사, 그리고 다른 집단원들과 좋은 관계를 맺은 후에 활용할 수 있도록 준비해 두어야 하는 작품의 예이다. 이 작품은 모자 관계를 나타내며, 이러한 주제를 표현한 다른 많은 작품과 마찬가지로 대부분의 사람이 타인에게 꺼내어 놓기 쉽지 않은 양가감정을 불러일으키는 경향이 있다.

미술 대화 기법은 중증 기능장애를 지닌 내담자들뿐만 아니라 다양한 부류의 내담자들에게도 효과적으로 활용될 수 있다. 이 기법은 재료나 도구를 거의 필요로 하지 않으며, 정서적, 사회적으로 결핍된 내담자들뿐만 아니라 삶의 많은 어려움에도 불구하고 활동적인 삶을 살아 나가려는 사람들에게도 성공적으로 활용될 수 있다. 또한 이 기법은 미술을 좋아하는 사람들뿐만 아니라 미술에 전혀 관심이 없다고 단언하는 사람들에게도 효과적이다(Nucho, 1983).

5. 후기 성인기

오늘날 미국에서 가장 빠른 속도로 수가 늘고 있는 연령대는 100세 이상의 노인들이다. 그러나 서구 사회에서는 여전히 나이가 드는 것에 대한 공포심이 존재한다. 인생의 이 시기를 지칭하는 용어 자체가 우리의 불안감을 반영한다. 우리는 나이 들어감the aging, 어르신the elderly, 노인들senior citizen, 황혼기the golden age 등의 용어를 사용한다. 우리는 사회적으로 삶의 마지막 단계에 대해 여전히 받아들이지 못하기 때문에 그것을 편안하게 부를 수 있는 명칭을 갖고 있지 못하다. 또한 우리는 다이어트와 성형 수술, 주름 제거술face-lift 그리고 신체 운동에 몰두하고 있다. 이러한 자기계발 노력의 기저에는 노화에 대한 두려움이 자리하고 있다. 우리는 죽음과 사후 세계에 대한 미스터리를 해결하지 못했기 때문에 늙어 가는 것에 대한 두려움이 있다.

우리는 늙어 가는 것에 대해 농담을 하기도 한다. 밥 호프Bob Hope는 "생일 케이크 값보다 초 값이 더 많이 들 때 당신이 늙어 가고 있다는 걸 알게 될 것이다"라고 말하였다. 미술사학가 베르나르 바루크Bernard Baruch는 그의 실제 나이보다 15세 정도 젊어 보였다. 그는 85세에도 70세처럼 보였기 때문에 자신이 그만큼 늙었다고 느끼지를 않았다. 반면, 어떤 20세 소녀는 자신이 실제 나이보다 "한참 더 많은" 23세처럼 보인다고 한다.

배우 케리 그랜트Cary Grant는 "이렇게 오래 살 줄 알았더라면 나 스스로를 더 잘 돌봐 주었을 것"이라고 한 적이 있다고 한다.

우리가 운 좋게 충분히 오래 살게 된다면 결국 우리는 모두 "노인이" 될 것이다. 늙어 간다는 것은 어떤 경험일까? 우리는 나이가 들면서 생기는 신체적인 변화가 있다는 것을 안다. 70세 이후에는 시력에 문제가 생긴다. 빛에 민감해지고, 백내장이 생길 수 있으며, 청력 또한 둔감해질 수 있다. 음조 식별 능력의 상실은 사회적 고립으로 이어질 수 있다. 70세 즈음에는 미뢰taste

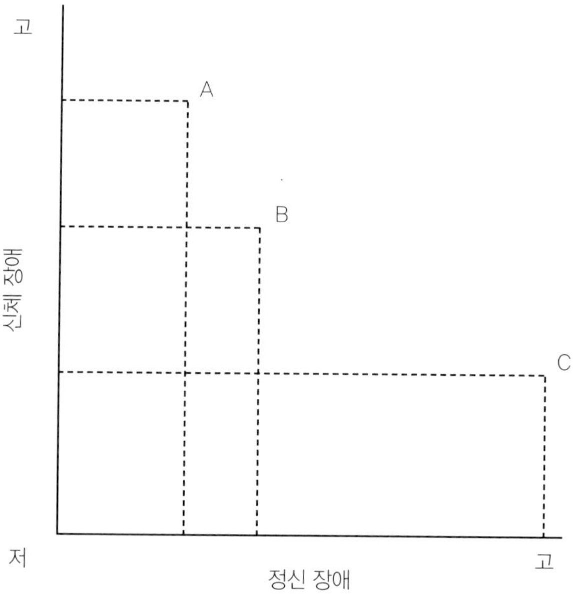

[그림 13-1] 신체와 정신 장애 정도

bud의 3분의 2가 손실된다. 65세 이상의 노인 중 80~85%는 적어도 하나의 만성적인 질환을 갖게 된다. 기관에서 지내지 않는 85세 이상의 노인 중 41%는 외출, 산책, 목욕, 옷 갈아입기 등에 도움이 필요하다. 신체적 건강도 문제이지만 경제적 · 심리적 손실도 따른다. 가까운 친구들과 동시대에 살았던 사람들이 죽는다. 노인 인구에서 우울증의 비율도 높은 편이다.

실제 연령 자체는 나이 듦aging을 잘 측정할 수 있는 도구가 아니다. 모든 노인을 한 집단으로 묶어서 생각하기보다는 각 사람을 개별화하는 것이 중요하다. 이때 유념할 두 가지 좌표coordinate는 신체적 손상impairment과 정신적 손상의 정도이다. 어떤 사람은 신체적 손상의 정도는 낮으나 정신적 손상이 심할 수도 있다. 신체적 손상은 심하나 정신적 손상은 낮은 사람도 있다. 이러한 유형의 내담자 각각에 대해 그에 적합한 서로 다른 미술치료 기법이 요구된다.

내담자의 손상 정도에 따라 다음과 같은 세 가지 유형의 미술치료 기법을 사용할 수 있다. 자유화와 아상블라주, 지각적 자극이 이에 해당된다.

1) 자유화

다양한 신체적 손상이 있으나 정신적 손상의 정도는 낮은 내담자들에게는 자유로운 표현 혹은 "무엇이나 그려 보는 것Anything picture"이 효과적이다. 이들은 병으로부터 회복 중이거나 심장질환, 당뇨병, 신장질환, 신부전증, 관절염, 시력 및 청력 저하 등 만성적인 건강 문제로 인해 고통을 받고 있을 수 있다. 그러나 정신적으로는 영민하고, 주변 상황과 사람들에게 관심이 있다. 그들은 현실 감각이 있고, 사람들과 소통할 수 있으며, 활동에 대한 흥미를 유지할 수 있다.

이러한 노인들에게는 기능 손상이 적은 초기 성인들과 하는 작업도 효과적이다. 이러한 유형의 미술작업은 그들이 학창 시절에 하던 것과 다름을 강조하는 것이 좋다. 즉, 미술작업은 얼마나 잘 그리는지를 알아보기 위한 것이 아니라 상상력을 자극하기 위함이다. 이는 단지 생각하고 아이디어를 나누는 다른 방식이다(제7장 참조). 또한 미술작업은 회상에 초점을 맞추어야 한다. 미술치료 활동은 소위 인생 회고life review라고 불리는 과정에 기여하기 때문이다(Butler, 1963). 치료사나 내담자가 미술작업의 주제를 제안할 수 있는데, 자기시스템의 각 영역에 대해 그려 보는 것도 효과적이다(제8장 참조). 내담자들은 대개 가장 좋아하는 대상이나 활동에 대해 그려 보는 것을 좋아하는데, "가장 좋아하는 계절"이나 "좋아하는 장소" "동물" "음식"을 주제로 삼을 수 있다. 치료사는 나의 "가족 나무" "결혼식" "성인식" 혹은 "인생에서 가장 행복했던 순간" 등을 그려 보는 등 다양한 주제로 미술작업을 해 보도록 함으로써 과거에 대한 회상을 촉진한다. 치료사와의 관계가 안전하게 형성되었다면 "나의 가장 슬픈 기억" "과거에 살았던 집" "가장 편안하다고 느꼈던 공간" "양로원으로 떠나올 때 두고 와야 했던 것 중 내가 가장 그리워하는 것"에 대해 작업해 볼 수도 있다.

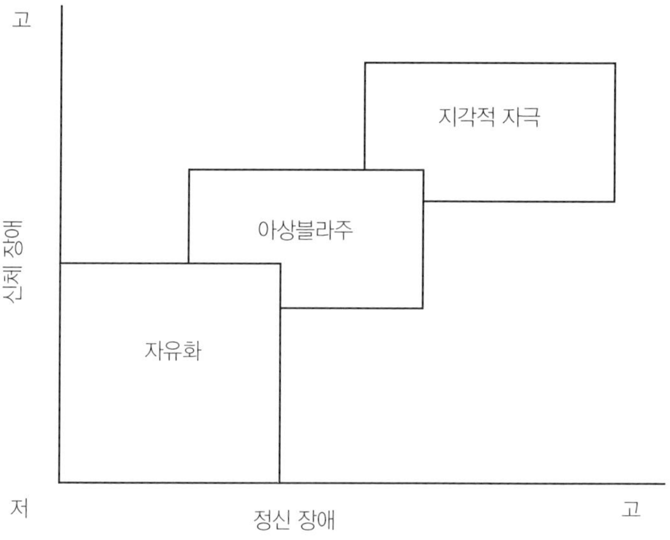

[그림 13-2] 후기 성인기 대상의 세 가지 미술치료 표현 기법

내담자들은 "나를 행복하게 만드는 것"에 대해 그려 보는 것을 즐기는 듯하다. 흥미롭게도 노인 집단의 내담자들은 자신의 자녀가 아닌 손주를 그리는 경향이 있다.

노년기에 하는 미술 활동의 목적은 좋은 경험들을 돌아보고 지금까지 인내해 온 것에 대한 자부심을 갖도록 하는 것이다. 미술 활동은 사라진 것에 대한 애도를 촉진하고, 자신과 타인에 대한 화해와 용서를 시도하며, 작별을 고할 수 있도록 한다.

회기는 개별적으로 이루어지거나, 혹은 집단 세팅 내에서 내담자가 자신만의 작업을 독립적으로 할 수도 있다. 혹은 많은 노인에게 공통적으로 해당하는 특정 주제에 대한 집단 프로젝트를 수행할 수도 있다.

내담자의 신체적 손상의 정도를 고려하여 한 회기의 길이를 비교적 짧게 유지하고, 그 회기 내에서는 하나의 프로젝트만 수행하는 것이 가장 좋다. 또한 노인 집단에서는 그들이 전심을 다해 프로젝트에 열중할 수 있을 때까지 워밍업 단계를 여러 회기에 걸쳐 길게 가져야 할 수도 있음을 유념해야 한다. 예를 들어, 한 노신사는 처음에 물감을 가지고 장난을 쳤다. 그 후 나무조각을 가지고 무언가 만들고자 시도하다가 마침내 자신의 가족 나무를 간단하면서도 표현력 있게 만들어 냈다. 그는 자신을 나무 위에서 "떨어질 준비가 된" 마지막 잎사귀로 나타냈다(Nucho, 1988).

2) 아상블라주

아상블라주는 중간 정도의 정신적·신체적 손상을 지닌 노인 내담자들에게 효과적이다. 아상블라주는 나무조각이나 돌멩이, 솔방울, 잎사귀, 꽃, 조개껍데기, 콩 등 다양한 오브제나 여러 가지 형태로 오려 낸 그림으로 만든 디자인이다. 치료사는 적절한 매체를 제공하여 내담자가 작업 주제를 선정하도록 돕고, 내담자는 오려 낸 그림이나 형태를 조합하여 이야기를 만든다.

내담자는 작품을 완성한 후 자신이 만든 것에 대해 이야기한다. 작품이 내담자에게 지니는 특별한 의미는 무엇인지, 어떤 기억을 불러일으키는지에 대해 물어보도록 하라. 작업이 집단으로 이루어진다면 집단원들로부터 의견과 반응을 얻은 다음, 다양한 주제를 하나로 연결한다. 집단 작업은 감정적 고립을 덜어 주고, 언어적 소통을 촉진하며, 외부 세계에 주의를 기울이게 한다.

3) 지각적 자극

정신적 손상의 정도가 높은 내담자들은 혼란스러운 상태이며, 주의 집중의 시간이 짧다. 또한 현실에 대해 특이한 지각을 가질 수도 있다. 만성적인 뇌질환이나 치매를 앓고 있는 내담자들이 이에 해당한다. 그들에게 뇌세포를 관여시키고 언어화를 촉진할 수 있는 지각적 자극을 사용하는 것이 좋다. 최소한으로 제공한다고 할지라도 언어화는 정서적인 소통과 회고를 돕는다.

치료사는 각기 다른 방식으로 탐색할 수 있는 적절한 물체를 찾아 제공해야 한다. 만지고 냄새를 맡고 볼 수 있는 재료로 잎사귀, 꽃, 조개껍데기, 솔방울, 돌멩이, 나무껍질, 나무조각 및 여러 종류의 과일과 같은 자연물이 이에 해당될 수 있다. 겨울에 끼는 벙어리장갑, 빗, 비누, 솔(brushes), 안경, 커피잔 같은 일상적인 물건을 사용해도 좋다. 호박이나 부활절 달걀 같은 여러 절기의 상징물이나 성경책, 초, 유대교 음식, 야마카yamalkas[1)]와 같은 종교적인 물체도 도움이 된다.

내담자들은 재료를 종이에 붙이거나 물체를 대고 따라 그릴 수도 있고, 적절한 배경을 그려 넣을 수도 있다. 가능하다면 치료사가 그린 대략적인 윤곽선을 따라 대상을 스케치하거나 채색할 수도 있다. 내담자로 하여금 재료를 만지거나, 냄새를 맡고, 탐색하도록 요청하고, 독특한 성질에 주의를 기울이게 함으로써 지각을 자극하도록 하는 것이 좋다. "여기 이 어두운 점이 보이나요?" 또는 "저것보다 이것이 더 좋은가요?" 등의 질문을 던질 수 있다.

노인 내담자들과 작업할 때는 각 내담자의 개별적인 특성을 고려하고, 신체적 및 정신적 손상의 정도를 평가하는 것이 특히 중요하다. 시력이 안 좋은 내담자들의 경우에는 그에 적절한 매체를 제공해야 하는데, 색마다 다른 향이 나는 마커를 그 예로 들 수 있다. 촉각을 자극하는 매체tactile media도 유용할 수 있다. 지난 8년 동안 앞을 볼 수 없었던 한 94세의 노인 내담자는 점토를 통해 과거의 다양한 삶의 경험을 돌아볼 수 있는 기회를 가질 수 있었다(Nucho, 1983).

치료사는 노인의 신체적 · 감각적 한계를 반드시 고려해야 한다. 보통의 사회적 상황에서 말할 때보다 좀 더 느리고, 분명하게, 더욱 큰 목소리로 말하는 것이 좋다. 활동적으로 임하고, 구조를 주어야 하며, 한 번에 조금씩 정보를 제공해야 한다. 내담자는 인식 기능이 낮고disoriented 단기 기억에 문제가 있을 수 있기 때문에 해야 할 일에 대해 명확히 설명하고, 여러 번 반복해서 말해야 한다. 또한 명료하고 구체적인 언어를 사용하는 것이 좋다.

내담자를 재차 안심시키는 것에 대해 관대한 태도를 보이고, 그가 기울인 노력을 알아주어야 한다. 또한 지지하고 격려하되, 어린아이처럼 취급하지 않도록 주의한다.

중요한 원칙은 내담자의 손상 정도가 클수록 더욱 구조화된 접근을 제공해야 한다는 것이다. 무엇을 해야 하고, 어떻게 해야 할지 설명해 주고, 선택권은 최소화한다. 한 종류의 종이와 몇 가지 색만 제공하고, 회기를 짧게 유지하는 것이 좋다.

인생의 마지막 단계에 이른 새 내담자와 작업을 시작할 때는 기준점을 평가함으로써 치료사로서 당신의 개인적인 실망감을 방지하는 것이 좋다. 치료사는 낮은 점수로부터 높은 점수까지 4점 척도로 몇 가지 변인을 비공식적으로 평가할 수 있다. 예를 들어, 에너지 수준, 주의력 정도, 주도성, 공간의

---

1) 역자 주: 유대인들이 쓰는 모자를 말한다.

사용, 본인 작품에 대한 수용(작품을 좋아하는가? 자랑스러워하는가?), 토론의 참여, 타인에 대한 흥미 등이 있다. 미술치료 회기의 목적은 “보여 주기” 위한 것이 아니라, 개인적으로 의미 있는 생각이나 기억, 경험을 표현하고 타인과 나누기 위함임을 반복하여 되새기는 것이 좋다. 또한 비공식적인 기준점을 평가했을 때 진전을 보이지 않더라도 실망하지 않아야 한다. 이 시기의 내담자들은 현재의 기능 수준을 유지하는 것만으로도 성공적인 것으로 볼 수 있다. 노년기는 내리막의 과정이기 때문에 기대할 수 있는 최선의 방법은 정신적으로나 신체적으로 쇠퇴의 속도를 늦추는 것이다.

대다수의 미술치료사는 양로원이나 병원에서 병약한 노인 내담자들과 함께 작업한다. 그 고통과 괴로움의 정도에 압도되지 않기 위해서는 삶의 힘과 창조성을 긍정할 수 있는 다양한 유형의 내담자와도 작업하는 것이 좋다. 아동들과 작업하는 것도 이러한 목적에 부합하다. 병약한 노인들도 있지만 인상적인 수준의 용기와 창의성을 보여 주는 건강한 노인들도 있음을 기억하는 것은 치료사 자신의 정신건강에 도움이 된다. 많은 자녀를 키우며 농장에서 일하면서도 그림을 그려 세계적으로 유명해진 모지스 할머니Grandma Moses나 (Biracree, 1989) 수년간 우울증으로 고통받다가 그림을 그리기 시작하면서 병을 극복할 수 있었던 레이튼 할머니를 떠올려 보라(Mobley, 1980).

인간의 마음이 지닌 회복 탄력성과 시각적 표현의 힘은 기꺼이 감탄하고 감사히 찬양해야 할 기적과도 같다고 할 수 있다.

제4부

미술치료의 효과성과 전망

제14장

사례 예시

미술치료는 얼마나 효과적인가? 내담자들과 함께하는 미술치료가 어떤 효과를 지니는지 우리는 어떻게 알 수 있는가?

미술치료의 효과성에 대해 두 가지 유형의 근거를 살펴볼 수 있다. 첫 번째는 사례 연구이고, 두 번째는 경험적 연구empirical research studies이다. 이 장에서는 사례 연구를 다루고, 다음 장에서는 경험적 연구의 예를 제시할 것이다.

모든 미술치료사는 미술치료 회기 후에 전과 비교해 내담자가 나아진 것을 보여 주는 여러 사례를 갖고 있을 것이다. 때때로 매우 간단해 보이는 미술치료를 몇 회기 실시한 것만으로도 종종 기능 손상을 지닌 내담자들에게 놀라운 변화가 나타나기도 한다. 이러한 예시 중 일부는 이전 장들에서 제시한 바 있다. 예컨대, 약물에 의존하던 한 흑인 청년은 중독에서 벗어날 수 있었고, 1년 넘게 약을 끊은 상태를 유지하였다. 역시 약물에 의존하던 젊은 백인 여성 또한 매우 고통스러운 관계를 맺었던 자신의 어머니와 관계를 재정립할 수 있었다. 이들은 사이코사이버네틱 모델 미술치료를 단지 몇 회기 시행했을 뿐이었다.

더욱 놀라운 것은 사이코사이버네틱 모델 미술치료가 치료적 개입을 안내하기 위해 제공하는 풍부한 진단적 단서이다. 매우 간단한 그림들에서조차도 일반적인 언어 치료 형식에서는 접근하기 어려운 진단적 단서들이 드러난다.

다음에 제시할 일련의 사례들은 사이코사이버네틱 모델의 치료적 범위와 잠재성을 구체적으로 강조한다. 모든 형태의 심리치료에서 내담자의 다수는 여성이지만, 이 장에서 선택된 사례의 내담자는 대부분 남성이다. 이 사례의 남성들에 대해 관련 사항을 매우 상세하게 기술한 까닭은 자신의 감정을 타인과 나누는 것에 대해 선입견이 있어 종종 치료에 참여하기 어려워하는 유형의 내담자들에 대한 사이코사이버네틱 모델의 유용성을 설명하기 위해서이다. 몇몇 사례에서는 치료사와 내담자의 인종이 같고, 다른 사례들에서는 치료사와 내담자의 인종적 배경이 서로 다르다. 이러한 요인들은 사례에 설명되어 있다.

1. 가족의 기원에 대한 동경

성폭행을 경험한 적이 있는 8세의 흑인 남자 위탁 아동에게 백인 남성 미술치료사가 가족 그림을 그려 보도록 권하였다. 아동은 이 작업을 하고 싶지 않았으나 결국에는 '행복한 가족'이라는 제목의 그림을 그리는 것에 동의하였다([그림 14-1] 참조). 이 그림은 사회복지사와 그의 부인을 그린 것이며, 내담자 자신은 그림 한구석에 그려져 있다. 그림에서 주목할 만한 것은 아이가 마치 그림 밖 왼쪽에 있는 무언가를 잡고자 손을 바깥으로 뻗고 있다는 점이다. 이를 통해 말 그대로 그림 속에서 아동에게 존재하지 않는, 즉 그 아동에게는 허락되지 않은 자신의 친부모에게 닿기 위해 손을 뻗고 있음을 가정해 볼 수 있다.

[그림 14-1] 행복한 가족

그림을 통해 이 사례의 역동에 대해 여러 가정을 내려 볼 수 있으며, 내담자에 대한 정보를 취합하면서 이 가정들을 입증하거나 배제할 수 있다. 또한 이 그림은 치료 관계의 질과 아동을 도울 수 있는 치료사의 능력을 가늠하게 해 주며, 치료사의 효용성에 대해 설득력 있는 증거를 제시한다. 아이가 자신의 얼굴에 색을 칠한 것으로 보아 자신의 인종적 정체성에 대해 인식하고 있는 것으로 보임에도 불구하고, 그는 정체성을 확립하고 자신의 장점을 발휘하기 시작했다. 이 간단한 그림은 치료 과정을 안내할 수 있는 풍부한 정보를 치료사에게 제공한다.

2. 어른들과 함께 지내는 것

성장 과정의 어려움은 결손 가정과 저소득 가정에만 국한되지는 않는다. 아이를 사랑하고 잘 돌봐 주는 부모와 함께 유복한 가족에게서 성장하더라도 마찬가지로 어려울 수 있다. [그림 14-2]를 그린 7세 소녀는 가족 내에서 막내였다. 아동의 부모는 모두 전문직에 종사하였음에도 불구하고, 자녀와 함께 많은 것을 했다. 부모는 자녀에게 최선을 다했지만 막내딸은 이 가정에서 자라나는 것이 어렵다고 느꼈다. 이 아동이 대열의 맨 끝에 위치한 자신을 어떻게 묘사했는지 주목해 보라. 에너지 넘치는 아버지, 그리고 어머니와 형제를 따라가고 있는 이 아동은 절벽에서 떨어지기 일보 직전이다.

부모가 제공한 여러 풍요로운 경험이 주는 흥미와 즐거움에 아동의 스트레

[그림 14-2] 하이킹

스가 가려질 수는 있지만, 이 그림에서처럼 아동의 눈으로 세상을 바라보는 것은 부모로 하여금 자녀가 겪고 있는 스트레스를 깨닫게 한다. 이 사례에서 치료사와 내담자는 모두 백인 여성이었다.

3. 화해를 위한 노력

[그림 14-3]을 그린 사람은 15세 백인 소년의 어머니이다. 이 아동은 도둑질과 폭력으로 학교에서 정학을 당한 상황이었다. 소년의 양아버지는 가족을 떠났지만 어머니는 화해를 간절히 원하고 있었다. 양아버지는 소년을 좋아하지 않았으며, 아이와 함께 아무것도 하고 싶어 하지 않았다. 아이의 문제 행동은 가족이 화해하길 원하는 어머니의 갈망을 방해했다. 이 그림에서 어머니는 소년을 나무 뒤에 있는 차 바깥쪽으로 배치하였을 뿐만 아니라, 자신

[그림 14-3] 소풍

은 아이로부터 등을 돌리고 있다. 그녀의 관심은 온통 남편에게만 향해 있는 것처럼 보인다. [그림 14-3]에 나타난 깍지낀 손가락은 소년의 양아버지와 화해하고 싶은 어머니의 갈망을 잘 나타낸다. 소년이 불필요하고 아무도 자신을 원치 않는다는 느낌을 받는 것이 당연해 보인다.

이 그림은 가족 상황에 대해 언어적으로 평가하기 훨씬 이전에 치료사로 하여금 가족 역동의 본질을 깨닫게 해 주었다. 이 사례의 치료사는 백인 남성이었다.

4. 임신한 청소년의 딜레마

16세의 한 소녀는 어머니가 백인, 아버지는 흑인인 혼혈아로서 출생 이후 위탁 가정에서 자라났다. 그녀의 친어머니는 백인 동네에서 아이를 양육하

[그림 14-4] 태아

는 것을 두려워했고, 친아버지는 아이와 아무런 관계도 맺고 싶어 하지 않았다. 이 소녀의 위탁 가족은 흑인 가정이었고, 소녀가 자신의 임신 사실을 깨달았을 때 입양 절차가 진행 중이었다. [그림 14-4]를 그릴 당시 소녀는 임신 사실을 위탁 가정에 알리지 않은 상태였고, 입양 절차를 준비하고 있던 흑인 여성 사회복지사에게도 이를 밝히지 않았다. 소녀가 혼란스러워 하는 것을 알아차린 사회복지사는 아이를 불러 프리플로 기법의 그림을 그려 보도록 권했다(이 기법에 대한 설명은 제8장 참고). 그녀는 이러한 종류의 그림은 미술가처럼 잘 그릴 필요가 없다고 소녀에게 설명해 주면서 다음과 같이 말하였다. "다 그리고 나면 그림을 바라보면서 이 그림이 너에게 어떤 생각과 감정을 불러일으키는지 함께 살펴볼 거야. 이 그림은 네가 만든 것이고, 오직 너만 이 그림의 의미를 알고 있기 때문에 이에 대해 나에게 설명해 줄 수 있단다." 소녀는 파스텔을 쥔 손을 공중에서 자유롭게 움직여 본 후에 종이 위에 선을 그려 보았다. 그런 다음 이 선들을 활용해 그림을 그려 보도록 격려받았다. 그녀가 그림을 다 그리자, 치료사는 그녀에게 그림에 제목을 붙여 볼 것을 요청했다. 소녀는 이 그림을 '태아'라고 하면서 배 속에서 자라나고 있는 아기를 나타낸다고 하였다. 파란색으로 칠해진 어두운 부분은 자신의 배를 상징하는 것이고, 휘갈긴 선은 창자를 나타낸다고 하였다. 가운데에 위치한 눈은 소녀의 아기를 상징하는데, 자신을 바라보며 다음과 같은 질문을 던진다고 하였다. "나를 어떻게 할 거야? 나를 왜 그렇게 미워해? 왜 내가 엄마를 그토록 불행하게 만드는 거지?"

치료사는 그림 속의 아기에게 반응해 보도록 내담자를 격려하였다. 그녀는 죄책감을 느낀다고 말하면서 양부모가 임신 사실을 알면 자신을 입양하려던 계획을 철회할까 봐 두려워하였다. 이후 분위기는 풀어졌고, 내담자는 자신의 상황에서 어떻게 해야 할지에 대해 논의할 수 있었다. 이후에 그녀는 [그림 14-5]의 자화상을 그렸다. 그녀는 하반신이 없길 원했기 때문에 하반신을 그리지 않았다고 말했다. 그녀는 자신의 뚱뚱해진 배와 성기에 대해 이

[그림 14-5] 절망감

야기하면서 이것만 없었어도 지금의 어려움에 처하지 않았을 것이라고 하였다. 또한 자신의 인생에 대해 어떤 결정도 내릴 수 없고 절망감을 느꼈기 때문에 자신의 팔과 손을 생략하였다고 했다. 두 그림을 그리면서 이 내성적인 청소년은 그녀가 직면하고 있는 딜레마에 대해 생생하게 진술하였다. 치료사는 이제 무력감과 자기거부의 주제를 다룰 수 있게 되었고, 양부모에게 다가갈 수 있는 방법을 찾도록 소녀를 도울 수 있었다. 또한 내담자가 어린 시절에 낯선 이에게 자신을 맡기고 떠난 그녀의 어머니와 자신의 아기를 동일시하기 시작하면서 그들은 수면 위로 떠오른 감정에 집중할 수 있었다.

5. 승진에 대한 스트레스

이번에 소개할 내담자는 책임감이 있고, 고소득 직종에 종사하고 있으나, 궤양으로 고통받고 있으며, 자신의 직업 수행에 대해 불만을 갖고 있는 32세 흑인 남성이다. 그는 자신의 흑인 여성 치료사에게 승진 이후로 동료들이 자신을 이용하고 있고, 전임 상사가 있을 때처럼 열심히 일하지 않는다고 토로하였다. 그는 이제 상사이며, 더는 부하 직원 중 1명이 아니었다. 두 회기는 그림을 그리는 것에 전념하였고, 세 번째 회기는 전부 언어 회기로 진행되었다. 이 내담자와의 작업은 네 번째 회기에 종결되었다. 그는 자신의 치료적 경험을 자신이 치료에서 성취한 것을 콜라주로 만들어 요약하였다.

첫 회기에 치료사는 그에게 이름을 쓴 후 자신의 관심사를 보여 줄 수 있는 것을 원하는 대로 덧붙여 표현해 보라고 하였다. 그는 솜씨 있게 작업을 수행하였으며, 자신의 이름 주변에 스패너와 야구공, 축구공, 볼트를 그려 넣었다. 그는 그 그림에 대해 다음과 같이 설명하였다. “나는 항상 무언가를 고쳐야만 해요. 어수선한 것이 싫어서 아랫부분은 생략했어요.” 이 그림을 통해 그의 감정을 느낄 수 있으며, 아직 덜 발달된 부분은 있지만 그의 삶이 질서정연함을 알 수 있다.

그가 다음으로 그린 그림은 프리플로 기법을 사용했으며, ‘자기인식’이라는 제목을 붙였다. 이는 다양한 색으로 무지개 비슷한 형태를 그린 것이었다. 그림의 왼쪽 부분은 자신의 부정적인 면, 즉 “까다롭고, 신경이 날카로우며, 화가 나며, 변덕스러운 감정”을 뜻한다고 하였다. 그는 화가 나지만 그 분노를 표현하지 않으려고 애를 썼던 직장에서의 상황에 대해서 이야기하였다. 그는 대부분의 시간에 압박을 받고 있었는데, 그때 느꼈던 긴장감을 보라색으로 표현하였다. 파란색은 직장에서 좋지 않은 하루를 보내고 난 뒤의 자신의 기분을 나타냈다. 그림 오른쪽에 표현한 색깔들은 그의 따뜻함과 명랑함,

그리고 "직장에서는 아니지만 주로 가족, 친구들과 있을 때 나타나는 매력"을 나타낸다고 하였다. 타인에게 칭송받을 만한 걸작은 아니지만, 자신의 다양한 감정과 갈등을 다루려고 노력했던 내담자 본인에게는 가장 의미 있고 소중한 작품이었다.

다음 회기에서 그는 직장에서의 갈등에 대한 언어적 토론에 전념했다. 그림의 도움을 받아 드러난 주제는 완벽함에 대한 그의 열망이었다. 그는 자신과 부하 직원들에게 완벽함을 기대하였다. 직원들이 그의 기대에 미치지 못할 때 그는 직원들이 의도적으로 자신을 무시한다고 생각하였다.

네 번의 회기와 마지막 회기 동안에 그가 만든 콜라주에서는 신발을 벗어던지고 편안한 자세로 앉아 있는 사람이 나타났다. 콜라주는 치료 회기들이 그에게 의미하는 바를 보여 주는 것이었다. 그는 부하 직원들과의 갈등에 대한 새로운 인식을 얻게 되었다고 하였다. 그는 상사로서 자신의 역할을 받아들일 수 있게 되었고, 동료들의 불완전함을 보고도 화가 덜 나게 되었다. 그동안 경험했던 불안감이 완화되었고, 궤양에 시달리는 정도도 전보다 나아진 것처럼 보였다.

6. 마지막 잎새

마지막으로 소개할 사례의 내담자는 당뇨병으로 한쪽 다리를 잃은 78세의 백인 남성이다. 이 내담자의 미술치료 경험은 이전 장의 노년기에 대한 논의에서 이미 언급한 바 있다. [그림 14-6]은 그가 첫 번째로 그린 그림으로, 집을 표현한 것이었다.

부활절 직전에 그린 다음 그림에서는 끝이 잘린 부활절 달걀을 그렸는데, 더 깊은 차원에서 바라보면 이는 아마도 절단되고 남은 자신의 다리를 상징하는 것으로 보인다([그림 14-7] 참조).

[그림 14-6] 집

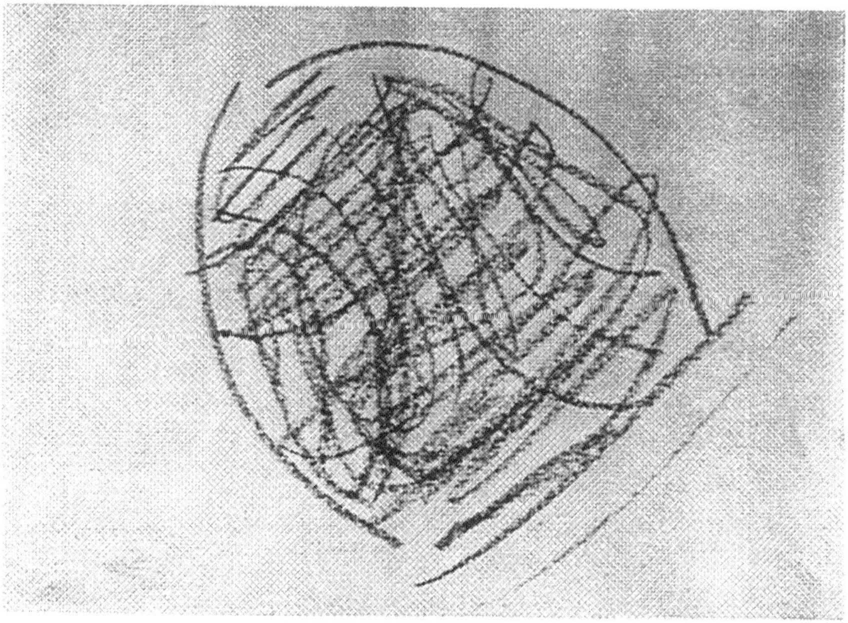

[그림 14-7] 부활절 달걀

미완성된 듯 보이는 여러 장의 그림과 몇몇 나무조각 작업을 거친 후에 마침내 그는 '나무'라고 이름 붙인 작품을 만들어 냈다([그림 14-8] 참조). 그는 이 그림이 자신의 가계도를 보여 주는 것이라고 하였다. 각 잎사귀는 중요한 가족 구성원을 나타내는데, 외가 쪽은 왼편에, 친가 쪽은 오른편에 각각 표현하였다. 가장 눈에 띄는 잎사귀가 무엇인지 묻자 그는 다음과 같이 대답하였다. "저예요. 가족의 마지막 구성원이죠. 떨어질 준비가 되어 있는……." 여기서 주목할 만한 점은 워밍업 기간이 몇 주에 걸쳐 길게 진행되었으며, 겉으로 보기엔 별 의미 없는 여러 번의 시도 끝에 자신에게 큰 의미가 있을 뿐만 아니라, 보는 이에게도 자신의 감정을 전달할 수 있는 작품을 만들어 냈다는 부분이다.

겉보기에 생산적이지 않은 회기들을 치료사가 잘 견뎌 낸다면 내담자는 결국 자신뿐만 아니라 치료사에게도 본인의 생각을 더욱 분명하게 전달하는 데 성공할 것이다.

[그림 14-8] 나무

다음 장에서는 사이코사이버네틱 미술치료 모델을 활용하여 심한 우울을 겪고 있는 양로원 거주 노인들에게 행한 경험적 통제 연구controlled empirical research에 대해 논의하고자 한다.

제15장

경험적 성과 연구

1. 연구 설계

우울이 심한 양로원 거주자들을 대상으로 수행한 연구를 통해 사이코사이버네틱 모델 개입의 효과성이 검증되었다(Lindenmuth, 1981). 무작위 표본은 65~98세의 노인 298명으로 이루어졌다. 거주자들은 각기 다른 개입 방식을 사용하는 6개의 집단 중 하나에 배정되었다. 6개의 집단은 언어로 진행되는 집단심리치료, 음악치료, 운동치료, 화학요법, 미술치료와 통제집단까지를 포함한다. 미술치료 집단은 이 책에서 개관한 사이코사이버네틱 원칙에 따라 치료를 진행하였다. 통제집단에 배정된 거주자들에게는 실험집단과 동일한 사전 · 사후 검사를 수행하였으나, 공동 식당에서의 식사, 교회 예배 참여, 가족 및 친구 방문과 같이 양로원 거주자들에게 가능한 일반적인 활동들 외에 다른 개입이 이루어지지는 않았다.

8주 동안 각 개입 방식이 이루어졌으며, 회기는 45분씩 5주간 진행되었다.

모든 요양원 거주자는 입소 허가를 받고 4주 후에 정Zung 우울증 검사Zung Depression Test를 받았다(Zung, 1965). 이전의 예비연구에 따르면, 대부분의 거주자가 입소 허가 직후에 반응성 우울을 겪었고, 적응 기간은 평균 2~3주 정도 소요된 것으로 나타났기 때문에 검사의 시행이 의도적으로 지연되었다.

우울에 있어서 높은 점수를 받은 거주자들이(Zung 척도상으로 50점 이상) 연구 대상으로 선정되었다. 연구를 시작하기 전에 연구의 목적과 절차를 거주자와 가족에게 설명하였고, 동의서에 서명을 받았다.

10명의 대상자는 8주간의 치료 기간 동안에 각 치료 그룹에 임의로 배정되었다. 연구를 진행하는 동안에 참여자 중 어느 누구도 항우울제나 항정신성 약물phenothiazine을 투여받지 않았다. 물론 화학요법을 받는 집단에 배정된 거주자들은 예외적으로 담당의가 처방한 항우울제를 복용하였다. 참여자들은 8주간 일상적 활동과 예배 참여, 가족 및 지인의 방문, 식당에서의 식사를 제외하고는 다른 형태의 치료를 받지 않았다.

언어 집단심리치료는 공통적 관심사에 대한 일반적인 논의로 이루어졌다. 현재와 과거의 경험에 대한 개인적인 관점과 견해를 서로 공유할 수 있는 기회를 제공하였다. 이 과정은 정신역동적 원칙에 따라 수행되었으며, 우울증의 특성을 일반화시킴으로써 자아의 에너지를 방출할 수 있는 기회를 제공한 것으로 볼 수 있다.

음악치료는 스테레오 장치를 통해, 특히 1920~1930년대의 노래를 들을 수 있는 기회를 제공하였다. 어떤 경우에는 치료사가 선곡하였고, 집단원들이 선곡을 하기도 하였다. 음악은 즐거운 기억뿐만 아니라 고통스러운 기억까지 서로 공유할 수 있도록 자극을 주었다(Palmer, 1977). 이 집단의 참여자들은 함께 노래하고, 발을 구르고, 손뼉을 치는 등 음악에 반응하여 자신을 적절히 표현할 수 있는 것이라면 무엇이든지 할 수 있도록 권장되었다.

운동치료 집단은 회기 전후로 간단한 신체 활동과 자유로운 토론의 기회가 제공되었다(DeVries, 1976). 신체 활동은 간단한 스트레칭과 몸 굽히기, 의료용 공 던지기, 가벼운 역도로 이루어졌다. 활동의 선택은 물리치료사의 도움으로 이루어졌고, 난이도는 각 개인의 다양한 신체적 한계에 적합하게 설정되었다.

미술치료 집단은 사이코사이버네틱 원칙에 따라 진행되었다. 회기는 사용할 미술 재료와 표현할 주제를 각 참여자가 결정한다는 점에서 다소 비구조화된 형식으로 이루어졌다. 무엇을 해야 할지 결정하는 데 어려움이 있는 경우에는 치료사가 부드럽게 격려해 주었다.

동일한 치료사가 모든 집단을 진행하였는데, 그는 사회복지학 학위를 소지한 백인 남성으로서 사이코사이버네틱 미술치료 모델에 대한 교육을 받았다. 교육은 한 학기(15주) 동안 이루어졌으며, 저자가 개별적 지도를 제공하였다.

이 연구에서 중간에 이탈한 인원의 비율은 상대적으로 낮은 4%였다. 거주자 중 7명이 사망하였고, 5명은 조기 퇴원으로 중도 이탈하였다. 전체 표본의 평균 나이는 82세였으며, 표본에 포함된 298명 중 여성은 236명, 남성은 62명이었다. 대상자 중 상당수가 여성인 이유는 여성의 장수 비율이 높은 것과 양로원 내의 성비 불균형 때문이었다. 우리 사회에서는 대체로 가정에서 부인이 남편을 돌보다가 남편이 사망하고 나면 과부가 된 부인을 돌볼 사람이 없게 되어 결국 양로원으로 가게 된다. 이 연구의 참여자들이 속한 양로원의 연간보고에 따르면, 연구가 이루어진 해의 전체 거주 인원의 74%가 여성이었다.

표본에 포함된 여성 236명 중 11명은 흑인, 2명은 스페인계 미국인이었고, 남성 62명 중 6명은 흑인, 3명은 스페인계 미국인이었나. 소수 인종의 비율이 낮은 것은 인종차별을 반영하는 것이 아니라, 연구가 행해진 주의 소수 인종 거주 비율이 특히 낮았기 때문이다.

필요한 표본 사이즈를 확보하기 위해 각 치료적 개입이 다섯 번 이루어졌다. 각 참여자는 서로 다른 치료적 개입에 순환 배치되었고, 각 치료집단에 참여하기 전과 후에 우울 수준을 측정하였다.

2. 연구 결과

양로원 노인 거주자들이 각자의 치료적 주기로 미술과 음악, 운동치료에 참여하기 전과 후의 우울 점수의 평균을 〈표 15-1〉에 요약하여 제시하였다.

〈표 15-1〉에 제시된 데이터에서 주목할 만한 점은 치료 전 세 집단의 참여자들의 우울 점수 평균이 대략 비슷했다는 것이다. 8주 동안 미술치료, 음악치료, 운동치료를 받은 후의 평균 점수 또한 세 집단 모두 거의 비슷하다. 특히 흥미로운 점은 이 세 집단 모두 치료 전보다 우울 점수가 매우 낮아졌다는 점이다. 이 세 치료 집단 각각에서 치료 전후 우울 점수의 차이는 상당히 크며, 일원변량분석 결과 통계적으로도 유의하다($p < .001$)(Lindenmuth, 1981).

〈표 15-2〉에는 언어 집단심리치료, 화학요법 전후의 양로원 거주자의 평균 우울 점수와 특정 치료를 받지 않은 통제집단의 점수가 포함되어 있다.

표 15-1 치료 주기에 따라 표현치료를 받은 양로원 거주자들의 사전, 사후 평균 우울 점수

주기	미술		음악		운동	
	사전	사후	사전	사후	사전	사후
1	68.9	55.3	70.6	52.1	73.8	51.2
2	71.5	50.7	71.5	53.3	69.5	48.8
3	71.9	48.7	72.0	51.4	68.3	48.5
4	73.2	54.7	71.0	51.6	68.3	49.7
5	72.7	52.9	69.1	51.9	67.9	50.6
X=	71.6	52.56*	70.8	52.1*	69.6	49.8*

* 일원변량분석 결과 $p < .001$ 수준에서 유의함.

표 15-2 치료 주기에 따라 언어 심리치료 집단, 화학요법을 받은 집단, 처치를 받지 않은 집단의 사전, 사후 평균 우울 점수

주기	미술		음악		운동	
	사전	사후	사전	사후	사전	사후
1	68.5	62.8	68.4	59.9	67.7	64.5
2	68.2	61.2	67.4	61.9	65.7	66.8
3	69.0	61.8	68.0	58.6	68.6	65.4
4	68.3	59.2	69.0	59.4	68.6	65.5
5	68.2	62.2	68.7	59.6	68.3	65.6
X=	68.4	61.44	68.3	59.9*	68.2	65.5

* 셰퍼(Sheffe) 검정 결과 p<.05 수준에서 유의함.

〈표 15-2〉에 제시된 데이터는 언어 집단심리치료를 받은 집단의 점수가 거의 변화를 보이지 않았음을 보여 준다. 통제집단에 배정된 거주자들의 우울 점수 또한 변화가 없었다. 화학요법을 받은 거주자들은 우울 점수가 낮아졌으나 미술치료, 음악치료, 운동치료를 받은 집단보다 감소의 정도가 낮았다. 화학요법 집단에서 사전·사후 우울 점수의 차이는 .05 수준에서 통계적으로 유의하다. 반면, 미술치료, 음악치료, 운동치료 집단의 사전·사후 우울 점수의 차이는 .001 수준에서 통계적으로 유의했다.

표 15-3 모든 집단의 사전, 사후 평균 우울 점수의 차이

주기	미술	음악	운동	언어	화학요법	통제
1	13.6	18.6	22.6	5.70	8.50	3.27
2	20.72	18.27	20.73	7.83	5.50	−.90
3	23.20	20.60	19.80	7.20	9.40	3.40
4	18.50	19.42	18.64	9.10	9.57	3.18
5	19.80	17.20	17.30	6.0	8.42	2.69
X=	19.16**	18.80**	19.81**	7.16	8.42*	3.33

* p<.05 수준에서 유의함.

** p<.001 수준에서 유의함.

〈표 15−3〉은 6개 집단의 사전, 사후 평균 우울 점수의 차이를 제시한다. 〈표 15−4〉는 일원변량분석 결과와 집단 간 차이를 제시한다.

이 경험적 연구 결과는 대부분의 양로원에서 통상적인 치료 방법으로 사용되는 화학요법보다 사이코사이버네틱 미술치료 모델과 음악치료, 운동치료가 양로원 거주 노인들의 우울 감소에 더욱 효과적임을 나타낸다. 세 가지 표현치료는 화학요법보다 우울을 더 효과적으로 감소시킬 뿐 아니라, 화학요법과 관련된 부정적인 부작용을 일으키지 않는다.

또한 이 연구에서 언어로 진행된 집단심리치료는 통제집단 조건에 비해 더 나은 효과를 보여 주지 못했다는 점에도 주목해야 한다. 언어적 집단심리치료와 통제집단의 우울 점수는 8주 동안 매우 소폭으로 감소하였으며, 〈표 15−3〉에 제시된 것처럼 이러한 작은 변화는 통계적으로 유의하지 않았다.

신중하게 설계되고 통제된 이러한 경험적 연구의 결과는 이 연구에 사용된 모든 표현치료에 대해 강력한 지지를 제공한다. 사이코사이버네틱 모델 미술치료와 음악치료에서뿐만 아니라 간단한 운동치료에서도 훌륭한 결과가 나온 것은 다소 예상 밖이었으나, 양로원 거주자들이 기본적으로 물리적인 신체 기능의 다양한 측면에 관심을 갖고 있다는 점을 고려하면 그리 놀라운 결과는 아니다.

표 15−4 치료 전후의 평균 차이에 대한 일원변량분석 결과

변이원	제곱합	자유도	평균제곱	F
집단 간	1430.17	5	286.03	64.89
집단 내	105.78	24	4.41	
	1535.95	29		

$F(5, 24)=2.62=.05$

$3.90=.01$

$F_{obt}=64.89$

$p<.001$

간단한 신체 운동은 혈액 순환을 활성화하고 산소 소비량을 증가시키기 때문에 이처럼 운동을 활용하여 제공되는 치료는 양로원 거주 노인들의 웰빙을 증진시킨다. 다른 연령대의 참여자 집단에게도 운동치료를 통해 유사한 결과를 얻을 수 있는지 여부를 밝히기 위해서는 더 많은 연구가 요구된다.

이 경험적 연구는 사이코사이버네틱 미술치료 모델의 효과성을 입증한다. 더욱 잘 설계되고 통제된 연구가 앞으로 요구되지만, 사이코사이버네틱 원칙에 기반한 미술치료가 효과적이라는 것은 분명하다. 임상가들은 이러한 형태의 개입을 비교적 쉽게 익힐 수 있으며, 이 개입은 비교적 단기간에 훌륭한 결과를 만들어 낸다.

이러한 모델은 단지 비어 있는 시간을 채우는 것이 아니라, 내담자의 고민과 경험에 대한 생각과 공유를 자극한다는 점에서 다른 여러 형태의 미술치료에 비해 장점을 가지고 있다. 따라서 미술에 특별한 관심이 없고 미술 재료 사용에 대한 경험이 없거나 교육을 받지 못한 성인들에게 유치하거나 굴욕적인 것으로 인식되지 않는다.

제16장

미래의 전망

어떤 점에 있어서 사이코사이버네틱 미술치료 모델은 자전거를 타는 것과 유사하다. 당신은 걸어가는 것보다 자전거를 탈 때 훨씬 더 빠르게 멀리 나아갈 수 있다. 그러나 자전거는 자체적인 추진력이 없기 때문에 혼자서는 앞으로 나아가지 못한다. 당신이 에너지를 공급하고 페달을 밟아 움직여야 한다. 사이코사이버네틱 모델 개입도 이와 마찬가지이다. 이러한 방식의 대인관계적 개입을 추진하는 에너지는 다음의 두 가지 요소로부터 비롯된다. 그중 한 가지는 전문적인 훈련과 경험이다. 이는 치료사로 하여금 관계 구축의 기술과 지각력을 갖추게 하며, 인간의 행동을 모든 결과의 측면, 즉 욕구, 갈망, 열망의 측면에서 이해하도록 돕는다. 또한 이러한 것들이 좌절될 때 무슨 일이 일어나는지에 대한 지식을 갖출 수 있게 한다. 사이코사이버네틱 모델에 동력을 제공하는 또 하나의 요소는 이전 장에서 논의한 두 가지 상징화 시스템을 조합하고 활용하는 것이다. 이 모델은 언어와 순차적이고 이성적인 사고 과정에 관여할 뿐만 아니라, 표상적 상징주의와 전체론적holistic이고 직관적인intuitive 언어 이전의 인지 방식 또한 활용한다.

1. 연구의 가치와 가능성

미국미술치료학회AATA 내에서는 미술치료의 효과성에 대한 경험적 연구를 수행하는 것이 바람직한지에 대한 활발한 논쟁이 진행되었다(Allen, 1995; Gantt, 1998; Junge & Linesch, 1993; Kaplan, 1998; Malchiodi, 1998; McNiff, 1998; Rosal, 1998). 우뇌 방식의 사고의 힘에 대해 확신을 가지는 사람들이 있는데, 그들은 경험적 연구가 너무 단조롭고 편향적이며 시각적 표현의 힘을 담아내기에 부적절하다고 생각한다. 이와는 반대로 미술치료사들이 미술치료의 효과성에 대한 경험적 연구 근거를 제공하지 않는다면 활동에 대한 기금을 얻지 못해 미술치료 분야의 입지가 좁아질 것이라고 보는 사람들도 있다.

일단 다른 분야 및 기금 제공자와의 소통이 필요함을 인정한 후에는 연구의 타당성에 대한 의문이 제기된다. 연구를 수행한다는 것은 시간과 경제적 비용이 많이 소요되는 일이다. 더욱이 이는 대부분의 미술치료사가 가지고 있지 않은 기술 또한 요구한다. 2년간의 미술치료 대학원 과정에서는 연구방법은 물론이고, 기본적인 임상적 기술을 갖출 시간도 부족하다. 그렇다면 미술치료사가 해야 할 일은 무엇인가?

2. 평생학습

미술치료사들은 전문가로서의 정체성을 가질 필요가 있다. 전문가가 된다는 것은 평생 배우는 사람이 된다는 것을 의미한다. 이는 2년간의 대학원 과정을 마친 후에도 평생 동안 훈련받아야 함을 뜻한다. 또한 자격증 취득을 위해 필요한 부분인지의 여부와 관계없이 지속적인 교육의 과정이 포함된다. 미술치료사들은 임상적 기술을 계속해서 연마할 필요가 있으며, 연구에 있어서도 기본적인 능력을 갖추어야 한다. 전문적인 훈련 과정 속에서 그들은 심리학자, 사회복지사 등 다른 분야의 전문가들과 팀을 이룰 수도 있으며, 이들 중 일부는 전문 교육 과정에서 더 적절한 연구교육을 받았을 수 있다. 분명히 어떤 전문가들은 임상 지향적일 수 있는 반면, 어떤 전문가들은 경험적 연구에 더 관심이 있을 수 있다. 그럼에도 불구하고 전문가가 된다는 것은 이중 초점 안경을 착용하는 것과도 같다. 두 가지 모두를 해내야 한다. 치료사로서 기능할 수 있어야 할 뿐만 아니라, 자신의 치료 결과에 대해 비판적으로 검토할 수도 있어야 한다.

시작할 때는 언제나 불안감이 따른다. 한 치료사는 자신의 새로운 시작을 절벽에서 뛰어내리는 것에 비유하였다. 절벽 아래에 무엇이 있을지 알 수 없으며, 땅에 잘 착지할 수 있을지조차도 모른다. 이 책에 기술한 사이코사이버네틱 모델이 가치가 있는지 스스로 알아내기 전까지는 사례나 경험적 연구만으로는 충분하지 않을 것이다. 이것은 새로운 모험이며, 이 새로운 형태의 도

[그림 16-1] 시작

움을 활용하기 위해서는 용기가 필요하다. 그러나 당신에게 어떠한 일이 일어나는지, 그리고 내담자가 얼마나 빨리 당신이 원하는 바대로 좋아지는지를 일단 경험한다면 이 새로운 개입 모델 없이 절대로 치료를 진행하고 싶지 않을 것이다.

다음은 뉴욕을 방문했던 한 텍사스 청년에 관한 이야기이다. 그가 뉴욕의 모든 명소를 구경한 후 다시 텍사스로 돌아가기 위해 막 출발하기 직전에 자신이 카네기홀에 다녀오지 못했다는 사실을 깨닫게 되었다. 그는 음악에 특별히 관심이 있는 편은 아니었지만, 집에 돌아가기 전에 뉴욕에서 볼 수 있는 모든 것을 보는 것이 더 낫다고 생각하였다. 그래서 카네기홀로 가기 위해 지하철을 탔고, 역들을 오갔지만 정작 카네기홀은 없었다.[1] 그는 지하철에서 내려 거리로 올라갔고, 코너에서 한 노부인을 만났다. 그는 그녀에게 "부인, 카네기홀에 어떻게 가는지 알려 주실 수 있나요?"라고 정중하게 물었다. 그녀는 텍사스 사람을 바라보더니 눈빛을 반짝이며 다음과 같이 대답하였다. "젊은이, 그건 매우 간단해요. 그저 계속 연습하다 보면 결국 카네기홀에 도착할 거예요."[2] 당신이 이 책에서 읽은 이 새로운 방식의 개입 또한 이 이야기와 비슷하다. 성공의 열쇠는 실천하는 것이다. 이 모델을 활용하도록 하라. 그리고 당신과 내담자에게 이 치료적 도구가 얼마나 효과적인지를 확인해 보라.

만약 당신이 아동들과 함께 일하고 있다면, 아동들이 치료 작업을 좀 더 편안하게 느끼도록 돕기 위해 어떤 형태로든 그림 작업을 이미 사용하고 있을 가능성이 크다. 그림 작업은 두 대뇌 반구의 서로 다른 기능에 기반하여 그동안 잘 사용하지 않았던 인지 형태로서 성인들에게도 활용할 수 있다. 모든 과학 분야에 영향을 미치고 있는 패러다임의 변화는 지금까지 주목받지 못했던

---

1) 역자 주: 카네기홀은 뉴욕 미드타운 맨해튼 7번가 57 스트리트에 있는 유명한 연주회장이지만 지하철역 이름으로 표기되지는 않는다.

2) 노부인은 길을 묻는 청년에게 '음악인이라면 꾸준한 연습을 통해서만 세계적으로 인정받는 카네기홀에 연주가로 설 수 있다'는 인생 조언을 한 셈이다.

이러한 형태의 인지가 미래에는 각광받을 것이라는 전망을 보여 준다. 점점 더 많은 치료사들이 앞으로 언어적 · 신체적인 의사소통뿐만 아니라, 시각적이고 표현적인 방법론에도 전문가가 되기 위해 노력할 것이다. 성장은 절대 멈추지 않는다. 다음 단계로 나아가도록 하라.

참고문헌

Absen, A. (1968). *Basic concepts in eidetic psychotherapy*. New York: Brandon House.

Achterberg, J., & Lawlis, G. F. (1980). *Bridges of the bodymind*. Champaign, IL: Institute for Personality and Ability Testing.

Adler, G. (Ed.) (1973). *C.G. Jung letters*. (vol. 2). Princeton, NJ: Princeton University Press.

Ahsen, A. (1977). *Psycheye: Self-analytic consciousness*. New York: Brandon House.

Ahsen, A. (1986). Image psychology and the empirical method. In D.F. Marks (Ed.), *Theories of image formation* (pp. 1-46). New York: Brandon House.

Ahsen, A. (1981). Imagery in hemispheric asymmetrics: Research and applications. *Journal of Mental Imagery, 5* (2), 157-194.

Allen, D. (1995). *Art as a way of knowing*. Boston: Shambhala.

Allport, G. W. (1960). *Personality and social encounter*. Boston: Beacon Press.

Anderson, F. (1978). *Art for all the children*. Springfield, IL: Charles C Thomas.

Anderson, F. E., & Landgarten, H. (1974). Survey on the status of art therapy in the Midwest and Southern California. *American Journal of Art Therapy, 13*(3), 118-122.

Angyal, A. (1958). *Foundations for a science of personality*. Cambridge, MA: Harvard University Press.

Arieti, S. (1976). *Creativity: The magic synthesis*. New York: Basic Books.

Axline, V. (1947). *Play therapy: The inner dynamics of children*. Boston: Houghton Mifflin.

Backos, A. K., & Pagon, B. E. (1999). Finding a voice: Art therapy with female adolescent sexual abuse survivors. *Art Therapy: Journal of the American Art Therapy Association, 16*(3), 126-132.

Barlow, G. (1976). Media therapy: Increased options within the creative process. In R. H. Shoemaker & S. E. Gonick-Barris (Eds.), *Creativity and the art therapist's identity. Baltimore: American Art Therapy Association*(pp. 111-112). Baltimore: American Art Therapy Association.

Battista, J. R. (1977). The holistic paradigm and general system theory. *General Systems Jpornal, 22*, 65-71.

Beck, R. H. (1959). Progressive education and American progressivism: Margaret Naumburg. *Teachers College Record, 60*(4), 198-208.

Betensky, M. G. (1973). *Self-discovery through self-expression*. Springfield, IL: Charles C Thomas.

Betensky, M. (1977). The phenomenological approach to art expression and art therapy. *Art Psychotherapy, 4*, 173-179.

Betensky, M., & Nucho, A. O. (1982). The phenomenological approach to art therapy. In L. Gantt & A. Evans (Eds.), *Focus on the future: The next ten years* (pp. 137-141). Falls Church, VA: American Art Therapy Association.

Biracree, T. (1989). *Grandma Moses*. New York: Chelsea House.

Bolander, K. (1977). *Assessing personality through tree drawings*. New York: Basic Books.

Brill, A. A. (1913). Piblokto or hysteria among Peary's Eskimos. *Journal of Nervous and Mental Disorder, 40*(8), 514-520.

Bruner, J. S. (1964). The course of cognitive growth. *American Psychologist, 19*(1),

1-15.

Bugental, J. F. (1965). *The search for authenticity: An existential-analytic approach to psychotherapy*. New York: Holt, Rinehart & Winston.

Burns, R. C., & Kaufman, H. S. (1970). *Kinetic family drawings (K-F-D): An introduction to understanding children through Kinetic drawings*. New York: Brunner/Mazel.

Burns, R. C., & Kaufman, S. (1972). *Actions, styles and symbols in kinetic family drawings (K-F-D): An interpretive manual*. New York: Brunner/Mazel.

Butler, R. N. (1963). The life review: An interpretation of reminiscence in the aged. *Psychiatry, 26*, 65-76.

Cane, F. (1951). *The artist in each of us*. New York: Pantheon. (Revised edition, Art Therapy Publications, Craftsbury, Vermont, 1983).

Cannon, W. B. (1932). *The wisdom of the body*. New York: Norton.

Carolan, R. (2001). Models and paradigms of art therapy research. *Art Therapy: Journal of the American Art Therapy Association, 18*(4), 190-206.

Chaiklin, S. (1975). Dance therapy. In S. Ariety (Ed.), *American handbook of psychiatry* (2nd ed.). New York: Basic Books.

Chang, S. C. (1982). The self: a nodal issue in culture and psyche - an Eastern perspective. *American ournal of Psychothrapy, 36*(1), 67-81.

Churchill, W. (1932). *Amid these storms*. New York: Scribner & Sons.

Corsini, R. (Ed.) (1981). *Handbook of innovative psychotherapies*. New York: Wiley & Sons.

Cremin, L. A. (1964). *The transformation of the school: progressivism in American education* (pp. 1876-1957). New York: Vintage Books.

Croce, B. (1929). *Aesthetics*. London: Macmillan.

Crowl, M. (1980). Art therapy with patients suffering from anorexia nervosa. *Arts in Psychotherapy*, 7, 141-151.

Dechert, C. (Ed.) (1966). *The social impact of cybernetics*. London: University of Notre Dame Press.

De Lima, A. (1926). *Our enemy the child*. New York: New Republic.

Detre, K. C., Frank, T., Kniazzeh, C. R., Robinson, M. C., & Olman, E. (1983). Roots of art therapy: Margaret Naumburg and Florence Cane-A family portrait. American *Journal of Art Therapy, 22*(4), 111-123.

Deutch, C., & Kramer, N. (1977). Group therapy for the elderly. *Hospital and Community Psychiatry, 28*.

DeVries, H. A. (1976). Physiological effects of an exercise training regimen. *Journal of Gerontology, 25*(4), 325-336.

Dewdney, S., & Kidd, S. (1967). *Indian Paintings of the Great Lakes, 2nd Ed*. Toronto: University of Toronto Press.

Doll, A., & Nucho, A. O. (1982). Art therapy with institutionalized older adults: The process, principles and pay-offs. In L. Gantt & A. Evans (Eds.), *Focus on the future: The next ten years in art therapy* (pp. 27-30). Falls Church, VA: American Art Therapy Association.

Dunn-Snow, P. (1994). Adapting the silver draw-a-story assessment: Art therapy techniques with children and adolescents. *American Journal of Art Therapy, 33*, 35-36.

Einstein, A. (1954). Letter to Hadaman. In J. Hadaman (Ed.), *The psychology of invention in the mathematical field*. Princeton, NJ: Princeton University Press.

Elin, N., & Nucho, A. O. (1979). The use of kinetic family drawings as a diagnostic tool in assessing the child's self-concept. *Art Psychotherapy, 6*, 241-247.

Eliot, C. E. (1921). *Hinduism and Buddhism: A historical sketch*. London: Longman & Green.

Erikson, E. (1963). *Childhood and society*. New York: Norton.

Fagan, J., & Shepherd, I. L. (Eds.) (1970). *Gestalt therapy now*. Palo Alto, CA: Science and Behavior Books.

Ford, D. H., & Urban, H. B. (1963). *Systems of psychotherapy*. New York: Norton.

Foster, D. (1975). *The intelligent universe: A cybernetic philosophy*. London: Abelard.

Freedman, A. M., Kaplan, H. I., & Sadock, B. J. (1975). *Comprehensive textbook of psychiatry* (2nd ed., vols. 1 & 2). Baltimore: Williams & Wilkins.

Freud, S. (1927). *The ego and the id*. London: The International Psychoanalytical Library.

Freud, S. (1933). *New introductory lectures on psycho-analysis*. New York: Norton.

Gantt, L., & Schmal, M. S. (1974). *Art therapy: A bibliography*. Rockville, MD: National Institute of Mental Health.

Gantt, L. (1998). A discussion of art therapy as a science. *Art therapy: Journal of the American art-therapy association, 15*(1), 3-12.

Gardner, H. (1985). *The mind's new science: A history of the cognitive revolution*. New York: Basic Books.

Gardner, R. (1971). *Therapeutic communication with children*. New York: Science House, Inc.

Gardner, R. (1975). *Psychotherapeutic approaches to the resistant child*. New York: Jason Aronson Inc.

Gazzaniga, M. S. (1985). The social brain: Discovering the networks of the mind. New York: Basic Books.

Gelber, B. L. (1962). Art and occupational therapies. *Bulletin of Art Therapy, 2*(1), 3-11.

Ginott, H. (1969). *Between parent and teenager*. New York: Macmillan.

Girdano, D., & Everly, G. (1979). *Controlling stress and tension: A holistic approach*. Englewood Cliffs, NJ: Prentice-Hall.

Glasser, W. (1965). *Reality therapy*. New York: Basic Books.

Goethe, W. (1971). *Theory of color*. New York: Van Nostrand (first published in German, 1810).

Gombrich, E. H. (1972). *The story of art*. London: Phaidon.

Goodman, N. (1978). *Ways of worldmaking*. Indianapolis, IN: Hackett.

Gordon, R. (1972). A very private world. In P. W. Sheehan (Ed.), *The function and nature of imagery* (pp. 64-80). New York: Academic Press.

Green, E. E., Green, A. M., & Walters, E. D. (1970). Voluntary control of internal states: Psychological and physiological. *Journal of Transpersonal Psychology, 2*, 1-26.

Hall, C. S., & Lindzey, G. (1957). *Theories of personality*. New York: Wiley & Sons.

Hall, D. C. (1966). *The meaning of dreams*. New York: McGraw-Hill.

Hammer, E. F. (1958). *The clinical application of projective drawings*. Springfield, IL: Charles C Thomas.

Heidegger, M. (1953). *Einfuerung in die metaphysik*. Tuebingen: Niemeyer.

Henley, D. (1998). Art therapy is a socialization program for children with attention deficit hyperactivity disorder. *American Journal of Art Therapy, 37*(1), 2-11.

Hepworth, D. H., & Larsen, J. A. (1982). *Direct social work practice: Theory and skills*. Homewood, IL: Dorsey Press.

Hill, A. (1945). *Art versus illness: A story of art therapy*. London: Allen & Unwin.

Holt, R. R. (1964). "Imagery: The return of the ostracized". *American Psychologist, 19*(4), 254-264.

Horowitz, M. J. (1970). *Image formation and cognition*. New York: Appleton-Century-Crofts.

Horowitz, M. J. (1972). Mental imagery and consciousness. In P. W. Sheehan (Ed.), *The functions and nature of imagery*. New York: Academic Press.

Jacobi, J. (1959). *Complex, archetype, symbol in the psychology of C.G. Jung*. London: Routledge.

Jacobi, J. (1969). *Vom bilderreich der seele*. Freiburg: Walter Verlag.

James, W. (1890). *The principles of psychology* (vols. 1 & 2). New York: Dover Publications.

Jaynes, J. (1976). *The origins of consciousness in the breakdown of the bicameral mind*. Boston: Houghton-Mifflin.

Johnson, A. (1923). The Walden school. *The New Republic, 34*, 133-135.

Jung, C. G. (1928). *Contributions to analytical psychology*. London: Kegan.

Jung, C. G. (1953). *The psychology of the unconscious*. Princeton, NJ: Princeton

University Press.

Jung, C. G. (1961). *Memories, dreams, reflections*. New York: Vintage Books.

Jung, C. G. (1972). *Mandala symbolism (Bollingen Series)*. Princeton, NJ: Princeton University Press.

Jung, C. G. (1973). Letters (ed. by G. Adler). Princeton, NJ: Princeton University Press.

Junge, M. B., & Linesch, D. (1993). Our own voices: New paradigms for art therapy research. *The Arts in Psychotherapy, 20*, 61-67.

Kagin, S., & Lusenbrink, V. (1978). The expressive therapies continuum. *Art Psychotherapy, 15*(4), 171-180.

Kalff, D. M. (1966). The archetypes as healing factor. *Psychologia: International Journal of Psychology in the Orient, 9*, 177-184.

Kaplan, F. F. (1998). Scientific art therapy: An integrative and research-based approach. *Art Therapy: Journal of the American Art Therapy Association, 15*(2), 93-98.

Karlins, M., & Andrews, L. M. (1972). *Biofeedback: Turning on the power of your mind*. New York: Lippincott.

Kelen, E. (Ed.) (1974). *Leonardo Da Vinci's advice to artists*. New York: Thomas Nelson.

Kellogg, R. (1969). *Analyzing children's art*. Palo Alto, CA: National Press Books.

Kelly, G. A. (1955). *The psychology of personal constructs: A theory of personality*. London: Routledge.

Kelly, G. A. (1963). *A theory of personality: The psychology of personal constructs*. New York: Norton.

King, S. (1981). *Imagineering for health*. Wheaton, IL: Theosophical Publishing House.

Kolers, P. A. (1983). Perception and representation. *Annual Review Psychology, 34*, 129-166.

Korn, E. R., & Johnson, K. (1983). *Visualization: The uses of imagery in the health professions*. Homewood, IL: Dow Jones-Irwin.

Kramer, E. (1958). *Art therapy is a children's community*. Springfield, IL: Charles C Thomas.

Kramer, E. (1971). *Art as therapy*. New York: Schocken Books.

Kramer, E. (1979). *Childhood and art therapy*. New York: Schocken Books.

Kramer, E., Wadeson, H., Agell, G. L., & McNiff, S. (1982). *The great debates: The place of art in art therapy*. A Panel, presented at the 13th Annual Conference of the American Art Therapy Association, Philadelphia, PA.

Kuhn, T. S. (1962). *The structure of scientific revolutions*. Chicago: University of Chicago Press.

Kwiatkowska, H. Y. (1978). *Family therapy and evaluation through art*. Springfield, UL: Charles C Thomas.

Kymissis, P. (1992). The prospective kinetic family drawing. *American Journal of Art Therapy, 31*, 17-21.

Lachman-Chapin, M. (1983). The artist as clinician: An interactive technique. *American Journal of Art Therapy, 23*, 13-25.

Landgarten, H. B. (1981). *Clinical art therapy: A comprehensive guide*. New York: Brunner/Mazel.

Landgarten, H. B. (1984). Ten year follow-up survey on the status of art therapy in the greater Los Angeles area. *Art Therapy, 1*(2), 84-88.

Langer, S. (1951). *Philosophy in a new key: A study in the symbolism of reason, rite, and art*. New York: Mentor Books (first published by Harvard University Press, 1942).

Lazarus, A. (1984). *In the mind's eye: The power of imagery for personal enrichment*. New York: Guilford Press.

Ledary, L. (1984). Victims of incest. *American Journal of Nursing, 84*(8), 1010-1014.

Lerner, A. (Ed.) (1978). *Poetry in the therapeutic experience*. New York: Pergamon Press.

Levick, M. F. (1983). *They could not talk and so they drew*. Springfield, IL: Charles

C Thomas.

Lewis, N. D. C. (1928). Graphic art productions in schizophrenia. *Association for Research in Nervous and Mental Diseases, 5*, 344-368.

Liddell, H. G., & Scott, R. (1949). *Greek-English lexicon*. Oxford: Clarendon Press.

Lindenmuth, F. A. (1981). *A comparison of six treatment interventions with elderly depressed patients*. Unpublished Ph. D. dissertation, University of Maryland.

Linesch, D. G. (1998). *Adolescent art therapy*. New York: Brunner/Mazel.

Lowenfeld, M. (1979). *The world technique*. Boston: Allen & Unwin.

Lowenfeld, V., & Brittain, W. L. (1964). *Creative and mental growth* (4th ed.). New York: Macmillan.

Lowenfeld, V. (1952). *The nature of creative activity*. London: Routledge & Kegan Paul.

Lowenfeld, V. (1987). Therapeutic aspects of art education. *The American Journal of Art Therapy, 25*(4), 111-147. [Originally published as Chapter XII of Creative and Mental Growth (3rd. ed.). (1957). by Lowenfeld, V. (New York: Macmillan Co.). Reprinted by permission.

Lyddiatt, E. M. (1971). *Spontaneous painting and modelling: A practical approach in therapy*. New York: St. Martin's Press.

Machover, K. (1949). *Personality projection in the drawing of the human figure*. Springfield, IL: Charles C Thomas.

Madigan, S. (1994). Body politics. *Family Therapy Networker, 18*(6), 18-29.

Malchiodi, C, A, (1990). *Breaking the silence: Art therapy with children from violent homes*. New York: Brunner/Mazel.

Malchiodi, C. A. (1998). Embracing our mission. *Art Therapy: Journal of the American Art Therapy Association, 15*(2), 82-83.

Maltz, M. (1960). *Psychocybernetics: A new way to get more living out of life*. Englewood Cliffs, NJ: Prentice-Hall.

Marks, D. F. (Ed.) (1986). *Theories of image formation*. New York: Brandon House.

Maslow, A. H. (1968). *Toward a psychology of being*. New York: Van Nostrand.

Maslow, A. H. (1971). *The further reaches of human nature*. New York: Viking Press.

Matsakis, A. (1994). *Post-traumatic stress disorder*. Oakland, CA: New Harbinger.

May, R., Angel, E., & Ellenberger, H. F. (Eds.) (1958). *Existence: A new dimension in psychiatry and psychology*. New York: Basic Books.

McNiff, S. (1998). *Art-based research*. London: Jessica Kingsley Publishers.

Merluzzi, T. V., Glass, C. R., & Genest, M. (Eds.) (1981). *Cognitive assessment*. New York: Guilford Press.

Miller, S. (1971). Hellenistic Macedonian Architecture: its style and painted decoration. (Unpublished Diss., Bryn Mawr College). Bryn Mawr.

Mobley, J. (1980). Portraits and pathways: Elizabeth Layton's art and wind. *The Kansas City Star*, Sunday, Nov 9.

Moore, R. W. (1981). *Art therapy in mental health*. Literature Survey Series #3, (DHH Pub. #ADM-81-1162). Rockville, MD: National Institute of Mental Health.

Moriarty, J. (1973). Collage group therapy with female chronic schizophrenic inpatients. *Psychotherapy: Theory, Research, & Practice, 10*(2), 153-154.

Motto, H. C. (1997). An integrative approach to the treatment of women with eating disorders. *The Arts in Psychotherapy, 24*(4), 347-354.

Naumburg, M. (1928). *The child and the world*. New York: Harcourt Brace.

Naumburg, M. (1947). Studies of the "free" art expression of behavior problem children and adolescents as a means of diagnosis and therapy. *Nervous & Mental Disorders Monograph Series, 71*, 225.

Naumburg, M. (1950). *Schizophrenic art: Its meaning in psychoTherapy*. New York: Grune & Stratton.

Naumburg, M. (1953). *Psychoneurotic art: Its use in psychoTherapy*. New York: Grune & Stratton.

Naumburg, M. (1966). *Dynamically oriented art therapy: Its principles and practice*.

New York: Grune & Stratton.

Naumburg, M. (1973). *An introduction to art therapy: Studies of the "free" art expression of behavior problem children and adolescents as means of diagnosis and therapy*. (First published in 1947). New York: Teachers College Press.

Neisser, U. (1976). *Cognition and reality: Principles and implications of cognitive psychology*. San Francisco: W. H. Freeman.

Norman, D. S. (1976). *Memory and attention: An introduction to human information processing* (2nd ed.). New York: Wiley & Sons.

Nucho, A. O. (1966). *The problem of psychological similarity and the process of codification in therapeutic interaction*. Unpublished doctoral dissertation, Bryn Mawr College, PA. (University Microfilms, Ann Arbor, MI, 67-3810).

Nucho, A. O. (1975). *Pioneers in art therapy: A psychological study*. Unpublished manuscript. Baltimore: University of Maryland.

Nucho, A. O. (1977). Art therapy. In G. F. Waldorf (Ed.), *Counseling therapies and the addicted client* (pp. 131-142). Rockville, MD: National Institute of Drug Abuse.

Nucho, A. O. (1979). Self-portraits and selected indeces of psychopathology of a group of heroin addicted patients. *Confinia Psychiatrica, 22*, 234-248.

Nucho, A. O. (1983). Art therapy with depressed adults. In A. DiMaria (Ed.), *Art therapy: Still growing* (pp. 25-29). Alexandria, VA: American Art Therapy Association.

Nucho, A. O. (1988). Art dialogues: A technique for stress management and life enrichment. *The Mimesis Review, 1*(1), 17-26.

Osborn, F. (1953). *Applied imagination*. New York: Scribners.

Pavio, A. (1971). *Imagery and verbal processes*. New York: Holt, Rinehart & Winston.

Palmer, M. (1977). Rehabilitation for geriatric patients. *Journal of Music Therapy*, 190-197.

Pelletier, K. R. (1977). *Mind as healer, mind as slayer*. New York: Delta.

Penfield, W., & Jasper, H. (1954). *Epilepsy and the functional anatomy of the human brain*. Boston: Little, Brown & Co.

Perls, F. (1969). *Gestalt therapy verbatim*. Lafayette, CA: Real People Press.

Perry, J. W. (1962). The reconstructive process in the psychopathology of the self. *Annals of the New York Academy of Science, 96*(3,) 853-876.

Piaget, J., & Inhalder, B. (1971). *Mental imagery and the child*. New York: Basic Books.

Piaget, J. (1962). *Play, dreams and imitation in childhood*. New York: Norton.

Piaget, J. (1976). *The grasp of consciousness*. Cambridge, MA: Harvard University Press.

Piotrowski, Z. A. (1953). Putative reasons for therapeutic efficacy of art technic/sic/. In M. Naumburg (Ed.), *Psychoneurotic art: Its function in psychotherapy* (pp. 115-117). New York: Grune & Stratton.

Plato. (1920). *The republic*. Oxford: Oxford University Press.

Potocek, J. & Wilder, V. N. (1989). Art/movement psychotherapy in the treatment of the chemically dependent patient. *The Arts in Psychotherapy, 16*(2), 99-103.

Powell, L., & Faherty, S. L. (1990). Treating sexually abused latency age girls: A 20 session treatment plan utilizing group process and the creative arts therapise. *The Arts in Psychotherapy, 17*(1), 35-47.

Prinzhorn, H. (1922). *Bildnerei der geisteskranken*. Heidelberg: Springer Verlag.

Puryear, D. A. (1979). *Helping people in crisis*. San Francisco: Jossey-Bass.

Qualls, P. J. (1983). The physiological measurement of imagery: An overview. *Imagination, Cognition and Personality, 2*(2), 89-101.

Rabinowitz, A. (1992). Acceptance-Rejection and Height of Parental Figures on the Kinetic Family Drawings. *Perceptual and Motor Skills, 74*, 329-330.

Rapaport, D. (1951). *Organization and pathology of thought*. New York: Columbia University Press.

Reich, W. (1961). *Character analysis* (First published in German, 1933). New York: Farrar, Straus & Giroux.

Reik, T. (1952). *Listening with the third ear: The inner experience of a psychoanalyst*. New York: Farrar, Straus & co.

Rhinehart, L., & Engelhorn, P. (1982). *An introduction to sand tray dialogue*. A workshop presented at the 13th Annual Conference of the American Art Therapy Association, Philadelphia, PA.

Rhyne, J. (1973). *The Gestalt art experience*. Monterey, CA: Brooks-Cole.

Richardson, A. (1969). *Mental imagery*. London: Routledge & Kegan Paul.

Richter, N. L., Snider, E., & Gorey, K. M. (1997). Group work intervention with female survivors of childhood sexual abuse. *Research in Social Work Practice, 7*, 53-69.

Robbinson, A., & Sibley, L. B. (1976). *Creative art therapy*. New York: Brunner/Mazel.

Robinson, D. N. (1979). *Systems of modern psychology: A critical sketch*. New York: Columbia University Press.

Rodriguez, N., Ryan, S. W., Vande Kemp, H., & Foy, D. W. (1997). Posttraumatic stress disorder in adult female survivors of child sexual abuse: A comparison study. *Journal of Consulting and Clinical Psychology, 65*(1), 53-59.

Rogers, C. (1951). *Client-centered therapy: Its current practice, implications, and theory*. Boston, MA: Houghton.

Root, M. P. P. (1989). Treatment failures: The role of sexual victimization in women's addictive behavior. *American Journal of Orthopsychiatry, 59*(4), 542-549.

Rosal, M. L. (1998). Research thoughts: Learning from the literature and from experience. *Art Therapy: Journal of the American Art Therapy Association, 15*(1), 47-50.

Rosenfeld, P. (1924). *Port of New York: Essays on fourteen American moderns*. New York: Harcourt Brace.

Rubin, J. A. (1984). *The art of art therapy*. New York: Brunner/Mazel.

Sayre, K. M. (1976). *Cybernetics and the philosophy of mind*. Atlantic Highlands, NJ: Humanities Press.

Schachtel, E. G. (1959). *Metamorphosis*. New York: Basic Books.

Sebeok, T. (1962). "Coding in the evolution of signaling behavior". *Behavioral Science, 7*, 430.

Sheikh, A. A. (Ed.) (1983). *Imagery: Current theory, research, and application*. New York: Wiley.

Shneidman, E. S., Farberow, N. L., & Litman, R. E. (1994). *The Psychology of Suicide* (2nd ed.). Northvale, NJ: Jason Aronson, Inc.

Shulman L. (1984). *The skills of helping individuals and groups* (2nd ed.). Itasca, IL: F. E. Peacock.

Silver, R. (1993). *Draw-a-story: Screening for depression and emotion needs*. Sarasota, FL: Ablin Press Distributors.

Simonton, O. C., Creighton, L. J., & Matthews-simonton, S. (1978). *Getting well again: The bestelling classic about the simontons' revolutionary life saving self-awareness techniques*. Los Angeles: J. P. Tarcher.

Singer, J. L. (1974). *Imagery and daydream methods in psychotherapy and behavior modification*. New York: Academic Press.

Smitheman-Brown, V., & Church, R. P. (1996). Mandala drawing: Facilitating creative growth in children with ADD or ADHD. *Art Therapy: Journal of the American Art Therapy Association, 13*(4), 252-259.

Spitz, R. A. (1964). The derailment of dialogue: Stimulus overload, action cycles, and the completion gradient. *Journal of the American Psychoanalytic Association, 12*(4), 752-774.

Strobel, C. F. (1983). The quieting reflex. New York: Berkley Books.

Tart, C. T. (1977). Putting the pieces together: A conceptual framework for understanding discrete states of consciousness. In N. E. Zinberg (Ed.), *Alternate states of consciousness* (pp. 158-219) New York: Free Press.

Thale, T., Westcott, G., & Salomon, K. (1950). Hallucinations and imagery induced by mescalin. *American Journal of Psychiatry, 106*, 686-691.

Titchener, E. B. (1908). *Lectures on the elementary psychology of feeling and attention*. New York: The Macmillan co.

Toffler, A. (1970). *Future shock*. New York: Random House.

Tyson, F. (1981). *Psychiatric music therapy: Origins and development*. New York: Creative Arts Rehabilitation Center.

Ulman, E. (1975). Art therapy: Problems of definition. In E. Ulman & P. Dachinger (Eds.), *Art therapy in theory and practice* (pp. 3-13). New York: Schocken Books.

Von Bertalanffy, L. (1968). *General system theory*. New York: Braziller.

Van der Kolk, B. A., & Van der Hart, O. (1989). Pierre Janet and the breakdown of adaptation in psychological trauma. *The American' Journal of Psychiatry, 146*(12), 1530-1540.

Wadeson, H. (1980). *Art psychotherapy*. New York: Wiley.

Watson, J. B. (1930). *Behaviorism*. Chicago: University of Chicago Press.

Weinrib, E. L. (1983). *Images of the self: The sandplay therapy process*. Boston: Gigo Press.

Weisman, A. D. (1965). *The existential core of psychoanalysis: Reality, sense and responsibility*. Boston: Little, Brown & Co.

Wiener, N. (1947). *Cybernetics: Control and communication in the animal and the machine*. New York: Wiley.

Winnicott, D. W. (1971). *Therapeutic consultations in child psychotherapy*. New York: Basic Books.

Winter, L. B. (1981). *Relax and win: Championship performance*. San Diego, CA: A. S. Barnes, Tantivy Press.

Wolpe, J. (1958). *Psychotherapy by reciprocal inhibition*. Stanford, CA: Stanford University Press.

Young, J. F. (1969). *Cybernetics*. London: Iliffe.

Zung, W. W. (1965). A self-rating depression scale. *Archives of General Psychiatry*, *12*, 63-70.

찾아보기

인명

내용

저자 소개

Aina O. Nucho 박사는 미국 메릴랜드대학교 사회복지학과 명예교수로, 같은 대학원에서 개인, 가족, 그룹을 위한 임상 기법 및 인간의 행동, 사회 연구, 스트레스 관리, 미술치료를 가르쳤다. 누코 박사는 라트비아의 리가대학교에서 초등/중등 교육을 받고, 독일의 튜빙겐대학교에서 공부했으며, 미국 브린모어대학교에서 사회복지 석사학위와 박사학위를 받았다. 그녀는 탁월한 연구자로 2000년 미국정신병리학회(ASPE)에서 수여하는 에른스트 크리스상을 수상했으며, 메릴랜드주 공인사회복지사(BCD), 공인사회복지사 아카데미(ASCW)의 회원이자 공인미술치료사(ATR)이다. 『스트레스 관리: 자극에 대한 탐구』(1988)와 『자발적 창조 이미지: 문제해결과 삶을 풍요롭게 하는 역량』(1995)을 미국의 찰스 토마스 출판사에서 출간했으며, 라트비아어로 된 다섯 권의 책도 출간한 바 있다. 또한 전문 학술지 및 미국과 국제 학술대회를 통해 논문을 게재하고 발표했다.

역자 소개

김선희(Sunhee, K. Kim)는 미국 뉴욕대학교에서 미술치료전공 석사학위를 취득한 후 1998년부터 12년간 뉴욕에서 미술치료사로 근무했으며, 2010년 매사추세츠주 레슬리대학교에서 표현치료(미술치료전공) 박사학위를 받았다. 2011년부터 서울여자대학교 특수치료 전문대학원 표현예술치료학과 전임교수로 재직했고, 2015년부터 미국「The Arts in Psychotherapy」저널의 편집위원을 맡고 있다. 현재 한국미술치료학회 국제교류위원장, 한국심리치료학회 수련자격위원장, 국제예술심리치료협회 미술치료분과회장이며, 서울여자대학교 예술심리치료 연계융합전공 주임교수이다.

사이코사이버네틱 미술치료(원서 2판)
미술을 만난 심리치료
The Psychocybernetic Model of Art Therapy (2nd ed.)

2022년 3월 10일 1판 1쇄 인쇄
2022년 3월 20일 1판 1쇄 발행

지은이 • Aina O. Nucho
옮긴이 • 김선희
펴낸이 • 김진환
펴낸곳 • ㈜학지사
04031 서울특별시 마포구 양화로 15길 20 마인드월드빌딩
대표전화 • 02-330-5114 팩스 • 02-324-2345
등록번호 • 제313-2006-000265호

홈페이지 • http://www.hakjisa.co.kr
페이스북 • https://www.facebook.com/hakjisabook

ISBN 978-89-997-2569-2 93180

정가 22,000원

역자와의 협약으로 인지는 생략합니다.
파본은 구입처에서 교환해 드립니다.